21世纪经济管理新形态教材·国际经济与贸易系列

国际商务

（第2版）

林学军　刘　霞◎编著

清华大学出版社

北京

内 容 简 介

本书系统地介绍了国际商务的基本理论和方法。全书共分 24 章,以中国企业为什么要走全球化的道路、如何走全球化的道路贯穿全文。本书首先介绍了全球化的概念,描述了各国在全球化进程中的竞争与合作;然后讲解了国际贸易和国际金融、国际结算及国际投资的基本模式、风险管控、业务程序等;最后从国际企业的战略、跨文化管理、经营伦理、经营风险以及生产活动、市场营销、人力资源管理、财务管理、R&D(研究与开发)管理等方面论述了国际商务的运营。

本书提供了大量的国际商务相关案例、授课微视频,以及形式多样的即测即练、思考题,并附有英文阅读文献,以便读者理解和巩固所学知识。全书侧重于实用性和操作性,能够帮助读者学以致用。

本书可作为高等院校国际商务、国际经济与贸易、金融、投资、工商管理、市场营销、电子商务等专业高年级本科生、研究生的教材和参考用书,亦可供相关领域的企业和政府决策管理人员参考。

图书在版编目(CIP)数据

国际商务 / 林学军,刘霞编著. — 2版. — 北京: 清华大学出版社,2022.1(2025.2重印)
21 世纪经济管理新形态教材 . 国际经济与贸易系列
ISBN 978-7-302-59713-1

Ⅰ.①国… Ⅱ.①林… ②刘… Ⅲ.①国际商务-高等学校-教材 Ⅳ.①F740

中国版本图书馆 CIP 数据核字(2021)第 258705 号

责任编辑: 张 伟
封面设计: 汉风唐韵
责任校对: 王荣静
责任印制: 杨 艳

出版发行: 清华大学出版社
 网   址: https://www.tup.com.cn, https://www.wqxuetang.com
 地   址: 北京清华大学学研大厦 A 座   邮   编: 100084
 社 总 机: 010-83470000   邮   购: 010-62786544
 投稿与读者服务: 010-62776969, c-service@tup.tsinghua.edu.cn
 质 量 反 馈: 010-62772015, zhiliang@tup.tsinghua.edu.cn
 课 件 下 载: https://www.tup.com.cn,010-83470332
印 装 者: 三河市少明印务有限公司
经   销: 全国新华书店
开   本: 185mm×260mm   印   张: 23.75   字   数: 562 千字
版   次: 2017 年 1 月第 1 版 2022 年 3 月第 2 版   印   次: 2025 年 2 月第 4 次印刷
定   价: 68.00 元

产品编号: 094169-01

第2版前言

经济全球化席卷世界,我国已经成为越来越多国家和地区的主要贸易伙伴,货物贸易总额居世界第一,吸引外资和对外投资居世界前列。如今,一方面努力推动货物贸易优化升级,创新服务贸易模式,发展数字贸易,加快建设贸易强国。另一方面,我国加快优化区域开放布局,培育国际化一流营商环境,推动共建"一带一路"高质量发展,有序推动人民币国际化,深度参与全球产业分工与合作,维护多元稳定的国际经济格局和经贸关系,我国的国际地位和国际影响力与日俱增。党的二十大提出要实行更加积极主动的开放战略,依托我国超大规模市场优势,以国内大循环吸引全球资源要素,增强国内国际两个市场两种资源联动效应,构建面向全球的高标准自由贸易区网络,提升贸易投资合作质量和水平,稳步扩大规则、规制、管理、标准等制度型开放。

中国坚持对外开放的基本国策,坚定奉行互利共赢的开放战略,不断以中国新发展为世界提供新机遇,支持和帮助广大发展中国家加快发展,推动建设一个共同繁荣的世界。党的二十大号召我们要致力于推动构建人类命运共同体。

为了响应党的二十大关于扩大开放、建设人类命运共同体的号召,作为新时代的大学生,必须坚持胸怀天下,努力学习,为中华民族谋复兴,为人类谋进步。因此学习经济全球化的知识意义重大。不管将来从事何种工作、在什么岗位、身处何方,经济全球化都是一门不可或缺的知识。

本教材立足中国对外开放的大背景,本着为国家培养千千万万胸怀祖国、放眼全球、经营世界的国际商务人才的理念,努力提高学生的国际商务理论水平,使他们在实践中能应用这些理论,进一步促进中国的对外开放,成为充分利用国内、国外两个市场,合理配置全球资源,融入全球产业分工,经营国际企业的国际商务人才。

本教材的特色和优势如下。

(1)教书与育人相结合。课程注重教书与育人相结合,把培养学生正确的世界观置于首位,用马克思主义的世界观教育学生,认清当前经济全球化的现实,把握经济全球化的发展趋势,树立互利共赢、共同繁荣的理念,坚持走人类命运共同体的发展道路。

(2)中国与世界相结合。课程内容扎根于中国的实际,总结中国改革开放40多年的经验,研究中国如何在经济全球化中利用中国的比较优势,发挥中国的作用,推动"一带一路"建设，实现人类命运共同体的伟大构想。

（3）线上与线下相结合。本教材还有一套慕课（中国大学慕课 http://www.icourse163.org/learn/JNU-1462050166?tid=1462856447#/learn/announce, 学银在线 http://www.xueyinonline.com/detail/214541430）与之相对应，充分利用网络技术、数字技术，设立在线视频、在线阅读、即测即练等栏目，拓展教材的内容，让学生学习更多知识，获得更好的阅读体验。同时，方便教师教学，实现翻转课堂，实施全程、全方位考核，提高教学效率。

（4）科研与教学相结合。本教材融合了作者国家社科、广东省社科项目最新的科研成果，介绍了全球价值链、全球创新链、人民币国际化、国际经济组织的问题与改革等前沿内容，并结合当前国际竞争的形势、新冠肺炎疫情对全球经济造成的影响开展广泛深入的研讨。

（5）学习与就业相结合。经济全球化，给大学生创造了广阔的就业空间，因此，教材内容包括如何根据经济全球化，提高学生跨文化的沟通管理能力、全球经营风险的管控能力和全球工作的适应能力，塑造全球化的经营人才。

本教材的英文阅读文献由暨南大学外国语学院刘霞讲师编写，董芳良副教授对教材编写给予很大的帮助。广东财经大学财税学院副院长郑慧娟副研究员审读书稿并提出宝贵的修改意见。本教材受到暨南大学教务处的资助和暨南大学国际商学院的大力支持。对外经济贸易大学王炜瀚教授对本教材的编写提出宝贵意见。首都经济贸易大学副校长王永贵教授、北京邮电大学国际学院院长陈岩教授、吉林大学横琴金融研究院院长李晓教授为本教材写了推荐意见。

参与本教材修订工作的有：王文峰副教授（负责第21章修订）、詹小慧讲师（负责第22章修订）、陶晓慧副教授（负责第23章修订）。王玉教授、王胜讲师、殷炼乾副教授、杨廷钫副教授、吴德亮讲师，也对本教材的修订提出宝贵的意见。

李豪参与"国际商务"慕课制作，吕坤负责第1～12章修订校阅，夏婧怡负责第13～24章修订校阅。对以上教师和同学的支持表示衷心感谢！

林学军
2024年7月于广州暨南园

致国际商务学生

打开这本书，来到国际商务的课堂，祝贺你成为国际商务的学生！

学习这门课程意义重大，学习这门课程内容丰富，学习这门课程就业前景广阔。在正式上课之前，先对这门课程做个简单的介绍吧。

▌一、本课程学习的意义 ▌

当前经济全球化已经是一个不可阻挡的潮流，世界各国在经济全球化的进程中努力寻找各自在世界分工中的有利地位，控制全球价值链中的关键环节，力争在经济全球化中分配到更多的资源，得到更多的财富，发展本国经济，改善本国民生。

经过改革开放 40 多年的努力，中国已经从一个封闭的、落后的国家发展成为一个经济总量世界第二、进出口额世界第一的经济大国。我国对外经济与贸易都取得了辉煌的成就。

根据《中国"一带一路"贸易投资发展报告 2021》，"一带一路"倡议提出 8 年多，为世界各国带来巨大机遇和红利。该报告显示，截至 2021 年 6 月，中国已经同 140 个国家和 32 个国际组织签署了 206 份共建"一带一路"合作文件，涵盖互联互通、投资、贸易、金融、科技、社会、人文、民生、海洋等领域。

2020 年以来，面对新冠肺炎疫情的冲击，中国与相关国家携手抗击疫情，推动"一带一路"经贸合作逆势前行。该报告显示，中国与"一带一路"沿线国家货物贸易额从 2013 年的 1.04 万亿美元增加到 2020 年的 1.35 万亿美元，占中国货物贸易总额的比重由 25% 升至 29.1%。2020 年，在全球对外直接投资同比缩水 35% 的背景下，中国境内投资者在"一带一路"沿线的 58 个国家直接投资 186.1 亿美元。

国际商务人才是一种复合型的人才，因为国际商务是一门综合的学科，它综合了经济学、管理学、国际商法等学科关于国际经营管理的精华，涉及了国际商务实践中全球商务环境的评估、海外投资、国际贸易、国际企业管理等各个环节，分析了国际商务中世界贸易组织及国际货币基金组织、区域经济合作组织、国家、政府政策对国际商务的影响，阐述了中国的对外贸易与投资的现状及发展趋势，研究了中国国际企业在国际经营管理中面临的风险、生产、营销、人力资源管理等问题。本教材由宏观到微观，由理论到实践，逐步深化讲解国际商务的理论知识与实际运用。国际商务学生通过以上广泛的学习、研究，为将来在国际企业、国际组织中展示才华，大显身手打下坚实的基础。

┃ 二、本教材的安排 ┃

全书共分六篇。

第一篇经济全球化，即第 1 章，本篇给同学们展示了一个全球化的蓝图。说明什么是全球化、全球化有什么利弊、全球化对中国有什么影响，以及经济全球化的发展前景。

第二篇国家竞争，即第 2 章、第 3 章，本篇主要讲述国家对国际商务的影响。当前的国际竞争已经从一般的企业竞争发展到国与国的竞争，政府对国际贸易和投资的干预严重影响企业的国际商务活动，因此国际企业要关注本国政府和东道国关于贸易、投资的政策，并利用这些政策开展商务活动。在研究国际商务环境时，其他教材几乎都是从文化、政治、法律、经济、科技等来分析，本教材采取国际竞争的软实力与硬实力，以及营商环境来分析这些商务环境，目的是希望企业在国际商务中充分利用这些软实力、硬实力，来提升形象、塑造品牌，提高经营的实效。

第三篇国际经济合作，即第 4 ~ 7 章，本篇主要研究国际经济合作的理论，以及与中国关系比较密切的国际经济合作组织，如全球性的有世界贸易组织、国际货币基金组织、世界银行、G20（二十国集团）等，区域性的有"一带一路"、亚太经济合作组织、东盟、欧盟、中东欧 16+1 机制、上海合作组织、"金砖国家"、中非合作等。国际经济合作给全球或某个区域带来多边或双边的贸易、投资保护协议，这些协议可以给国际企业带来良好的商务环境和众多的投资机会，国际企业可以利用国际经济合作组织，开拓国际市场，寻找投资沃土，壮大企业实力。

第四篇国际贸易，即第 8 ~ 10 章，本篇综述了国际贸易理论的演进，并结合中国的商品贸易和服务贸易现实情况，研究了国际贸易由初级向高级的发展历程，国际企业可以从国际贸易的发展中总结出规律，指导企业开发适销对路的商品和服务，开拓国际市场。本篇还研究了跨境电子商务以及数字贸易最新的发展情况。

第五篇国际金融，即第 11 ~ 15 章，本篇研究国际货币问题，这是国际企业经营的核心问题。现行的国际货币体系存在缺陷，汇率的波动给企业盈利带来风险，而人民币的国际化给企业带来新的选择、新的机遇，企业需要慎重选择货币进行投资、结算，以减少风险、增加利润。

第六篇国际商务运营，即第 16 ~ 24 章，本篇重点研究国际企业管理中战略的制定、跨文化管理、跨国经营风险、企业伦理和社会责任、生产的布局、市场营销、人力资源管理、财务管理、研发管理等现实问题，通过大量案例，理论与实践相结合地提出问题，寻找解决的方案。

这门课程的学习内容丰富、有趣，案例多采用中国企业国际经营的实践，紧密联系中国全球化的实际。本教材根据教学需要，各章安排了学习辅导、本章小结、思考题、即测即练、英文阅读等专栏。

其中，学习辅导是"国际商务"慕课的内容，通过扫描二维码，可以直接观看与课文有关的微视频，加深知识的学习。

本章小结便于形成知识的全貌，加深印象，复习巩固所有的知识点。

思考题以名词解释、简答、论述的形式帮助各位同学复习各章主要内容，启发大家思维，便于大家复习巩固。

即测即练是各章重要内容的单项选择题和多项选择题，通过扫描二维码可以进行自主测验，检查学习效果。

英文阅读文献均选自国外英文学术期刊，与课文正文有一定的联系，通过扫描二维码可以阅读。阅读这些文献可以加深同学们对课文的学习与理解，拓宽同学们的国际视野，提高同学们的英文文献阅读水平，为将来同学们工作与研究打下良好的基础。

▍三、如何成为国际商务的高级人才 ▍

（1）**确立职业目标**。目标是人生的灯塔，照亮人生的前程。正如空气、阳光之于生命那样，人生不能离开目标的指导。目标能给你一个看得见的激励，你一步一个脚印地去实现这个目标，就会有成就感，就会信心百倍地向高峰挺进。拿破仑说过："不想当将军的士兵不是好士兵。"如果你有远大的理想，梦想成为一名经营世界的国际商务人才，你就会严格要求自己，勤奋学习，努力工作，你就不会畏惧前进路上的艰难险阻，披荆斩棘地前行。因此，目标之于事业，具有举足轻重的作用。忽视目标定位的人，不可能成为事业的成功者，他的努力就会事倍功半，很难到达理想的彼岸。确立目标，是成为国际商务人才的第一步。

（2）**培养职业兴趣**。兴趣，指人们积极探究某种事物的认识倾向。对各行各业的从业人员而言，兴趣会影响他的工作态度和才能的发挥。作为国际商务的学生，要有意识培养职业兴趣。首先要意识到这个职业的重大意义和广阔的就业前景，当前我国正处于经济全球化的全面发展期，众多的中国企业走向海外，在海外投资经营，急需国际商务人才；中国的崛起，提高了我国的国际地位，为了争取中国的国际话语权，也急需掌握国际商务知识的国际活动家参与国际组织。国家的需要和市场的需求给我们提供了施展才华的宽广舞台。其次，要关心国际大事，了解国际企业在海外的经营发展，掌握经济全球化的发展趋势。再次，要利用节假日、寒暑假，参加社会实践，主动到国际企业、对外经贸公司见习、实习，深入了解某一企业、岗位的艰辛、快乐以及它的意义。最后，加入某一国际企业、国际组织，做到干一行，爱一行，专一行，在实际工作中培养职业兴趣，提高业务水平。

（3）**发展职业技能**。发展职业技能包括学习职业技能、应用职业技能和提高职业技能。现代社会，职业技能是职业能力的重要方面。作为国际商务的大学生，首先，要努力学习经济学、管理学、国际商法的知识，掌握实际工作本领。其次，要掌握外语、计算机等学科工具，学习跨文化交流的本领，争取出国学习，接触不同国籍、不同种族、不同文化的人，拓宽国际视野。再次，要有运动员的身体素质和外交家的气质。做一个国际商务人员，要经常出国，舟车劳顿，没有良好的身体素质，是难以承担巨大的工作压力的。国际商务人员彬彬有礼，风度翩翩，谈吐优雅，善于交际、沟通、谈判，广交世界朋友，将给你的商务活动带来很多便利。最后，根据自己的职业规划和职业兴趣，培养和塑造自己的职业能力。国际商务理论知识是十分宽泛的，你可以结合一些行业或职业特点来充实自己，有目的地积累知识、提高职业能力。你可以选择一些行业作为你的就业方向，如做贸易或者做投资，或者是到政府外经贸部门、国际组织任职，你要结合贸易或者投资的具体行业，以及到政府、国际组织任职的具体部门，根据需要拓展某方面的知识和能力，以增强职场竞争力。

（4）全面塑造自己。要以国际上知名的企业家为榜样，全面塑造自己。国际企业的风云人物有经营世界的雄心壮志，博学多艺，有敏锐的市场眼光，还有百折不挠的精神，往往能把一个小企业经营成世界百强。因此，大学生在校不光要搞好学习，还必须学会做人，锻炼强壮的身体，培养良好的个人举止。

大学生要充分利用课外的文体活动来塑造和锻炼自己，如演讲会、朗诵会、文艺演出、体育比赛等，塑造自己的形象，提升表达能力，练好体魄，学会与人沟通，等等。有些同学认为，读大学是"读"大师（学习世界百强企业家成功的经验）、"读"图书馆（积累全世界、全人类的知识）、"读"同学（学会与来自世界各地的人打交道）。这个道理可以参考之。

预祝各位通过本课程的学习成为优秀的国际商务人才！

目 录

第一篇　经济全球化

第二篇　国家竞争

第三篇　国际经济合作

第四篇　国际贸易

第五篇 国际金融

第六篇　国际商务运营

第一篇　经济全球化

经济全球化是生产力发展的客观要求。当今，生产网、交通网、资金网、信息网等网络把世界紧密相连，全球就是一个命运共同体，一荣俱荣，一损皆损。我们要顺应时代的潮流，共同建设经济繁荣、清洁美丽、和平安宁的新世界。

第1章　全球化导论

【学习目标】

1. 掌握经济全球化的概念；
2. 了解经济全球化的形成过程；
3. 了解经济全球化对世界各国的主要影响；
4. 熟悉经济全球化对中国经济的影响；
5. 研究中国如何走经济全球化的道路；
6. 熟悉国际商务的概念、研究领域、工作范围，培养职业精神与职业能力。

思政案例

把握经济全球化发展大势

"我们要把握经济全球化发展大势，支持世界各国扩大开放，反对单边主义、保护主义，推动人类走向更加美好的未来。"2021年11月4日晚，习近平主席以视频方式出席第四届中国国际进口博览会开幕式并发表主旨演讲，深入分析世界发展大势，回顾中国加入世界贸易组织20年来的历史进程，指出"加入世界贸易组织以来，中国不断扩大开放，激活了中国发展的澎湃春潮，也激活了世界经济的一池春水"，郑重宣示中国将坚定不移维护真正的多边主义、坚定不移同世界共享市场机遇、坚定不移推动高水平开放、坚定不移维护世界共同利益，赢得与会嘉宾广泛认同，引发国际社会热烈反响。

当前，世界百年变局和世纪疫情交织，单边主义、保护主义抬头，经济全球化遭遇逆流，世界进入动荡变革期，不稳定性不确定性显著上升。同时，世界多极化趋势没有根本改变，经济全球化展现出新的韧性，各国人民对和平发展的期盼更加殷切，对公平正义的呼声更加强烈，对合作共赢的追求更加坚定。人类社会再次面临何去何从的历史当口，是敌视对立还是相互尊重？是封闭脱钩还是开放合作？是零和博弈还是互利共赢？选择就在我们手中，责任就在我们肩上。应该深刻认识到，过去数十年，经济全球化对世界经济发展作出了重要贡献，已成为不可逆转的时代潮流。实践充分证明，经济全球化是社会生产力发展的客观要求和科技进步的必然结果，是人类社会发展必经之路。只要我们从人类共同利益出发，把握经济全球化发展大势，让经济全球化进程更有活力、更加包容、更可持续，就一定能让不同国家、不同阶层、不同人群共享经济全球化的好处。

有关研究表明，10年来"世界开放指数"不断下滑，全球开放共识不断弱化，这值得高度关注。应当看到，尽管经济全球化遇到一些回头浪，但世界退不回彼此封闭孤立的状态，更不可能被人为割裂，开放合作仍然是历史潮流，互利共赢依然是人心所向。尽管新冠肺炎疫情给全球发展蒙上阴影，但从历史上看，不管遇到什么风险、什么灾难、什么逆流，人类社会总是要前进的，而且一定能够继续前进。当今时代，各国经济彼此依存，利益交融前所未有，迫切需要在开放中创造机遇，在合作中破解难题。任何关起门来搞建设的想法，任何拒人于千里之外的做法，任何搞唯我独尊、赢者通吃的企图，都是逆历史潮流而动的！在经济全球化时代，开放融通是不可阻挡的历史趋势，人为"筑墙""脱钩"违背经济规律和市场规则，损人不利己。还要看到，人类社会发展史就是一部不断战胜各种挑战和困难的历史，新冠肺炎疫情不会是人类面临的最后一次危机，必须做好迎接更多全球性挑战的准备。我们要坚定信心、增强勇气、携起手来，共同应对风险挑战，共同加强合作沟通，共同扩大对外开放，推动构建人类命运共同体。

习近平主席深刻指出："一个国家、一个民族要振兴，就必须在历史前进的逻辑中前进、在时代发展的潮流中发展。"开放是发展进步的必由之路，也是促进疫后经济复苏的关键。各国只有开放包容、互联互通，才能相互助力、互利共赢。我们要坚持开放合作，助力世界经济平稳复苏，推动建设开放型世界经济，不搞歧视性、排他性规则和体系，维护以世界贸易组织为基石的多边贸易体制，维护全球产业链供应链稳定畅通，促进贸易和投资自由化便利化，推动经济全球化朝着更加开放、包容、普惠、平衡、共赢的方向发展。我们不能回避经济全球化带来的挑战，必须直面贫富差距、发展鸿沟等重大问题，处理好政府和市场、公平和效率、增长和分配、技术和就业的关系，使发展既平衡又充分，发展成果公平惠及不同国家、不同阶层、不同人群。多边主义的要义是国际上的事由大家共同商量着办，世界前途命运由各国共同掌握。在国际上搞"小圈子""新冷战"，排斥、威胁、恐吓他人，动不动就搞脱钩、断供、制裁，人为造成相互隔离甚至隔绝，只能把世界推向分裂甚至对抗。我们要秉持人类命运共同体理念，坚守和平、发展、公平、正义、民主、自由的全人类共同价值，摆脱意识形态偏见，旗帜鲜明反对单边主义、保护主义，最大限度增强合作机制、理念、政策的开放性和包容性，共同维护世界和平稳定。

回顾历史，开放合作是增强国际经贸活力的重要动力。立足当今，开放合作是推动世界经济稳定复苏的现实要求。放眼未来，开放合作是促进人类社会不断进步的时代要求。世界各国把握经济全球化发展大势，始终站在历史正确的一边，站在人类进步的一边，同舟共济、共克时艰，就一定能共建开放型世界经济，共创人类更加美好的未来。

资料来源：本报评论员，把握经济全球化发展大势——论习近平主席在第四届中国国际进口博览会开幕式上主旨演讲 [N]. 人民日报，2021-11-06（2）.

当前，我们正在遭遇百年不遇的大变局。新冠疫情在全球肆虐，全球经济遭受严重的冲击。在此情况下贸易保护主义沉渣泛起，单边主义盛行，形成逆经济全球化的潮流。但是，经济全球化是生产力发展的客观要求，是人类发展的大趋势。在此严峻的国际形势下，我们更要高举经济全球化的大旗，正如思政案例所言，加强世界各国的团结合作，只有这样才能战胜疫情，恢复经济增长，促进人类的共同繁荣。

1.1 经济"全球化"的形成

关于经济全球化的形成，有几种不同的观点。美国经济学家保罗·斯威齐指出，自四五百年前资本主义作为一种活生生的社会形态在世界上出现以来，经济全球化这一过程已经走过了几百年。回顾历史，经济全球化大约经历如下几个阶段。

1.1.1 经济全球化的开端

经济全球化发端于 15 世纪的地理大发现。15 世纪，科学技术成就使新航路的开辟具备了客观条件，造船业高速发展，船上也装备了火炮和指南针，地圆学说更是使人们深信环球航海的可能。随着 15 世纪欧洲各国商品经济的发展和资本主义的萌芽，西欧开始了对黄金贪婪的追求，使它成为探索通往东方新航路的主要动力。

1.1.2 欧洲国家早期的殖民扩张

随着新大陆的发现，新航路的开辟加强了世界各地的联系，也引起了殖民侵略。16 世纪到 19 世纪中期是资本的原始积累海外扩张阶段，西方列强，如西班牙、葡萄牙、荷兰、英国、法国几乎将欧洲以外的土地瓜分殆尽。它们大都是以残酷的暴力赤裸裸地从亚（中国、日本等除外）、非、拉、新大陆夺取了大量的金银财富（货币资本）。西欧国家的世界贸易活动逐渐增多，世界性贸易市场初步形成。

1.1.3 工业革命在世界范围内扩展

19 世纪中期，工业资本家逐渐取代商业资本家，资本进入自由资本主义时期，英国率先完成工业革命，美、法、德、俄等国紧随其后，资本主义进一步发展，对市场和原料的需求进一步增加，促使欧美资本主义工业国抢占商品市场和原料来源地，把亚、非、拉许多殖民地与半殖民地卷入资本主义世界市场经济体系，使之成为资本主义的经济附庸。

1.1.4 全球金融贸易体系与国际垄断组织的形成

在第二次工业革命推动下，垄断组织跨出国界，形成国际垄断集团，要求从经济上瓜分世界，促使各资本主义国家加快了对外侵略扩张的步伐。列强激烈地争夺原料产地、商品市场和投资场所，掀起一股瓜分世界的狂潮。亚、非、拉绝大多数国家和地区在经济上都成为资本主义世界经济体系的一部分，19 世纪末 20 世纪初，世界基本被资本主义列强瓜分完毕，以欧美资本主义列强为主导的资本主义世界体系最终建立起来，资本主义世界市场最终形成。

1.1.5 第二次世界大战后跨国公司的全盛发展

第二次世界大战后，为恢复经济和医治战争创伤，1946 年，以美英为首的发达国家在布雷顿森林会议上签订了《国际货币基金协定》和《国际复兴开发银行协定》，后来又签订了《关税与贸易总协定》，并称为三大协定。这三大协定主要反映了发达国家的利益和要求，通过了一系列稳定汇率、降低关税和非关税壁垒的措施，促进了世界朝经济区域化、集团化和一体化的方向发展，涌现出一大批实力雄厚、垄断全球的跨国公司。

1.1.6 冷战后信息革命和高科技推广

20 世纪 80 年代，特别是冷战结束后，市场经济制度在全球范围内得到认可和接受，为经济全球化奠定了制度性基础。随着世界军事和政治局势日趋缓和，国际竞争的重点逐渐转向了经济和科技，而信息技术的高速发展，也让各个国家和地区不失时机地推进区域经济合作，打破了国界限制、消除贸易和投资障碍，形成了欧盟、北美自由贸易区和亚太经合组织三大经济板块，经济全球化进入新的发展阶段。

从上述发展历程我们可以看出，推动全球化的主要因素如下。

（1）科学技术的发展是经济全球化的根本动力和物质基础。首先是科学技术促进生产力的发展，推动市场经济的发展。形成全球的贸易与投资的格局；其次是交通和通信方式的快速发展为经济全球化提供了基本的技术手段。

（2）国际贸易组织与国际条约消除了贸易和投资的障碍与壁垒，为商品和生产要素的全球流通提供便利，也为经济全球化提供制度保证。

（3）跨国公司成为全球化的活动主体，其蓬勃发展推动经济全球化不断深入。

1.2 经济全球化的概念

1.2.1 经济全球化的定义

从经济全球化的发展历程我们可以看出，经济全球化是生产力发展的客观要求。马克思主义认为，生产力是人类社会发展的根本动力，经济全球化是生产力发展的必然结果和客观要求。

在人类历史上，生产力的每一次革命，都推动了经济全球化的巨大发展。以蒸汽机和纺织机的发明与使用为核心的第一次工业革命，开辟了世界市场，推动了经济全球化进程。以电力和电动机的发明与使用为标志，以重化工业的兴起为核心的第二次工业革命，确立了资本主义对全球的统治，形成了现代世界体系。以电子计算机的发明与使用为主要标志，以信息技术革命为核心的第三次工业革命，推动并形成了 20 世纪 80 年代后新一轮经济全球化浪潮。当前，新一轮科技革命和产业变革正在孕育兴起，国际分工体系和世界经济格局正在发生深刻变化，这些都在赋予经济全球化新的内涵。

一方面，生产力的发展提高了人类活动能力，使人类活动突破了国家和地域的限制，促进了生产的国际化；带来了交通、通信、信息技术的不断改进，拉近了人类交往的空间距离，提高了交往的效率；形成了全球性生产网络，推动资源在全球流动和优化配置；加速了科学的普及、知识的传播、技术的扩散、人员的流动，增加了人类共同的物质财富和精神财富。这些都为经济全球化发展创造了物质条件。

另一方面，生产力的发展促进了国际分工和国际交换的扩展与深化，使各个国家在经济上的相互联系和相互依赖日益加深、相互关系不断变化；推动不同国家的经济制度发生碰撞、竞争、渗透和融合，形成统一的世界经济体系；生产力的全球化要求建立与之相适应的全球性经济组织、经济规则和治理体系。这些都为经济全球化发展创造了社会条件。

历史证明，开放带来进步，封闭导致落后，没有经济全球化就没有现代化。这是经济社会发展的客观规律。经济全球化进程虽然有曲折和反复，但作为历史发展的大趋势，是任何力量都难以改变的。

全球化有狭义和广义之分。狭义的全球化是经济全球化，是指随着生产力的发展、科技的进步和生产规模的扩大，生产要素包括资本、信息、技术、人力资源等要素跨国流动的客观过程。广义的全球化，则既包括经济的全球化，也包括文化的全球化。从马克思主义的视角看，全球化就其本质而言是资本主义生产方式及其价值观念在全球范围的一个扩张过程。

本课程所说全球化主要是指经济全球化，即全球范围内的经济融合。全球化可以合理配置生产要素，改善国家间的劳动分工，提高市场机制的效率，促进经济增长，提高全球人民生活水平。其明显标志是生产网络全球化、市场全球化。跨国的商品和服务贸易的扩大，国际金融的迅速发展，先进技术的广泛迅速传播，使世界各国经济的相互依赖性增强。各国、各地区通过密切的经济交往加强经济协调，在经济上形成相互联系、相互依存、相互渗透、相互扩张、相互竞争、相互制约的关系，从资源配置、生产、流通到消费的多层次和多形式的交织和融合，使全球经济形成一个不可分割的有机整体。

1.2.2 国际商务是研究经济全球化的学科

随着经济全球化的深入发展，20世纪70年代，公司的快速扩张使国际商务的新兴领域将注意力集中于解释公司为什么要国际化，怎样实现国际化（组织、模式和过程）以及不同的商业环境影响公司国际化的原因和途径上。国际情境下，商务研究不能简单地被分解为经济学、管理、金融、营销等领域。需要的不仅是多学科（multi-disciplinary）方法，而且是整合学科（interdisciplinary）方法——整体（holistic）综合（integrated）的方法来研究，因为单一的学科无法回答企业为什么要国际化、如何走国际化的道路等复杂的问题。国际商务研究的是跨越国界或在企业母国之外从事的企业层次商务活动（可以是货物、资本、人员和知识的流动，可以是制造、采掘、建筑、银行、运输、广告等类似活动）。从宏观视角，可以将国际商务实践活动理解为国际（货物与服务）贸易、国际直接投资、相关支持及服务活动的集合。从微观视角，国际商务实践活动应被视为跨境交易（货物、服务的进出口和股权、资产的跨国并购）、海外运营、相关支持与服务活动的集合。无论是跨境交易、海外运营，还是相关支持服务，要么涉及特定的国际商业惯例与规则，要么涉及东道国当地的规则（对外经济规则＋本地商业规则），乃至（跨国并购情形下的）第三国监管规则。所以，"国际"商务相对于"国内"商务的特征意味着，从事国际商务活动至少需要遵守国际商业惯例和东道国的对外经济规则，并在东道国做到当地合规，努力进行文化适应。例如，美国内部投资区位的选择由经济变量解释，但若考虑投资韩国还是泰国，爱尔兰还是荷兰，那么政治、文化、法律制度、语言的考虑就是重要的因素，即非经济因素影响市场效率。

综上所述，国际商务是一门具有丰富内容的学科，它把全球当作一个整体，借助国际经济和国际企业管理的理论，研究国际企业如何规划生产和创新要素的全球最优配置，综合开展研发、生产、营销等经营活动，实现企业战略目标的应用学科。

学习国际商务意义重大。一是经过40多年的改革开放，我国已经深深融入经济全球化之中，即使身在国内也能深深感受到全球经济对我国经济的影响。做企业、搞经济不能只考虑国内环境，还要考虑国际经济的影响。二是我国企业已经从单纯地吸引外资、出口商品，向对外投资、海外经营的方向发展。当前，"一带一路"建设如火如荼，成果显著，亟须海外经营管理人才。三是随着我国经济实力的壮大，我国在国际组织的活动越来越活跃。我国提出经济全球化的新方案，构建人类命运共同体，需要培养更多人才参与国际组织，掌握中国国际规则话语权。学习本课程，学生能在跨国公司、外资企业、涉外经济贸易部门、政府机构、国际组织从事实际商务业务、商务活动策划、国际企业管理、法律咨询、政策研究等工作，就业前景十分广阔。

1.3 经济"全球化"的作用

从经济全球化进程所产生的影响和作用的角度出发，美国哈佛大学教授杰弗里·萨克斯认为，经济全球化的发生和发展使全世界发生了巨大的变化和变革，即它不仅促进了世界经济的迅猛增长和世界市场中宏观经济的稳定发展，还改变了全球的收入分配情况，世界政治格局也随之出现了新的变化。全球化是一把双刃剑，对于广大的发展中国家而言，既带来了机遇，也带来了严峻的挑战。全球化的进程中，出现了一系列的全球问题，产生了全球危机，如贫困问题、人口问题、粮食问题、气候变暖、环境恶化、疾病、贩毒、全球恐怖主义、全球金融危机、能源危机等。关于经济全球化的作用，我们从两个方面考虑，一方面是西方主导的经济全球化存在哪些弊病，另一方面是当前经济全球化对各国来说产生了哪些正负作用。

1.3.1 西方主导的经济全球化的弊病

社会经济过程是生产力与生产关系的统一。从生产关系的角度看，迄今为止经济全球化总体上属于资本主义主导下的经济全球化，主要体现了资本主义生产关系的要求。在《共产党宣言》等文献中，马克思和恩格斯深刻阐述了资本主义在推动经济全球化中的历史作用："资产阶级，由于开拓了世界市场，使一切国家的生产与消费都成为世界性的了。""资产阶级社会的真实任务是建立世界市场（至少是一个轮廓）和以这种市场为基础的生产。""它迫使它们在自己那里推行所谓的文明，即变成资产者。一句话，它按照自己的面貌为自己创造出一个世界。"

资产阶级曾经在历史上起过革命性作用，创造世界市场、推动经济全球化就是其突出的成就。正是基于这一事实，马克思和恩格斯曾经高度赞扬资本主义充当了历史的不自觉的工具，且负有为新世界创造物质基础的使命。同时必须看到，资本主义主导的经济全球化是以资本主义私有制为基础、以资本获取最大限度利润为动力的，奉行弱肉强食的丛林法则，包含着深刻矛盾和严重弊端。资本主义主导的经济全球化的矛盾和弊端包括以下几个方面。

1. 不平等

工业革命之后，西方国家率先进入资本主义社会，实现了现代化，确立了资本主义世界体系及其在这一体系中的支配地位，并通过暴力掠夺、殖民征服和经济科技优势，从中获得巨大利益。广大发展中国家则被卷入资本主义世界体系，并在这一体系中处于被支配地位，长期锁定于不发达状态。19世纪末20世纪初，部分欧美发达资本主义国家进入帝国主义阶段。列宁深刻指出，"资本主义已成为极少数'先进'国对世界上绝大多数居民实行殖民压迫和金融扼杀的世界体系。"第二次世界大战结束后，虽然殖民体系瓦解了，但资本主义世界体系的不平等性质并没有改变。资本主义积累的一般规律即一极是财富的积累、一极是贫困的积累，在世界范围内不断重演，并且愈演愈烈。

2. 不平衡

不平衡主要表现为：一是脱离了黄金和实物支持的美元成为世界货币，形成以美元霸权为核心的世界金融体系，货币创造与商品生产、虚拟经济与实体经济严重脱节，导致国际贸易和全球资本流动严重失衡，全球金融危机频繁发生。二是在商品和资本全球化日益发展时，劳动力的全球流动却受到严格管制，处于被分割状态，导致各国之间的收入差距持续扩大。三是发达国家一味要求发展中国家全面开放市场，自己却大都信奉国家利己主义，并根据需要在不同时期和不同领域交替使用自由贸易政策和保护主义政策。

3. 不可持续

生产社会化和生产资料私人所有制的矛盾是资本主义的基本矛盾。随着经济全球化的发展，资本主义基本矛盾也在更大范围和更高程度上发展起来，表现为全球范围的阶级对立、贫富分化、失业、生产过剩、生态灾难和金融动荡，并通过世界性的经济危机集中爆发出来，妨碍世界经济健康发展。在一个国家内部，资本主义基本矛盾虽然难以根除，但可以通过国家调节在一定程度上得到缓解。但在经济全球化条件下，由于不存在类似主权国家的权威机构，因此缓和资本主义基本矛盾和解决全球性危机是比较困难的。不仅如此，发达国家往往凭借自己的优势地位，采取以邻为壑的政策，甚至不惜发动战争以转嫁矛盾和危机，使经济全球化进程经常被经济民族主义或各种反全球化运动阻断或逆转。

1.3.2 经济全球化的正负作用

综观当前的现实，经济全球化具有二重作用，即积极作用和消极作用。

1. 积极作用

第二次世界大战后，许多发展中国家所采取的"进口化"或"出口导向"政策都不能脱离世界市场。发展中国家一般都缺少经济增长所必需的资本和外汇，因此适度接受外国资本可以弥补资本和外汇缺口，同时发展中国家普遍处于科技落后状态，购买外国技术或接受外国直接投资也可以促进技术进步，从而带动经济增长。参加经济全球化可以增加财富、增加就业、增加税收，接受外国直接投资还可以学习外国的社会化大生产的先进管理经验。

2. 消极作用

经济全球化所产生的利益是有条件的、有代价的，所以经济全球化也必然具有消极作用，其根本原因是国际垄断组织经常在损害别国利益的条件下实现自身利益的最大化。众多发展中国家在国际分工中处于从属地位，它们提供低附加值的原材料，出卖廉价的劳动力，以购买发达国家高附加值的工业制成品，在这个过程中民族工业自身发展受到抑制，所以不得不依附发达国家构建的世界经济体系。长此以往，富国与穷国之间本已经存在的差距越来越大，穷国的生存空间越来越小，中心国家与外围国家的矛盾也越来越严重，这些经济全球化的消极影响是不可否认的。

学习辅导 1.1　爱恨交织诉说经济全球化

另外，外国投资也带来外来文化的入侵和国家治权与主权的丧失的问题。

1.4　中国经济全球化进程和经验教训

1.4.1　中国对外开放的四个历史阶段

到现在为止，中国的全球化经历了四个阶段，如表 1-1 所示。

表 1-1　中国对外开放的四个阶段

阶　　段	标　　志	主要形式	目　　标	成　　就
第一阶段	十一届三中全会	对外贸易	引进国外先进技术，解决贫困	经济特区
第二阶段	邓小平南方谈话	引进外资	弥补短缺资金，经济转轨	全方位开放格局
第三阶段	加入 WTO	引进来、走出去	全球生产、产业多元化	世界工厂
第四阶段	"一带一路"倡议	对外投资、产业转移	产业优化升级	参与和主导全球规制

第一阶段是 1978—1992 年，即从十一届三中全会到邓小平的南方谈话前。这一阶段的主要工作是试办经济特区、进一步开放沿海城市、进一步扩大沿海开放区域和开发开放上海浦东新区，大力吸引外资和引进国外先进技术，快速发展中国经济，提高人民的生活水平。

第二阶段是从邓小平南方谈话到 2001 年中国加入 WTO（世界贸易组织）之前。这一阶段全面开放了沿边、沿江及内陆省会城市，形成了沿海、沿江、沿边和内陆地区多层次、全方位的开放新格局。同时对金融保险、旅游和房地产等原来禁止或限制外商投资的行业进行开放试点。在这期间，中国降低了 3 371 种进口产品的关税，取消了进口调节税，促进了对外贸易的发展。

第三阶段是中国加入 WTO 到实施"一带一路"倡议前。按照 WTO 的要求，中国开始了更深层次、更宽领域的对外开放和经济体制改革，促进了贸易投资便利化。其具体表现为：放开外贸经营权、大幅降低关税、取消进口配额等非关税措施，金融、商业和电信等服务业开放程度不断扩大，利用外资的质量进一步提高，进出口商品结构逐步优化。

加入 WTO 后，中国对外开放就由政策性开放向制度性开放转变。这是一种高层次的对外开放，具有以下特点：①由过去有限范围和有限领域的市场开放，转变为全方位的市场开放。②由过去单方面为主的自我开放，转变为中国与 WTO 成员之间双向的相互开放。

③由过去以试点为主的政策性开放，转变为在法律框架下的可预见的开放。

第四阶段是从实施"一带一路"倡议至今。这一阶段是通过对外开放全面深化国内改革，为我国深度融入全球经济在制度规则和增长动力上做好准备，完成国内经济与国际经济的对接，参与和主导全球规制。

1.4.2　中国改革开放的经验教训

对外开放 40 多年，使得中国国民经济增长迅猛。1978 年，GDP（国内生产总值）只有 3 645.2 亿元，人均 GDP 只有 381 元。而在 2020 年，中国 GDP 首超 100 万亿元，达到 101.6 万亿元人民币，增长了近 277 倍，GDP 总量位列世界第二，占世界经济的比重首次超过 17%。1978 年至 2019 年中国国内生产总值如图 1-1 所示。

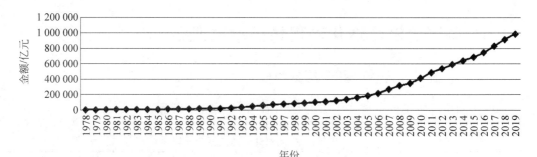

图 1-1　中国国内生产总值（1978—2019 年）

1978 年中国进出口贸易总额 207 亿美元，位列世界第 29 位。2010 年，中国就成为世界第一进出口大国，2020 年中国进出口总值达 32.16 万亿元人民币，再创历史新高，如图 1-2 所示。中国外贸的发展促进了经济的增长，为中国积累了大量的外汇，自 2004 年后，中国外汇储备稳居世界第一，截至 2020 年 12 月末，中国外汇储备为 32 165 亿美元。

从上述中国全球化发展现状来看，中国从中获得的经验可以归结为以下三点。

（1）中国充分地利用了国际分工。改革开放期间，中国发挥劳动力的优势，抓住国际产业转移的时机，引进外国的资金、技术和管理经验，大力发展劳动密集型产业，带动中国的就业，发展对外贸易，充分利用两个市场、两种资源，推动经济高速增长。

（2）中国坚持有序开放。中国在经济全球化进程中，坚持政府主导，有序地利用外资发展经济，有步骤地开放区域和产业领域，鼓励实业投资，限制资本的投机。在中国全球化进程中，中国首先采取试办 4 个经济特区，取得经验后，再进一步开放 14 个沿海城市，然后进一步扩大沿海开放区域，接着开发开放上海浦东新区，最后进入沿边、沿江和内陆地区的全面开放。循序渐进，逐步扩大开放，有序吸引外资。中国的有序开放，避免了外资对本国市场和产业的冲击，在引进外资的同时，国家始终控制经济命脉，掌握经济发展的主导权，努力培育了民族工业，建立了本国的工业体系，提高本国的全球竞争力，为进一步开放、融入全球经济体系打下良好的基础。

（3）中国坚持引进技术，不断学习、吸收并创新。中国在引进外资的过程中，努力学习、吸收先进技术和管理经验，并大力培养各类创新人才，提高创新能力，走一条引进、学习、吸收、创新的道路。不断进行的经济转型和产业的升级给经济注入新的活力。

这就避免了类似拉美国家的"中等收入陷阱"的现象,在促进中国全球化的过程中,不断地提高中国在国际分工的地位,从外围国家向核心国家演进。

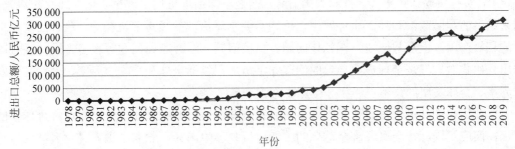

图1-2 中国进出口总额(1978—2019年)

中国在经济全球化进程中的教训主要有如下五点。

(1)中国的创新能力不强。相对发达国家而言,中国是贸易大国,但不是贸易强国。中国尚未掌握许多核心技术,许多技术仍然要进口,出口产品的附加值还很低,产品的质量尚需提高,缺少国际名牌产品。

(2)中国虽然是世界第二大服务贸易国,但中国的服务出口还处于低端。中国主要是劳务型输出,如建筑和运输服务出口占较大比例,而技术出口、软件出口、文化产品出口等智力型服务出口仍占较小的比例。

(3)中国的对外投资尚处于起步阶段。中国虽有庞大的外汇储备,但大多数外汇用于间接投资、购买国债等,直接投资少、利润低,且随美元的贬值而不断贬值。

(4)中国的外贸市场比较单一。中国大多数是与欧美等发达国家进行贸易,这些国家一旦遭受经济危机,中国经济就会受到比较大的影响,而且中国与贸易伙伴间贸易摩擦也比较大。

(5)工业化"后遗症"也在中国出现。由于长期注重经济增长,忽视环境保护,中国工业城市污染严重。过度开发还导致土地价格飞涨,劳动力成本不断上升,地区间、城乡间和行业间贫富差距失衡等问题。

1.5 经济全球化的发展前景

1945年第二次世界大战之后建立的是美苏两极争霸的世界格局,在全球治理中,随着东欧剧变、苏联解体,实质上演变成为美国主导下的单极治理格局。美国称霸世界几十年,在其倡导下,建立了联合国、WTO、世界银行(WB)及国际货币基金组织(IMF)等一系列国际组织。以美国为代表的西方治理话语,本质上是资本主义的价值观念与意识形态。在这种治理模式下,出现了全球治理的失灵,也称为治理失败。在公共行政学中,管理经济和社会事务有两种手段,一种是政府,一种是市场;有两种失灵表现,即政府失灵与市场失灵。西方价值观主导下的全球治理失灵主要表现有以下五个方面:一是治理理念滞后。西方价值观主导下的全球治理观在本质上是一种新自由主义价值观。二是治理规则偏颇。现有以美国为主导的西方经济治理体系本质上是西方大国主导下的、广大中小国家被动参与的中心—边缘结构，缺乏平等性和公正性。三是单边主义盛行。特朗普上台后，打破了以往国际政治很多的规则，他主张美国优先，退出 TPP 协定（跨太平洋伙伴关系协定），实行贸易保护主义，推卸大国责任。四是全球治理机构出现空心化。21 世纪以来，越来越多的国际政治和经济事件发生，迫切需要全球治理的最重要机构——联合国发挥自己的积极作用。但事与愿违，在朝核问题、伊核问题、欧洲难民问题等很多方面，联合国作用开始式微。五是全球失灵导致的治理赤字增加，包括全球和平安全赤字、全球贫困发展赤字、全球文明冲突治理赤字和全球生态治理赤字等。

在此历史的转折点，习近平主席多次发表重要讲话，系统阐述了中国对经济全球化的认识，回应了国际社会对经济全球化的关切，反映了中国共产党和中国人民对人类命运与世界发展的深刻思考，为引导经济全球化健康发展提供中国方案、贡献中国智慧。

第一，坚持经济全球化的方向不动摇。经济全球化是社会生产力发展的客观要求和科技进步的必然结果，是历史大势，其推动了贸易大繁荣、投资大便利、人员大流动、技术大发展。把困扰世界的问题简单归咎于经济全球化，既不符合事实，也无助于问题解决。因此，必须坚定不移地推进经济全球化进程，旗帜鲜明地反对保护主义，促进商品、服务和生产要素在全球范围更加自由便捷地流动。

第二，积极引导经济全球化的走向。应当看到，经济全球化是一把"双刃剑"，存在增长和分配、资本和劳动、效率和公平等矛盾。当世界经济处于下行期的时候，这些矛盾就会更加突出，更加凸显经济全球化存在的问题和弊端。新形势下，必须积极引导经济全球化的走向，努力消除经济全球化的负面影响，着力解决公平公正的问题，推动经济全球化朝着普惠共赢的方向发展。

第三，建立以合作共赢为核心的新型国际关系。一方面，在坚持平等互利原则的基础上积极推进贸易和投资自由化便利化，促进公平开放竞争。另一方面，建立健全宏观经济政策协调机制，推动国际经济、金融、货币体系改革，加强各领域务实合作，加强国际援助交流合作，推动各国经济全方位互联互通和良性互动，缩小南北差距，消除贫困和饥饿，促进共同发展。

第四，完善全球经济治理体系。随着全球性挑战增多，加强全球治理和推进全球治理体制变革成为大势所趋。完善全球经济治理体系，要以平等为基础、以开放为导向，倡导共商、共建、共享的全球治理理念，坚持正确义利观，推动变革全球治理体制中不公正不合理的安排，促进全球治理规则民主化、法治化，努力使全球治理体制更加平衡地反映大多数国家的意愿和利益。

第五，共同构建人类命运共同体。在经济全球化条件下，各国相互联系、相互依存、命运与共、休戚相关，日益成为一个你中有我、我中有你的命运共同体。因此，应坚持人类命运共同体理念，共同推动构建人类命运共同体，坚持对话协商、共建共享、合作共赢、交流互鉴、绿色低碳，努力建设一个持久和平、普遍安全、共同繁荣、开放包容、清洁美丽的世界。

2015 年，习近平在出席联合国大会一般性辩论的讲话中做了系统的阐述，人类命运共同体具体内涵包括："（1）建立平等相待、互商互谅的伙伴关系；（2）营造公道正义、共建共享的安全格局；（3）谋求开放创新、包容互惠的发展前景；（4）促进和而不同、兼收并蓄的文明交流；（5）构筑崇尚自然、绿色发展的生态体系。"2017年党的十九大报告中，习近平将人类命运共同体理念进一步发展，深化为五个坚持：一要"坚持互相尊重、平等协商，坚决摒弃冷战思维和强权政治，走对话而不对抗、结伴而不结盟的国与国交往新路"；二要"坚持以对话解决国际争端、以协商化解分歧，统筹应对传统和非传统安全，反对一切形式的恐怖主义"；三要同舟共济，促进贸易和投资自由化、便利化，推动经济全球化朝着更加开放、包容、普惠、平衡、共赢的方向发展；四要尊重世界文明多样性，以文明交流超越文明隔阂，文明互鉴超越文明冲突，文明共存超越文明优越；五要"坚持环境友好，合作应对气候变化，保护好人类赖以生存的地球家园"。

构建人类命运共同体，不仅是中国的一个外交战略目标和理念，也是一个具体的实践。党的十八大以来，习近平同志从构建人类命运共同体的战略高度，提出实施"一带一路"倡议，并取得了很多伟大的成就。中国设立了亚洲基础设施投资银行和丝路基金，与周边国家签署睦邻友好合作条约，中国还积极支持联合国的改革，提供力所能及的对外援助，积极、努力、主动地塑造中国的大国形象。在不同的场合，习近平总书记曾多次强调要建设亚洲命运共同体、建设中非命运共同体。这些都是构建人类命运体的生动具体实践。

中国是经济全球化的受益者，更是贡献者。改革开放以来，中国积极主动参与经济全球化进程，日益成为推动世界经济发展的重要动力。更为重要的是，中国的改革开放实现了社会主义制度与市场经济的有机结合，超越了以私有制为基础的资本主义市场经济的流俗教条，为人类探索更好的社会制度开辟了广阔道路。国际关系是国内关系的延伸，社会主义市场经济理论和实践的成功，为探索

学习辅导1.2 中国的经济全球化道路越走越宽广

公正合理的新型国际关系和经济全球化道路展现了光明前景。

【本章小结】

本章主要介绍关于经济全球化的概念、经济全球化的发展过程和经济全球化对各国的影响，还说明了中国在改革开放中所取得的经验教训，分析了当前经济全球化中存在的主要问题，阐述了中国建设人类命运共同体的主张，为大家展示一幅经济全球化的蓝图。

【思考题】

1. 名词解释：经济全球化、国际商务、人类命运共同体
2. 西方主导的经济全球化有哪些矛盾和弊端？
3. 经济全球化经历了哪些过程，其影响因素是什么？
4. 经济全球化有什么正面、负面的效应？
5. 中国为什么能在全球化过程中取得良好的成就？
6. 全球治理失灵表现在哪些方面？如何推动全球化朝正确的方向发展？
7. 学习国际商务有什么意义，就业前景如何？

【即测即练】 ---

【英文阅读】 ---

第二篇　国家竞争

当前国与国之间的竞争已经达到白热化的地步，各国政府利用科技、产业、货币、财政、贸易、投资等政策争取全球分工的最佳位置，这些政策严重影响国际企业的营商环境，国际企业应当充分了解这些影响，趋利避害。

第2章 国家竞争理论

【学习目标】

1. 掌握波特钻石理论；

2. 了解国家软实力理论，学会分析文化、政治制度、价值观等软实力对国际商务活动的影响；

3. 了解国家竞争力及营商环境的评价与衡量，学会利用国家的竞争力和营商环境排行榜分析研究不同国别的投资、生产和经营环境。

思政案例

中美应探讨构建良性竞争模式

拜登政府宣布视中国为最严峻竞争对手，延续中国崛起挑战美国主导国际秩序的视角，但也主张避免对抗和冲突。中国一直强调中美应聚焦合作、管控分歧，发展以协调、合作、稳定为基调的双边关系。双方思维和表述方式虽有差异，但就一些根本性问题仍有基本共识。当前正值拜登政府履新、中美关系重塑的窗口期，中美应共同探讨构建良性竞争模式。

过去四年，特朗普政府"乱拳出击"给中美关系留下诸多负面遗产。首当其冲就是将中美关系带入恶性竞争轨道。特朗普政府以零和思维处理中美关系，在经济技术、政治外交等多个领域对华极尽打压、遏制之能事，还试图切断合作渠道，炮制中美脱钩。其次，特朗普政府刻意将两国实力竞争升至意识形态高度，恶意攻击中国政治制度和治理模式，不仅严重损害两国政治互信，也显著压缩双边关系转圜的空间。最后，美部分政客全然不顾道义准则、充斥自私、谎言与欺骗的"低级黑"手段严重拉低美国信誉，破坏中美对话与合作。

拜登政府已展现回归自由多边主义的姿态，有很大机会扭转或改善上述局面。避免中美关系走向对抗或冲突的根本途径是建立一套鼓励良性竞争的模式和规范，即参与者通过竞赛或合作等方式专注于提高自身能力和水平，而非刻意压低对方，最终所有参与者都获得进步，从而带来整体水平提升的竞争方式。

中美需摒弃易导致恶性竞争的"非赢即输""非黑即白"式冷战思维，以辩证方法论将竞争限定在有限领域，避免升至意识形态高度，且遵循基本的诚信底线。这是建立高水准、可预测、可管控的竞争模式的必由之路。中美实现良性竞争，不仅有利两国人民，更可造福世界。

经济技术可能成为中美竞争最激烈的领域。目前西方一个颇有市场的观点是，中美竞争将很大程度体现为经济规则与技术标准之争，尤以生物技术、人工智能、量子计算等引领未来的高科技领域最为突出。中美或许能通过多边机制、伙伴关系等安排构建最符合自身利益的技术圈和经济圈，形成彼此独立运行的两套标准、两个系统。

但事实上，开放与交流已成无法逆转的全球趋势，这类"冷战"式的平行系统说并不现实。良性的中美竞争不应刻意将世界阵营化，而应加强磋商，中美以竞争促合作、以合作展所长，才是理想的模式。

政治外交领域更为敏感复杂。若美国执着于塑造中国制度威胁论，虽然可能一定程度起到凝聚国内和盟友伙伴支持的作用，但其实并不明智。贬损对方制度和价值观的叙事极具攻击性，易激起群体性对抗，将双边关系逼入墙角。中国的哲学文化传统崇尚多元包容、合作共生，认为各国应根据本国国情与文化传统选择最适合的政治道路。不同制度和治理模式在不同条件下有时成为优势，有时显示不足，故中美在这一领域本无竞争。互相借鉴，不断完善自身治理才是理想的互动状态。

在军事安全领域，中美的确存在潜在地缘战略竞争关系，在一些新兴战略领域也存在比拼。中美在安全领域建立良性关系的关键是分歧管理和危机预防，避免偶发突发的冲突与对抗。中美两军可通过加强实质性对话增进了解、减少误判，同时增加在新兴战略领域的沟通，探索建立一定行为准则的可能性。中美两国在打击恐怖主义、核不扩散、应对气候变化等全球安全事务中也存在广泛共同利益，可在多边框架中推进合作，积累互信。

中美皆是有着高度政治智慧和哲学底蕴的国家，理应有能力推动双边关系在试错后纠错、在波折中前行。

资料来源：张薇薇.国际观察：中美应探讨构建良性竞争模式 [EB/OL].（2021-02-24）http://world.people.com.cn/n1/2021/0224/c1002-32035654.html.

当前，中美之间的竞争十分激烈，美国为了维护其国际垄断地位，不惜采用一切手段，因此中美应探讨构建良性竞争模式。美国及其盟国围堵中国，对中国企业的贸易和投资造成重大的影响。它们干扰中国企业正常的经营活动，增加了企业海外经营的风险。因此，国际企业要学会分析商务环境，寻找开展国际经营活动最佳的商机。

国家的竞争依靠硬实力与软实力，它们共同构成一国的竞争力。硬实力包括一国的要素禀赋、经济、科技、军事力量；软实力包括一国的政治制度、文化、国家形象等。虽然竞争是全球经济发展的动力，但是竞争应当在公平、公正的基础上有序进行。

2.1 波特钻石理论

2.1.1 波特的钻石模型

波特的国家钻石模型解释了国家如何能在某个特定产业的国际竞争中获得成功。他认为，这要决定于每个国家都有的四个环境因素：生产要素，需求条件，相关和支持产业的配套发展，企业的战略、结构与竞争状态。此外，政府和机遇作为另外两个辅助因素也影响着上述四个因素，对一国产业国际竞争力产生影响。波特认为这六个因素共同构成一个动态的、激励创新的竞争环境，并成为一国产业国际竞争力的来源，如图 2-1 所示。波特详细分析了这些因素对产业竞争力的影响。

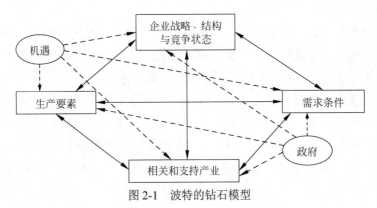

图 2-1　波特的钻石模型

注：实线为四个环境因素间相互影响；虚线为辅助因素对环境因素的作用关系。

1. 生产要素

波特认为一国的要素禀赋在决定一国的竞争优势方面所起的作用要比通常所认为的更为复杂。他指出在大多数产业的竞争优势中，生产要素通常是创造得来而非自然生成的，并且会因各个国家及其产业性质而有极大的差异。在任何时期，被创造、升级和专业化的人为要素条件比天然的生产要素更重要。他还指出，丰裕的生产要素可能会反向抑制竞争优势，而不能提供正向的激励作用；相反，生产要素的劣势可能通过具有影响力的战略和创新来获得竞争优势，如日本、新加坡，资源匮乏但是经济很发达。

波特提出了两种要素分类方式：一种是将它们分为初级要素（basic factor）和高级要素（advanced factor）两类。初级要素是一国先天拥有的，或只需要简单的私人及社会投资就能得到的要素，如天然资源、气候、地理位置、非熟练劳动力、融资等；高级要素是需要长期投资或培育才能创造出来的要素，包括现代化的基础设施、高等教育人力资源（如电脑科学家和工程师）以及各大学研究所等。另一种是根据生产要素的专业程度分为通用要素（generalized factor）和专用要素（specialized factor）。通用要素包括公路系统、融资、受过大学教育并且上进心强的员工，它们可以被用在任何一种产业上；而专用要素则限制在技术型人力、先进的基础设施、专业知识领域以及其他定义更明确且针对单一产业的因素。波特认为，一个国家想要由生产要素建立起产业强大且持久的竞争力，则必须从事要素创造，要着力发展高级生产要素和专业性生产要素，这两种要素的可获得性决定了竞争优势的质量及其可持续性。他还指出，产业表现卓越的国家经常也是创造生产要素或提升必要生产要素的高手。因此，能拥有高级研究环境的国家，其竞争力也将提高。对国家而言，能创造出生产要素的机制远比拥有生产要素的程度重要。

2. 需求条件

这里的需求条件指的是国内市场需求。波特认为，国内市场需求会影响一国产业发展的效率。他分析了国内需求市场对产业竞争力的影响的三种不同方式。

（1）国内市场的性质。这包括三层含义，一是本国需求是否具有全球性，即在具有全球性的市场细分国家里，市场导向会使企业更注意适应国际需求。当本国需求占全球市场较大份额时，本国企业易于占据竞争优势。二是本国需求是否具有超前性，即如果本国需求具有超前性，那么为之服务的本国厂商也就相应地走在了世界其他厂商的前面。三是本国需求是否最挑剔，即往往最挑剔的购买者会迫使当地企业在产品质量、品质和服务方面满足消费者的高标准要求，而在这种需求环境下成长起来的企业往往具有较高的竞争力。

（2）国内市场的大小与成长速度。波特认为，国内市场规模是一把"双刃剑"，即一方面具有激励厂商投资、再投资的动力，因而成为产业国际竞争力的一大优势；另一方面，庞大的国内市场所带来的丰富机会，也可能导致厂商丧失向海外拓展的意愿，这就形成不利于国际竞争的因素。因此，必须综合考虑各种竞争要素，才能看出市场规模对产业竞争力的利弊。

（3）国内市场的国际化能力。如果国内市场需求转换为国际市场需求的能力高，企业就可以将更多的本国产品或服务推向海外，从而提高本国产业的国际竞争力。国内市场的国际化形式多样，如通过跨国企业来开拓海外市场，利用外国客户来本国训练观摩机会向他们推广本国的产品，或国家之间的结盟或经济援助，等等。

得益于中国 14 亿人口规模和改革开放释放的政策红利，中国的消费市场规模与日俱增。在中国，至少有 4 亿人、1.4 亿个家庭年收入在 10 万～ 50 万元之间，他们有购车、购房和闲暇旅游的能力，也有日益增长的美好生活需要。2019 年，天猫"双 11"促销活动仅用 14 小时 21 分 27 秒就创下 2 000 亿元成交额的历史纪录，蒸汽拖把、空气炸锅和除螨仪等品质电器成为消费者"新宠"。2019 年，中国社会消费品零售总额为 41.2 万亿元，同比增长 8%。同期，美国社会消费品零售总额为 6.24 万亿美元，同比增长 3.6%。按当年汇率折算，中美之间的消费规模仅相差 2 700 亿美元，并且差距在不断缩小。

3. 相关和支持产业

波特指出，相关和支持产业之间存在着密切的协同效应。一方面，当本国的支持产业（波特指的是供应商）具备国际竞争力时，它会通过各种方式为下游产业创造竞争优势。例如：教学科研部门可以以最有效的方式为国内企业创新服务；通信部门可以促进信息在产业内传递，加快整个产业的创新速度。另一方面，竞争力强的产业也会通过"提升效应"（pull-through effect）带动相关产业发展。美国制造业回流之路步履艰难深刻体现了相关产业的重要性。

4. 企业战略、结构与竞争状态

波特认为，各个国家由于环境不同，需要采用的管理体系也就不同，适合一国环境的管理方式能够提高该国产业的国际竞争力。波特通过实证研究发现，强有力的国内竞争对手普遍存在于具有国际竞争力的产业中。这也说明，激烈的国内竞争是创造和保持国际竞争优势的最有力的刺激因素。其原因在于，国内竞争会迫使企业不断更新产品，提高生产效率，以取得持久、独特的优势地位。此外，激烈的国内竞争还会迫使企业走出国门在国际市场上参与竞争，这使得企业变得更加成熟，更具有竞争力，更容易在国际竞争中取胜。

5. 机遇

波特认为一些偶然性的事件或机会有时也会对一国的产业竞争优势产生影响。其中特别重要的有：基础科技的发明创新、传统技术出现断层（例如能源危机）、全球金融市场或汇率的重大变化、全球或区域市场需求剧增、外国政府的重大决策、战争等。偶然事件之所以重要，是因为它会打破原有的状态，提供新的竞争空间。这些事件使得原来的竞争者优势失效，而为能够适应新形势的国家企业获得竞争优势提供了机会。当然，各国能否利用偶然事件所提供的机遇来获得产业国际竞争优势，还要取决于各种其他的因素，同样的机遇在不同的国家所造成的影响有好有坏。如新冠肺炎疫情的出现推动了电子商务的发展。

6. 政府

波特认为政府的首要任务就是要尽力去创造一个支撑生产率提升的良好环境，其作用机制主要体现在：①政府可以通过补贴、教育投资和资金市场等政策影响到生产要素。波特重点强调了政府在提供高级生产要素和专业化生产要素中的重要作用。②政府对需求条件的影响体现在两方面，第一，政府制定本地产品规格标准，影响客户的需求状态；第二，政府本身通过政府采购影响国内市场的需求状况。③政府可以通过规范媒体的广告形式或产品的销售活动方式等来影响相关和支持性产业。④政府可以通过运用金融市场规范、税收、反垄断法、反不正当竞争法等政策工具影响企业的战略结构和竞争状态。

2.1.2 钻石模型的延伸、变形

1. 双钻石模型

鲁格曼（Rugman，1991）认为波特模型强调国内市场和国内企业，只适用于解释像美国和日本这类大国的情况，用来解释像加拿大这样外向型经济就会出现大量的错误结论。这是评价波特模型最有代表性的观点，和其他争论一起成为国家竞争优势理论发展的动力。

因此，鲁格曼和克如兹（Rugman et al.，1998）认为加拿大企业的竞争优势不能靠单一的国内经济环境，即"母国钻石"（home country diamond）来解释，而要将跨国经营（multinational activity）纳入分析。加拿大的企业管理者需要同时考虑美国钻石和加拿大钻石，并且要把二者联系起来进行决策活动。鲁格曼等为了更好地解释加拿大的国家竞争优势的来源，建立了双钻石模型（double diamond model），如图 2-2 所示。

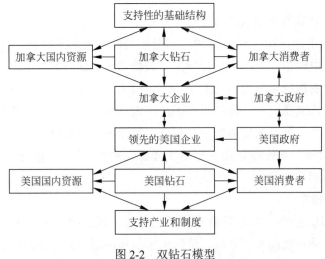

图 2-2 双钻石模型

2. 一般双钻石模型

穆恩等通过构建国内钻石（domestic diamond）和国际钻石（international diamond）来解释小国的国家竞争优势，建立了一般化的双钻石模型（the heneralized diamond model），如图2-3所示。

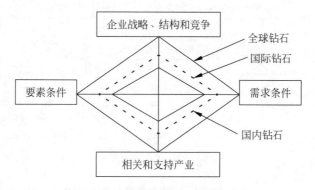

图 2-3 一般化的双钻石模型

模型中的内部实线钻石代表的是国内钻石，外围实线钻石代表的是全球钻石（global diamond），而这两个钻石之间的虚线钻石所表示的是国际钻石。国内钻石的大小由国内经济环境变量决定，国际钻石则是在此基础上纳入跨国经营这个变量后的国家竞争优势。全球钻石是指假定一个国家经济完全融入全球经济时该国国家竞争优势的决定因素，一个可预见时期内的固定不变钻石。国内钻石随着国家规模及其竞争力的变化而变化。国际钻石和国内钻石之间的差距则表示跨国经营活动。跨国经营活动包括资金流出和资金流入。

一般双钻石模型和波特钻石模型的区别主要表现在三方面：一是引入了跨国经营活动；二是更加肯定了政府的作用，将政府作为重要变量，而不仅仅是一个外部变量；三是双钻石模型也说明一个国家要扩大开放，充分利用国内和国外两种资源、两个市场的重要性。在新冠肺炎疫情背景下，我国提出了国内国外市场双循环策略，充分体现出国内国外双市场的作用。

3. 九要素模型

韩国汉城国立大学学者乔东逊（Cho.D.Sung，1994）以韩国经济发展为实例，研究了欠发达国家或发展中国家的国家竞争优势来源。他认为国家竞争优势来自人的要素、物的要素和机遇。人的要素分为四个：工人，制订和实施经济计划的政府和官僚，敢冒风险投资的企业家，掌管营运的职业经理人和执行新技术的工程师。物的要素也有四个，即禀赋资源、商业环境、相关和支持产业以及国内需求。乔东逊把外部机遇作为第九个要素，建立了九要素模型（the nine factor model），如图2-4所示。

通过以上分析可以看出，以上四个国家竞争优势模型有其特定的研究对象和前提条件，国家竞争优势模型的构成要素并不全相同，其结论也只能对特定的国家和地区作出合理解释，但不可否认，这些国家所具有的竞争优势是全球性的。现对上述模型总结如表2-1所示。

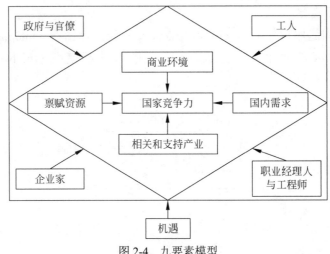

图 2-4　九要素模型

表 2-1　国家竞争优势模型比较

模型名称	提出者	国家竞争优势的决定要素	适用范围	主 要 结 论
钻石模型	波特	四个主要因素：要素条件，需求条件，企业战略、结构和竞争，相关和支持产业；两个辅助条件：政府，机遇	发达国家	国家竞争优势主要取决于母国基地，即国内环境
双钻石模型	鲁格曼克如兹	加拿大钻石美国钻石	加拿大	美国钻石也是决定加拿大国家竞争优势的主要因素
一般双钻石模型	穆恩鲁格曼沃柏克	国内钻石国际钻石	小国	一般小国的国家竞争优势必须考虑跨国经营的主要因素
九要素模型	乔东逊	人的要素：工人，政府和官僚，企业家，职业经理人和工程师；物的要素：禀赋资源，商业环境，相关及支持性产业以及国内需求；外部因素：机遇	韩国	人的因素是韩国国家竞争力的决定因素

2.2　国家软实力理论

国家竞争力不仅体现在有形的基本资源（土地、人口、自然资源等）、经济、科技、军事等方面，还体现在一些无形的文化、政治制度、外交政策等的影响力。这些无形的力量可以潜移默化地影响跨国企业的形象、商誉，进而影响企业方面的经营管理、市场营销和投资等行为。以下我们重点分析软实力及其对国际商务的影响。

2.2.1　国家竞争软实力的起源与概念

最早明确提出"软实力"概念的是美国著名学者、哈佛大学肯尼迪政府学院院长约瑟夫·奈。他在 1990 年出版的《注定领导世界：美国权力性质的变迁》一书以及同年在美国著名的《对外政策》杂志上发表的题为《软实力》一文中，明确提出和阐释了"软实力"概念。之后，他又相继发表了一系列相关的文章和著作，对其软实力思想进行了梳理、扩展和完善，从而形成了一套软实力理论。

约瑟夫·奈认为，"软实力"（soft power）是相对于冷战期间大国对抗的轴心"硬实力"（hard power）而言的，在世界变革的情况下，所有国家，包括美国，要学会通过新的力量源泉来实现其目标：操作全球相互依存，管理国际体系结构，共享人类文化价值。他将这种新的力量源泉称为"软实力"，并强调相对于通过经济胡萝卜或军事大棒威胁利诱达到目的的"硬实力"而言，"软实力"是价值观念、生活方式和社会制度的吸引力与同化力，通过精神和道德诉求，诱惑和说服别人接受某些行为准则、价值观念和制度安排。

约瑟夫·奈认为，国家的软实力主要来自三种资源：文化（在能对他国产生吸引力的地方起作用）、政治价值观（当它在海内外都能真正实现这些价值时）、外交政策（当政策被视为具有合法性和道德威信时）。他在《软实力：世界政坛成功之道》一书中列出了美国产生软实力的潜在资源，也就是吸引力表现：美国吸引的外国移民是排名第二的德国的 6 倍；美国是世界上遥遥领先的电影和电视节目的出口国；全球 160 万海外留学生有 28% 在美国，相比之下，英国只有 14%。其他衡量指标，如：美国比其他任何国家出版的书籍都多；音乐销售量高于排名第二的日本两倍多；互联网网站主机是日本的 13 倍；所获物理、化学和经济学诺贝尔奖最多；所获文学诺贝尔奖排名第二；发表的科学及期刊文章数目几乎是排名第二的日本的 4 倍等。

2.2.2 软实力的构成和评价指标

软实力包括同化力、规范力和影响力，这三部分和八项评价指标，是软实力评估的核心内容。

1. 同化力

同化力是一国吸引他国自愿效仿和追随的魅力，能够让对方认可、接受并效仿，甚至成为自己价值和文化的一部分，转化成为它们的行为方式或行为准则。同化力主要来源于文化和发展模式两个方面。文化虽然无法为我们用肉眼所见，但是文化的作用时时刻刻存在。母国与东道国的历史、文化、语言和商业习惯等方面形成的"文化距离"会对直接投资的绩效产生很大的影响。在"文化认同"国设立企业，有利于对办事流程、规则形成合理预期，在具体投资和管理中将获得较大的便利性。

软实力中的文化因素是通过各种传播途径使他国了解、接受本国的文化和观念等，从而对他国形成强大的同化力，最终使他国行使符合本国意愿的行为，达到本国的国家目标。以美国为例，仅 1948 年至 20 世纪 90 年代初期，政府财政资助的富布赖特文化交流项目年均使用的资金就约 2 亿美元，其合作国家和地区多达 140 多个，参与人数约 30 万，被视为"对美国国家长远利益投资的一个典范"，"二战以来世界上最慷慨、最富有想象力的事务之一"。目前，全球网络信息资源中，英文信息约占 90%，这使得美英文化产业在网络信息传播与舆情引导方面居于主导地位。

发展模式是国家在相互依赖的时代背景下，实现国家目标的一种战略选择。所谓发展模式，是指一系列带有明显特征的发展战略、制度和理念。国家的发展模式是软实力的重要内涵，成功的发展模式可以创造一种优势，让其他国家效仿，这样无疑使具有发展模式优势的国家形成了软实力。发展模式需要具有某些优良的特性，只有那些面对国内外冲击而仍然能够保持经济发展的稳定性并能够解决各种发展过程中的复杂问题的发展模式，才能成为国家的软实力而得到国际社会广泛的承认和学习。国际上有"华盛顿共识"与"北京共识"之争，说明中国的发展模式受到更多发展中国家和地区的青睐。

2. 规范力

规范力是确立一种将他国导向本国意愿的能力。如果一国能够建立与国际社会相一致的国际准则，那么必然限制了其他国家的行为能力，而设计者更容易在国际社会实现自己国家利益。规范力主要来源于国际制度和外交能力两方面。国际制度是国际社会某一领域内，国家行为体在认识上趋于一致的原则、规范、规则和决策程序，在当今社会发挥越来越重要的作用。国家可以通过建立和主导国际规范、国际组织来影响世界政治、经济的进程，通过这样的软实力影响他国的偏好，让他国行为与本国的利益和价值观念相吻合，这比使用军事手段和经济手段更加廉价有效。

国家的外交能力直接关系到国家在国际社会中的规范力。积极提出各种符合自身国家利益的外交政策和外交构想，将本国的意愿转变为国际社会广泛接受的共同愿景，必然有利于本国在国际制度、国际组织中发挥自身的作用，有利于实现国家利益，树立积极的国际形象。

当今的国际规则是西方按照自身的利益形成一整套国际交往规则和国际经济规则。这些规则是西方资本主义秩序的产物，是国际话语权和国际影响力的体现，代表西方资本主义的利益。广大第三世界国家从未真正作为平等的一员参与制定这些规则，却不得不接受和执行这些没有反映其根本利益的规则，处于明显的不利境地。比如，美国凭借雄厚经济实力，对 IMF、世界银行、WTO 等各种国际经济组织施加广泛的影响，尽力维护旧的国际经济秩序，帮助西方发达国家企业在全球的扩张。

3. 影响力

影响力是指在国际社会中的一国受他国认同而享有的力量。影响力是由于本身的优势或者通过各种途径所产生的巨大积极效应。影响力分为国际影响力和国内影响力。国际影响力主要来源于国家形象和国际传媒，而国内影响力主要来源于国内状况和科技信息。

国家形象是国际社会对国家的分析和评论。积极的国家形象可以促进本国同其他国家在政治、经济、文化方面的交流；消极的国家形象可以使国家陷入发展的困境。因此，一国要在国际舞台上树立自身的威望，塑造积极的国家形象，建构自身在国际社会中的身份，从而谋求或者扩大国家在地区或者全球的影响力。国家形象不仅是国际政治博弈的重要变量，亦是国际经济博弈的重要因素，其经济功能在于：国家形象可以影响外国公众对该国生产的商品、所提供的服务、所进行的投资活动的态度，进而影响该国企业在国际投资领域是否能够处于有利地位。对于东道国政府、企业与居民而言，当它们考察一家跨国公司时，往往首先会联想到企业背后的国家形象，比如可口可乐代表美国、诺基亚代表芬兰、大众代表德国、三星代表韩国。跨国公司是国家形象的延伸，良好的国家形象会对国外公众产生吸引力，造成"国家认同"，由此派生出"企业认同"，给该国企业的投资带来好处。

国际传媒是国家软实力建设的重要途径。媒体的影响力不但直接提高了软实力，它本身也成为软实力的重要组成部分。这样看来，国际传媒与软实力有着内在的关联。国际传媒不仅可以塑造积极的国家形象，同时也是传播软实力要素的载体和渠道，国家在国际传媒中的力量优势将决定着本国有着更多的机会传递有利于自身的信息，对他国造成强大的影响力。

国内状况主要包括国民素质和政府能力两个方面。国民素质是国家软实力的重要方面，国家的发展、民族的复兴、社会的和谐与国民的素质都是密切相关。尤其在当今社会、经济、科技、军事方面激烈竞争的背后都是人的竞争，人与人之间的竞争中，国民素质的作用是不可替代的。所以，一个国家的教育体系，对传播本国文化、提高整体国民素质、增强国家的软实力，对国家和民族的发展至关重要。政府能力是软实力的重要组成部分，如果政府的政策以民为本，行政效率高，官员清正廉洁，国家便形成强大的国家凝聚力和向心力。

科技信息要素在新科技革命以来发挥重要作用。一直以来，科学技术是生产力发展的关键要素，推动人类文明的进步和发展，人类的每一次生产力的提高、文明的进步都和科学技术密不可分。在信息革命时代，信息成为科学技术的重要方面，是国家发展的决定性资源，在国家总体实力中发挥着支柱性作用。国家实力已经开始从"资本密集型"向"知识密集型"转变，即遵循从"经济竞争"向"知识竞争"转变的国际战略过程，而知识竞争的关键在于科技信息，所以科技信息对国家形成的影响力不容忽视。

同化力、规范力、影响力是构成软实力属性的三大要件，三者之间能够并列存在，也能够相互作用、相互影响。普世性的文化和发展模式的同化力有利于建立国际制度和外交准则的规范能力，而这种规范能力的建构恰恰能形成对国内和国外的巨大影响力，强大的影响力对同化力、规范力的建设也有着积极的影响。文化、发展模式、国际制度、外交能力、国内状况、科技信息、国际传媒、国家形象是国家软实力八项核心要素，是对一国软实力进行评估的代表性指标。软实力的三大要件和八项指标共同构成了国家软实力的指标体系。软实力的构成要素如图2-5所示，国家软实力观测点如表2-2所示。

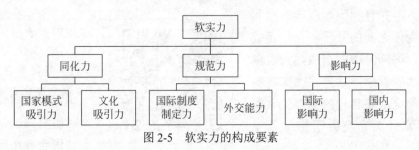

图2-5 软实力的构成要素

表 2-2　国家软实力观测点

指　　标	观　测　点	指　　标	观　测　点
文化方面	外国留学生的人数 相同民族文化的国家数量 学习语言的外国公民数量 对外宣传文化的机构数量	国内状况	国民的受教育程度 国民的凝聚力状况 政府与社会的互动关系 政府政策的制度和执行能力
发展模式	发展模式的稳定性 发展模式的自我调整能力 受发展模式吸引的国家数目	科技信息	重大科研项目的数量 科技信息的转化能力 科技信息投资总额及占全国 GDP 的比例 从事科技信息的人数及占全国总人数的比例
国际制度	创建国际组织的数目 参与国际组织的数目 联合国安理会的投票权 世界银行与国际货币基金组织投票权	国际传媒	对外电影的出版量和放映时间 对外广播的听众数目和播放时间 对外电视节目的套数和放映时间 互联网的全球通信量和访问量
外交能力	军事盟友的数量 举办重大国际活动的数量 从事外交工作的人数和素质 外交政策的议案被采纳的数量	国家形象	发动对外战争的次数 对外维和活动次数 对外经济援助的次数

2.2.3　软实力的主要特征

　　国家软实力主要具有以下特征：一是国家软实力的客观性，即国家软实力虽然不像硬实力那样可以直接进行量化分析，但它作为一种文化力和制度力，同样是客观存在的，也是能够直接感知的，在国内经济社会发展和国际关系领域能够发挥十分重要的作用。二是国家软实力的主体间性。国家软实力主要体现为一种吸引力和认同力，存在于主客体相互作用的过程中，即主客体通过非强迫的方式彼此形塑的能力。三是国家软实力的相对性。由国家软实力的主体间性特征，可以推导出国家软实力的相对性。假如 A 国通过非强迫方式成功地使 B 国做出 A 国所期待的行动，那么一定程度上可以认为，A 国相对于 B 国更具软实力。四是国家软实力来源途径的多元性和多层次性。从国家软实力来源途径来看，它源于一国文化、价值观念、政治经济制度和外交政策等多种渠道。同时，国家软实力又可以分为不同层次，如国家整体层面的软实力和区域层面的软实力。五是国家软实力的价值理性功能。国家软实力存在的重要前提，在于它所倡导的价值符合人类社会发展的内在要求和潮流，并有利于增进国内福利和国家行为体之间的共同利益，促成良好国内、国际治理的形成。六是国家软实力的工具理性功能。国家软实力是实现国家战略目标的重要工具，在赢得国家最大利益方面扮演重要角色。

学习辅导 2.1　国际竞争的软硬实力及其来源

2.3 国家竞争力的评价与衡量

国家竞争力的概念始于 20 世纪 70 年代末 80 年代初期，它包含了四个方面内容：企业、产品、产业、国家中最宏观的一个层面。国家竞争力的概念和相关研究始于冷战结束，世界经济日益全球一体化，以经济为中心的综合国力竞争日趋激烈，各国力图提高本国的竞争力。西方对此的研究始于 20 世纪 80 年代初期，当今世界范围内具有最大影响力的国家竞争力研究组织是瑞士国际管理发展学院（International Institute for Management Development，IMD）和世界经济论坛（WEF）。目前，国际上最具有影响力的国家竞争力报告是 IMD 所发布的《世界竞争力年鉴》（*World Competitiveness Yearbook*，WCY）。

2.3.1 IMD《世界竞争力年鉴》简介

IMD 每年所发布的《世界竞争力年鉴》在我国常被称为《洛桑报告》，它是全球最深入和复杂的国家竞争力年度评价报告。该报告自 1989 年起每年定期发布，在世界范围内具有较强的权威性和影响力。中国于 1994 年起被 IMD 纳入评价范围，并随着我国科技创新能力和综合实力的不断增强成为 IMD 重点关注的国家。IMD 主要基于经济学理论，应用统计指标和问卷调查结果构建了系统的评价指标体系，对影响全球经济发展的主要国家和区域在国际上的综合竞争能力进行测度。

2.3.2 IMD 国家竞争力评价指标体系

在 2007 年年鉴中，IMD 更将国家竞争力的定义精练为一句话：一个国家营造及维护保持企业竞争力环境的能力，即国家竞争力。

1. IMD 评价体系的指标构成

IMD 的国家竞争力评价指标体系建立在该机构所提出的国家竞争力理论基础之上，该机构通过统计数据（IMD 称之为硬指标，hard data）以及针对企业管理人员的问卷调查结果（IMD 称之为软指标，soft data 或 survey data）对不同经济体的国家竞争力进行评价和排序。IMD 评价指标体系具有三个层次级别：在指标的构成和层次分级上，IMD 首先将国家竞争力的评价方面落实到若干要素（factor，一级评价指标）上，基于这些要素再分解出下级的子要素（sub-factor，二级评价指标）。由于 IMD 评价指标体系的庞大和复杂性，IMD 又将各子要素中评价所涉及的多个方面分为不同的类别（category），每个类别下再具体分解为若干个三级指标（criteria），如表 2-3 所示。

表 2-3 IMD 评价指标体系的分解

各级评价指标名称	在评价体系中所处层次	指标用途
要素，factor	一级指标	单独比较；计算得分、排序
子要素，sub-factor	二级指标	单独比较；计算得分、排序
类别，category		对子要素进行更细致的分类
指标，criteria	三级指标	单独比较；计算得分

2. IMD 四大要素评价体系

IMD 四大要素分别为经济运行、政府效率、企业效率和基础设施，如表 2-4 所示。

表 2-4　IMD 四大要素评价体系的构成

要素名称	所包含的子要素	评价内容
经济运行	国内经济、国际贸易、国际投资、就业和价格	对国民经济的宏观表现进行评估。评价国家宏观经济运行状态为保持和提供企业竞争力提供的支撑条件状况
政府效率	公共财政、税收政策、组织机构、企业法规和社会结构	评价政府政策对发展国家竞争力的引导作用，是否为企业活动提供了公平有序的市场经济制度
企业效率	生产效率、劳动市场、金融、企业管理和价值体系	从企业创新、盈利和社会负责等方面评价竞争力
基础设施	基本基础设施、技术基础设施、科学基础设施、健康与环境、教育	评价国家基本的、技术的、科学的基础设施和人力资源对企业生产和运营需要的满足能力

2.4　各国营商环境的评估

2.4.1　世界银行的营商环境报告

国际企业除了需要了解各国的竞争力以外，还需要了解各国的营商环境，以便更好地寻找最佳的投资经营地。

《营商环境报告》（以下简称"世行报告"）是世界银行集团营商环境团队自 2002 年开始每年发布的下一年世界主要经济体的营商便利指数（ease of doing business）排名。它主要考察不同经济体内同类企业从开办、经营到终止的整个营商过程中所需的时间、条件、程序等经济、法制环境，并具体量化为手续便利程度、财产权保护程度等微观经济指标。其考察对象从最初的 2003 年报告的 133 个经济体增长到 2018 年报告的 190 个经济体（Besley，2015）；考量指标也从五大类调整到目前的十大类，每个大类下辖次级指标，必要时再辖三级指标，最后具体到诸如"某经济体内男、女设立有限责任公司是否有不同要求、有哪些不同要求"等指标，从而运用经济学方法进行赋值、测算、评分和排名（表 2-5）。

表 2-5　2018 年"世行报告"的主要统计指标

大　类	次级目标	三级指标或简要说明
开办企业	手续（数量）、耗时（天数）、成本（占人均收入百分比）：以上三指标男女分别计入；最低实缴资本（人均收入百分比）	各个分指标的前沿距离分数的简单平均值排序，据此出排名
办理施工许可证	程序（个）、时间（天）、成本（占人均收入百分比）、建筑质量控制指标	建筑法规质量、施工前质量控制、施工中质量控制、施后质量控制、责任和保险制度、专业认证等；对各项分别建模、具体测评
获得电力	程序（个）、时间（天）、成本（占人均收入百分比）、供电可靠性和电费指数透明度	断电持续时间、发生频率、断电监控机制、汇报机制、赔偿机制等；对各项分别建模、具体测评
登记财产	程序（个）、时间（天）、成本（占财产价值的百分比）、土地管理系统的质量指数	设施可靠性、信息透明度、地理覆盖、土地争议解决指数，以及平等获得财产权指数等；对各项分别建模、具体测评

续表

大　　类	次 级 目 标	三级指标或简要说明
获得信贷	合法权利力度指数、信贷信息深度指数、信贷登记机构覆盖率（成年人百分比）、信用局覆盖率（成年人百分比）	对各项分别建模、具体测评
保护少数投资者	纠纷调解指数、股东治理指数	披露程度指数、董事责任程度指数、股东诉讼便利度指数、股东权利指数、所有权和管理控制指数、公司透明度指数等；对各项分别建模、具体测评
纳税	纳税（次）、时间（小时）、总税率和社会缴纳费率（占利润百分比）、纳税后流程指标	一个中型企业在一年内必须支付的不同税项与付费及税后合规（增值税退税和税务审计）的行政负担；对各项分别建模、具体测评
跨境贸易	纳税（次），时间（小时），总税率和社会缴纳费率（占利润百分比）、纳税后流程指标	对与进出口货物的物流过程相关的时间、成本、手续等一系列具体指标分别测评
执行合同	出口耗时；边界合规（小时）、出口成本；边界合规（美元）、出口耗时；单证合规（小时）、出口成本；单证合规（美元）；进口耗时；边界合规（小时）、进口成本；边界合规（美元）进口耗时；单证合规（小时）、进口成本；单证合规（美元）	法院结构和诉讼程序指数、案件管理指数、法院自动化指数、替代性纠纷解决指数等；对各项分别建模、具体测评
办理破产	时间（天）、成本（占索赔额百分比）、司法程序质量指数	启动程序指数、管理债务人资产指数、重整程序指数和债权人参与指数等；对各项分别建模、具体测评
劳动力市场监管	雇佣（聘用、工作时间、裁员）、裁员成本、工作质量	对一系列具体指标分别测评

　　和以往的投资评价方式不同，"世行报告"只关注与营商者利益直接相关的环境指标分析，并将其分解到极度微观再赋值、排序。那些较为公认但与营商不直接相关的投资评估宏观指标并不纳入考量范围，如"政治稳定性""文化差异程度"等。它采用定量分析方法，主要使用描述性统计分析，将可量化的具体指标进行测算、排序，例如新设有限责任公司需要多长时间、几个步骤，最低实缴注册资本等；将无法量化的指标以"有"或"无"的方式进行标识并赋值，如执行合同项下的各种指数（李颖轶，2018）。为获得具体数据，"世行报告"团队主要采取问卷调查法，向各经济体内实际从业的律师、公证员和税务官等专业人士发放问卷。研究后期也会兼顾查证各经济体相关法规与实际案例。

　　此外，"世行报告"还特别采取了"前沿距离分数"（distance to frontier）的排序方法，各指标项的便利度排名由它们前沿距离分数的排序决定。以2018年报告为例，它以190个经济体为参照系，某项指标下，表现最佳的经济体数据赋值100，作为"前沿"，最后的数据赋值为0，余下188个经济体数据在这个范围内进行百分化，得出与"前沿"的距离分数。它代表了此项指标下目前可以实现的最佳表现与彼此差距，由此其他经济体便可以朝着这个已被证实的、可以达到的目标迈进。一旦来年数据更新使得前沿距离分数变化大于或等于2%，则被列为"改革"项。对此，报告会特别注明，与前一年相比某经济体在某指标项下已经改善（或恶化）了营商环境。

从全球看，营商环境最好的 10 个国家和地区依次是：新西兰、新加坡、丹麦、中国香港、韩国、格鲁吉亚、挪威、美国、英国、马其顿。

根据世界银行的评估，中国近年来营商环境建设取得巨大成就，世界银行发布的 2020 年《营商环境报告》显示，中国营商环境在全球排名跃升至 31 位，较 2019 年提升 15 位，为世界银行营商环境报告发布以来中国最好名次。中国已连续两年位列全球营商环境改善幅度最大的十大经济体，是东亚及太平洋地区唯一一个进入 2020 年世界银行营商环境报告 10 大最佳改革者名单的经济体。

世界银行营商环境评价的积极意义在于：一是世界银行设计的营商环境指标体系简明扼要，可量化；二是世界银行通过自身强大的国际组织品牌效应和全球工作网络，十几年持之以恒地对各国营商环境进行评价，这一不懈努力对于推动各国开展营商环境评价、促进各国营商环境优化都发挥了重要的作用。

世界银行营商环境评价也存在一些不足之处：一是其评价指标设计较为单一；二是在评价城市样本量较少，比如对中国营商环境的评价仅监测北京、上海两个城市，上海的权重为 55%，北京的权重为 45%；三是从测评结果看，世界银行的评价与中国营商环境建设状况存在一定偏差。

2.4.2 中国贸促会的营商环境报告

自 2016 年起，中国贸促会贸易投资促进部、贸促会研究院即开始组织国内知名专家学者，在参照借鉴国内外营商环境评价方法和评价指标（包括世界银行营商环境评价指标）基础上，建立了独具特色的中国营商环境评价指标体系，经过四五年的反复论证、补充、完善和实践验证，目前已建立起由 12 个一级指标及 51 个二级指标组成的一套较完整的营商环境评价指标体系（表 2-6）。12 个一级指标包括基础设施环境、生活服务环境、政策政务环境、社会信用环境、公平竞争环境、知识产权保护环境、科技创新环境、人力资源环境、金融服务环境、财税服务环境、口岸服务环境以及企业设立和退出环境。每个指标取值范围为 1～5 分，分值越高，评价越高。

表 2-6　中国贸促会营商环境评价指标及权重设置

一级指标及权重	二级指标及权重		
基础设施环境（1/12）	交通运输（1/5） 水电气供应（1/5）	网络通信（1/5） 城市规划和建设（1/5）	环保设施（1/5）
生活服务环境（1/12）	居住条件（0.16） 教育水平（0.17）	医疗卫生（0.17） 环境保护（0.17）	文体设施（0.16） 社会治安（0.17）
政策政务环境（1/12）	政策稳定性（1/7） 政府服务效率（1/7） 官员廉洁程度（1/7）	政策公平性（1/7） 政策执行力度（1/7）	政策透明度（1/7） 政策协同性（1/7）
社会信用环境（1/12）	信用信息公示系统建设（1/4） 失信惩戒、守信奖励机制建设（1/4） 社会信用度（1/4）		征信体系建设（1/4）
公平竞争环境（1/12）	市场监管（1/4） 政府采购（1/4）	行政垄断治理（1/4） 市场准入（1/4）	

续表

一级指标及权重	二级指标及权重	
知识产权保护环境（1/12）	知识产权维权成本（1/5）　知识产权司法保护（1/5）　知识产权管理与公共服务（1/5）	知识产权行政执法（1/5）　知识产权案件办结率（1/5）
科技创新环境（1/12）	研发抵扣政策实施（1/5）　产学研结合（1/5）　创业孵化服务（1/5）　公共服务平台建设（1/5）	知识产权抵押（1/5）
人力资源环境（1/12）	熟练劳动力的可获得性（1/4）　外向型人才的可获得性（1/4）	中高层管理人员的可获得性（1/4）　创新创业人才资源可得性（1/4）
金融服务环境（1/12）	融资便利性（2/5）　融资渠道多元化（2/5）　利润汇出自由度（1/5）	
财税服务环境（1/12）	财税执法规范性（1/2）	申退税办理时间（1/2）
口岸服务环境（1/12）	货物通关（1/3）　检验检疫（1/3）　人员出入境（1/3）	
企业设立和退出环境（1/12）	土地获取（1/3）　环保手续（1/3）　破产手续办理（1/3）	

营商环境的优劣是企业投资的晴雨表。40 多年来，随着中国对外开放的不断深入、体制机制改革的渐次推进，中国吸收外资规模日益扩大。1983—2018 年，中国实际使用外资金额从 9.16 亿美元上升到 1 349.7 亿美元，35 年间增长了约 147 倍，年均增速高达 15.33%。新设外商投资企业数量从 1983 年的 638 家上升到 2018 年的 60 533 家，增长了 94.88 倍，年均增速 13.89%。

营商环境的好坏直接影响企业经营业绩。日本企业协会《中国经济与日本企业 2018 年白皮书》认为，日本在华企业盈利预期情况在过去 10 年稳定增长，由 59.6% 上升到 70.3%；在华日企投资意愿近 3 年连续呈现恢复性增长趋势。中国美国商会组织的美资企业调查表明，高达 90% 的受访美国企业表示，2018 年全年在华投资与营业状况良好，其中 69% 的受访企业表示盈利，21% 的受访企业表示收支平衡。美中贸易全国委员会发布的 2019 年会员调查显示，中国业务利润率高于总体业务利润率的受访企业占比从 2018 年的 38% 提高至 2019 年的 46%，中国依然是美国企业最重要的市场之一。

综上所述，我们可以以钻石模型、软实力的理论，综合国家竞争力和国家营商环境排行榜来分析、研究一国的政治、经济、法律、社会等情况，为企业识别不同国家的商务环境提供参考。

学习辅导 2.2　国家竞争力的评价与运用

【本章小结】

当前的国际竞争已经是国与国之间的竞争。本章介绍分析国家竞争的主要理论，重点阐述了波特的钻石理论、国家竞争的软实力理论、国家竞争力和营商环境的评价与衡量。学习这些理论，有助于了解国际竞争的环境，更好地从事国际商务活动。

【思考题】

1. 什么是钻石模型？以钻石模型理论结合中国实际解释中国的国家竞争力，如何培育和发展中国的竞争优势？

2. 什么是双钻石模型？它主要说明什么问题？

3. 什么是软实力？软实力包括哪几个部分？如何衡量？中国的软实力现状如何？如何提高中国的软实力？

4. 软实力对国际商务有什么影响？跨国企业如何利用软实力来经营？请结合实例进行分析说明。

5. 查阅近年来中国的国家竞争力排名，并分析其优势与劣势，说说如何提高中国的国家竞争力，面对全球竞争。

6. 查阅中国近年来的营商环境国际排名，谈谈如何改善营商环境，吸引国际投资。

7. 国际企业如何利用《世界竞争力年鉴》《营商环境报告》寻找最有利的投资、生产、经营目的地？

【即测即练】 --

【英文阅读】 --

第3章　国家政策对国际商务的影响

【学习目标】

1. 掌握国家干预国际商务的理论；
2. 了解美国政府干预国际贸易的政策演变；
3. 熟悉中美经贸关系中的竞争与摩擦的主要原因；
4. 熟悉碳关税的概念和意义。

思政案例

孟晚舟事件全解释

2021年9月26日，在被加拿大政府非法拘禁了1 028天之后，孟晚舟终于回国了。在这将近3年的时间里，中国、加拿大、美国三地，上演了一出惊心动魄的历史活剧，剧中交织着中美加三国政府、中国企业华为、加拿大骑警、汇丰银行等多个角色，充满了美国和加拿大政府对中国企业的压制与迫害，暴露了美、加等国"市场经济、人权、自由"的虚伪面目。

2018年12月1日，加拿大应美国要求，以"涉嫌违反美国对伊朗制裁"为由，拘捕了华为创始人任正非长女、华为副董事长、首席财务官孟晚舟。

2010年，美国制裁伊朗，星通公司却一直保持着和伊朗的秘密往来，导致把汇丰银行牵扯其中，违反了美国的制裁法案，造成汇丰银行"重大损失"。所以美方的起诉理由便是："华为'欺骗'汇丰称和星通没有从属关系来获得贷款，构成欺诈罪。"

可真相根本不是这样。在美国发动制裁前，华为和星通已经没有任何关系，连业务往来都没有。

美国指使加拿大逮捕孟晚舟，一是打压中国的高科技企业，二是把孟晚舟当成了和中国叫价的人质及筹码。因为美国早就用类似的办法解决过其他的公司，而且屡试不爽。

例如，法国阿尔斯通公司，它曾是法国的工业明珠。最辉煌的时候，阿尔斯通在水电设备、核能、环境控制系统、高速列车等领域位列世界第一。而阿尔斯通的劲敌，就是行业的另一个巨头：美国通用电气公司。为了让阿尔斯通彻底失去和通用电气的竞争能力，美国盯上了阿尔斯通国际销售副总裁皮耶鲁齐。

2013年4月，皮耶鲁齐在美国肯尼迪机场被美国联邦调查局逮捕，并被指控其"向印尼国会议员和国家电力公司行贿"，得以让公司成功竞标水电站项目。随后，以违反美国《反海外腐败法》、密谋洗钱罪等10项罪名起诉皮耶鲁齐。

第二年为了迫使阿尔斯通和美国司法部合作，美国当局又逮捕了皮耶鲁齐的三名前同事。其间，美国还招募阿尔斯通内部人员作为密探，得到了所谓的"49小时秘密谈话录音"，以此要挟阿尔斯通出售其最大业务——能源业务。

最终，阿尔斯通被迫将占公司业务70%的能源业务出售给美国通用电气，而被捕的皮耶鲁齐最终也被逼认罪换取从轻发落，避免了长达125年的监禁。从那以后，世界上只有一个巨头——美国通用电气。

资料来源：凤凰卫视．"孟晚舟事件"全解析：美国为何在错误道路上疯狂踩油门？[EB/OL]. (2021-10-03). https://news.ifeng.com/c/8A2U7d3S8Jt.

美国为了维护其全球的垄断地位，动用国家的力量，以莫须有的罪名打压中国的科技企业，就如上述案例所述。国际商务受政府的政策影响大，要开拓国际市场，就必须了解各国政府的关税政策、产业政策、投资政策等，以规避国外风险，寻求本国支持。

3.1　国家干预国际商务的理论

贸易保护总是作为自由贸易的对立面而存在，但是在理论渊源上它们却都来源于重商主义理论，不同的是自由贸易理论是基于重商主义的批判上建立起来的。不同的历史时期，一国在世界经济体中的地位及本国的经济发展水平都不同，出于不同的利益考虑，为了实现不同的政策目标，贸易保护理论的研究蓬勃发展起来。根据其发展的不同历史阶段及特征，贸易保护理论可以分为传统贸易保护理论与新贸易保护理论。

3.1.1　传统贸易保护理论

1. 重商主义

早期重商主义又被称为"重金主义"，人们坚信一切购买都会减少货币，只要销售就会增加货币，认为每一次贸易都应该有一定量国内金银的增加。所以他们主张奖励出口，禁止外国商品输入，要求把国内已有的货币贮藏起来，力图通过调节货币运动积累更多的财富。晚期重商主义则对资本的本质有了更加深刻的认识，人们意识到贮藏的资本是死的，只有流通才能使资本增值，于是他们开始允许转口贸易，不再认为每一笔贸易都要增加金银。其实不管是早期重商主义还是晚期重商主义，都强调政府干预经济，都把货币看作财富的唯一形态和衡量一国富裕程度的标准，故而普遍实行贸易保护政策，追求贸易顺差。重商主义理论及政策在那个历史时期曾起过积极的作用，它在英国大获成功，使英国在对外贸易中积累了大量的资本。但重商主义仅仅以流通领域为研究对象，从商业资本运动来观察经济问题，就决定了该理论的局限性。

2. 汉密尔顿的关税保护理论

汉密尔顿的关税保护论是由当时美国内外交困的国情催生出来的，18世纪中后期，美国国内工业起步晚、基础薄且生产技术落后，工业运作基本以工场手工业为主。在国外，受独立战争的影响，英国对美国实施封锁和禁运，使美国的经济和对外贸易遭受了沉重打击。为此，汉密尔顿于1791年向国会提交了著名的《关于制造业的报告》，在报告中他阐述了有关关税保护的基本理论，他认为制造业在一国的经济发展中至关重要，为了发展国内制造业，政府需对经济进行一系列干预，在对外贸易中通过对外国工业品征收高关税以限制输入，同时限制重要原料的出口，而对本国必需的原料免税进口。在国内产业发展方面通过发放工业奖励金、给必需品工业发放津贴、提供政府信用借款等方法，着重发展具有比较优势的棉花加工业、纺织业、造船业和钢铁冶金业等。通过上述措施，美国经济迅速发展起来，并向以工业经济为主导的经济结构转变。

3. 李斯特的幼稚产业保护理论

李斯特出版了《政治经济学的国民体系》一书，书中系统阐述了有关幼稚产业保护的理论。他指出国家工业生产力是一国综合生产力的代表，是国家强盛的基础，但是由于历史、社会等各方面的原因，各国经济发展水平和工业发展程度参差不齐。为了发展本国经济，必须通过政府干预为本国工业撑起一个保护伞，一方面通过提高关税来减少国外优势工业品对本国产品的竞争，另一方面在国内选择一批具有潜在竞争力的幼稚产业进行扶植，试图通过这种方式来赶超工业强国，提高本国的经济地位。为了支持自己的观点，他把自由贸易区分为国内自由贸易和国际自由贸易两种，他认为在"世界范围的共和国"出现之前，对于一个工业落后的国家而言，实行最大限度的国际自由贸易可能使国家经济上受先进国家的奴役，所以在制定对外贸易政策时，国家利益高于一切。他承认实行贸易保护政策在短期会损害国家的物质财富积累，但是与获得在保护下日渐增强的综合生产力相比，这种牺牲是值得的。

幼稚产业保护理论对 19 世纪德国的经济发展产生了重大影响，为后起国家自主发展民族工业，赶超先进国家带来了希望。不过需要指出的是，李斯特主张的贸易保护只是一个过渡措施，保护是暂时的、逐步降低的，当国内工业发展到一定程度时则应该实行自由贸易政策。

4. 超保护贸易理论

超保护贸易理论是凯恩斯在 20 世纪 30 年代的大危机时提出的，之后他的追随者对该理论进行了论证和完善，因其提出的理论及实施的政策与重商主义较为相似而被人们称为"新重商主义"。

20 世纪 30 年代爆发的那场世界性的经济危机使各国经济陷入泥潭，大批工厂倒闭，大量工人失业，对此，支持传统经济理论的经济学家束手无策。1936 年，凯恩斯发表了著名的《就业、利息和货币通论》，他对传统经济贸易理论进行了批判，并宣称自己再也不是自由贸易论者了。他指出古典国际贸易理论的假定（即国内是充分就业的）在现实社会中是不存在的，现代社会中普遍存在着自愿失业、摩擦失业、非自愿失业三种失业状态。他把对外贸易和就业联系在一起，认为要解决就业问题，必须实施国家干预。要解除这次危机，必须要解决社会有效需求不足（包括消费需求和投资需求）的问题，而投资需求中的国外投资需求又是解决问题的关键。他的推理逻辑为：对外贸易顺差→国外投资增加→国内货币供给增加→利率下降→刺激国内投资需求→有效需求增加→就业增加。所以他得出的结论是：重商主义提倡的"追求贸易顺差"是解决问题最智慧的方法。因此，由国家主导的以追求贸易顺差为目标的多项贸易保护政策全方位地实行开来，其中最主要的方法就是"奖出限入"。超保护贸易理论的支持者希望通过改变本国的国际收支状况来达到增加本国国民收入、促进本国经济繁荣的效果。

不同于幼稚产业保护理论的是，超贸易保护理论是发达国家为了巩固其在世界经济上的垄断地位而对国内先进工业的保护，刺激出口也是为了扩张在国际市场的份额。这一理论的确曾对刺激英美国等国家的经济恢复起到了重要作用，但是它的消极影响也不可小觑。

5. 普雷维什的贸易保护理论

普雷维什指出，旧的国际贸易体系和国际分工方式正是阻碍新独立国家发展经济的绊脚石。他把世界上的国家划分为中心国家和外围国家两种，中心国家主要指发达资本主义国家，外围国家则指发展中国家。这些中心国家拥有大量的资本，还拥有先进的管理技术和科学技术，因此在世界经济体系中处于主宰地位，它们以低价从外围国家进口原料、燃料等初级产品，然后又以成倍的价格把工业制成品销售给外围国家，从中获取巨额的经济利益。在享受科技进步带来的利益时，中心国家几乎掠夺了所有好处，外围国家则只能拾人牙慧。利益驱使发达国家努力地维护这种"中心—外围"模式，任何想要改变它的外围力量都会遭到发达国家的打压和制裁。此外，外围国家在经济上长期处于从属地位，甚至导致其本身贸易条件的恶化。普雷维什以英国 1876—1938 年间进出口产品的各项经济指标为研究对象，并与发展中国家的经济指标进行对比，首次提出了发展中国家贸易条件长期恶化的观点。

基于上述理由，普雷维什认为旧的国际贸易方式只是适应于经济发展水平及技术结构具有相似性的中心国家，而不适应于中心国家与外围国家。因此，发展中国家只有通过实行贸易保护政策来实现工业化的发展目标，从而打破旧的经济格局，实现本国经济真正的大发展。普雷维什的贸易保护理论提出之后，受到了大多发展中国家的拥护，也遭受到来自发达国家一些经济学家的抨击。尽管他的理论存在局限性，有些还缺乏理论说服力，但是他却在有关发展中国家国际贸易理论研究上走出了开创性的第一步。

3.1.2 新贸易保护理论

1. 新贸易保护理论的研究概况

根据大多数学者的研究结论，我们把 20 世纪 70 年代后的贸易保护理论称为新贸易保护理论。70 年代中后期西方国家（主要是美国）出现了严重的经济"滞胀"，世界经济结构面临重新调整的局面，为了恢复国内经济增长，解决失业率过高的问题，各国不约而同地选择了实行贸易保护政策，其中又以美国的贸易保护程度最为突出。适应贸易保护大环境的需要，有关贸易保护的理论研究也重新热了起来，并随着时代的变迁呈现出了新的特点。

（1）不同于旧的贸易保护理论，新贸易保护理论的研究更为实用，它注重对贸易保护政策的研究。

（2）在贸易保护措施上，新贸易保护政策更加多样化。发达国家除了使用关税这一传统贸易保护手段外，更多地使用具有灵活性的非关税壁垒措施（如进口配额制、反倾销、反补贴、技术性贸易壁垒等）；在发展中国家则表现为采取出口导向政策（低汇率、出口补贴）的同时采用进口替代政策来降低进口，此外还采用高外汇储备政策来保持经济主权和金融稳定。

（3）在经济发展程度不同的经济体内，使用的贸易保护方式不同。发展中国家主要保护国内幼稚产业，而发达资本主义国家的贸易保护则更多保护国内高速发展的新兴产业（如电子信息产业、新能源产业、新材料产业等）或出现衰落的垄断工业（如钢铁、汽车行业等）。

新贸易保护理论主要是为发达国家解决就业和国际收支等问题提供政策建议，为其实行贸易保护政策的合理性进行辩护，在理论研究上其实没有更多的新思想，不过经济学家们对新贸易保护理论研究和阐述的角度各有不同。比如有以增进国民福利为目标的新福利经济学、有关注环保的环保主义保护理论，还有管理贸易论、地区主义经济论等。在这众多的理论中有必要特别提一下战略贸易理论。

2. 战略贸易理论

战略贸易理论的最早提出者是詹姆斯·布兰德和巴巴拉·斯潘塞，在后续研究者中则主要以埃尔赫南·赫尔普曼和保罗·克鲁格曼为代表。战略贸易理论是在各国产业结构和世界格局面临重大改变的背景下产生的，它把目光转向了收益递增对贸易的推动上，即认为各国从事专业化的贸易不仅是因为存在着比较优势，更多的是因为收益递增可以产生专业化优势。因此，在有限的范围内，通过政府帮助或选择"优胜者""先行者"的形式来给予国内企业帮助，优于实行自由贸易。先行者优势就是谁先进入市场，谁就占有市场的优势。战略贸易理论为政府干预提供了理论支持。

战略贸易理论的创新之处在于：①它突破了传统贸易理论的"二维假定"。由于把产业组织理论引入贸易理论，战略贸易理论学家建立了收益递增与不完全竞争之间的自然联系，并证明了收益递增效用的显著性，使人们普遍接受了不完全竞争和规模经济的概念。②重新恢复了外部经济的相关观念。也就是说在资金和技术两个方面分别都存在外部效应，一个企业应用了新的生产技术或者对生产的投入产生了规模效应，这对别的企业来说有可能产生正的外部效应。

上述两点正好为战略贸易理论提供了理论依据。在现实社会中，完全竞争市场是不存在的，规模收益递增也是一种经济常态，这使得市场自身的运行处于"次优"状态，市场对外部效应的反应机制比较缺乏。所以自由贸易政策就不是最优的政策选择，政府就需要对经济进行适当干预（即战略性干预），政府干预带来的好处在寡头市场中表现得更加明显。在寡头市场中，谁拥有更大的市场份额，谁就获得更多的利润，国际贸易变成了少数几个厂商之间的博弈，博弈一方将根据对手的策略来调整自己的策略。政府通过对本国企业进行生产补贴来降低本国企业的生产成本，从而影响国外竞争对手的决策，即把一部分纯经济利润转移到自己的国家，进而提高本国国民的福利水平。对于外部效应，国家为了把正的外部效应控制在本国范围内，会选择一些产业进行扶持，并使其产生持续性规模效益。政府通常采用的方法是：给国内企业提供信贷、税收等方面的优惠，而对外国同类竞争产品课征高关税。最终，本国企业通过政府的扶持在国际竞争中取胜，而其所得的利润则大大超过政府所给的补贴。

3. 碳关税的介绍

随着全球气候变暖对人类生存和可持续发展的威胁进一步凸显，国际社会广泛合作、采取有效措施应对气候变化挑战的呼声日益高涨。控制和削减以二氧化碳为主体的温室气体排放，是迄今为止控制气候变化措施的重心。为此，有关国家已经或正在考虑采取多种国内减排措施，其中具有代表性的是设立碳排放权交易制度（emission trading system）和征收碳税（carbon tax）。前者一般是指由政府设定一个总体碳排放水平，然后赋予（往往通过拍卖）企业一定的碳排放权，并在总体排放水平不变的前提下允许企业之间对碳排放权进行交易；后者是根据单位产品生产加工过程中的碳排放量（实践中一般以所需化石燃料的碳含量水平为标准）征收的一种环境税。自1990年以来，这两种措施先后为芬兰、瑞典、荷兰、挪威、丹麦等近10个北欧、西欧国家以及加拿大的少数地方政府采用。

这两种措施都强调依托市场机制，将工业生产的外部环境影响内化为企业生产成本，为工业减排提供驱动力。不过，正因为这类措施可能在不同程度上提高企业生产成本，在其他国家没有采取类似措施的情况下，本国企业的国际竞争力可能面临的不利影响成为一个受关注的问题。边境碳调节措施就是在这一背景下提出的。有关边境碳调节措施的设想早在20世纪90年代中期就已被提出。本质上说，这类措施是排放权交易制度、碳税等国内碳减排措施的拓展和延伸，其目的是使进口产品承受与本国产品相当的碳排放成本，以抵消前者由于没有承担相应减排负担而可能享有的竞争优势，具体形式和名称则不一而足，最典型的是对进口产品征收碳税、要求购买排放许可等。

近几年，特别是2005年以来，随着1990年《联合国气候变化框架公约》的"京都议定书"生效和欧盟碳排放权交易制度的建立，该问题逐渐成为西方国家讨论的一个热点。在政府层面上，法国政府曾于2006年正式提议建立一个统一的欧盟边境碳税制度，向来自未根据"京都议定书"承担强制性减排义务国家的出口产品征收碳税。但是，这个提议在欧盟内外引发了较大争议，欧盟对此采取了暂时搁置的态度，表示将在2010年后再予以考虑。美国2009年"法案"宣布了要求进入美国关境的特定货物均需购买国际储备排放许可（international reserve allowance，IRA）的规定，使之成为迄今为止世界各国中第一个将边境碳调节措施付诸立法实践的法律文件。西方国家热衷于探讨和推行边境碳调节措施，意图究竟何在？大体而言，支持这类措施的主要理由来自三个方面。

（1）抵消外国进口产品因未承受与本国产品相同的碳排放成本而可能享有的竞争优势，维护"公平竞争"，这是相关措施的支持者最经常谈到的一个目的。基于这一原因，近两年美国国会提出的多个涉及气候变化问题的立法草案中，都不约而同地包含了所谓的"竞争力条款"，其试图通过不同的边境调节手段，将国内温室气体减排政策延伸到美国进口产品和外国温室气体控制制度。

（2）解决一国或少数国家采取国内碳减排措施而导致的所谓"碳泄漏"问题，即受影响的国内产业（特别是能源和碳密集型产业）为降低成本而向没有严格限制碳排放的国家转移。人们普遍认为，这将导致全球总体碳排放量上升而不是下降，造成更为严重的污染。美国"法案"就声称，鉴于美国企业遵守国内减排措施将产生的成本与在其他国家遵守各种温室气体减排措施所带来的成本存在差别，建立（IRA）制度的主要目的之一就是使由此导致的"碳泄漏"的可能性最小化。

（3）边境碳调节措施还越来越多地被当作对外施加压力、推动其他国家特别是主要发展中大国承担高水平和强制性减排义务的手段。这一点在"法案"中也得到了明确体现。它规定：IRA制度的另一重要目的是，促使外国，特别是快速增长中的发展中国家，对其温室气体排放采取与根据《联合国气候变化框架公约》制订的"巴黎行动方案"相一致的实质性行动。

由此可见，以单边贸易限制形式出现的边境碳调节措施，试图产生"一石多鸟"的政策目的：首先，作为向进口产品传递本国产品所承担碳成本的"杠杆"，维护本国企业在国际市场的竞争力；其次，防止出现国内产业和相应碳排放向境外转移局面；最后，影响他国环境和气候变化政策。借助维护"公平竞争"的口号和气候变化问题上的各国相互依存关系，这类措施似乎无论在贸易领域还是在环境领域都表现出某种正当性乃至必要性。但事实是否如此？这类措施的合法性以及对国际贸易和气候变化的影响有待后续实践检验。

学习辅导 3.1　贸易保护的借口与行动

3.2　美国政府干预国际贸易的政策演变

3.2.1　美国贸易政策的本质

从经济上看，美国的贸易政策是指能直接影响美国进出口地理方向、进出口商品结构和跨国投资的政府措施。政府的措施以关税、配额和补贴的形式表现为主，对贸易产生扭曲的影响。政府可以通过谈判形式寻求贸易和投资的自由化。美国贸易政策是美国经济利益的反映，理解美国贸易政策还必须从政治的角度出发。本杰明·科恩（Benjamin J. Cohen）认为，美国的贸易政策是一种混合体，"它是一个国家试图影响外部经济环境的那些行动的总称""它也是一个国家整体外交政策的组成部分，服务于共同的政策目标。"此后不少人给出了自己的定义，其中多数人是经济学家。罗伯特·帕斯特认为，经济学家们关于贸易政策的定义都排除了该政策背后的"政治过程"，所以不能令人满意。他自己的定义接近于科恩的定义，认为美国的贸易政策是指"美国政府试图影响国际经济环境的全部行为，或者是直接影响国际经济环境，或者是调整美国经济以适应外部环境"。

Raymond J. Ahearn（2003）认为，美国贸易政策的本质是实现美国国内外经济利益和政治利益的工具或手段。每一项贸易政策的措施在本质上都影响着国内和对外经济和政治利益。这些利益归纳为四个方面：①国内政治利益。贸易政策是在美国的制度安排下对国内有组织的利益集团寻求政治、社会和经济目标的反映。②国内经济利益。贸易政策影响着 GDP 的增长、通货膨胀和就业，也影响着特殊地区、产业、工人和社区的生存。这些都是国内利益的表现形式。③对外经济利益。美国对外贸易政策的重要内容是支持以规则为基础和以非歧视原则为核心的多边贸易体制，其从长期看有利于促进全球繁荣和稳定，但在短期内也会牺牲本国利益。④对外政治利益。美国贸易政策服从于对外政策和国家安全目标，其中包括与美国的盟友通过贸易合作来巩固彼此的关系等政策。

在现实生活中，美国的国内外利益又通过以下的政策措施得以实现：①国会制定的贸易法和其他宏观立法中有关贸易的内容；②主管贸易事务的行政机构颁布的行政法规；③贸易法庭的裁决所确立的惯例；④与外国订立的贸易条约或行政协定，其中绝大部分是不须经过国会批准的行政协定，如美日关于日本汽车输美自动设限协定；⑤美国所参加的多边国际协定（如世界贸易组织或北美自由贸易协定）中的有关规则，这是因为这些国际贸易规则与美国的国内法息息相关，两者有强烈的互动性。事实上，由于美国的政治和贸易优势地位，国际贸易规则很大程度上是受美国影响的，而反过来争取世界经济的立法权也一直是美国政策追求的重要目标。

3.2.2　美国贸易政策的发展变化

由于国内和外部因素的改变，反映国内外经济和政治利益的贸易政策也发生着变化。从历史上看，美国贸易政策是随着国内外政策目标的变化而变化的。根据这点可以把美国贸易政策分为六个时期：1765—1815 年、1815—1934 年、1934—1962 年、1962—2001 年、2001—2018 年和 2018 年至今。从这样的视角看，美国的贸易政策是不能简单地放在贸易自由主义与贸易保护主义的框架内分析的。

1. 美国独立时期（1765—1815 年）

这段时间的贸易政策主要是抵制英国货物，反抗英国殖民统治，支持法国革命，促进美国独立和获得主权国家的地位。

2. 促进出口和限制进口时期（1815—1934 年）

在 100 多年的历史中，美国政策的主要取向是满足国内经济和政治的需要。这些政策包括用高关税保护美国的幼稚产业，扩大美国的出口。在这个时期，美国的高关税有两个原因，一是为了保护国内产业，二是为了财政收入。

3. 对外经济目标占主导地位时期（1934—1962 年）

1934 年，美国国会通过了《互惠贸易协定法案》。美国慷慨地对西方盟国开放国内市场，同时，美国对共产主义国家实施了出口控制政策。美国的目的是巩固资本主义国家联盟，为对付共产主义国家打基础。在美国的努力下，若干个国家建立国际货币基金组织和国际复兴与开发银行（简称世界银行）后又签订了《关税与贸易总协定》（GATT）。

4. 向国内利益倾斜时期（1962—2001 年）

在国际环境相对稳定，美国国内利益与外国经济矛盾凸显的时候，美国的贸易政策发生了向国内利益的倾斜。第一，设置"特别贸易代表"一职（注：1980 年改为现名），专门与其他国家谈判，要求对等开放市场；第二，1971 年 12 月，美元贬值 7.8%，黄金官价从每盎司 35 美元提高到 38 美元，提高美国出口竞争力；第三，有选择地开放市场，1985 年，与以色列、加拿大等国签订自由贸易协定；第四，管理贸易，即政府为了自身的目的，有意识地对国际贸易进行控制或施加影响；第五，多边主义、区域主义和双边主义并举，拓展美国对外贸易的空间；第六，积极利用 WTO 争端解决机制；第七，如果有国家不按照美国的意愿，美国就以"对等"贸易和"公平"贸易为借口，保护本国的企业和市场，迫使其开放市场。

5. 置国家安全为优先的时期（2001 年"9·11"至 2018 年）

"9·11"事件使美国把安全置于优先考虑的位置，一些支持美国攻打伊拉克的国家被列入美国自由贸易协定谈判的候选名单，而另一些不支持美国攻打伊拉克的国家则被排除在外。

6. 保持美国国际垄断地位，抑制竞争对手时期（2018年至今）

随着中国改革开放的发展，中国的综合国力不断上升，美国感受到其国际地位受到威胁，在2018年挑起了中美贸易战，以美国对中国巨额贸易逆差、中国偷窃美国的知识产权为借口，把贸易战、技术战、货币战、舆论战、心理战等手段都用上，就是为了阻止中国崛起，维护美国的全球霸权。

3.2.3 结论

纵观美国对外贸易政策史，可以得出三个结论：第一，在不同的时期，美国对外贸易政策表现出的侧重点有所不同。随着国内外政治形势的变化，美国贸易政策的重点或是朝国内经济和政治利益倾斜，或是朝对外经济和政治利益倾斜。第二，贸易保护主义和贸易自由化都是美国利益的实现方式。第三，由于战后美国在世界的霸权地位，美国更多地从世界经济和政治的高度推行符合美国内外政策目标的贸易政策，必须对满足国内利益和国外利益的需要进行平衡。国内外利益驱动下的贸易政策表现为推行贸易自由主义或实行贸易保护主义。认识美国贸易政策的本质为我们认识中美贸易方面存在的问题提供一种思路。

3.3 中美经贸关系中的竞争与摩擦

中美互为重要的贸易伙伴，双方贸易额巨大，互补性强，给两国人民带来福利。但特朗普政府认为美国对中国有巨额贸易逆差，因此美国吃亏，于2018年7月正式开启贸易战。

3.3.1 中美贸易战的主要原因与目的

1. 美国对华贸易逆差是美国发动对华贸易战的直接原因之一

美国曾经做过两次重大尝试，试图扭转或修正这一趋势。第一次是通过中国加入WTO谈判，促使中国大幅度扩大市场开放水平，降低关税，取消非关税壁垒。但结果是尽管美国对华出口增长迅速，中国对美贸易顺差依然持续扩大。第二次是从2004年开始，美国将中国的贸易顺差归因于人民币低估，不断施压要求人民币升值。于是2005年7月我国实施人民币汇率机制改革，不再单一盯住美元。从2005年7月到2008年7月，人民币升值20%以上，但结果仍是中国对美贸易顺差持续突破历史最高水平。因此，无论是美国政界、商界还是美国学界，都已经充分认识到，美国对华贸易逆差是经济规律使然而非中方政策导致。

但是，特朗普固执地坚守19世纪重商主义的观念，加之他对美国传统制造业繁荣的历史记忆和个人感情，他认定只有通过提高关税、保护美国制造业，才能重新振兴美国制造业。当然他也有获得制造业蓝领工人支持的机会主义政治考量。这使得他完全无视美国贸易逆差的经济逻辑，将所有对美有贸易顺差的国家都视为占了美国的便宜，而中国作为最大的双边贸易逆差来源，无疑成为他的首要目标。从2018年以来的历次中美谈判来看，美国政府的确将削减对华贸易逆差作为重要诉求，一方面是要求中国承诺增加从美国的进口；另一方面是试图长期甚至永久对部分产品加征关税，以维护美国国内制造业。但美国2018年对华贸易逆差增长17.2%，这表明这种努力是违背经济规律的，也是徒劳。

2. 美国非常担忧中国的技术追赶，这是美国对华关系转向的重要原因

根据美国商会的调查，近年来美国企业在中国面临的最大商业挑战，一是中国营商环境仍存在一些不足；二是中国本土企业的技术竞争。在中美谈判中涉及的主要议题，如强制性技术转让、知识产权，甚至服务业的开放，都与中国的技术追赶有关。美国提出相关要求的目的是希望减少美国对中国的技术外溢，不想让中国在技术领域快速接近美国。当前，美国的劳动力没有优势，市场优势也在削弱。除了美元国际货币优势和金融业优势外，目前美国的优势主要体现在科学技术方面，而中国这两年也在快速地追赶。此外，美国正在加强外资对美国投资、并购时所谓的国家安全审查，其实也是担心外国通过收购、并购方式获取美国的技术。美国还要求中国取消技术转让的具体政策和做法。

3. 中美之间的战略关系变化也是重要的基础性因素

第一，中国与美国之间的差距日渐缩小。由于美国在全球和亚太地区具有长期霸权地位，已经习惯世界老大地位的美国尤其是其国内精英阶层无法接受这一事实。第二，中国特色的政治和经济模式无法为美国精英阶层所接受，无论是共和党还是民主党，他们都坚持认为中国模式不符合美国的价值观。第三，从经济上看，美国商界认为他们未能实现从中国的发展中获利的预期，而且中国正通过各种方式侵蚀他们最宝贵的技术领先优势。

因此，特朗普政府自认为占据道义和力量的巨大优势，以巨额惩罚性关税为威慑工具，试图在双边谈判中迫使中国自愿、无条件接受其所有要求，包括扩大进口、减少出口、减少从美国的技术获取、进一步开放服务贸易和投资准入、扩大金融市场开放和限制产业政策的实施等。既想从中国获得实际的市场利益，又想中国自我约束、削弱中国特色市场经济体制所带来的所谓"不公平竞争优势"。

3.3.2 中美贸易战对中国贸易和吸引外资的影响

1. 贸易战对中国对外贸易的影响

据美国国际贸易委员会（United States International Trade Commission）和世界贸易组织（WTO）关税分析网站的数据测算，目前中国输美商品面临的平均关税税率已经超过14%。美国对华商品征收关税获得的税收虽然显著增加，但并不能弥补美国农业遭受反制所付出的代价。根据美国财政部的最新数据，截至2019年6月30日，美国政府在过去12个月征收了630亿美元关税。但中国对美国的关税反制措施也严重地打击美国农业产业，因此，在2018年7月24日，美国农业部宣布将通过大宗商品信贷公司向农产品生产者直接支付120亿美元的补贴。但美国农民表示，迄今为止他们所收到的补贴都未能弥补他们因失去中国市场而遭受到的损失，并且大多数人称他们宁愿到市场上赚钱也不愿意通过政府拨款获得救助。

总之，美国未没能在特朗普口中容易打赢的贸易战中获得优势。一是中美贸易差额并没有缩减。中国海关数据也显示，2019年前7个月，中国对美出口额仅下降2.1%。截至2019年7月，2019年中国对美贸易顺差额累计扩大11.1%，达到1.15万亿元。二是美国对输美中国商品征收关税虽然降低了中国对美出口贸易意愿，但中国与世界其他经济体的贸易联系却加强了。2019 年前 7 个月，中国与东盟贸易总值为 2.35 万亿元，同比增长 11.3%，占中国外贸总值的 13.5%，东盟已经超越美国成为中国第二大贸易伙伴。因此，贸易多元化成为拉动中国进出口贸易的新动力。三是中美贸易战并没有总体上打击中国民营企业的出口。2019 年前 7 个月，中国民营企业进出口额为 7.31 万亿元，同比增长 11.8%，占中国外贸总值的 42%，增速居各类型企业之首。民营企业在外贸增长中体现的韧性，表明中美贸易战对中国进出口贸易的负面影响有限。

2. 贸易战对中国吸引外资的影响

据中国海关统计，2019 年上半年，中国对美非金融类直接投资额约为 19.6 亿美元，同比下降近 20%。从整体水平而言，中国对美投资规模自 2018 年以来就呈现下降的趋势，再加上美国投资环境的频繁变化，导致中企以及其他国家投资者对投资美国失去兴趣。与此同时，全球多家企业也在逐渐退出美国市场。据粗略统计，2018 年共计有 864 家风险投资企业撤出美国，总估值超过 1 200 亿美元，几乎等同于美企全年的融资总额。在 2018 年中，中国新设外商投资企业数量突破 6 万家，同比增长近七成；实际使用外资总额同比增长 3%，触及历史新高水平，其中制造业同比增长逾 20%。在中美贸易战中，尽管特朗普不止一次表示，关税正在"杀死"中国，公司、生产线和资金正在撤离中国，但巨额的关税不仅没有让资金回到美国，也没有让投资真正离开中国。

【本章小结】

尽管经济学家都在倡导自由贸易，但是不同的国家在不同的时期，都会采取奖出限入的政策，扩大顺差，减少逆差，以保护本国产业和市场免受外国冲击，或为拉拢盟国而采取优惠待遇的政策措施。国际商务应考虑到这些政策影响，趋利避害。

【思考题】

1. 名词解释：重商主义、关税保护理论、幼稚产业保护理论、超保护贸易理论、贸易保护理论、战略贸易理论、先行者优势、碳关税
2. 试述传统贸易保护理论与新贸易保护理论的异同。
3. 美国贸易政策的实质是什么？
4. 中美为什么会爆发贸易战？中美贸易战对中国有什么影响？中国如何在中美贸易战中争取主动？
5. 什么是碳排放权交易制度和碳税？实行这些制度有什么意义？

【即测即练】

【英文阅读】---

第三篇　国际经济合作

　　全球化的时代是经济大开放、经济大合作的时代。各国通过相互开放市场，分工协作，提高了劳动生产率的同时也增加了各国人民的福祉。在国与国的合作中产生了自贸区、关税同盟、共同市场、经济同盟等经济合作方式。

　　为加强各国的合作，协调世界经济，又创立了WTO、IMF、世界银行、G20等国际经济组织，还有类似"一带一路"、APEC、欧盟、东盟、上海合作组织、"金砖国家"组织等区域性的经济合作组织。我们要了解这些组织的功能和作用，并且合理利用这些组织开展国际商务活动。

第4章 国际经济合作的理论

【学习目标】..

    1. 掌握关税同盟理论、自由贸易区理论、共同市场理论、协议性国际分工原理、综合发展战略理论等；

    2. 了解国际经济合作的各种形式；

    3. 学会利用国际经济合作理论，分析各种合作的利弊。

思政案例

RCEP 谈判取得重大突破性进展

    区域全面经济伙伴关系协定（RCEP）谈判于 2012 年由东盟 10 个国家发起，并邀请澳大利亚、中国、印度、日本、韩国、新西兰 6 国参加，目标是在与这些国家签署的各个"10+1"自贸协定基础上进一步完善，从而达成一个现代的、全面的、高质量的、互惠的新的大型自贸协定。谈判历经 7 年，7 年之中先后举行了 3 次领导人会议、19 次部长级会议、28 轮正式谈判。2019 年 11 月 4 日，在泰国曼谷，第三次 RCEP 领导人会议正式宣布 15 个成员国整体上结束谈判。这标志着东亚区域经济一体化取得重大突破性进展，一个世界上人口最多、成员最多元、发展潜力最大的自贸区呼之欲出。

    RCEP 的意义首先在于对原有各个"10+1"自贸协定的升级，它将形成区域内统一的规则体系。一个统一的自由贸易区，对于区域内的商品流动、技术流动、服务流动、资本流动及人员跨境流动等都会有非常大的好处，形成"贸易创造"效应。这对本区域内的工商界和进出口企业都是极大的便利，它有助于降低经营成本，减少经营的不确定风险。而区域外的企业进入一个国家，则意味着进入整个区域的国家，发展市场和空间都将大大增长，有助于本地区吸引投资。

资料来源：丁飞. RCEP 谈判取得重大突破性进展：15 国完成谈判 明年将签署协定 [EB/OL]. (2019-11-06). http://china.cnr.cn/xwwgf/20191106/t20191106_524847647.shtml.

    全球化时代，经济合作是主流，通过经济合作，各国相互降低贸易和投资壁垒，分工协作，促进经济发展，提高人民生活水平。就如以上案例所述，2020 年 11 月 15 日，区域全面经济伙伴关系协定正式签署，世界上覆盖人口最多、成员结构最多元、发展潜力最大的自贸区宣告诞生。

    最简单、初级的合作是自由贸易区，再进一步的合作是关税同盟，再深入的合作是共同市场，更紧密的合作关系是经济同盟和政治同盟。经济合作由低级到高级的层次演变如图 4-1 所示。

    以下具体分析自贸区、关税同盟、共同市场、经济同盟、政治同盟和协议分工等经济合作理论，为研究经济合作提供理论基础。

图 4-1　经济合作由低级到高级的层次演变

4.1　关税同盟理论

4.1.1　关税同盟的基本概念

关税同盟是经济一体化组织的基本形式，它是指成员方之间取消贸易壁垒，并采取统一的对外贸易政策。它是国际一体化进程的核心内容，主要研究对内取消关税和对外统一关税所引起的贸易变化。该理论一直在国际区域经济一体化理论中居于主导地位，也是最为完善的部分。关税同盟可以给成员方带来经济利益的观点在第二次世界大战之前就早已存在，这些早期的关税同盟理论认为：以比较利益为基础的自由贸易可扩大各国的经济利益，带来生产和消费的有益变化。

关税同盟在区域内实行关税减免，从而趋向于自由贸易，这必然导致成员方的福利增加，对于整个世界来讲福利也是增加的。真正系统地对关税同盟进行研究是在 20 世纪五六十年代，这也正是国际区域一体化的第一次高潮时期，当时许多国家汲取战前贸易壁垒导致世界经济大危机的教训，纷纷建立区域性贸易集团，实现区域内的贸易自由化。

1950 年，美国经济学家雅各布·维纳（Jacob Viner）在其代表性著作《关税同盟理论》中系统地提出了关税同盟理论。传统理论认为，关税同盟一定可以增加成员方的福利。维纳认为，任何形式的区域经济一体化对于成员方和集团外经济体都将产生一定的影响，这便是区域经济一体化的效应。于是维纳指出了这些早期关税同盟理论的不确定性，区分了"贸易创造"（trade creation）和"贸易转移"（trade diversion），认为关税同盟得益与否取决于二者的最终结果，从而将定量分析应用于关税同盟的经济效应研究，奠定了关税同盟理论的坚实基础。在研究贸易创造和贸易转移效应方面，维纳主要侧重于生产效应，而忽略了消费效应。麦克米兰和麦克兰认为必须考虑商品之间的替代性和互补性，因为替代性和互补性在两种商品的模式中无法进行分析，而三种商品分析法对于关税同盟问题的探讨具有极大的优势，所以必须建立三国三商品（3×3）模型。利普赛（Lipsey）针对商品的替代性运用模型进行了理论分析，认为维纳的贸易转移不一定减少福利。关税同盟理论经过许多经济学的补充，日益成为一种较为成熟的经济理论。

经济一体化的静态效应还包括其他几个方面。如贸易扩大效应，贸易扩大效应是从需求方面形成的概念，而贸易创造效应和贸易转移效应则是从生产方面形成的概念。此外，关税同盟建立后，可以减少行政支出，减少走私，加强集体谈判力量。

关税同盟理论的核心在于揭示关税同盟对成员方和非成员方所带来的不同的经济效应，但是关于经济一体化的效应问题，目前尚没有完善的分析方法，理论界一般把经济一体化的效应区分为静态效应和动态效应。

4.1.2　关税同盟的静态经济效应

1. 贸易创造效应

贸易创造效应（trade creation effect）是指关税同盟内部取消关税，实行自由贸易后，关税同盟内某成员方成本高的产品被同盟内其他成员方成本低的产品所替代，从成员方进口产品，创造了过去不发生的那部分新的贸易。

如图 4-2 所示，设 A、B、C 分别代表三个国家。纵轴 P 表示价格；横轴 Q 表示数量；S_A 和 D_A 分别表示 A 国国内的供给曲线和需求曲线。P_T 表示 A 国的价格；P_C 表示 A 国进口 C 国产品的价格；P_B 表示 A 国进口 B 国产品的价格。A 国与 B 国组成关税同盟前，A 国从 C 国进口商品，进口价格是 P_C，加上关税 $P_C P_T$，因而 A 国的国内价格是 P_T。A 国在 P_T 价格条件下，国内生产供应量 S_0，国内需求量 D_0，供需缺口为 $S_0 D_0$。A 国通过向 C 国进口 $S_0 D_0$ 数量的商品来达到国内的供求平衡。现在，我们来看 A 国与 B 国组成关税同盟所带来的贸易创造效应。A 国与 B 国组成关税同盟意味着两国间取消关税，实行自由贸易，并实施共同的对外关税。虽然 C 国的成本和价格比 B 国低，但是，如果共同对外关税，能达到这样一种效果，即从 C 国进口的价格加上共同对外关税后的实际价格比从 B 国进口的价格高，显然，A 国的贸易商就会从 B 国进口商品，而不会从 C 国进口。A、B 两国组成关税同盟后，由于 A 国从 B 国进口的价格 P_B 比同盟前的进口价格 P_T 要低，导致国内价格下降至 P_B 水平。在 P_B 价格水平上，A 国国内生产供应量缩减至 S_1，国内需求增加至 D_1，A 国进口 $S_1 D_1$ 量的商品来满足国内需求。把 A 国参加关税同盟前的进口量与参加同盟后的进口量相比，我们可以看到 A 国增加进口量 $S_1 S_0$ 和 $D_0 D_1$。这部分增加的进口量就是贸易创造效应。其中 $S_1 S_0$ 为生产效应，$D_0 D_1$ 为消费效应。贸易创造效应通常被视为一种正效应。因为 A 国国内商品生产成本高于 A 国从 B 国进口的商品生产成本。关税同盟使 A 国放弃了一部分商品的国内生产，改为由 B 国来生产这部分商品。从世界范围来看，这种生产转换提高了资源配置效率。

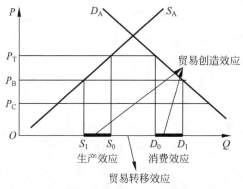

图 4-2　关税同盟的贸易创造和贸易转移效应

2. 贸易转移效应

贸易转移效应（trade diversion effect）是指由于关税同盟对内取消关税，对外实行统一的保护关税，成员方把原来从同盟外非成员方低成本生产的产品进口转为从同盟内成员国高成本生产的产品进口，从而使贸易方向发生了转变。我们以图4-2来加以说明。A国与B国组成关税同盟后，由于P_B低于P_C与共同对外关税之和，A国就不再从C国进口，而转向从B国进口。S_0D_0的商品原由A国从C国进口，关税同盟后改为A国从B国进口。这就是贸易转移效应。贸易转移效应通常被视为一种负效应。因为，A国从C国进口的商品生产成本低于A国从B国进口的商品生产成本，贸易转移导致低成本的商品生产不得不放弃，而高成本的商品生产得以扩大。从世界范围来看，这种生产转换降低了资源配置效率。

3. 社会福利效应

社会福利效应（social welfare effect）是指关税同盟的建立对成员方的社会福利将带来怎样的影响。如图4-3所示，关税同盟建立后，A国的价格从P_T下降至P_B，消费需求增加了D_0D_1，获得消费者剩余P_TCFP_B。但A国的价格下降导致国内生产供应缩减S_1S_0，生产者剩余减少P_TGHP_B。同盟建立后，A国不能对B国的进口商品征收关税，因而关税收入减少$GCXW$。A国的社会福利净增加或净减少并不确定。因为福利所得的消费者剩余P_TCFP_B与福利所失的生产者剩余P_TGHP_B及关税收入中的一部分$GCVU$相抵后还剩下消费者剩余GUH和CFV两个三角形。然后，我们把这两个三角之和的福利所得与关税收入中$UVXW$福利所失的大小进行比较。如果$GUH + CFV$大于$UVXW$，A国的福利得到净增加；反之，则A国的福利净减少。

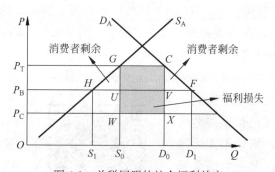

图 4-3　关税同盟的社会福利效应

一国福利变化主要受这样几种因素的影响：①加入同盟后国内价格下降的幅度。如果价格下降幅度足够大，加入同盟后就能获得净增加。②国内供给和需求弹性大小。一国国内价格供给和需求弹性越大，该国加入关税同盟后获得的消费者剩余就越多，失去的生产者剩余就越少，从而就越有可能获得社会福利的净增加。③加入关税同盟前的关税水平。一国加入关税同盟前的关税水平越高，加入关税同盟后国内价格下降的幅度就越大，因而就越有可能获得福利的净增加。

4. 其他静态效应

贸易扩大效应是指成立关税同盟后，某国能够更便宜地买到某商品而导致消费量增加，这是从需求方面形成的概念。而贸易创造效应和贸易转移效应则是从生产方面形成的概念。如前所述，无论贸易创造还是贸易转移都能产生贸易扩大的效果；此外，关税同盟建立后，不仅可以减少行政支出和走私，改善贸易条件，加强集体谈判力量。

4.1.3 关税同盟的动态经济效应

关税同盟的动态效应是指关税同盟对成员方就业、产出、国民收入、国际收支和物价水平会造成什么样的影响，动态效应主要包括规模经济效应、竞争效应和投资效应。

1. 规模经济效应

关税同盟建立以后，突破了单个国内市场的限制，原来分散的国内小市场结成了统一的大市场，使得市场容量迅速扩大。各成员方的生产者可以通过提高专业化分工程度、组织大规模生产、降低生产成本，使企业获得规模经济递增效益。尽管向世界其他国家出口也可以达到规模经济的要求，但是世界市场存在激烈竞争和许多不确定性，而区域性经济集团的建立则可以使企业获得实现规模经济的稳定市场。但有学者认为，如果成员方的企业规模已经达到最优，则建立区域性经济集团后再扩大规模反而会使平均成本上升。

2. 竞争效应

关税同盟的建立促进了成员方之间的相互了解但也使成员方之间的竞争更加激烈。加入关税同盟后，由于各国的市场相互开放，各国企业面临着来自其他成员方同类企业的竞争。在这种竞争中，必然有一些企业被淘汰，从而形成在关税同盟内部的垄断企业，这有助于抵御外部企业的竞争，甚至有助于关税同盟的企业在第三国市场上与别国企业竞争。

3. 投资效应

关税同盟的建立会促使投资增加。一方面，随着市场容量的扩大，同盟内企业为了生存和发展将不断地增加投资；另一方面，同盟外的企业为了绕开关税同盟贸易壁垒的限制，纷纷到同盟内进行投资，在同盟内部设立"关税工厂"（tariff factory），这样，客观上就增加了来自关税同盟以外的投资。

关税同盟理论是国际区域经济一体化理论中较为完善的一部分，且在欧盟等发达国家的国际区域经济一体化组织中得到了应用，但是关税同盟理论是以发达国家为基础建立起来的，所以不太适用于发展中国家。因此，发展中国家要想实现经济一体化，必须探寻适合发展中国家的一体化理论。

学习辅导 4.1　关税同盟的概念及效应

4.2　自由贸易区理论

自由贸易区是经济一体化最基本的形式，它通过消除区内贸易壁垒来实现成员方之间的贸易自由化，是比关税同盟在一定程度上应用得更广泛的一体化形式。按照国际经济学的解释，自由贸易区是指两个或两个以上的国家或者行政上独立的经济体之间达成协议，相互取消关税和与关税具有同等效力的其他措施而形成的国际区域经济一体化组织。

世界贸易组织将自由贸易区解释为：由两个或两个以上的关税领土所组成的、一个对这些组成领土的产品的贸易已实质上取消关税或其他贸易限制（必要时可以例外）的集团

（关贸总协定其他条款规定者除外）。与关税同盟等其他国际区域经济一体化形式相比，自由贸易区有以下两个显著特征。

（1）自由贸易区成员方在实行内部自由贸易的同时，对外不实行统一的关税和贸易政策。

（2）实行严格的原产地规则，只有原产于区域内或主要在区域内生产的产品才能进行自由贸易。

比较全面地研究了自由贸易区理论的是英国学者罗布森（Robson），他将关税同盟理论应用于自由贸易区，提出了专门的自由贸易区理论。与关税同盟的情况一样，自由贸易区也可以有贸易创造效应和贸易转移效应，但与关税同盟的这两种效应在实际运作中存在着差异。我们用图4-4来加以说明。

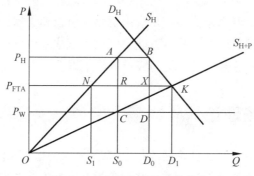

图4-4 自由贸易区的贸易效应

假设两个国家：H国和P国。在某种产品的生产上，H国的效率比P国低。这两个国家对该产品的进口各自实施不同的关税：H国实施非禁止性关税，P国实施禁止性关税。D_H为H国的需求曲线，S_H为H国的供应曲线。S_{H+P}为H国和P国全部供应曲线。P_H是H国加入自由贸易前的国内价格；P_W是外部世界的价格。P_{FTA}是两国组成自由贸易区后的区内价格。H国在加入自由贸易区前，从世界市场以P_W进口，征收$P_W P_H$关税后，国内价格为P_H。其国内生产供应OS_0，需求OD_0，进口数量为$S_0 D_0$。H国与P国组成自由贸易区后，只要整个自由贸易区仍为净进口方，则在H国原产于区内的产品价格就不会下降到P_{FTA}以下，同时也不会超过P_H。从H国来看，包括区内和区外产品的有效供给曲线是$P_{FTA} K S_{H+P}$。该曲线与H国的需求曲线D_H一起决定了区内价格P_{FTA}。在P_{FTA}价格水平上，H国的生产供应为OS_1，消费需求为OD_1，从P国进口$S_1 D_1$数量的产品。其中，$S_1 S_0$和$D_0 D_1$是贸易创造的结果，$S_0 D_0$是贸易转移的结果。另外需要说明的是，P国国内价格始终在P_{FTA}以下。如果P国的全部生产供应能够满足H国的进口需求，P_{FTA}就与P国的国内价格相同。若不然，P_{FTA}就会高于P国国内价格，以实现P国出口供应和H国进口需求的平衡。那么，P国向H国出口后，其国内需求如何得以满足呢? P国的做法是从外部市场进口来满足国内需求。这种贸易流向就是所谓的"贸易偏转"（trade deflection），原产地规则对此是无能为力的。

自由贸易区给H国带来的福利效应是：获得的消费者剩余$P_H B K P_{FTA}$，减去失去的生产者剩余$P_H A N P_{FTA}$及关税收入损失的一部分$ABXR$后，余下两个三角形ANR和BXK所表示的消费者剩余。另外，关税收入损失中另一部分 RXDC 与两个三角形所表示的消费者剩余相抵，如果前者（RXDC）小于后者（ANR + BXK），这意味着 H 国的社会福利有净所得；反之，H 国的福利有净损失。由此看来，自由贸易区给 H 国带来的福利变化是不确定的。H 国加入自由贸易区的贸易效应和福利效应与 H 国的需求曲线弹性有密切的关系。

　　H 国的福利变化与关税同盟情形相似，但从 P 国来看，自由贸易区与关税同盟福利变化是不同的。在关税同盟条件下，P 国的价格必然上升，因而会带来消费者剩余的损失和负的生产效应。然而，在自由贸易区条件下，P 国的价格可以不变，就没有消费者剩余的损失和负的生产效应。而且，在贸易偏转中，P 国从外部世界进口还可获得关税收入。因此，在自由贸易区条件下 P 国福利水平的提高肯定优于关税同盟。此外，从外部世界来看，在关税同盟条件下，外部世界的出口会减少，社会福利水平随之下降；而在自由贸易区条件下，外部世界的出口不但不会减少，反而还会增加。这样，外部世界的福利水平也可得到提升。国际货币基金组织专家也认为："自由贸易区可以使进口国避免因单边降低壁垒而蒙受不必要的贸易转移损失。这样就可以获得区域外低成本供应来源。同时，已经实行比较自由的贸易体制或愿意放开贸易政策的成员方将不再受自由贸易区的限制。"

4.3　共同市场理论

　　关税同盟理论和自由贸易区理论是国际区域经济一体化的基本理论，它的一个主要假设是成员方之间的生产要素是不流动的。共同市场指成员方之间取消贸易壁垒，对外实施统一的贸易政策，同时，还允许成员方之间的生产要素自由流动。共同市场是比关税同盟更高一个层次的国际区域经济一体化，它不仅通过关税同盟而形成的贸易自由化实现了产品市场的一体化，而且通过消除区域内要素自由流动的障碍，实现了要素市场的一体化。

　　共同市场的概念早期出现在 1956 年斯巴克的报告中，第二次世界大战后"共同市场"一词已被广泛使用。在共同市场中，由于阻碍生产要素流动的壁垒已被消除，生产要素在逐利动机驱使下，向尽可能获得最大收益的地区流动，但由于社会、政治和人类的生活习性等原因，劳动这种生产要素并不一定会因共同市场的建立而出现大规模的流动。而资本则不然，只要资本存在收益的不相等，即资本的边际生产率在不同地区存在一定的差异，那么它就会不停地流动，直到各地的边际生产率相等为止。我们用图 4-5 加以说明。

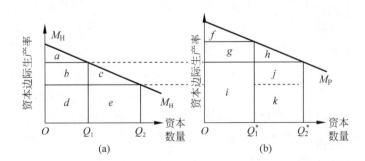

图 4-5　共同市场理论对资本的跨国流动分析

（a）本国；　（b）伙伴国

假设两国都只有劳动和资本两种生产要素，并且两国的劳动数量是既定的。图4-5中纵轴表示资本边际生产率，横轴表示资本数量，M_H 和 M_P 分别是本国和伙伴国的边际生产率曲线。在形成共同市场之前，本国和伙伴国的资本存量分别是 Q_2 和 Q_1^*，且资本属于两国自己所有。此时资本在两国间不流动，假定市场完全竞争，并且忽略税收因素，那么每单位资本的收益等于其边际生产率。于是本国的总收益是 $d+e$，伙伴国是 $g+i$；本国的总产出是 $a+b+c+d+e$，伙伴国是 $f+g+i$。因而，本国的劳动的收益是 $a+b+c$，伙伴国是 f。由于本国的资本的收益率（边际生产率）低于伙伴国，因此当要素实现自由流动以后，资本将从本国流向伙伴国，直到两国的资本收益率相等为止。此时有数量为 Q_1Q_2（$Q_1^* Q_2^*$）的资本从本国流向了伙伴国。因此本国的产出下降为 $a+b+d$，其国民产值还要包括作为资本从伙伴国回流的 $j+k$。因此，本国的国民产值增加了 $j-c$。伙伴国的国内产值增加了 $h+j+k$，但其国民产值增加了 h。在此过程中，本国资本所有者所占国民生产总值的份额下降了，而伙伴国资本所有者所占的份额却上升了。从静态的角度上讲，配置收益是共同市场所能产生的高于关税同盟的收益，也就是要素自由流动后经济效率提高所增加的收益。按照传统的理论，在关税同盟的基础上，通过贸易可以实现要素边际生产率的趋同，但是所需条件非常严格。现实中，诸如成员方之间生产函数的不同或生产中规模经济的存在等各种原因都表明，可以预计成员方从关税同盟到共同市场的发展中获得更多的收益。

共同市场理论主要是探讨在关税同盟的基础上消除生产要素自由流动的障碍以后成员方所获得的经济效应。当经济一体化演进到共同市场之后，区内不仅实现了贸易自由化，其要素可以在区内自由流动，从而形成一种超越国界的大市场。一方面使生产在共同市场的范围内沿着生产可能曲线重新组合，从而提高了资源的配置效应。另一方面，区内生产量和贸易量的扩大使生产可能曲线向外扩张，促进了区内生产的发展。共同市场的目的就是消除贸易保护主义，把被保护主义分割的国内市场统一成为一个大市场，通过大市场内的激烈竞争，实现专业化、大批量生产等方面的利益。

通过对共同市场理论的分析发展出了大市场理论，有代表性的说法（丁伯根）是，"消除阻碍最合理运营的各种人为障碍，通过有意识的引入各种有利于调整、统一的最理想因素，创造出最理想的国际经济结构。"大市场理论是从动态角度来分析国际区域经济一体化所取得的经济效应，其代表人物是经济学家西托夫斯基（T. Scitovsky）和德纽（J. F. Deniau）。这一理论以共同市场为分析基础，主要论述了国际区域经济一体化的竞争效应。大市场理论的核心思想是扩大市场是获取规模经济的前提条件；市场扩大带来的竞争加剧将促成规模经济利益的实现。西托夫斯基和德纽分别从"小市场"和"大市场"的角度分析了大市场理论的经济效应；西托夫斯基认为"小市场"的经济会出现"恶性循环"，因此建立共同市场之后，大市场的经济会出现"良性循环"；德纽认为大市场建立后，"经济就会开始滚雪球式的扩张"。

目前为止，共同市场理论已在欧盟付诸实施，而且取得了成功。但是还没有应用到南南型和南北型国际区域经济一体化中，主要是因为共同市场理论的实施必须建立在关税同盟或自由贸易区的基础上，且各成员方的经济发展水平和经济发展阶段必须大致相等。

4.4　经济同盟与政治同盟

经济同盟指产品、服务以及生产要素可以在同盟国中自由流动，有共同的对外贸易政策、共同的货币、协调的税率，以及共同的货币和财政政策。例如：欧盟是经济同盟，有统一的欧元。

最高的经济合作形式是政治同盟，设有中央政府来协调成员国的经济、社会及外交政策。例如：美国和苏联。

4.5　协议性国际分工原理

多数学者都是依据古典学派提出的比较优势原理来说明国际区域经济一体化的分工原理的，但是日本知名学者小岛清对此提出了疑问：光靠作为竞争原理的比较优势原理可能实现规模经济吗？完全放任这一原理，是否会导致以各国为单位的企业集中和垄断，导致各国相互间同质化的严重发展，或产业向某个国家积聚的现象呢？况且传统的国际分工理论是以长期成本递增和规模报酬递减为基础的，而没有考虑到长期成本递减（以及成本不变）和规模报酬递增。但事实证明成本递减是一种普遍现象，国际区域经济一体化的目的就是要通过大市场化来实现规模经济，这实际上也就是长期成本递减的问题。

为了说明这个问题，小岛清提出了协议性国际分工原理。协议性国际分工原理的内容是，在实行分工之前两国都分别生产两种产品，但由于市场狭小，导致产量很小、成本很高，两国经过协议性分工以后，都各自生产一种不同的产品，导致市场规模扩大，产量增加，成本下降。协议各国都享受到了规模经济的好处。

我们用图4-6加以说明。在实行分工之前，甲国和乙国都分别生产X、Y两种产品，A [见图4-6（a）实线]、B [见图4-6（b）实线] 分别表示甲国和乙国生产X商品的成本，C [见图4-6（c）实线）、D [见图4-6（d）实线）分别表示甲国和乙国生产Y商品的成本。由于两国国内市场有限，X商品和Y商品的产量很小，导致生产成本很高。现在两国经过协商，实行协议性分工。假设X商品全由甲国生产，乙国把X_2数量的国内市场提供给甲国 [见4-6（a）]；同时，Y商品全由乙国生产，甲国把Y_1数量的国内市场提供给乙国 [见图4-6（b）]。经过上述分工之后，由于市场规模的扩大，两种商品的生产成本均明显下降 [见图4-6（a）、（d）的虚线所示]，达到了规模报酬递增的效果。

尽管协议各国都享受到了规模经济的好处，但是要使协议性分工取得成功，必须满足三个条件。

（1）实行协议性分工的两个（或多个）国家的要素比率没有多大差别，工业化水平等经济发展阶段大致相等，协议性分工对象的商品在各国都能进行生产。

（2）作为协议性分工对象的商品，必须是能够获得规模经济效益的商品。

（3）对于参与协议性分工的国家来说，生产任何一种协议性对象商品的成本和差别都不大，否则就不容易达成协议。因此，成功的协议性分工必须在同等发展阶段的国家建立，而不能建立在工业国与初级产品生产国之间；同时，发达国家之间可进行协议性分工

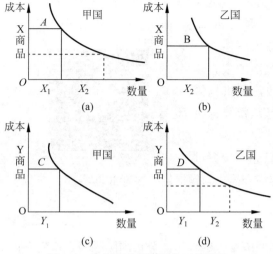

图4-6 成本递减对国际分工的影响

的商品范围较广，因而利益也较大。另外，生活水平和文化等方面互相接近的国家和地区容易达成协议，并且容易保证相互需求的均等增长。但是也有学者认为，通过协议性分工获取规模效益也不是绝对的，因为在区域内企业生产规模已经达到最优的情况下，因国际区域经济一体化组织的建立导致生产规模的再扩大反而会因平均成本的上升而出现规模报酬递减。

4.6 综合发展战略理论

国际区域经济一体化的不断加强以及发达国家经济一体化的成功实践使得发展中国家的经济一体化近年来成为人们讨论的重要话题。发展中国家和谁实行经济一体化以及如何实行经济一体化，就是所谓的"集体自力更生理论"。该理论又分为结构主义的中心—外围理论和激进主义的国际依附理论。

中心—外围理论的代表人物是缪尔达尔（Gurnar Myrdal）、普雷维什（Raul Prebisch）和辛格（Hans Singer）。普雷维什是最早提出中心—外围理论的学者之一，他认为世界经济由"中心"即富裕的资本主义国家和"外围"即生产和出口初级产品的发展中国家组成，中心国家和外围国家组成的现行国际经济体系是不合理的，它只有利于发达国家而损害发展中国家经济的发展。缪尔达尔建议发展中国家必须实行进口替代的工业化战略，打破旧的国际经济体系，以发展中国家合作的集体力量来与中心国家抗衡。

在对现代国际经济体系的认识问题上，比结构主义的中心—外围理论还要激进的是激进主义的国际依附理论。其主要代表人物有巴兰（Paul Baran）、阿明（Samir Amin）、弗兰克（Ander Gunder Frank）、卡多佐（F H. Cardoso）、桑克尔（Osualdo Sunkel）、桑托斯（M. Santos）和伊曼纽尔（A. Emmanuel）等人。这些学者认为发达国家和发展中国家的关系是富国支配穷国、穷国依附于富国并受之剥削的"支配—依附"关系，因此他们建议如果发展中国家要实现真正的经济发展，就必须进行内部彻底的制度和结构变革，彻底摆脱对发达国家的依附。

综合发展战略理论突破了以往的国际区域经济一体化的研究方法，把国际区域经济一体化视为发展中国家的一种发展战略，而不必在一切情况下都追求高级的其他一体化。它把一体化看作是集体自力更生的手段和新秩序中变革世界经济的要素。另外，它考虑了经济、政治和机构等多种要素，而不是简单地从贸易、投资等层面来考虑经济一体化的效应。综合发展战略理论为我们进一步探讨发展中国家的国际区域经济一体化问题提供了参考的框架。

学习辅导4.2　自贸区理论和其他经济合作理论

【本章小结】

本章主要综述国际经济合作的理论，分析国际经济合作的自由贸易区、关税同盟、共同市场、经济同盟、政治同盟等形式合作的深度与广度、利与弊，为后继讨论国际和区域性的经济合作组织打下基础。

【思考题】

1. 名词解释：关税同盟理论、贸易创造、贸易转移、自由贸易区理论、共同市场理论、协议性国际分工原理、综合发展战略理论、中心国家、外围国家

2. 试论关税同盟理论的静态和动态经济效应。

3. 试比较自由贸易区、关税同盟、共同市场有什么异同。

4. 结合国际经济合作理论，举例说明国际经济合作如何从低层次向高层次发展，国际经济合作对成员方有哪些利弊。

【即测即练】

【英文阅读】

第5章 全球性国际经济合作组织

思政案例

G20 罗马峰会为破解全球困局开方抓药

二十国集团(G20)领导人第十六次峰会于 2021 年 10 月 31 日在意大利首都罗马落下帷幕。会后各方通过《二十国集团领导人罗马峰会宣言》(以下简称"宣言"),为应对新冠疫情和气候变化、推动经济复苏等全球面临的重大挑战出谋划策、开方抓药。

分析人士认为,当前新冠疫情仍在全球蔓延,世界经济复苏乏力,气候变化等问题延宕难解。作为包含主要发达经济体与新兴市场经济体的重要多边平台,G20 就这些难题取得阶段性进展,将有助于未来开展全球性行动。

1. 促进疫苗全球公平分配

新冠疫情持续反复,全球防控面临重重困难,特别是发达国家和发展中国家免疫鸿沟不断拉大,新冠疫苗存在部分国家限制出口和超量囤积问题。目前全球累计报告接种超过 68 亿剂次新冠疫苗,完全接种人口约占世界人口的三分之一,但低收入国家获得的疫苗总量不到全球疫苗总量的 0.5%。

G20 汇集了全球主要经济体和疫苗生产国。宣言指出新冠疫苗是抗击新冠疫情最重要的工具之一,重申新冠疫苗是全球公共产品,G20 成员将加大努力,确保及时、公平、普遍获取安全、可负担、高质量、有效的疫苗、治疗和诊断工具,特别关注中低收入国家需求。

为推动实现世界卫生组织全球疫苗接种战略建议的全球接种目标,即到 2021 年年底所有国家至少 40% 的人口接种、到 2022 年年中将接种人口比例提升至 70%,G20 将采取措施,帮助发展中国家增加疫苗、关键医疗产品和原料供应,解决相关供应和融资限制。

意大利帕多瓦大学国际关系专业教授马尔科·马西亚认为,部分发展中国家疫苗短缺已经在当地造成"灾难"。在世界范围内公平分配疫苗是关键,他期待 G20 实现承诺，带来积极的行动结果。

2. 积极助力全球经济复苏

受疫情影响，当前全球经济恢复呈现两极分化趋势，各经济体之间和经济体内部复苏差异依然很大，给经济增长前景带来风险。

宣言表示，G20 欢迎国际货币基金组织实施的新一轮特别提款权普遍增发，这为全球提供了 6 500 亿美元等值的额外储备；欢迎 G20 缓债倡议所取得的进展。初步估计表明，在 2020 年 5 月至 2021 年 12 月期间，该倡议下至少总计 127 亿美元的债务暂缓偿付，50 个国家从中获益。

宣言重申继续支持非洲国家，特别是通过 G20 支持非洲和最不发达国家工业化倡议及其他相关倡议。宣言表示，G20 将继续推进国际货币基金组织治理改革进程，在 2023 年 12 月 15 日前完成第 16 轮份额总检查。

分析人士指出，G20 作为国际经济合作主要论坛，就全球经济复苏提出多项积极举措，既有助于推动全球经济向更公平稳定、可持续方向发展，又有利于推动世界经济复苏和增长进程向更快更好的方向迈进。

3. 落实承诺应对气候变化

根据宣言，G20 仍然承诺《巴黎协定》目标，将全球平均气温升高幅度控制在低于 2℃之内，并努力将其限制在工业化前水平以上 1.5℃之内，同时呼吁所有国家做出重大且有效率的行动和承诺。

分析人士指出，气候变化是全人类面临的共同挑战，没有一个国家能够独善其身。当前国际社会合力应对气候变化挑战的意愿和动力不断上升，关键是要拿出实际行动。发达国家应在减排问题上做出表率，尽快把公开承诺转化为实际行动，同时充分照顾发展中国家的特殊困难和关切，落实气候融资承诺，并在技术、能力建设等方面为发展中国家提供支持。

G20 轮值主席国意大利总理德拉吉敦促各国在应对气候变化方面加强国际合作。他说，多边主义是应对当下全球挑战的最好方式，无论是疫情、气候变化，还是公平税收，单打独斗都不是办法，"我们必须竭尽全力克服分歧"。

马西亚认为，应对气候变化是本次 G20 峰会的一个重点，会议就这一议题达成的共识将积极推动全球行动。每个国家都要做出不同程度的让步，更要资助发展中国家，帮助它们实现气候协定的目标。

资料来源：周啸天，陈占杰，叶心可. (国际观察) G20 罗马峰会为破解全球困局开方抓药 [EB/OL]. (2021-11-01). http://world.people.com.cn/n1/2021/1101/c1002-32270707.html.

当前世界面临许多重大问题，需要各国齐心协力去解决。合作才是当今世界的主流。世界经济合作必须由世界经济组织来协调。WTO、IMF、WB 和 G20 分别从贸易、投资和金融等方面协调各国的政策，解决各国的争端，促进全球经济协调有序发展。

5.1　世界贸易组织

WTO 源自第二次世界大战后的信息技术外包（ITO）计划。由于美国的抵制，ITO 计划流产，但其中的货物贸易协议部分以 GATT 的形式保留下来。GATT 只是一种协定，而非国际组织，20 世纪 90 年代中期，WTO 的成立弥补了 GATT 上述缺陷，满足了全球化时代经贸自由的内在要求。中国历经长达 15 年的"复关"与"入世"谈判，于 2001 年 12 月 11 日正式成为 WTO 的成员。

理解 WTO 的性质、作用和发展趋势，有助于我们运用 WTO 的规则、富有战略眼光地处理国际商务事务。

5.1.1　WTO 的主要作用和挑战

1. WTO 的主要作用

WTO 的主要作用主要体现在：一是确立了全球多边贸易秩序的治理主体与规则制度。二是为缔约方缓和彼此的贸易纠纷提供了场所和"对话窗口"，在很大程度上避免了成员方之间相互报复、进而引发贸易战和关税战的情况。三是促进了全球经济的增长。四是提升了发展中国家在国际贸易中的地位。

2. WTO 面临的主要挑战

WTO 面临日益严峻的挑战，主要体现在如下方面：第一，它没有克服经济全球化及市场经济扩张带来的利益不平衡甚至两极分化，没有充分发挥应有的治理功能。第二，近年来，基于网络信息技术的服务贸易和数字贸易兴起，全球贸易治理面临新课题、新对象和新内容。第三，美国从经济全球化的积极推动者转变为逆流先锋，从全球多边贸易体制的构建者变为反对者。

5.1.2　中国与 WTO 的关系

中国加入 WTO 后认真履行入世承诺，融入世界经济体系。加入 WTO 后，中国的对外贸易快速增长，这有力地促进了中国的改革开放和经济的发展。

1. 中国履行入世的承诺

（1）修订相关法律。为了实现国内贸易法律体系与 WTO 规则的对接，中国自 1986 年开始"复关"谈判时就已经着手对国内法律进行整理，清理中央政府法律法规和部门规章 2 300 多件，地方政府法规共 19 万多件。调整对外贸易法、货物贸易法、服务贸易法、知识产权法、外商投资法等立法。

（2）履行货物贸易领域承诺，削减关税和降低非关税壁垒。中国关税总水平由 2001 年的 15.3% 降至 2018 年的 7.5%，并且全面开放外贸经营权，积极履行 WTO 补贴通报义务。

（3）履行服务贸易领域承诺。2007 年，中国开放了 WTO 分类下的九大类 100 个分部门。

（4）履行知识产权保护承诺。中国构建了完备的知识产权保护法律体系，并持续加大了知识产权保护执法力度，重新修订商标法、反不正当竞争法、专利法、著作权法，更是重新组建国家知识产权局，为知识产权提供了有效保障。

2. 入世对中国经济的影响

中国加入 WTO 后，成为多边贸易体制的受益者，主要体现在以下几方面。

（1）进出口贸易规模快速扩大，经济规模稳居全球第二位。

（2）贸易自由化促进了中国产业结构升级。

（3）人民群众的收入和生活水平显著提升。

5.1.3　有关 WTO 改革的争议

2016 年后，美国频繁采取单边主义贸易保护措施，严重破坏了 WTO 的权威性。更有甚者，美国持续阻挠上诉机构法官任命，导致 WTO 最重要的争端解决职能无法履行。但与此同时，美国又联合欧盟、日本等发达经济体，指责发展中国家特别是新兴经济体的崛起对 WTO 现行体制产生了冲击，主张改革 WTO 以实现成员之间义务的对等。

归纳起来看，美国对 WTO 体制的不满及改革要求反映在四个方面：第一，美国认为，基于协商一致原则的多边谈判机制削弱了美国的力量优势。于是，美国试图利用单边或双边机制以发挥其优势。第二，美国认为，争端解决机制损害了美国国家主权，限制了美国的行动自由，特别是美国采取单边措施时，受到了争端解决机制的约束。第三，美国认为，发展中国家享受特殊和差别待遇是占了美国的便宜，应当取消中国等国家的发展中国家地位，并实行对等开放。第四，美国认为，现有 WTO 机制无法有效约束非市场经济国家的不公平竞争，必须修改和扩展规则加以规范。

其他发达国家虽然在争端解决机制问题上与美国有较大分歧，但在其他三个问题上立场基本是一致的。而在这三个问题上，中国是最主要的目标。这其中既有针对中国是否完全履行 WTO 义务的质疑，也有对中国利用发展中国家身份规避义务以及利用特殊的经济体制获取不公平竞争优势的不满，并针对与中国高度相关的议题提出相应的建议，试图引导未来的规则制定。归纳起来有以下两点。

（1）市场经济体制与国有企业补贴。中国的社会主义市场经济体制自中国申请加入 WTO 开始就是各国争议的焦点。在 WTO 改革议程中，发达国家认为中国特殊的市场经济制度、过高的政府参与程度和由此引发的国有企业补贴造成了不公平贸易，亟须改革。

（2）发展中国家的界定。WTO 通过自我认定的方式确定一国的发展中国家身份，且对发展中国家设置了特殊与差别待遇原则。而随着全球经济放缓，部分西方国家自顾不暇，无意为广大发展中国家提供公共产品，开始对发展中国家的认定方式提出质疑。同时，提出改变 WTO 与发展中国家地位相关的灵活性，结束不公平贸易利益。

5.1.4　WTO 改革的中国立场和方案

WTO 改革将会是一个长期的过程，也是一个中国重塑国际角色、承担与其增强的实力相称的更多责任的过程。WTO 改革对中国的影响将是全方位的。一方面，WTO 改革将是当前复杂国际形势下中国参与全球经济治理体系建设的重要组成和战略实践，关系到中国如何在巨变的世界经济体系中寻找自身新的定位。但另一方面不可回避的是，在 WTO

改革的讨论进程中，中美经贸摩擦中的焦点问题正逐渐演变成 WTO 改革中可能重点关注的问题，美、欧、日等发达成员提出的所谓"非市场导向"议题和"结构性改革"诉求触及中国经济体制内部，指向性和约束性明显。

在 WTO 的改革中，中国应当采取的立场和方案如下。

（1）分析 WTO 改革中不同利益集团的核心诉求，积极寻求共识、化解分歧。第一，对美、欧、日三方机制的改革风向标作用应保持密切关注；第二，建立与加拿大牵头的"渥太华集团"的合作对话机制；第三，与广大发展中成员形成谈判合力。

（2）对具体规则议题进行深入研究，明确对不同议题的接受程度及谈判方案。就规则层面而言，目前各方的改革诉求可以分为两类：一是针对全球价值链下数字经济和服务贸易等快速增长的国际商业活动新业态，要求加快制定新规则；二是认为既有的 WTO 规则未能得到很好遵守，或相关规定不合理，要求加以改革。对于中国在谈判中的权利与义务，一方面应区分"进攻利益"与"防守利益"，针对中国国内经济发展和对外开放实践，有针对性地提出谈判方案；另一方面应坚持给予发展中成员特殊与差别待遇的基本原则、同时在中国"发展中国家"身份的前提下，不必一般性地主张享受特殊与差别待遇，而是基于具体行业、议题和能力，通过互惠谈判方式来确定中国应承担的义务和应享受的权利。

在既有议题的规则强化上，中国的诉求可分为三类：第一类为中国可积极推动的改革议题，既包括在 WTO 成员改革方案中广泛提及的维护 WTO 权威性和有效性（遏制滥用国家安全和单边主义措施）、争端解决机制、通报和透明度等议题，也包括未在发达成员改革方案中过多涉及，但关乎广大发展中成员利益的农业补贴、贸易救济、渔业补贴等多哈回合贸易谈判遗留议题；第二类为中国可适度接受的改革议题，包括发达成员较为关注的竞争中立、产业补贴、知识产权、强制技术转让等议题；第三类为中国应坚决抵制的改革议题，主要明确两条底线：一是不应将 WTO 成员的发展模式问题纳入 WTO 改革方案，应坚决反对将颇具针对性且又充满不确定性内容的"市场扭曲"议题纳入 WTO 多边规则；二是不应以"公平竞争""竞争中立"之名行企业所有制歧视之实。

（3）将新冠肺炎疫情下的全球治理新需求作为推动 WTO 制度建设的一大契机。新冠肺炎疫情对国际贸易的重大影响凸显了 WTO 在维护贸易自由化方面的重要性，也由此提出了 WTO 改革的新课题，而中国可在其中发挥积极和建设性的作用。第一，WTO 应在维护贸易自由化，特别是抗疫物资、医疗用品和生活必需品贸易自由化方面发挥更大作用；第二，WTO 应在贸易便利化领域发挥更大作用；第三，WTO 应优先推动电子商务规则谈判以应对疫情挑战。

5.2 国际货币基金组织

5.2.1 IMF 的成立

1944 年 7 月，在美国新罕布尔州的布雷顿森林，召开了有 44 个国家参加的"联合和联盟国家国际货币金融会议"。会议通过了《国际货币基金协定》，从此一个以美元为中心的国际货币体系开始形成，IMF 诞生。根据《国际货币基金协定》，IMF 成为一个能够处理国际货币事务的全球性组织。

5.2.2　IMF 的机构和职能演变

目前，IMF 的内部机构由理事会、执行董事会、总裁 1 人、第一副总裁 2 人、副总裁 2 人以及一系列业务部门组成。理事会（board of governors）是基金组织的最高权力机构，由每个成员方任命的一位理事和一位副理事组成，通常由成员方的财政部部长或中央银行行长担任。凡是涉及基金组织重大的制度问题，如接纳成员、决定份额、分配特别提款权等方面都需在理事会讨论。执行董事会（executive board）是基金组织的常设决策机构，处理日常事务。董事会人数由最开始的 12 人现已经增加到 24 人。执行董事会下面还设有地区部，包括非洲部、亚太部、欧洲一部、欧洲二部、中东部、西半球部，以及其他职能和特殊服务部门。总裁由执行董事会选举产生，任期 5 年。总裁是执行董事会的主席，参加理事会会议同时也是基金组织行政人员的首脑。从基金组织诞生到现在该职位一直由欧洲人担任。名义上总裁由执行董事会推选产生，但是由于各国的份额比例不一致，基金组织总裁的最终当选实际由美、欧、日等西方国家政府相互协商产生。

经过多年的运行与不断的调整，IMF 治理的侧重点有所不同，归结起来其主要职能仍为以下三种：首先是维护国际货币体系的稳定。其次，基金组织向发生国际收支不平衡的成员提供贷款，维持成员的收支平衡，促进国际贸易发展。最后，为各国协调货币政策搭建平台，为成员的宏观经济政策提供资料，提出参考意见。基金组织促进了成员之间的经济合作。

进入牙买加体系之后，由于浮动汇率制的实行以及国际短期资本流动的增长，国际货币秩序动荡不定，金融危机频繁爆发。在几次金融危机中，IMF 在一定程度上起到了国际经济稳定器的作用，主要体现在三个方面：一是危机前的监督和预警；二是危机中的援助与控制；三是危机后的总结与改革。时至今日，IMF 的核心职能仍是调节国际收支、维护汇率稳定，手段包括向国际收支不平衡的国家提供贷款、向无力稳定汇率的国家提供外汇援助、通过政策建议帮助发展中国家调控宏观经济失衡等。

5.2.3　IMF 的主要问题

1. IMF 的治理结构问题

IMF 的治理结构（governance），即 IMF 的份额（quota）与投票权问题。

IMF 日常运作的资金主要来源于其成员认缴的份额，25% 的份额由特别提款权（SDR）或主要通用货币（如美元、欧元、英镑、日元等）组成，其余 75% 的份额则由成员的本国货币组成。截至 2021 年 10 月 31 日，IMF 的总份额达 6 606 亿特别提款权，约合 9 296 亿美元。份额对 IMF 成员来说有三个作用：一是它决定了成员投票权的大小，两者成正比关系；二是它决定了成员可以获得 IMF 贷款的最高限额，贷款累计不超过其份额的 3 倍；三是它决定了成员可以获得特别提款权分配的数量，特别提款权的分配一般参照成员在 IMF 中份额的相对比例。

IMF 份额和投票权机制存在着以下五方面的弊端。

（1）份额分配缺乏科学性和透明性。现在的份额公式是由 GDP、经济开放度、经常账户收入的波动性和官方储备组成的线性公式，其中 GDP 数据是由 60% 按市场汇率折算和 40% 按购买力平价折算的 GDP 的混合。份额公式的计算结果并不令人满意，其夸大了发达国家在世界经济中的分量，而新兴市场和发展中国家经济实力的增长却未能在份额及投票权中得到应有的体现，严重影响份额公式作为决定成员份额和投票权的客观依据的公平性与合理性。IMF 24 位执行董事所在国家的投票权如表 5-1 所示。

表 5-1　IMF 24 位执行董事所在国家的投票权（截至 2016 年 1 月 26 日）

国　　　家	投　票　权		国　　　家	投　票　权	
	票数	百分比		票数	百分比
美国	831 402	16.58	瑞典	165 420	3.30
日本	309 665	6.17	土耳其	162 304	3.24
中国	306 289	6.11	斯里兰卡	153 642	3.06
乌克兰	272 983	5.44	特立尼达和多巴哥	153 591	3.06
德国	267 804	5.34	津巴布韦	149 515	2.98
委内瑞拉	267 184	5.33	也门	148 697	2.96
越南	218 480	4.36	土库曼斯坦	137 408	2.74
圣马力诺	207 918	4.15	俄罗斯	130 497	2.60
法国	203 011	4.05	突尼斯	110 814	2.21
英国	203 011	4.05	沙特阿拉伯	101 386	2.02
瓦努阿图	194 558	3.88	多哥	79 533	1.59
文森特和格林纳丁斯群岛	170 058	3.39	乌拉圭	68 739	1.37

资料来源：IMF 官方网站．http://www.imf.org/external/np/sec/memdir/eds.aspx.

（2）基本投票权让位于加权投票权。成员总票数由两部分所组成：一是基本票，共 750 票，但基本票数仅占总票数的 5.502%，反映了主权国家平等的原则；二是加权票，根据所缴的份额而得，每增加 10 万特别提款权份额便增加一票，反映了成员的经济实力。这样，基本投票权已失去了原来的职能，以"一国一票"为代表的主权平等原则彻底让位于"一美元一票"的原则。在加权投票中，西方发达国家占据了绝对优势，而广大发展中国家的发言权和代表性严重不足。

（3）发达国家所占的份额过大。如表 5-1 所示，发达国家在 IMF 所占份额过大，而新兴市场和发展中国家所占份额则太小。

（4）欧洲国家在执行董事会所占的席位太多。IMF 处理日常事务的决策机构是由 24 人组成的执行董事会。改革前拥有最大份额的 5 个国家——美国、日本、德国、法国、英国各派 1 位执行董事，另外 19 位则由各个区域的国家选出。欧洲发达国家在 24 个执董中所占比例过高，其代表权明显偏大，甚至连美国也认为欧洲的席位过多。

（5）美国"一股独大"，拥有实际否决权。根据《国际货币基金协定》，最重大事项需要经过 85% 以上的特别多数票决定。票数最多的美国就拥有 831 402 票，占总票数的 16.58%，形成了"一股独大"的现象。这不仅会挫伤广大发展中国家参与 IMF 决策的积极性，也会妨碍 IMF 决策机制的公平性、公正性和合理性。

2. IMF 的监测（surveilance）职能的问题

目前 IMF 的监测功能存在两个重要缺陷：第一，IMF 的监测过于偏重双边监测（即 IMF 工作人员对各国宏观经济的监测），而忽视了多边监测（即对世界经济与全球金融市场作为整体进行监测，以提前发现并应对全球系统性风险）；第二，IMF 的监测对于不向 IMF 借款的国家而言没有任何约束力，尤其是对发达国家没有约束力。有些时候，发达国家甚至可以向 IMF 施压，反对 IMF 发布对自己不利的宏观经济监测报告。

从 IMF 监督工具来看，无论是《全球金融稳定报告》《世界经济展望》《财政监测报告》，还是依据《国际货币基金协定》第 4 条第 3 款进行磋商监管，均是对成员的一种指导和建议，并不具有国际法上的拘束力。

3. IMF 的"国际最后贷款人"名不副实

IMF 在贷款方面存在的主要问题包括：第一，成员获得的贷款规模有限，且 IMF 发放贷款的时间周期过长；第二，IMF 贷款具有严苛而僵硬的条件性（conditionality），这种条件性通常要求借款方实施从紧的财政货币政策以改善国际收支，这种要求往往会进一步恶化危机国的经济金融状况，加深危机的负面影响。这也是近年来新兴市场国家和发展中国家不太愿意向 IMF 借款的根本原因之一。

5.2.4　IMF 的改革

截至 2019 年，《国际货币基金协定》共经历了大大小小 7 次修订。从历次修订内容来看，对 IMF 的改革具体可分为两类，一类是针对 IMF 作为国际公权力机关的行政性管理职能改革，另一类则是针对其作为国际金融机构的经营性服务职能改革。前者包括 IMF 内部治理结构以及外部监督职能的改革；后者则主要是 IMF 贷款职能改革。

1. 改革份额和投票权

《国际货币基金协定》第七次修订，一是增加"基本票"，由原先的 250 票提升为 750 票，以扩大低收入成员在 IMF 中的投票权占比，提高低收入国家的发言权；二是将 IMF 份额总量增加 100%，从 2 385 亿特别提款权（SDR）增加到 4 770 亿 SDR；三是执董数量保持在 24 名，减少欧洲发达国家 2 个执董席位，以相应增加新兴市场和发展中国家执董席位。

2. 加强汇率监督

对成员方汇率政策制定提出新要求，即一国应避免出台会导致其他国家货币体系不稳定的汇率政策。

3. 增加 SDR 额度

能使每个成员分得约占其份额 29.3% 的额度，还纠正了当时 IMF 中超过 1/5 的成员未得到 SDR 分配的事实。

5.2.5　全球金融治理理念转变与 IMF 改革路径探寻

毫无疑问，一个好的国际货币体系对全球实体经济意义重大。对 IMF 来说，识别风险、预警风险、防止危机以及危机处置能力建设应是 IMF 改革的重点和核心。

1. IMF 治理理念转变

中国提出的"人类命运共同体"全球治理观，即在追求本国利益时兼顾他国合理关切，在谋求本国发展中促进各国共同发展，就是对"利益平衡"与"公平合理"的中国式解读。中国将国与国之间的关系视为"合作伙伴"，而非发达国家所持"竞争对手"之观念。这就使不同国家间利益冲突得以缓和，增加了相互间合作的可能性。此外，"人类命运共同体"概念的提出是在逆全球化思潮涌动的背景下，中国呼吁世界各国增强全球意识的一次尝试，展现了中国作为负责任的大国主动调适国家利益与全球利益之间激烈矛盾的积极意愿。

2. 建立多元化的国际货币体系

历史经验证明，单一国际储备货币不利于金融体系的稳定，多元化是其必然的发展方向。2016 年 10 月 1 日，人民币正式被纳入 SDR，中国应循序渐进地调整相应制度，以打破人民币国际化存在的法律壁垒。

3. 改革 IMF 投票权份额和治理结构

IMF 投票权份额和治理结构改革是 IMF 机构改革的基石与前提。当 IMF 作为国际公权力机关，行使其行政性管理职能，包括行使监督职能时，采取一国一票制的决策机制；当 IMF 作为国际金融机构，履行经营性服务职能，如开展贷款业务等时，则采用投票权份额机制。

4. 逐步完善 IMF 监督体系，切实提高 IMF 监督有效性

应重点考虑以下几个方面：第一，从协定立法角度明确 IMF 监督职能的核心目标和基本原则。第二，成立实行一国一票制的 IMF 监督委员会。第三，IMF 应根据成员在国际货币金融体系中的重要程度和其金融体系的特点进行差别化监督。同时，给予相对落后的国家技术援助和人员培训，帮助其实现经济政策和制度的现代化。第四，IMF 应加强与其他国际组织的合作，建立数据信息共享机制，以提升监督有效性。

2018 年 3 月，IMF 执董会提出"数字时代基金组织数据与统计的总体战略"三大关键要素：一是整合，即调整目前零散的诸多动议，统一数据的管理职能；二是创新，即利用大数据开展更高频率的监测，采用新技术来弥合数据缺口，满足监测需求；三是智能，即利用人工智能分析数据和统计信息。如何消除跨境数据获取存在的法律壁垒、如何制定数据标准规则使来自世界各国和国际组织的数据能够有机整合、如何更加合理高效地使用数据以提升监管有效性，将会是未来 IMF 重点需要考量的议题。

5. 不断推进 IMF"国际最后贷款人"能力提升

对于提升 IMF"国际最后贷款人"能力，首先，推行新一轮的 IMF 增资计划。其次，强化 SDR 的作用和使用范围，以拓宽 IMF 借款方式。最后，通过明确 IMF 贷款条件性解释规则，以提升 IMF"国际最后贷款人"的正当性和公信力。

5.3 世界银行

5.3.1 世界银行的背景

世界银行（以下简称"世行"）是世界银行集团（World Bank Group）的简称，由

国际复兴开发银行（IBRD）、国际开发协会（IDA）、国际金融公司（IFC）、多边投资担保机构（MIGA）、国际投资争端解决中心（ICSID）五个机构组成，其目的是通过向发展中国家提供金融与技术援助，以实现这些国家的持续减贫的目标。自1944年成立以来，WB在帮助成员特别是发展中经济体发展经济、消除贫困等方面发挥了巨大的作用。

世行与中国关系十分密切。1980年，世行与中国开始合作。次年，世行向中国提供第一笔贷款，用于支持大学发展。自1978年改革开放以来，中国已取得了年均9.8%的经济增长，从一个80%人口依赖农业为生的贫穷落后的国家，发展成为世界第一大贸易国、仅次于美国的世界第二大经济体，从低收入国家转变为中上等收入国家，在此期间6.8亿人口脱贫，堪称人类经济史上的奇迹。

5.3.2　世行对华贷款的发展变化

世行对中国能力发展的支持手段主要有三种：①项目贷款，包括投资贷款和一些独立的技术援助（TA）贷款；②分析和咨询活动（AAA）；③世行学院（WBI）培训活动。世行项目贷款能够有效地将投资、研究和培训进行有机结合，是世行与中国开展合作的主要方式。世行对年贷款发生以下变化。

（1）数额的变化。如图5-1所示，世行对华贷款的项目数和金额经历了一个先上升、再短暂下降、　反弹后趋于稳定的过程。

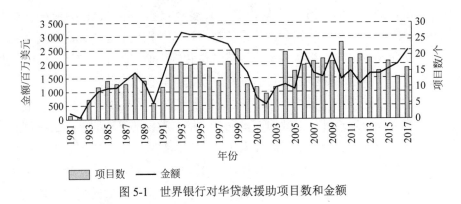

图 5-1　世界银行对华贷款援助项目数和金额

资料来源：www.worldbank.org.

（2）贷款部门结构的变化。目前中国接受世行贷款的部门主要是中央政府和各级地方政府。

（3）地区的变化。在中国改革开放的中前期，世行贷款多数流向了优先发展的东南沿海地区。随着沿海地区与中西部地区差距的拉大，80%以上世行贷款流入内陆和西部地区。

5.3.3　世行对华援助战略的共同点和不同点

1. 共同点

（1）强调宏观经济增长和结构变革。世行通过向我国提供援助，在推动经济体制改革和经济总量增长方面发挥了重要作用。

（2）积极关注基础设施问题。截至 2010 年，世行已经与中国合作开展了 13 个水利水电项目，包括鲁布革、岩滩、水口、二滩、小浪底等著名的大型水电站建设，贷款总额超过 25 亿美元。

（3）持续为减贫提供援助。中国的减贫工作在世行援助下取得了重大进步。以世行 2012 年的贫困线标准（2011 年物价下，每天 1.9 美元）衡量，中国人口在贫困线以下的比例从 1981 年与世行开始合作时的 88% 下降到了 2012 年的 6.5%。

（4）长期重视环境保护。中国面临严重的环境问题，如大气污染、江河湖泊水体污染、城市环境基础设施匮乏等，其中许多问题是前些年高速的经济发展带来的，在发展的新时期亟待解决。

2. 不同点

（1）援助支柱的内涵和角度不同。世行在对宏观经济增长的支持方面，不再一味地强调增长速度，而是强调增长的质量、成本和效果。

（2）援助手段从提供贷款向提供知识和服务转化。

（3）援助方式从单向的援助向双向的合作交流转变。

5.3.4 世行加强与中国合作的策略

1. 继续关注热点重点问题

在中国经济新常态背景下，积极应对贫困、环境、资本市场等问题的新特点、新趋势。

2. 对于成功项目，加强与政府沟通

相互信任、共同承诺和务实合作，为与中国政府长期合作伙伴关系打下基础。

3. 坚持知识银行定位

充分利用自己的知识优势，提供中国急需的咨询服务、先进知识和成熟经验。

4. 继续支持中国政府分享成功发展经验

参照中国过去的成功项目，为其他发展中国家解决类似的问题提供指导与帮助。

5.4 G20

G20 是在 1999 年亚洲金融危机的背景下，由七国集团（G7）推动成立的 20 个主要经济体组成的对话平台。G20 是新兴多边机制的代表，占全球 GDP 总量的 90%、全球贸易的 80%、全球人口的 66%。

成立后的最初 10 年，G20 主要由成员方的财长和央行行长就货币政策和金融体系进行沟通与协调，以应对金融危机的蔓延。2008 年全球金融危机发生后，在美国的倡议下，G20 开启领导人峰会，并定位为国际经济合作的主要论坛。近 10 年来，G20 就经济增长、可持续发展、结构性改革、贸易投资、气候变化等广泛的议题达成共识并付诸行动，成为全球经济治理的首要平台。联合国秘书长古特雷斯多次强调，21 世纪需要更网络化和更具包容性的多边主义，需要更强大和更有效的多边主义。国际组织是多边合作的产物和体

现，是全球治理的主要平台和力量。在国家间合作乏力的情况下，国际组织间合作或许能成为全球合作的亮点。经过 20 多年的发展，G20 已形成领导人峰会、部长级会议、工商峰会、智库论坛等工作机制。

5.4.1　G20 的主要问题

G20 本质上是一个会议机制，而非组织机制。G20 没有常设的秘书处和工作人员，而由当年的主席国设立临时机构协调工作和组织会议。这种轮值主席国的机制虽然体现了一定的民主性和平等性，但不利于 G20 治理的持续性和执行力的提升。

5.4.2　G20 的机遇

百年未有之大变局和百年未遇的大疫情，都呼唤着全球合作。当前，G20 面临重大的机遇。

（1）未来 10 年是联合国倡导的 2030 年可持续发展议程的最后 10 年，而 G20 成员是实现可持续发展目标的决定性因素和主导性力量。如果说联合国在形成全球共识、规范和议程方面具有权威性，那么 G20 的优势主要体现在其行动力和有效性。

（2）机制碎片化是当前全球发展赤字和治理赤字的重要表现，而 G20 在整合和引导全球发展治理机制方面可以发挥重要作用。G20 的发展历程、经济规模和成员数量使其成为全球发展治理主要机制的最佳选择。

（3）在新冠肺炎疫情造成经济衰退和全球性危机的时刻，急需多边机制挺身而出，扭转国际合作和全球治理乏力的局面。过去 20 年，G20 在应对金融危机中演变为国际经济合作论坛。积极应对新冠肺炎疫情等新型危机，是 G20 进一步转型为全球发展治理机制的重要契机。

5.4.3　G20 的改革

如果能实现议程和机制的升级，把经济实力转化为治理能力，G20 就能更好地凝聚共识、采取集体行动，引领全球合作。

（1）建立秘书处或地区中心这样的常设机构，进一步丰富其会议机制，如外长和卫生部长会议，以加强外交协调和卫生工作。

（2）升级议题的设置。议题的设置十分重要，G20 针对非成员方、全球性国际组织、区域性国际组织以及国内利益相关者采取了多层次拓展策略（outreach strategy），广泛收集会议议题。一是邀请区域性国际组织的主席国与会；二是邀请工商业、公民社会组织、工会和智库等"参与团体"（engagement group）开展了一系列外围对话活动，使其代表性、合法性、包容性得到提高；三是上届轮值主席国、本届轮值主席国和下届轮值主席国形成"三驾马车"机制，共同参与 G20 议题的设置，使 G20 议题具有较强的连续性。历次 G20 峰会的主题和进展如表 5-2 所示。

表 5-2　历次 G20 峰会的主题和进展

序　号	时　间	地　点	主要进展
第一次	2008 年 11 月 15—16 日	华盛顿	早期目标是吸收新兴经济体加入金融稳定论坛，强化 IMF 的职能，检验整合国际金融监管机制，增加新兴经济体和发展中国家获得信贷机会。中期目标是全面改革 WB 和 IMF
第二次	2009 年 4 月 1—2 日	伦敦	将 IMF 的可用资金提高两倍，达到 7 500 亿美元；支持 2 500 亿美元的最新 SDR 配额；支持多边发展银行至少 1 000 亿美元的额外贷款；确保为贸易融资提供 2 500 亿美元的支持
第三次	2009 年 9 月 24—25 日	匹兹堡	承诺将新兴市场和发展中国家在 IMF 的份额提高到 5% 以上；决定发展中国家和转型经济体在世界银行将至少增长 3% 的投票权；承诺各方将注资超过 5 000 亿美元，用于扩大 IMF 的 "'新借款安排'机制"
第四次	2010 年 6 月 26—27 日	多伦多	提出增加新兴市场经济体官员和学者担任 IMF、WB 及其其他国际金融机构高官的比例，在首尔峰会前完成 IMF 份额改革
第五次	2010 年 11 月 11—12 日	首尔	完善 WB 和 IMF 未能完成的改革问题，建立一个更加稳定、具有恢复力的国际货币体系，进一步巩固全球金融安全网
第六次	2011 年 11 月 3—4 日	戛纳	SDR 的货币组成将在 2015 年甚至更早时进行评估，并有必要更好地整合双边和多边监管；致力于构筑一个由市场决定的汇率系统，提升汇率的灵活度；支持 IMF 推出新的预防流动性额度以及一个单一工具，满足其成员国的紧急援助需要，迅速完全执行 IMF 的 2010 年配额和管理改革
第七次	2012 年 6 月 18—19 日	墨西哥洛斯卡沃斯	中国宣布支持并决定参与 IMF 增资，数额为 430 亿美元。印度、俄罗斯、巴西和墨西哥分别将贡献 100 亿美元左右。另外，土耳其承诺向 IMF 贡献 50 亿美元，其他一些国家提供的资金金额约为 10 亿美元
第八次	2013 年 9 月 5—6 日	俄罗斯圣彼得堡	G20 领导人就全球经济增速、金融调节问题进行讨论。峰会成为许多双边会晤的平台。各国领导人面对面地讨论世界政治和经济问题。中国国家主席习近平作为全球第二大经济体领导人出席峰会
第九次	2014 年 11 月 15 日	澳大利亚布里斯班	澳大利亚引导各国专注于消除国际贸易障碍，增加就业机会和促进经济发展，并为一些议题寻找真正的解决方案，如提高劳动力参与率、加强基础设施建设
第十次	2015 年 11 月 14—16 日	土耳其安塔利亚	东道主土耳其提出，应推动结构性改革、基础设施投资、鼓励中小企业发展、提升就业、解决全球贫穷与不平等问题，也希望明确并拓展融资渠道，缩小各国之间的投资差距
第十一次	2016 年 9 月 4—5 日	中国杭州	峰会主题："共同创建创新（innovative）、活力（invigorated）、联动（interconnected）、包容（inclusive）的世界经济"。从四个方面推进：创新增长方式、完善全球经济金融治理、构建开放型世界经济、推动包容联动式发展
第十二次	2017 年 7 月 7—8 日	德国汉堡	"打造应变力、提升可持续性和承担责任"三大优先议题
第十三次	2018 年 11 月 30 日至 2018 年 12 月 1 日	阿根廷布宜诺斯艾利斯	围绕就业、基础设施建设和人类食品三项中心主题，达成为均衡和可持续发展建设共识

续表

序　号	时　间	地　点	主 要 进 展
第十四次	2019 年 6 月 27—29 日	日本大阪	全球经济、贸易与投资、创新、环境与能源、就业、女性赋权、可持续发展以及全民健康八大主题
第十五次	2020 年 3 月 26 日	沙特阿拉伯利雅得	首次以视频会议的方式，着重聚焦"抗疫"和"恢复经济"两大主题

当前，应当把以下议题列入重要内容。

一是重振经济，避免全球经济衰退陷入全球经济危机。为此，发达国家和主要新兴经济体在政策、资金和技术等方面需要进一步加强协调。

二是重组供应链。疫情带来全球范围内的"供应链危机"，造成供应链、产业链一度"休克"。G20 应把全球供应链的调整、规制和创新纳入其议程。

三是助力公共卫生。新冠肺炎疫情是挑战，对公共卫生建设来说却也是机遇。G20 在为公共卫生提供经济和发展支撑方面有巨大的潜力和空间。

（3）改革运作的模式。G20 可通过"G20+"模式，与联合国、世界卫生组织、WB和 IMF、地区性国际组织共同推进全球合作。比如"G20+ 联合国"合作。G20 与联合国在全球发展治理中可以优势互补、互相支持，特别是围绕 2030 年可持续发展议程，G20与联合国加强协调，突破在资金和伙伴关系等方面的瓶颈，为实现可持续发展目标采取更有效的行动。又如"G20+ 世卫"合作。世界卫生组织是国际卫生合作和全球卫生治理的专门机构，具有专业优势，G20 与世界卫生组织的合作是构建人类卫生健康共同体的关键因素。为此，需要把 2021 年 3 月 25日早些时候 G20 领导人在应对新冠肺炎特别峰会上达成的政治共识和作出的政治承诺转化为具体的行动。再如"G20+ 非盟"合作。非盟是成员国最多、发展中国家最集中的地区性国际组织。而在 G20 中，只有南非一个非洲国家。

学习辅导 5.1　全球国际经济合作的组织

几乎在所有发展议题上，G20 与非盟都有合作的巨大潜力。在帮助脆弱国家和弱势群体、消除贫困和不平等、实现经济增长等方面，这种合作尤其重要。

【本章小结】

本章介绍了全球性的国际经济合作组织的起源、组织结构、主要职能、运作方式以及对全球国际经济的正反两方面的影响。特别分析了中国在这些国际组织中的地位和作用，以及中国如何学习、利用国际组织、国际规则，推进本国经济发展，建立国际经济新秩序，促进全球经济共同繁荣。

【思考题】

1. WTO 有什么作用，面临什么挑战？ WTO 的改革有什么分歧？中国应当在 WTO 持有什么样的立场？

2. IMF 是如何组织的，有什么职能？ IMF 存在什么问题，如何改革？

3. 世界银行是如何帮助中国改革开放的？未来如何加强与世界银行的合作？

4. G20 是什么组织？存在什么问题？应当如何改革？

【即测即练】

【英文阅读】

第6章 区域性国际经济合作组织

【学习目标】

1. 了解与中国经济关系比较紧密的区域性经济合作组织情况；

2. 熟悉中国在这些经济组织中的地位和作用；

3. 研究国际企业如何抓住区域性经济合作组织带来的机遇，寻找投资和贸易机会，进军国际市场。

思政案例

登高向未来扬帆春风里

2019年4月26日，北京，碧空如洗，满目新绿。第二届"一带一路"国际合作高峰论坛在国家会议中心开幕。高峰论坛是共建"一带一路"框架下最高规格的国际合作平台。两年前，首届论坛在这里奏响携手合作的时代强音。如今，经过近6年实践，共建"一带一路"已完成夯基垒台、立柱架梁。人们期待这届高峰论坛开创合作走深走实的新前景。

开幕式前，俄罗斯总统普京、哈萨克斯坦首任总统纳扎尔巴耶夫、埃及总统塞西等多位出席会议的外方领导人抵达北京。习近平主席面带微笑，同外方领导人亲切握手、热情交谈。

在热烈的掌声中，习近平主席走上主席台，发表主旨演讲。他说，"事实证明，共建'一带一路'不仅为世界各国发展提供了新机遇，也为中国开放发展开辟了新天地。""让共建'一带一路'成果更好惠及全体人民"。习近平主席宣布：下一步，中国将采取一系列重大改革开放举措，加强制度性、结构性安排，促进更高水平对外开放。习近平主席的话语，激荡起澎湃人心的前进力量。

随后，俄罗斯总统普京、哈萨克斯坦首任总统纳扎尔巴耶夫、埃及总统塞西、智利总统皮涅拉、马来西亚总理马哈蒂尔、巴基斯坦总理伊姆兰·汗、联合国秘书长古特雷斯也在开幕式上致辞。

"要想富先修路。"纳扎尔巴耶夫以中国俗语，道出对互联互通的认同。

皮涅拉说，应进一步推进自由贸易，而非采取保护主义来解决当前世界面临的挑战。共建"一带一路"作为一个很好的平台，推动了自由贸易和多边主义。

"'一带一路'倡议十分有意义……能带来造福所有人的繁荣未来。"对于共建"一带一路"的务实成就，联合国秘书长古特雷斯如此感慨。

此时此刻，会场座无虚席，约1 600名嘉宾全神贯注，倾听中国声音。国家会议中心新闻中心内，逾千名中外记者见证这一历史时刻。肯尼亚《民族日报》记者奥尼扬戈全程收看了直播。他告诉记者："习近平主席谈到的绿色、廉洁理念让人印象深刻，我正就肯尼亚民众关心的基础设施互联互通和绿色发展等议题第一时间采写报道。""我相信，只要大家齐心协力、守望相助，即使相隔万水千山，也一定能够走出一条互利共赢的康庄大道。"

会场内外，习近平主席的话语引起强烈共鸣。

从北京放眼世界，从现在瞩望未来。浩荡春风里，不同国家的人民因"一带一路"命运相连，正携手走在共创美好明天的圆梦路上……

资料来源：孙奕，郭宇靖，于佳欣.登高向未来扬帆春风里——第二届"一带一路"国际合作高峰论坛开幕侧记 [EB/OL]. (2019-04-26). https://www.chinanews.com/gn/2019/04-26/8821722.shtml.

为了践行人类命运共同体的理念，中国扩大开放，广交世界朋友，与世界各国开展广泛的经济合作。其中最重要的经济合作是"一带一路"经济合作。就如案例所述，"一带一路"经济合作包含的国家和国际组织最多，达成的共识最广泛，给世界经济的影响最为深远。其他的合作主要包括亚太经济合作组织、中国—东盟合作机制、中国—欧盟合作机制、中国—中东欧国家合作、上海合作组织、金砖合作组织、中非合作论坛、中阿合作论坛、中国—太平洋岛国经济发展合作论坛和中拉论坛等。以下就一些重点的合作组织进行介绍并且展开讨论。

6.1　"一带一路"经济合作

2013 年 9 月和 10 月，中国国家主席习近平在出访中亚和东南亚国家期间，先后提出共建"丝绸之路经济带"和"21 世纪海上丝绸之路"（以下简称"一带一路"）的重大倡议，得到国际社会高度关注。"一带一路"倡议旨在通过互联互通、共商共建"和平之路""繁荣之路""开放之路""创新之路""文明之路""健康之路"等，实现共赢共享，驱动区域利益共同体、责任共同体和命运共同体的进程，进而促进"人类命运共同体"建设。八年来，"一带一路"取得了长足进展并业已成为全球最大的国际合作平台和最受欢迎的国际公共产品之一。同时，"一带一路"也存在一些问题和面临新的挑战，值得深入探索。

6.1.1　"一带一路"建设取得显著进展

八年来，"一带一路"从中国倡议变为全球行动，在推动互联互通建设、贸易投资活跃、经济社会发展和公共卫生建设等多方面均取得了显著成效。

1. 制度政策协调改善

其一，中国与合作国家进行了大量共建"一带一路"相关政策和制度的对接。截至 2020 年 1 月，中国累计已与 138 个国家和 30 个国际组织签署了 200 多份共建"一带一路"经济合作文件，为各项合作提供了制度和政策保障。其二，"一带一路"倡议与沿线国家区域合作规划战略对接逐渐加强。两届"一带一路"国际合作高峰论坛的成功举办为共建"一带一路"凝聚了广泛国际共识。其三，"一带一路"建设的宗旨及导向得到国际社会广泛支持。"一带一路"倡议被联合国大会、联合国安理会、二十国集团、亚太经合组织、亚欧会议等有关决议或文件纳入。中国与沿线国家间自由贸易协定的谈判、签署或升级改善了共建"一带一路"的制度和政策环境，也改善了区域经济治理以及全球经济治理的现状。

2. 交通设施建设成效显著

打通交通运输动脉便于人、财、物信息等多元要素的顺畅流动，是促进"一带一路"建设的基础。研究显示，交通设施完善将使沿线经济体的运输时间可最高缩短 12%，从而降低贸易成本。已完成和规划中的"一带一路"交通运输项目将使沿线国家和地区货运时间平均减少 1.7% ～ 3.2% 的任务，交通运输改善，使全球平均航运时间下降 1.2% ～ 2.5%，降低全球贸易成本 1.1% ～ 2.2%，而中国—中亚—西亚经济走廊的贸易成本降低幅度则高达 10.2%，促进沿线国家和地区 FDI（国际直接投资）增加 4.97%。八年来，作为"一带一路"基础设施联通主要内容的"六廊六路、多国多港"取得了重要进展。

3. 经贸合作日益深化

八年来，中国与"一带一路"贸易合作明显提速。荷兰跨国银行荷兰国际集团（ING）2018 年的一份报告显示，"一带一路"让沿线国家（尤其是中欧、东欧、中东和东南亚的国家）之间的贸易流动更加便利，带动国际贸易增长 12%。

（1）贸易便利化水平不断提高。自 2017 年 5 月中国发起《推进"一带一路"贸易畅通合作倡议》以来，已有 80 多个国家和国际组织积极参与，该倡议旨在推进贸易便利化、发展新业态、促进服务贸易合作，推动和扩大贸易往来。中国国际进口博览会的开设为扩大与"一带一路"国家的经贸合作提供了新平台。"一带一路"海关检验检疫合作也不断深化。

（2）贸易及承包工程稳步增长。中国与"一带一路"合作国家货物进出口总额从 2014 年的 1.12 万亿美元增加到 2019 年的 6.3 万亿美元，年均增长率达到 6.1%。对沿线国家承包工程完成营业额从 2015 年的 692.6 亿美元增加到 2019 年的 979.8 亿美元。

（3）新贸易业态快速崛起。中国与沿线国家的跨境电商合作等新业态合作模式成为推动贸易发展生力军。中国与"一带一路"国家数字贸易发展速度更快，数字贸易品牌销售额占比从 2013 年的 12.4% 上升到 2018 年的 40%。截至 2019 年底，"丝路电商"伙伴国扩大到 22 个，对共同抗疫贡献斐然。

4. 投资与产能合作提速

中国对"一带一路"沿线国家非金融类直接投资从 2015 年的 148.2 亿美元增加到 2019 年的 150.4 亿美元，2014—2019 年金融直接投资累计达到 880.5 亿美元。2020 年 1—6 月，我国对沿线 54 个国家非金融类直接投资 81.2 亿美元，同比增长 19.4%。截至 2019 年底，我国企业已在"一带一路"沿线 46 个国家在建或已建成 138 家境外经贸合作区。2020 年 1 月，"一带一路"产业园区联盟在成都组建，将进一步驱动境外合作园区建设。

5. 资金融通不断加持

自 2013 年以来，"一带一路"投融资体系逐渐完善、资金支持力度不断加大。一是"一带一路"新型融资合作平台多元化。亚投行、"金砖国家"新开发银行、丝路基金、多边开发融资合作中心基金等成为"一带一路"资金融通的重要平台。二是融资能力与金融服务水平不断提升。三是第三方联合融资合作不断深化。四是金融产品和业务模式不断创新。

6. 人文交流促进民心相通

八年来，"一带一路"沿线各国文化、教育、艺术、旅游、智库、科技、环保、抗疫合作等领域开展了多种交流合作，为共建"一带一路"奠定了坚实的民意基础。中国政府"丝绸之路"奖学金项目每年资助 1 万名沿线国家新生来华学习或研修，已与 24 个"一带一路"国家和地区签订了学历学位互认协议。"一带一路"沿线国家在华留学生从 2004 年的 2.49万人增加到 2017 年的 31.72 万人，占总人数的 64.85%，增幅达 11.58%，高于各国平均增速。在对抗新冠病毒全球大流行过程中，中国与合作国家协调防疫支持和机制，提供了医疗信息、物品、技术、设备及医护人员等多方面支持，提高了合作国家民众健康水平，推进了"一带一路"健康共同体建设。

7. 促进合作国家经济增长

中国与合作国家的大规模基础设施建设以及产能与经贸合作，极大地释放了合作国家间的经济增长潜能。世行认为，"一带一路"建设是深化区域合作、促进跨大陆互联互通的宏伟举措，将改善交通基础设施、提升地区经济环境水平，从而大幅降低贸易成本，产生积极溢出效应，促进跨境贸易和投资，显著推动沿线国家和地区乃至全球经济的增长。世行贸易、区域一体化和投资环境部主任卡洛琳·弗洛伊德预测，"一带一路"建设将使沿线国家和地区的实际收入增长 1.2% ～ 3.4%，全球实际收入增长 0.7% ～ 2.9%，从而促进实现共同繁荣。2019 年 6 月，穆迪（Moody's Analytics）也证实，东南亚经济体越是拥抱"一带一路"带来的机会，增长率越快。这进一步推动中国与该地区的"命运共同体"建设。

6.1.2　"一带一路"建设面临的难题和挑战

在总结过去 8 年间"一带一路"的积极成效的同时，我们也应该冷静看到，"一带一路"建设过程中也存在一些短板和不足。

1. 前瞻性综合规划存在不足

随着"一带一路"建设走向深入，一些由于规划设计的前瞻性、协调性和综合性不够而引发的在区域、国别、领域、层次、项目、融资等方面布局失当、低层次重复建设、恶性竞争、无序发展等问题逐渐暴露。

2. 建设资金缺口需要填补

亚洲开发银行（以下简称"亚开行"）预测，到 2030 年亚洲地区每年大概需要基础设施投资 1.7 万亿美元，目前每年仅能满足 8 000 多亿美元。迫切需要创新融资方式，以保障"一带一路"持续推进所需资金供给，保障资金安全，提高资金回报水平。

3. 建设质量及效率有待提高

部分项目的规划设计缺乏前瞻性、合理性，如一些基础设施项目因为调查研究和前期规划准备不够扎实，对技术先进性、综合配套性、社会效益性、资源节约性、环境友好性等重视不够，导致建设质量及目标效益不够高。某些海外经营企业及项目因管理不善受到一些诟病和责难。同时，有些中国独特的技术专利、秘方、产品标准和品牌等在国外没有及时申请专利保护，随意让给境外合作伙伴使用，造成知识产权的损失。

4. 合规管理存在缺陷

合规经营（compliance）是指企业遵守法律和市场规范，保持经营活动透明、公平、规范、廉洁，包括遵守国家法规（公司总部所在国和经营所在国法规及监管规定）、职业道德操守规范及企业规章制度（企业价值观、商业行为准则等）等。"走出去"的中国企业合规制度和合规文化建设不足，被视为海外经营第一大风险并拖累国际竞争力的增强。

5. 风险掌控能力待提升

由于在规划设计、区域布局、生态环保、经营管理等方面存在缺陷以及在应对其他突发事件的能力不足，一些项目遭遇失败。

6. 动员共建参与能力待增强

境外对"一带一路"倡议及人类命运共同体理念践行所具有的重大意义认知度还不够，中国倡议尚未得到广泛认同和理解。一些国家或地区对"一带一路"倡议冷眼旁观，政府不表态、不支持，媒体少报道或者非正面报道。

6.1.3　促进"一带一路"高质量发展基本取向

"一带一路"建设进入一个承上启下、继往开来的转折点，我们要在总结以往成就的基础上，深入分析实践中的不足和短板，认真汲取经验教训。在面对新问题和新挑战时，努力探索新路径、作出新抉择，推动"一带一路"走向高质量持续发展新阶段。

1. 提高规划决策的科学水平

"一带一路"建设需要把经济与政治分离开来，制定一个统筹不同地区的、有条理的管制结构。建构先进、合理的绩效评估体系，提高顶层设计和科学规划性，避免战略性失误和盲目性，促进"一带一路"建设质量与效率稳步提高。

2. 通过金融创新解决资金缺口

首先，扩大投融资主体及渠道。其次，拓宽融资渠道和产品服务。再次，提高融资风险掌控能力。最后，应依据商业规则，致力提高"一带一路"项目融资效率和收益。

3. 提高建设质量与效益

（1）提高建设质量标准和全过程质量管理。需要坚守国际劳动、环境、技术和商业标准，对工程项目实施各环节、全过程、全业务链的质量监督控制。

（2）拓展和深化"一带一路"建设供应链和价值链的合作关系。根据新技术的发展趋势以及东道国经济发展的需求，从过去偏重的基础设施、资源开发及低端制造加工等领域转向未来更具技术前瞻性的基础设施、智能制造、绿色环保和可持续发展潜力强、附加值更高的领域和项目，以及传统基础设施的信息化、数字化、智能化和绿色化升级投资。

4. 提高合规管理水平

企业在对外经营活动中要遵守全球市场竞争规则、国内及所在国法律规范，建立健全符合国际标准的合规体系，严格履行社会责任、环境责任和全球公司责任，建构"一带一路"建设合规管理新模式。企业应该加强合规治理国际合作和参与反腐败国际联盟，不断提高国际经营软竞争力，占据商业道德制高点。

5. 加强风险防控能力

行业主管、金融机构和投资企业要建立专项及综合风险防范目标、策略及操作指引，借鉴国际一流企业风险防控经验，建立风险和危机预防机制。政府还应从项目审批、资金监管、内部审计、年度审查、负面清单以及退出机制等方面完善海外投资风险防控度规范，减少和消弭各类风险和危机对"一带一路"建设可能造成的冲击和危害。

6. 增强国际支持参与动员力

（1）为提高外界对"一带一路"倡议的认同、支持与参与，中国政府需要与国外政府、国际组织及其他组织加强谈判沟通，达成更多的共商共建共享协定，强化对"一带一路"倡议的国际政治与制度保障。

（2）加强与多边组织及合作国家的战略规划对接。积极与联合国开发计划署、世界银行、国际货币基金组织、亚开行、亚投行、"金砖国家"新开发银行等国际组织的发展战略规划对接，与欧盟的"欧亚互联互通战略"、俄罗斯等的"欧亚经济联盟"和"跨欧亚大通道"、蒙古的"草原发展之路"、哈萨克斯坦的"光明之路"、印度的"亚非经济走廊"、"印太经济走廊"、印尼的"全球海洋支点"构想、越南的"两廊一圈"等对接协调，避免重复建设及恶性竞争。

（3）做好舆论引导。研究制定讲好丝路故事的系统性框架和长效机制，发挥政府、智库、媒体、企业等各类主体优势，拓宽人文交流渠道、创新交流方式、活跃交流活动、提升交流效果，促进民心相通，提高国际社会对"一带一路"认知度、支持度和参与度。

6.2　亚太经济合作组织

亚太经济合作组织自 1989 年成立，至今已走过了 30 多年的发展历程。目前，APEC 的 21 个成员的人口总量、经济总量和贸易总量分别约占世界的 38%、60% 和 48%。

APEC 在国际经济体系中具有举足轻重的地位。它包括世界三大发达经济体中的两个、金砖五国中的两个、联合国安理会五个常任理事国中的三个。可以说 APEC 代表了半个世界。30 多年来，APEC 在诸多领域取得了显著的成果，为南北合作和南南合作提供了一个示范和创新的平台。但是，随着世界和地区政治经济形势的不断变化，APEC 自身的发展遇到了前所未有的挑战。

6.2.1　APEC 合作的主要成就

（1）APEC 创造了独特的运行模式，即 APEC 方式。这种方式的特点是：承认多样化，强调灵活性、渐进性；遵循平等互利、协商一致和自主自愿的原则。

（2）APEC 在 1994 年确立了茂物目标，即发达成员在 2010 年、发展中成员在 2020 年实现贸易投资自由化。

（3）作为一个区域经济合作组织，APEC 始终以共同繁荣为宗旨，力求帮助各成员积极参与国际经济合作，有效应对经济全球化趋势所带来的风险与挑战。截至 2018 年底，亚太地区的 FTA（自由贸易协定）数量已达 180 余个，包括区域全面经济伙伴关系协定（RCEP）、全面且先进的跨太平洋伙伴关系协定（CPTPP）等大型 FTA。

（4）经过多年的努力，APEC 建立了比较完善的、多层次的组织机构。通过领导人非正式会议、部长级会议、高官会、委员会和工作组、秘书处等自上而下的机构，APEC

的各项倡议和行动计划都可以得到有效的实施。

（5）从贸易自由化的成效来看，1989—2018 年，APEC 各成员的最惠国平均关税从 17% 下降到 5.3%。同期，APEC 地区的货物和服务贸易总额由 3.1 万亿美元增长到 24 万亿美元，年平均增长率约为 7.1%，远高于世界其他地区的贸易增长速度。APEC 在贸易便利化领域所取得的合作成果同样引人注目，初创企业办理登记审核手续的平均时间由 28.5 天减少到 10.8 天，开办企业的平均成本下降了约 2.7%。

在 APEC 合作的助力下，亚太地区成为近 30 年来世界范围内经济增长最具活力的地区。1990—2018 年，APEC 地区的实际 GDP 总额从 23.5 万亿美元增长到 66.2 万亿美元，人均实际 GDP 从 10 258 美元增长到 22 000 美元。APEC 地区的极端贫困人口在 1990—2016 年期间减少了 8.9 亿。

6.2.2　APEC 面临的问题与挑战

虽然 30 多年来 APEC 在诸多领域取得了显著的成果，但是随着内部环境和外部环境的不断变化，APEC 自身的发展也遇到了各种问题和挑战。

（1）APEC 方式缺乏约束，从而造成了 APEC 合作的实效性日益减弱，尤其是贸易投资自由化进程的趋缓，有成为"空谈俱乐部"的危险。

（2）茂物目标的不明晰使 APEC 的贸易投资自由化进程有失去方向之虞。

（3）在"开放的地区主义"条件下，APEC 区域内达成的贸易投资自由化成果也适用于区域外成员，这必然会引发区域外成员的"搭便车"行为。

（4）虽然 APEC 自成立伊始就定位为区域经济合作论坛组织，但是近 10 年以来，越来越多的非经济议题，尤其是"反恐"等安全议题开始在 APEC 中衍生，并出现了泛政治化的趋势。

6.2.3　APEC 的改革与发展前景

基于对自身存在问题的认识，以及推进亚太区域经济一体化发展的现实需要，APEC 改革问题在近年来已经提上议事日程。尤其是 2008 年以来，国际金融危机的发生进一步加快了亚太战略格局调整的步伐，包括"亚太共同体""东亚共同体"在内的各种新的亚太多边合作机制的纷纷出台，给 APEC 的发展与改革带来了新的外部压力。

（1）有必要重申 APEC 的合作宗旨，进一步明确以贸易投资自由化和经济技术合作促进本地区的共同繁荣和持续增长的发展目标，加快茂物目标的界定与落实。

（2）应以"有区别、有条件"的开放的地区主义代替"开放的地区主义"，重新凝聚 APEC 成员集体行动的向心力。

（3）APEC 还应采取相应措施加强其运行机制的约束力和实效性。

（4）关注亚太自由贸易区（FTAAP）议题，对 FTAAP 模式的选择和实施路径开展可行性研究。FTAAP 如果能够建成，将成为迄今为止世界最大的自由贸易区，对国际贸易格局、亚太区域经济一体化进程和 APEC 各成员的政治经济利益都将产生深远的影响。根据预测，如果 FTAAP 得以在 2025 年建成，亚太地区的 GDP 总量将在 2013 年的基础上增长 4% ～ 5%，世界的 GDP 总量将增长 2.3%。

6.2.4 中国参与 APEC 合作的新思维

自 1991 年加入 APEC 以来，本着"APEC 方式"所倡导的各项原则，中国积极参与了 APEC 框架下的各项活动。实践表明，中国是 APEC 合作进程的受益者。进入 21 世纪以来，中国参与 APEC 合作的内外部环境都发生了相应的变化。在这种情况下，中国需要结合新的形势对其 APEC 政策进行相应的调整，使亚太区域经济合作进程最大限度地服务于中国的战略利益。

（1）将 APEC 作为打造新型伙伴关系和人类命运共同体的有效平台。

（2）使 APEC 成为完善全球经济治理的有力抓手。

（3）利用 APEC 推进构建开放型世界经济。

（4）推进 APEC 互联互通合作与"一带一路"建设的相互促进。

（5）将 APEC 作为我国参与制定国际经贸新规则的"试验场"。

6.3 中国与东盟的经济合作

2020 年上半年，东盟已取代欧盟成为中国第一大贸易伙伴。中国海关总署统计数据显示，2020 年上半年，中国与东盟进出口总值为 2.09 万亿元，同比增长 5.6%，占中国外贸总值的 14.7%。从国别排名看，中国与越南的进出口增长 18.1%，规模位列东盟各国首位；从产业亮点看，电子制造产业联系紧密并带动相关产品贸易大幅增长，中国自东盟进口集成电路 2 268.1 亿元，增长 23.8%，对东盟出口集成电路 896.8 亿元，增长 29.1%。这一贸易格局变化，堪称双方各领域互联互通日益紧密和愈加协同的真实写照。中国与东盟贸易走势图（2010—2019）如图 6-1 所示。

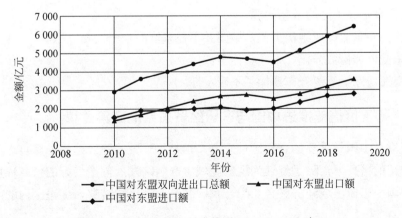

图 6-1 中国与东盟贸易走势图（2010—2019 年）

6.3.1 东盟参与全球价值链的特点

东盟国家参与全球价值链主要由跨国公司资本与技术驱动，本土企业以中小企业为主，它们在全球价值链中仍处于低端的位置，在生产与流通过程中不同程度表现为对外的资本依赖、技术依赖和市场依赖。对外的资本依赖主要表现为本国资本缺乏，资本市场欠发达，企业融资渠道狭窄，吸引外资成为本国资本形成的重要来源。对外技术依赖主要表现为最终产品制造流程中，核心的专利设计由跨国公司控制，本地企业不具备核心零部件的研发生产能力，主要依赖外部购买或进口。除新加坡之外，东盟国家研发能力普遍较低，高技术人才匮乏，企业自主研发能力不足。对外市场依赖主要表现为东盟国家参与国际化生产过程，但产业链的核心技术、主要零部件生产依然掌握在跨国公司手中，相关产业技术和零部件需要进口。

6.3.2 全球价值链下中国与东盟经贸关系的特点

（1）中国和东盟是全球价值链和区域生产网络的重要节点。中国和东盟国家参与以跨国公司为主导的全球价值链和生产网络的主要形式，一是作为跨国公司的原始设备制造商代工企业；二是成为跨国公司全球生产网络中的成员。

（2）中国与东盟双边贸易以中间产品为主。在中国与东盟的双边贸易中，中间产品（零部件、半成品）贸易比重超过60%。

（3）全球价值链的重组将直接影响中国—东盟价值链贸易。当前，跨国公司主导的全球价值链的重组，尤其是中美贸易争端可能加速这一重组的进程，它势必改变跨国公司在中国和东盟投资企业内部贸易的结构与流向，将直接地影响中国—东盟经贸关系的现实基础，从而对中国与东盟以中间产品为主的价值链贸易产生较大的影响。

6.3.3 中国—东盟经贸合作的主要问题

（1）中国—东盟价值链贸易影响双边贸易的平衡。据中方统计，2012年起双边货物贸易中方持续顺差，2012—2017年中方贸易顺差分别为84.15亿美元、445.3亿美元、635.2亿美元、828.09亿美元、597.7亿美元和434.2亿美元。中国与东盟双边贸易不平衡，是许多东盟国家十分关注的敏感问题。

（2）中国和东盟产业结构类似，中国并不是东盟的唯一选择。

（3）东盟内部松散分化，推动集体合作不易。

（4）南海问题给经贸合作增加了不确定性。

6.3.4 基于价值链推进中国与东盟经贸关系的政策建议

东盟国家是中国最重要的合作区域之一，也是"一带一路"建设的重点地区。在新的国际产业分工的格局下，除了继续为现有区域生产网络发展创造良好的营商环境外，我国还应推动中国—东盟区域经济整合，配合我国的产业升级与转移，促进区内的产业对接和产能合作。

（1）构建中国企业主导的区域价值链和供应链，打造新型的中国—东盟命运共同体的微观经济基础。

（2）引导核心优势企业在东盟国家投资设厂，构建中国—东盟区域价值链或生产网络。

（3）建立和完善中国在东盟的工业区或经贸合作区，推动产业链和供应链向当地延伸。

（4）强化政策指导和服务保障，加快构建中国—东盟区域跨境产业链或供应链。

（5）加强人文交流，促进民心相通。

6.4 上海合作组织

6.4.1 上海合作组织的概况

上海合作组织起源于中苏之间的边界谈判。2001 年 6 月 15 日，签署了《上海合作组织成立宣言》，宣告上海合作组织正式成立。随着上海合作组织的不断发展，该组织的功能不仅仅限于维护地区安全，各成员国之间还在经济、人文等领域开展了合作，如今上海合作组织已经成为一个多功能综合性的国际组织。

2015 年印巴加入是上海合作组织发展进程中具有划时代意义的重大事件，扩员后，上合组织正式成员由 6 国扩大为 8 国，分别是中国、俄罗斯、哈萨克斯坦、吉尔吉斯斯坦、巴基斯坦、塔吉克斯坦、乌兹别克斯坦、印度，人口占世界比例由 25% 上升到 44%；面积由 3 016.79 万平方千米扩大到 3 384.34 万平方千米，占整个地球面积的 1/4；在全球GDP 占比由 15% 增加至近 25%。

6.4.2 上海合作组织与"一带一路"的协同发展现状

（1）上海合作组织成员国积极共建"一带一路"。自 2015 年至今，上海合作组织历届峰会发布的元首宣言以及总理会议公报均明确支持"一带一路"倡议。

（2）上海合作组织主要成员国参与"一带一路"建设的进展。中国是俄罗斯最大贸易伙伴，中俄战略性大项目合作成绩显著，地方合作紧密。中国是哈萨克斯坦的第二大贸易伙伴、第四大投资来源国；是乌兹别克斯坦的第一大贸易伙伴和第一大投资来源国；是吉尔吉斯斯坦第一大贸易伙伴和第一大投资来源国；是塔吉克斯坦第二大贸易伙伴和最大的投资来源国。巴基斯坦与中国共建中巴经济走廊，瓜达尔港是"一带一路"建设的旗舰项目。

（3）对接合作助力上海合作组织区域经济合作发展。在对接合作中，中国与各成员国之间的一大批公路、电站、管线工程成为区域示范性项目，有利于上海合作组织区域内初步形成涵盖公路、铁路、油气和通信的复合型基础设施网络，进一步拉紧了成员国间的利益纽带。

6.4.3 上海合作组织与"一带一路"协同发展面临的挑战

虽然上海合作组织与"一带一路"建设具备相互促进、协同发展的条件，但在实践过程中仍面临一系列障碍。

（1）上海合作组织缺乏融资机制，融资渠道狭窄。

（2）贸易便利化改革滞后阻碍上海合作组织与"一带一路"协同发展。

（3）上海合作组织内部对共建"一带一路"态度并不完全一致。迄今为止，上海合作组织与"一带一路"建设的协同发展仅存在于部分成员国与中国双边之间。虽然上海合作组织大部分成员国对"一带一路"倡议表示支持，但亦有个别国家仍存疑虑。如俄罗斯主导的欧亚经济联盟与"一带一路"建设的对接更多限于双边合作，这也是"一带一路"建设与欧亚经济联盟深入对接面临的最主要障碍之一。

6.4.4 上海合作组织与"一带一路"协同发展的路径选择

（1）巩固和强化政治互信。

（2）创新安全合作为"一带一路"提供稳定外部环境。

（3）继续推动区域贸易投资便利化。

（4）拓展"一带一路"金融合作带动上海合作组织经济合作。一是推动人民币区域化，二是拓宽企业融资渠道。

（5）加强"一带一路"的设施联通建设，为区域经济合作创造条件。

（6）加快推动与"一带一路"沿线国家发展战略的对接合作。

6.5 中国与欧盟的经济合作

中国是世界上最大的发展中国家，欧盟是最大的发达国家联合体，二者都是世界经济舞台和国际格局中的重要一极。中国和欧盟的总人口约占世界人口总量的 1/4，经济总量占世界的近四成，双边贸易额占国际贸易总额的近 1/3。中欧加强合作，不仅有助于发挥各自的比较优势，实现互利共赢，提升双方民众福祉，还将为世界的经济增长添加动力。2020 年是中欧"全面战略伙伴关系"建立的第 17 个年头，也是双边经贸合作的重要节点。中欧双方应抓住机遇，加强政策协调与经贸合作，促进双方经济发展。

6.5.1 贸易关系稳定发展

（1）中欧互为重要贸易伙伴，中欧货物贸易增长比较稳定且服务贸易发展较快。欧盟已连续 16 年保持中国最大贸易伙伴地位。2019 年，中欧贸易总额高达 7 051 亿美元，创历史新高。2010—2019 年中欧贸易规模与增长率见表 6-1。

表 6-1 2010—2019 年中欧贸易规模与增长率

年份	中欧贸易总额 / 亿美元	中欧贸易增长率 /%	中国向欧盟出口 / 亿美元	出口增占率 /%	中国从欧盟进口 / 亿美元	进口增长率 /%	中国对欧贸易顺差 / 亿美元
2013	5 590.4	2.1	3 389.8	1.1	2 200.6	3.7	1 189.2
2014	6 151.4	9.9	3 708.8	9.4	2 442.6	10.7	1 266.2
2015	5 647.6	-8.2	3 558.8	-4.0	2 088.8	-14.4	1 470.0
2016	5 470.2	-3.1	3 390.5	-4.7	2 079.7	-0.4	1 310.6
2017	6 169.1	12.7	3 720.4	9.7	2 448.7	17.7	1 271.7
2018	6 821.6	10.6	4 086.3	9.8	2 735.2	11.7	1 351.0
2019	7 051.0	3.4	4 285.1	4.9	2 765.9	1.1	1 519.2

资料来源：中国商务部《中国对外贸易形势报告（2019 年秋季）》表 6、表 7，http://zhs.mofcom.gov.cn/article/cbw/201911/20191102915957.shtml；商务部欧洲司《2019 年 1—12 月中国与欧洲国家贸易统计表》，http://ozs.mofcom.gov.cn/article/zojmgx/date/202003/20200302941074.shtm.

（2）投资合作逐步加强。欧盟对华投资长期发展趋势稳定，绝大多数欧盟企业在中国经营业绩良好、发展前景乐观，中国对欧投资也由高速增长转向企稳。中欧相互投资流量与增长如图 6-2 所示。

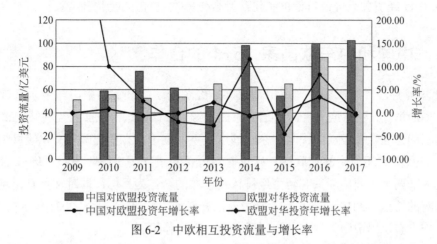

图 6-2　中欧相互投资流量与增长率

资料来源：商务部《中国外资统计 2017》《2017 年度中国对外直接投资统计公报》。

（3）财金合作有所创新。第一，中欧互相设立多家金融机构；第二，中国人民银行和多家欧洲中央银行分别签署了本币互换协议和人民币清算安排的合作备忘录，在欧洲设立人民币清算中心；第三，中欧还在融资机构发展方面相互支持。

（4）其他领域合作卓有成效。在科技领域，中欧保持稳健的互利合作，欧盟一直是中国最大的技术和设备供应方。中欧班列还为中欧贸易提供了新的运输渠道，有助于扩大中欧贸易和海陆联运业务。

总之，中欧经贸合作对双方都产生了多方面积极影响，真正实现了互利共赢。

6.5.2　中欧经贸合作仍然面临多重挑战

尽管中欧经贸合作取得了长足进步，但仍然面临多重挑战，主要体现在以下几个方面。

（1）贸易增长动力不足，贸易保护主义干扰经贸合作。

（2）欧盟无限期推迟承认中国的"市场经济地位"，使中国企业面临更多不确定性。

（3）中欧双向投资存量占比偏低，欧盟内部的保护主义倾向可能会抑制投资发展。

（4）欧盟追随美国对华遏制政策，制约中欧技术合作。

（5）欧洲反全球化浪潮汹涌，民粹主义破坏中欧合作氛围。

此外，2020 年新冠肺炎疫情对中国和欧盟经济都造成了严重冲击，欧盟的经济可能因此而陷入深度衰退，一些中欧经贸活动被迫取消或延迟，这在一段时间内可能导致中欧贸易和投资规模下滑，这是中欧合作中不得不面对的新挑战。

6.5.3　中欧经贸合作潜力巨大

尽管中欧经贸合作受到多重因素制约出现了一定迟滞，但双方合作潜力巨大。

（1）中欧经济互补性依然较强。

（2）中欧双方战略对接不断完善。多个欧洲国家支持、参与"一带一路"建设。

（3）法、德等与中国达成第三方市场合作共识，中欧第三方市场合作方兴未艾。

（4）再生能源、低碳经济、绿色金融等，中欧经贸合作领域日益拓宽。

（5）中欧经贸关系协调日趋机制化，为合作提供更有力的制度保证。

6.6 中国和中东欧国家 16+1 的合作

2012 年 4 月，"第二届中国—中东欧国家经贸论坛"暨首届中国与中东欧国家领导人会晤在华沙举行，波兰成为"16+1 合作"的发源地。该论坛旨在加强互利共赢和"16+1 合作"机制的建立，在推动中国与中东欧国家关系发展中具有里程碑意义。该机制加强了中国—中东欧国家间战略的关联性，标志着双方关系进入历史新阶段。"16+1 合作"以加强亚欧大陆两个重要的新兴和转型经济体跨区域的合作为目标，同时又具有超越跨区域间合作范畴的特点。2019 年 4 月，希腊加入，升格为"17+1"合作。2021 年 5 月 21 日，立陶宛外长宣布退出中国—中东欧跨区域"17+1"合作机制。

中东欧十六国涵盖三个地理区域，即中欧、东南欧和波罗的海。其领土、人口与经济发展水平如表 6-2、表 6-3 所示。

表 6-2 2019 年中东欧国家领土和人口概况

国家	领土面积 / 平方千米	排序	人口总数 / 万人	排序
波兰	322 600	1	3 839	1
罗马尼亚	238 391	2	1 932	2
希腊	131 957	3	1 112.8	3
保加利亚	111 000	4	700	6
匈牙利	93 023	5	976.4	5
塞尔维亚	88 400	6	696	7
捷克	78 866	7	1 068	4
拉脱维亚	64 589	8	191.9（2020）	14
克罗地亚	56 594	9	408	9
波黑	51 200	10	351.7（2016）	10
斯洛伐克	49 037	11	545	8
爱沙尼亚	45 339	12	132.9	15
阿尔巴尼亚	28 748	13	285	11
马其顿	25 713	14	207.7	13
斯洛文尼亚	20 273	15	209	12
黑山	13 812	16	62.2	16

资料来源：中国外交部，http://www.fmpre.gov.cn；世界银行数据库，http://www.worldbank.org.

表 6-3 2019 年中东欧国家经济发展水平

国家	GDP 总量 / 亿美元	排序	人均 GDP/ 美元	排序
波兰	5 370	1	13 640（2020）	6
罗马尼亚	2 620.12（2018）	2	11 000（2018）	10
捷克	2 465	3	22 973（2018）	2

续表

国家	GDP 总量 / 亿美元	排序	人均 GDP/ 美元	排序
希腊	2 099.93	4	19 603.5	4
匈牙利	1 594（2018）	5	16 315（2018）	7
斯洛伐克	1 055.00	6	17 300	5
保加利亚	661	7	9 737	12
克罗地亚	604	8	15 000	8
塞尔维亚	514.17	9	10 705.75	11
斯洛文尼亚	480	10	22 000	3
拉脱维亚	341.66	11	17 285.81	6
爱沙尼亚	313.66	12	23 706.79	1
波黑	186.5（2018）	13	5 771	15
阿尔巴尼亚	158	14	5 448	16
马其顿	126.9	15	6 112	14
黑山	53.77	16	8 761（2018）	13

资料来源：世界银行数据库，http://www.worldbank.org.

注：2020 年欧元对美元年平均汇率为 1 欧元 =1.142 2 美元；2019 年为 1 欧元 =1.120 2 美元；2018 年为 1 欧元 =1.181 3 美元

经过 9 年的发展，"16+1 合作"机制建设已走在了"一带一路"沿线国家合作前列，中国与中东欧国家在基础设施建设、金融、产业园区、农业和人文领域的合作取得丰硕成果，一些基础设施合作项目以及中欧班列成为中欧合作与互联互通的新亮点。

6.6.1　中国与中东欧国家经贸合作现状

1. 中国—中东欧国家贸易现状

依据联合国国际贸易统计数据库（UNCOMTRADE），2007—2018 年，中国与中东欧 17 国的贸易总额由 2007 年的 332.51 亿美元增长到 2018 年的 894.63 亿美元，年增长率达 9.41%。特别是 2012 年中国—中东欧合作机制建立以来，双边贸易呈现稳定上升的趋势，与全球低迷的贸易增长形成鲜明对比，展现了勃勃的生机和活力，2007—2018 年中国与中东欧 17 国的贸易总额和贸易增长率如图 6-3 所示。

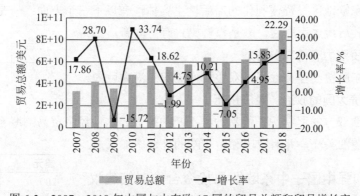

图 6-3　2007—2018 年中国与中东欧 17 国的贸易总额和贸易增长率

注：笔者根据联合国 comerade 数据库整理计算所得。

从国别结构来看，贸易额占比排名前五的国家分别为波兰、捷克、匈牙利、希腊和罗马尼亚。

2. 中国—中东欧国家投资现状

2007—2018年，中国对17国的投资存量由2007年的3.01亿美元增长到2018年的25.13亿美元，年均增长率达21.3%（图6-4）。

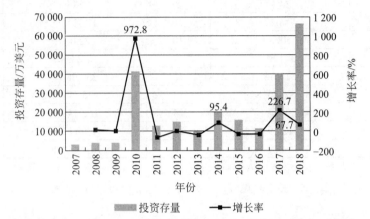

图 6-4　2007—2018 年中国对中东欧 17 国的直接投资存量和增长率

资料来源：历年《中国对外直接投资统计公报》。

从国别来看，中国对中东欧国家的投资集中在波兰、匈牙利、罗马尼亚、捷克和塞尔维亚等国家，2018年底中国在此五国的投资存量占17国的67.63%。

3. 产业合作领域

中国与中东欧国家主要以基础设施建设和绿色能源开发来开展产业合作，并取得了一系列不错的成果。

6.6.2　中国—中东欧贸易投资存在的问题

1. 贸易投资区域分布严重不均衡

截至2018年底，中国在波兰的投资额最多，在波黑的投资额最少。

2. 贸易投资便利化有待提升

中国与中东欧地区投资便利化的滞后性主要体现在以下三个方面：一是基础设施严重老化，二是通关质检过程滞后，三是投资模式有待创新。

3. 贸易投资潜力有待充分释放

中国—中东欧贸易互补性强，双边合作的贸易潜力巨大。

4. 其他经济大国的政治、经济挤压

随着中东欧双方的贸易额、贸易种类不断的扩大，这种经济贸易的联系客观上也受到了美国以及欧盟的关注，并对我国和中东欧的外贸施加压力。

6.6.3　加强中国—中东欧贸易投资合作对策建议

（1）在全球范围内建构中国的生产网。

（2）推广中国电子商务模式。

（3）利用交通和物流优势，发挥金融杠杆作用。

（4）因地制宜，充分发挥比较优势。

6.7　"金砖国家"经济合作

"金砖国家"通常意义上是指巴西、俄罗斯、印度、中国和南非5个人口及经济体量均占世界重要地位的代表性新兴经济体。金砖国家国土面积约占世界30%，人口约占世界42%，其合作已历经10余年。"金砖国家"践行开放、合作、包容、共赢的金砖精神，构建了60多项合作机制，贸易和投资占全球比重大幅增长，经济总量从占全球7%跃升至23%，在稳定世界经济、推动改革、创新合作机制以及争取发展中国家的"话语权"等方面作出了突出贡献，形成了全方位、多层次、宽领域的合作格局，并成为新兴市场国家和发展中国家合作的典范。

6.7.1　新冠肺炎疫情给"金砖国家"合作带来的挑战

新冠肺炎疫情暴发后，世界各国相继采取社交隔离、限制出口、关闭边境等措施，国际经贸和人员往来因此受到严重阻碍。多个国际组织的研究报告均认为，全球经济面临自1930年大萧条以来最严重的衰退，后疫情时代的国际秩序亦充满不确定性。

（1）经济合作的国内基础受到侵蚀。

（2）贸易金融活动受到严重干扰。

（3）部分产业链和供应链面临中断风险。

（4）政治互信受到一定冲击。

（5）人文交流受到阻碍。

6.7.2　新冠肺炎疫情下"金砖国家"合作面临的机遇

随着新冠肺炎疫情不断蔓延，部分"金砖国家"的确诊病例数量不仅得不到有效遏制，还呈加速上升趋势。在疫情面前，任何国家都难以凭借一己之力取得胜利，全球合作抗疫成为有效应对疫情的唯一选择。"金砖国家"需要加强彼此之间的协调与合作，不断拓展"金砖国家"合作的新领域和新模式。

（1）"金砖国家"经济发展的内在需求明显增强。

（2）"金砖国家"在公共卫生领域的合作不断推进。

（3）"金砖国家"合作的方式和机制不断创新。

6.7.3　后疫情时代深化"金砖国家"合作的思路举措

随着疫情防控常态化，"金砖国家"除了需要继续加强在卫生领域的合作、巩固抗疫成果外，还需抓住新机遇，在产业升级、经贸复苏、机制建设、人文交流、全球治理等方面尽快恢复和加强合作。

（1）在卫生领域推进应急性合作与内嵌性合作相结合，推动构建"金砖国家"卫生健康共同体。

（2）进一步提升产业合作的数字化和智能化水平。新冠肺炎疫情使得线上经济和互联网经济得以快速发展。

（3）以维护产业链供应链稳定为契机，推动"金砖国家"合作机制化建设。

（4）提升服务贸易在金砖国家贸易中的比重。

（5）"金砖国家"人文交流需更加注重群众性和参与度。

（6）"金砖国家"可重点在卫生、发展、贸易等领域参与全球治理体系改革。

6.8　中非经济合作

非洲是"一带一路"建设的重要经济走廊和战略支点。自 2000 年中非合作论坛成立以来，中国积极地在论坛框架下同非洲国家开展合作，有效地促进了中非关系的全面发展。2013 年的"一带一路"倡议更是助力中非合作与建立全面战略合作伙伴关系，近年来中非经贸与投资快速增长。

6.8.1　中非合作的概况

目前中国在非建成、在建的产业园已有 100 多个，入园企业 400 多家，总产值 130 亿美元。苏丹工业园、赞比亚经贸合作区、北汽集团南非工厂、蒙巴萨—内罗毕铁路及沿路产业带、蒙巴萨经济特区等项目已成为中非产能合作的标志性项目。中国企业走进非洲投资兴业迎来了难得的历史性机遇。"一带一路"倡议下，中国愿本着积极、开放、包容的态度，为非洲的稳健发展汇集合力，支持非洲实现更优更快的发展，共享和平与可持续繁荣。

1. 中国和非洲的贸易情况

近年来，中非贸易呈现快速增长态势，如图 6-5 所示。中国连续 8 年为非洲第一大贸易伙伴，中非贸易中，主要是中国向非洲国家输出制成品，以机器设备、纺织品、服装、塑料制品为主；非洲则向中国出口工业原料，主要包括铁矿石、棉花、木材和钻石等。2017 年中国在非洲的前十贸易合作伙伴分别为南非（391.7 亿美元）、安哥拉（226.1 亿美元）、尼日利亚（137.8 亿美元）、埃及（108.3 亿美元）、阿尔及利亚（72.3 亿美元）、加纳（66.8 亿美元）、肯尼亚（52.1 亿美元）、刚果（布）（43.3 亿美元）、刚果（金）（42.3 亿美元）、摩洛哥（38.3 亿美元）。

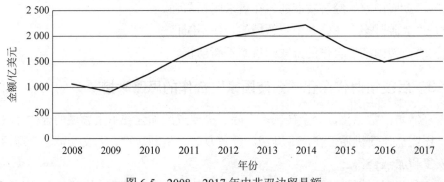

图 6-5　2008—2017 年中非双边贸易额

2. 中国在非洲的投资情况

（1）中国对非洲直接投资规模快速扩大。2015年至2016年，非洲外资流入绿地项目总公告金额中，中国占比最高，达到23.9%，中国在非洲外资流入格局中的地位日益显著。

（2）中国对非洲投资覆盖率广，民营企业对非投资力度不断加大。截至2017年末，中国对非洲直接投资存量最高的10个国家分别是南非、刚果（金）、赞比亚、尼日利亚、安哥拉、埃塞俄比亚、阿尔及利亚、津巴布韦、加纳和肯尼亚。

（3）中国对非洲投资合作的产业分布日益多元化，参见图6-6。

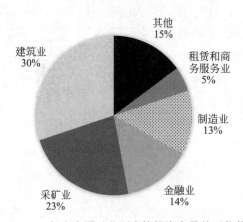

图6-6 2017年末中国对非洲直接投资存量前五位的行业

资料来源：中国商务部，国家统计局，国家外汇管理局.2017年度中国对外直接投资统计公报 [EB/OL].(2019-01-28). http://www.mofcom.gov.cn/article/tiguuzukuai/dgzz/20180902791492.shtml.

（4）中国政府注重推动对非投资合作模式的创新。2006年以来，中国政府支持企业在非洲建立经贸合作区及产业园区，为中国企业对非洲投资搭建平台，促进集群式投资合作，以推动中非投资合作的深入发展。

6.8.2 中国与非洲经贸合作驱动因素

（1）人口规模攀升、快速城市化和中产阶级壮大使得非洲大陆消费市场潜力巨大，对中国投资者的吸引力增强。

（2）非洲大力推行加速工业化发展战略，中国对非洲投资合作的增长空间广阔。

（3）非洲国家营商环境日益改善，本土市场的商业发展潜力成为吸引外资流入的首要动因，中国对非投资合作的风险系数下降。

（4）非洲区域经济一体化进程加速，非洲大陆自由贸易区正式启动，为深化中国对非投资合作增添新的动力来源。

6.8.3 中国与非洲经贸合作面临的挑战

非洲国家普遍存在基础设施薄弱、制度建设滞后、安全形势不佳、教育和技术水平落后、金融市场成熟度低、参与全球价值链的水平低、缺乏创新能力等问题。这些问题会在较大程度上阻碍中国投资的大幅涌入，主要体现在以下两点。

（1）非洲国家吸纳效率驱动型投资的潜力有限。

（2）非洲国家的宏观经济波动性大，政治和安全风险较高，政策变动相对频繁，中国投资者面临的风险和不确定性仍然较大。

6.8.4 中国与非洲经济合作的策略

（1）未来中国对非投资合作应注重与东道国产业政策相契合，推动非洲经济可持续发展进程。

（2）优化中国对非洲投资合作的产业布局，更多地投向消费者导向产业、基础设施和高技术产业等非洲外资流入增长潜力巨大的领域，助力非洲经济可持续发展。

（3）中国对非投资合作应注重与非洲城市化进程相互推动，为经济可持续发展提供有效的动力支持。

学习辅导6.1　"一带一路"倡议和其他区域性国际经济合作组织

（4）充分发挥中非经贸合作区的投资引擎作用，提升中国对非洲经济可持续发展的贡献度。

【本章小结】

中国是经济全球化的受益者，也是经济全球化的倡导者，为实现人类命运共同体的伟大构想，中国加强与世界各国的经贸合作。

本章介绍与中国有密切关联的经济合作组织，有"一带一路"经济合作、亚太经济合作组织、中国与东盟的经济合作，中国与欧盟的经济合作、中国与中东欧"16+1"合作机制、上海合作组织、中非经济合作、"金砖国家"经济合作等内容。重点阐述这些组织的起源与发展，与中国的合作关系，中国在这些组织中的地位和作用。研究中国如何利用这些区域性的经济合作组织，开展经贸活动，加深开放程度。

【思考题】

1. "一带一路"有什么成就与挑战？如何实现"一带一路"的战略设想？

2. APEC存在什么问题？中国如何加强与APEC的合作？

3. 中国与东盟经贸关系有什么特点与问题？如何推进中国东盟的经贸关系？

4. 上海合作组织面临什么挑战？如何推动上海合作组织的协同发展？

5. 中国和欧盟经贸合作存在什么问题？如何发展中国和欧盟的经贸关系？

6. 中国与中东欧国家可以在哪些领域展开合作，存在什么问题，如何进一步开展与中东欧国家的合作？

7. "金砖国家"面临什么机遇与挑战？如何发展"金砖国家"的经贸合作关系？

8. 中非合作的驱动因素是什么，挑战是什么，如何加强与非洲的经济合作？

【即测即练】--

【英文阅读】--

第7章 国际经济援助

【学习目标】

1. 了解中国对外援助的历史和特点；
2. 了解国际经济援助的必要性和重要意义；
3. 了解国际经济援助的主要方式方法；
4. 熟悉中国开展经济援助的原则和方法。

思政案例

巴空军运回中国疫苗！外交部：将向更多国家提供援助

外交部发言人汪文斌介绍，今天（2021年2月1日）凌晨，中国政府向巴基斯坦捐赠的一批新冠病毒灭活疫苗运抵巴基斯坦首都伊斯兰堡，这是中国政府对外提供的第一批疫苗援助，是落实习近平主席关于将疫苗作为全球公共产品重要宣示的一项具体举措。

中巴是全天候战略伙伴。疫情发生以来，双方相互支持、相互帮助。2020年，在中国国内抗击疫情最困难的时刻，巴基斯坦向中方提供了宝贵支持，是首批向中方提供医疗物资捐助的国家之一。中方在国内疫情形势缓解后，也通过援助医疗防护物资、派遣医疗专家组等多种方式支持巴方抗击疫情。

疫苗是中巴合作抗击疫情的重要领域。这种合作不仅体现了中巴作为全天候战略伙伴真诚的互帮互助，更体现了两个发展中国家为推动疫苗作为全球公共产品、提高疫苗在发展中国家的可及性和可负担性作出的共同努力。

病毒没有国界，人类命运与共，团结合作是战胜疫情最有力的武器，我们期待各方拿出实际行动，向发展中国家提供更多疫苗，促进疫苗在全球的公平分配和使用，助力早日战胜疫情。

资料来源：巴空军运回中国疫苗！外交部：将向更多国家提供援助 [EB/OL].（2021-02-01）https://new.qq.com/omn/20210201/20210201A0C0WB00.html

2020年新冠疫情肆虐全球，病毒无国界，国际社会必须相互支持、团结抗疫，才能取得抗疫的真正胜利。就如上述案例所述，经济全球化，全球经济高度关联，一荣俱荣，一损皆损。因此，有必要对最不发达的国家进行经济援助，促进全球经济共同繁荣。本章就全球经济援助进行分析和研究，探讨如何开展全球经济援助，制定促进全球经济共同发展的策略。

7.1 全球国际援助概况

7.1.1 国际援助概况

国际援助是一国或国家集团对另外一国或国家集团提供的无偿或优惠的有偿货物或资

金，用以解决受援国所面临的政治经济困难或问题，达到援助国家特定目标的一种手段。国际援助一般以主权民族国家为基本行为主体，是在价值规律和市场体系以外的非经济性因素作用下，以国家的政策行为对国际关系进行调整的产物。

国际援助主要指 ODA（官方发展援助）。ODA 中，OECE/DAC 国家（经济合作与发展组织、发展援助委员会）占据主导地位。OECD 于 2019 年 4 月公布的初步数据显示援助资金下降，其主要原因是各国普遍收紧用于本国境内的难民支出。在 29 个 DAC 成员国中，有 12 个国家的援助资金出现下滑，其中意大利（-21.3%）降幅最为明显，它们大多数是由于境内的难民支出降低和本国援助预算收紧。当前，西方国家提供的官方援助资金仅占国民总收入（GNI）的 0.31%，与 0.7% 的援助承诺和国际义务相距甚远，仅有瑞典（1.04%）、卢森堡（0.98%）、挪威（0.94%）、丹麦（0.72%）和英国（0.70%）这五个国家兑现了承诺。目前，大多数 DAC 成员国的援助以无偿为主，不对外提供贷款，仅日本、法国、德国、韩国、葡萄牙等少数国家依然提供优惠贷款。总体而言，赠款占双边官方发展援助的 83%，贷款占 17%。

7.1.2　新形势与新挑战

1. 全球发展融资面临巨大缺口，援助资金难以满足日渐增长的发展需求

据估计，仅在发展中国家实现可持续发展目标（SDG），每年的资金缺口就达 2.5 万亿美元。如果按现在流向发展中国家的资金规模预测，到 2030 年将有 4.3 亿人生活在极端贫困中，换言之，当前在实现第一个可持续发展目标（即消除贫困）上已极大地偏离了轨道。英国海外发展研究所（ODI）的报告发现，目前仍有 46 个国家每年面临 2 220 亿美元的资金缺口，仍严重依赖国际社会提供包括援助在内的发展筹资。然而，根据 OECD 发布的《全球可持续发展融资展望》报告，对发展中国家的总体融资在 2013—2017 年下降了 12%。

2. 发展议题超越南北界限，内涵不断泛化，全球挑战日渐增多

当前和今后一段时期，全球发展面临的挑战错综复杂，全球治理举步维艰，减少贫困、经济发展、气候变化、债务风险及和平安全等均成为国际发展合作亟待解决的议题。自然灾害、恐怖主义、传染病疫情及难民移民问题等传统与非传统安全威胁也相互交织，全球的发展赤字和治理赤字也不断加剧国际发展合作的不稳定性，使维护多边主义、强化集体行动、提升援助的精准投入面临着前所未有的紧迫性。

3. 南北间的信任赤字仍然存在，发展援助的主导权博弈加剧

面对新兴援助国影响力的提升，传统援助国"捧杀"和"棒杀"并施。一方面，呼吁新兴援助国承担更多国际责任，分担西方国家的援助负担；另一方面又发起一系列援助改革，试图将新兴援助国纳入其主导的援助体系，拉拢新兴援助国，分化南方国家的集体力量，意图牢牢掌控国际发展合作的主导权。

7.2　国际援助的动机分析

7.2.1　政治动机

从国际政治学的角度而言，对外援助首先是为政治利益服务的。正如汉斯·摩根索指

出的那样，无论何种对外援助的本质都是政治性的，主要目标都在于促进和保护其本国的国家利益。肯尼斯·华尔兹认为，对外援助就是霸权工具，是为了在两极世界的安全体系之下争取盟友和朋友，与行贿没有本质差异。同时，对外援助也可以增强援助国的国力。发达资本主义国家通过援助盟友，增强资本主义世界的实力，达到遏止共产主义、建立"合适的世界秩序"的目的。

例如：1947 年 6 月 5 日，美国国务卿 G.C. 马歇尔在哈佛大学举行的毕业典礼上提出了欧洲复兴计划。马歇尔主张在三四年内，对欧洲国家提供巨额援助，以帮助欧洲国家恢复和发展经济，稳定其资本主义制度，抗衡苏联和其他社会主义国家的力量，从而达到由美国来控制西欧的目的。后来国会通过了有关议案，所谓的"马歇尔计划"得以实施。

在亚洲，美国军队于 1945 年占领和控制了日本，麦克阿瑟于 8 月飞抵横滨并在那里设立了临时司令部，开始了长达 5 年的占领期统治。濒于瘫痪和崩溃边缘的日本经济在美国的援助和扶持下，特别是在美国发动侵略朝鲜战争时获得巨额军事订货的刺激下，日本开始走向复兴。

美国在这一期间的对外援助，对西欧国家的经济复兴和日本战后经济重建起到了相当重要的作用。在 1948—1952 年间，美国仅根据马歇尔计划向西欧国家提供的援助就达 131.5 亿美元。其中赠款占 8%，其余为贷款。与此同时，美国在经济上趁机迫使这些国家消除它们对美国的关税壁垒，取消大部分的贸易和外汇限制，以利于美国向这些国家输出商品和资本；在政治上，美国加紧对这些国家的控制，扶持亲美势力，甚至主持制定日本的宪法；在军事方面，美国倡议成立了北大西洋公约组织，形成了以美国为首的军事同盟，以此操纵西方国家的军事系统和遏制东欧国家及苏联的发展，长达 40 年的冷战局面由此而始。

7.2.2 经济动机

当然，从西方国家的实践来看，对外援助对援助国的意义并不仅仅局限于政治利益以及外交利益，往往还隐含着实现自身的长期政治经济战略的意图，这实质上是一种由政府主导的战略性商业行为。对此，国内学者曾做过一定的分析，如实施国际发展援助可以带动援助方对受援国的货物或服务出口增长；可以促进对受援国的投资，为本国进行国际投资创造更好的投资环境，以攫取更多的经济利益；扩大本国在受援国的经济渗透或影响，影响受援国的经济策略，保障原材料和稀缺资源的供应；等等。这些关于经济方面的考虑，可能是西方国家实施对外援助的政治目的之外的更深层次的动机。

7.2.3 人道主义动机

除政治动机和经济动机这两个对外援助的最主要的动机之外，一般还包括国家的人道主义动机。如 2008 年我国汶川地震后，形成了新中国成立以来规模最大的救灾捐赠热潮，先后接收了 160 多个国家和 10 个国际组织提供的资金、物资和人员援助，国际社会及时派出救援队和医疗队进入灾区开展救援工作。另外，如国际社会对于非洲地区的艾滋病肆虐及粮食危机等问题及时伸出援手，也体现出强烈的人道主义关怀，这类援助活动都是不包含或很少包含政治动机和经济动机的对外援助活动。

7.3　中国实施对外援助的必要性

7.3.1　实施对外援助有利于促进中国与其他发展中国家的友好关系，推进国际社会困境的全球治理

新中国成立以来的对外援助，尽管许多是出于社会主义阵营和资本主义阵营划分的需要，但也为中国赢得了许多盟友，营造了良好的发展氛围，使得中国得以有今天长足的发展。因此，从政治上而言，中国有必要通过对外援助活动，进一步增进自身与其他发展中国家的国际关系，这既是中国实现自身发展的前提，也是中国与世界更好发展的基础。

7.3.2　实施对外援助有利于加强中国与其他发展中国家的经济合作

中国对其他发展中国家的援助，无疑能够帮助它们的经济发展，帮助其更好地进行经济建设、摆脱贫困。在帮助其他发展中国家进行经济建设的同时，中国也能通过对其他国家的援助与合作促进自身的经济发展。从中国目前的实际情况来看，中国企业只有"走出去"，才能不断地拓展更为开阔的投资领域和更为广大的消费市场，获得更为长远的发展空间。例如：中国援助阿富汗重建，获得当地的采矿权，中国还将帮助阿富汗修建道路和机场。这种现状要求中国进一步加强与其他发展中国家的南南合作，在援助过程中不仅要注重对其他国家的经济、技术援助和人才培养，也要通过这类援助行为，进一步加强企业与企业、企业与国家、国家与国家之间经济方面的合作，不断加大对外援助的力度，进一步开拓发展中国家的市场，实现互利共赢。

7.3.3　实施对外援助有利于彰显中国的大国地位，增强国际经济话语权

中国作为最大的发展中国家和日益崛起的新兴经济体，不仅要有强大的经济实力，更需要具备相适应的国际身份和地位。实际上，只有取得了制定国际规则的权力，并遵循有利于自身的发展方向来制定国际经济规则，才能使中国成为一个长久甚至永恒的大国。从目前的实际情况来看，中国还远远没有左右国际规则制定的能力。应当指出的是，任何国家的国际地位都不是与生俱来的，况且仅有经济实力也不足以产生绝对的国际话语权。以美国为例，第二次世界大战以后，美国把欧洲列为其援助对象，对欧洲国家实施经济援助，使得欧洲国家在一定程度上依赖于美国的经济，从而逐步加强了美国的国际地位。东欧剧变、苏联解体意味着美国在冷战中的全面胜利，其直接后果之一便是以美国为首的西方国家所制定的国际规则及其价值观被全球化，从而导致所有的发展中国家也被迫地接受了这些国际规则，以及美国及西方国家的国际地位。

但随着近年来中国等一系列新兴经济体的崛起，西方发达国家与发展中国家的力量对比发生了微妙的变化。如今，中国有能力向发展中国家提供成百上千亿的援助。与此形成鲜明对比的是，美国和西方国家在国际援助方面捉襟见肘。例如：太平洋岛国由于缺少资金，大多数发展项目高度依赖外援。从援助占 GDP 比例来看，斐济和瓦努阿图一直属于接受中国援助最多的国家。西方担心这些国家不能偿还债务，不愿向它们提供援助。这些

国家只能转向中国寻求帮助，逐渐陷入依赖中国援助和贷款的循环。但是，真正令西方害怕的是这种依赖会给中国带来在联合国有利的投票。传统上，美国有能力在联合国大会游说和集聚超过 2/3 的国家统一否决或通过决议。不过，中国的援助力量或许正让美国在这方面变得越发不稳定。因此中国要抓住机遇，不断巩固自己的国际地位，增加自身国际话语权。长此以往，在今后国际经济规则的制定中占据主导地位和实现中华民族的伟大复兴是指日可待的。

7.3.4　实施对外援助是实现全球共同发展的需要

中国实施对外援助的最终目的就是通过提供援助，使受援国与中国均得到快速的发展。共同发展已经成为国际社会的共识。因此，中国实施的对外援助，既可以实现受援国的发展，又可以实现中国自身的经济发展，最终实现全世界共同发展，为世界经济作出巨大贡献。这是基于全球维度、援助国维度以及受援国维度三个层面的考虑，体现出中国作为最大的发展中国家和一个负责任大国的广阔胸怀。

7.4　中国对外援助的历史回顾

中国的对外援助可以分为以下五个阶段。

1. 1953—1961 年，新中国刚成立阶段

此阶段主要援助朝鲜、越南等社会主义国家，援助的形式主要是物资及少量的现汇。

2. 1964—1970 年，对外援助的理念构建与实践阶段

此阶段主要援助非洲国家，以"反帝""反修"为主调，开展第三世界国家的援助，援助范围广，数量大。

3. 1971—1978 年，超越承载的极限、跳跃式提升阶段

此阶段中国的国民经济处于困难时期，我国人民勒紧裤腰带，支持社会主义阵营的国家，但随着越南、阿尔巴尼亚的反华，援助逐渐减少。

4. 1979—1994 年，徘徊调整阶段

此阶段援助对象扩大到 102 个国家，但控制外援的规模，支出水平回落到 20 世纪 60 年代中期水平。

5. 1995 年至今，深化改革与规模拓展阶段

此阶段主要集中在非洲、拉美、东南亚，深化改革，规模拓展，由于增加金融机构和企业的资金，外援的规模扩大。

7.5　新时代中国对外援助的成果与特征

7.5.1　新时代中国对外援助的成果

2013 年以来，中国不断增加对外援助金额。习近平主席和李克强总理在访问亚非拉发展中国家和出席中非论坛、东亚峰会、联合国会议等国际场合时，多次提出了增强对外援助的承诺与措施。

1. 中国对非洲的援助

非洲是中国对外援助的重点区域。习近平主席、李克强总理在 2013 年、2014 年分别访问非洲时，明确提出要增加对非洲的援助。此后，习近平主席在出席 2015 年"中非合作论坛约翰内斯堡峰会"、2018 年"中非合作论坛北京峰会"时相继宣布将向非洲提供 600 亿美元的援助。仅 2015—2018 年，中国就向非洲提出了共 1 200 亿美元的援助承诺。

中国不断加大对非洲的无偿援助、无息贷款、优惠贷款额度和信贷资金额度，设立了各种专项贷款和基金，加大对非洲的投资力度，为促进非洲发展提供资金支持。在加强对非洲基础设施建设援助的同时，中国增加对非洲的人力资源发展援助与技术援助，提出"非洲人才计划""中非农业阳光计划"，推进对非洲的人才培养与技能培训。另外，中国也加强对非洲的民生、社会、环境治理等方面的援助。2015 年，中国提出将在非洲实施 100 个"农业富民工程"、200 个"幸福工程"等，推进非洲的减贫事业、环境保护与可持续发展。通过增加对非洲的援助，中国进一步支持非洲在产业促进、设施联通、贸易便利、绿色发展、能力建设、健康卫生、人文交流、和平安全等领域的发展，推动中非合作的深化。

2. 中国对亚太地区的援助

中国地处亚太地区，长期以来对需要帮助的周边国家积极伸出援手。2013 年，习近平主席在访问东南亚国家期间提出相关援助措施。其中，中国提议创建亚投行，用于援助亚太地区国家的基础设施建设和互联互通建设。2014 年，习近平主席在亚太经济合作组织会议期间，进一步提出设立 400 亿美元的"丝路基金"，支持亚太地区的发展。2018 年，在第 21 次"中国—东盟领导人会议"上，李克强总理提出开展"中国—东盟科技伙伴计划""中国—东盟青年领导人千人研修计划"等支持东盟发展、推进与东盟人文交流的相关援助措施。对于仍处于欠发达状态的中南半岛国家，中国提出相应援助措施。在 2018 年"大湄公河次区域经济合作第六次领导人会议"中，中国与中南半岛国家签署了《2022 区域投资框架》等文件，将在未来 5 年开展总金额为 660 亿美元的 227 个投资和技术援助项目，推进中南半岛的减贫与可持续发展。同时，中国积极增强对南太平洋岛国的援助。在 2014 年和 2018 年的"中国—南太平洋岛国领导人集体会晤"中，习近平主席提出了相关援助措施，加大对岛国基础设施、社会民生、人力资源培训、减贫等方面的援助力度。

当前，亚太地区已是世界经济增长的重心。中国以此为契机，进一步加大对亚太地区相关国家的援助力度，一方面推进受援国的可持续发展，另一方面携手受援国推进亚洲的崛起。

3. 中国对拉美和加勒比地区的援助

近几年，中国加大了对拉美和加勒比地区的援助力度。2013 年，习近平主席在访问特立尼达和多巴哥时宣布，加大对加勒比地区国家的经济支持和援助力度。此后，习近平主席在出席 2016 年秘鲁利马"亚太经合组织第二十四次领导人非正式会议"、2018 年阿根廷布宜诺斯艾利斯"二十国集团峰会"时，对秘鲁、厄瓜多尔等国进行了访问，进一步提出支持拉美、加勒比地区发展的举措。一方面，中国增加对拉美、加勒比地区的资金援助力度。通过提供优惠贷款、建立专项贷款和基金，中国推动拉美、加勒比地区的经济发展。另一方面，中国加强对拉美、加勒比地区的人才培训与技术援助。通过提供政府奖学金、设立"中拉科技伙伴计划""中拉青年科学家交流计划"、建立"农业技术示范中心"、举办"中拉科技创新论坛"，促进拉美、加勒比地区领域人力资源的发展、就业者技能的提升以及技术的更新。

围绕亚非拉地区，中国持续提出无偿援助、有偿援助、人才和技术援助等相关举措（表7-1），推动受援国和受援组织逐渐改变发展进程中资金短缺、人才匮乏、技术落后的现状。

表 7-1 中国对亚非拉地区的援助承诺与举措（2013—2018 年）

援助形式	时间	受援助区域	中国援助的内容
贷款无偿援助（美元）	2013 年	非洲	将提供 200 亿元贷款
	2014 年	非洲	将提供 100 亿元贷款
		拉美	将提供 100 亿元优惠贷款
		东盟	将提供 100 亿元优惠贷款
	2015 年	非洲	将提供优惠贷款，出口信贷共 350 亿元，无偿援助、无息贷款共 50 亿元
	2018 年	非洲	将提供信贷 200 亿元，无偿援助、无息贷款和优惠贷款共 150 亿元
专项资金（美元）	2014 年	非洲	为"中非发展基金"增资 20 亿元
		拉美	为"中拉基础设施专项贷款"增贷 200 亿元，设立"中拉合作基金（50 亿元）"
		东盟	建立"中国—东盟基础设施专项贷款（100 亿元）"
	2015 年	非洲	建立"中非产能合作基金（100 亿元）"，为"中非发展基金""非洲中小企业发展专项贷款"共增资 100 亿元
		拉美	设立"中拉产能合作专项基金（300 亿元）"
	2018 年	非洲	设立"中非开发性金融专项资金（100 亿元）""自非洲进口贸易融资专项资金（50 亿元）"
人才培训	2013 年	非洲	将每年培训基建方面人才 300 名
		加勒比地区	将提供政府奖学金名额 1 000 个
		东盟	将提供政府奖学金名额 1.5 万个
	2014 年	非洲	将提供政府奖学金名额 1.8 万个，培训人才 3 万名
		拉美	政府奖学金名额 6 000 个，在华培训名额 6 000 个，在职硕士名额 400 个
		太平洋岛国	将提供政府奖学金名额 2 000 个，研修及培训名额 5 000 个
	2015 年	非洲	将提供在华培训名额 4 万个，学历学位教育名额 2 000 个，政府奖学金名额 3 万个，培训技能人才 20 万名
		拉美	启动中拉青年领导人"千人培训计划"
		中南半岛国家	将提供培训名额 3000 个
	2016 年	拉美	将提供培训名额 1 万个
	2018 年	非洲	将提供政府奖学金名额 5 万个，研修及培训名额 5 万个，培训精英人才 1 000 名
		东盟	将培训优秀青年 1 000 名
债务免除	2015 年 2018 年	亚非拉	免除部分国家到期未偿还的政府间无息贷款债务

2013—2018 年，中国以资金、物质、技术、人力资源培训、项目合作、紧急人道主义援助、医疗援助等方式，积极向亚非拉地区的国家和组织提供大规模援助，帮助受援

方摆脱贫困和落后，推进受援方实现自主发展与进步。新时代，中国对外援助规模飞速增大，对外援助水平迅速上升，取得了丰硕的成果（表7-2）。从2014年到2017年，中国对外援助共实施了964个成套项目，培训各类人才共计22.4万名，援助的国家、地区及国际组织数量最多达到158个。中国对外援助规模与成果达到了历史上的高峰期，步入新的发展阶段。中国对外援助的成就如图7-1所示。

表7-2　中国对外援助的实施成果（2014—2017年）

时间	援助的国家、地区、国际组织数量 / 个	实施的成套项目 / 个	境内外人才培训 / 名
2014年	148	112	1.5万（境内）
2015年	155	293	3万（境内）
2016年	156	250	2.9万（境内）
2017年	128	309	15万（境内外）

中国努力推动各国人权事业共同发展

◀ 加大发展援助 ▶

▸ **4 000**多亿元
1950年至2016年，累计对外提供援款4 000多亿元人民币

▸ **5 000**多个
实施各类援外项目5 000多个

▸ **26**万多名
为发展中国家在华培训各类人员26万多名

◀ 提升发展能力 ▶

▸ **20**万人
2013年至2017年间，在"一带一路"沿线国家建设的经贸合作区，带动东道国就业超过20万人

▸ **90**万个
"中非十大合作计划"实施后，将为非洲国家创造近90万个就业岗位

◀ 开展人道救援 ▶

▸ **300**余次
自2004年以来，中国累计提供国际人道主义援助300余次

▸ **29.4%**
平均年增长率为29.4%

◀ 维护世界和平 ▶

▸ 截止2018年5月累计派出

维和军事人员	维和警察
3.7万余人次	**2 700**余人次

▸ 参加了约**30**项联合国维和行动

图7-1　中国对外援助的成就

资料来源：《改革开放40年中国人权事业的发展进步》白皮书。

7.5.2　新时代中国对外援助的特征

中国对外援助体现了非常鲜明的中国特色。作为社会主义国家，中国对外援助与西方干涉型援助存在着本质区别。作为发展中国家，中国对外援助遵循实事求是的原则。作为

新兴大国，中国对外援助倡导"正确义利观"，贡献中国方案与智慧，追求与发展中国家共同发展与繁荣的目标。

1. 坚持"不附带任何政治条件"的原则

在对外援助中，中国不干涉受援方发展道路与模式选择，充分考虑和尊重受援方的意愿与需求，尽可能地为对方带来切实的便利与发展。"不附带任何政治条件"体现了"援助"这两个字最本真的内涵和追求，彰显了中国对外援助最鲜明的特色，并且将中国对外援助与西方国家对外援助的本质彻底区别开来。它不仅体现了中国真诚的国际主义精神，更反映了中国对外援助的先进性。

2. 坚持"力所能及"的原则

受"左"倾思想的影响，中国曾经历对外援助超过本国经济承载能力的历史。对此，中国进行了反思与调整，在汲取历史教训的基础上，提出坚持实事求是的准则，本着量力而行、尽力而为的原则，积极开展对外援助。

3. 坚持"正确义利观"

2013年，习近平主席访问非洲时提出"正确义利观"，表示"我们有义务对贫穷的国家给予力所能及的帮助，有时甚至要重义轻利、舍利取义"。

4. 坚持平等互利、合作共赢

在对外援助中，中国秉承互相尊重、平等相待、合作共赢的原则，加强与受援国在双边、多边层面的合作，增强受援国的自主发展能力与可持续发展能力，推动中国与受援国的共同发展与共同进步。如"中非合作461框架""中非十大合作计划""中—拉美—加勒比1+3+6合作新框架"等都与中国对这些国家的援助紧密结合。而中国设立"丝路基金"、建立"亚投行"、推进"一带一路"建设等举措，也与对沿线国家的援助紧密结合在一起。

5. 共享中国方案

作为发展中国家，中国在发展过程中面临着与广大发展中国家相同或相似的困难和挑战。40多年改革开放的历程，使中国取得了巨大的成果，从贫穷落后的国家转变为全球第二大经济体，成为拉动世界经济增长的重要引擎。作为一个拥有14亿人口的大国，中国已实现了全面脱贫。中国在脱贫领域的成就不仅是对全球事业的巨大贡献，也为广大发展中国家提供了现实的、可供借鉴的范本。中国改革开放探索的模式、积累的经验、总结的教训等是历经时间和实践检验的发展成果与真知灼见，有着非常重要的价值，将为正面临相同或相似困境的广大发展中国家提供可参考的范式或模本。尤其是在欧美国家经济发展迟滞、世界经济增长低迷、西方发展模式弊端凸显的当今时代，中国发展经验与智慧为世界发展提供了新理念和新源泉，为世界各国提供了可借鉴和共享的中国方案。

学习辅导7.1 国际经济合作的重要方式——国际经济援助

【本章小结】

本章叙述了全球国际援助的情况，分析了国际援助的主要动因，以及我国开展对外援助的必要性和可行性，之后简要回顾了中国对外援助的历史，概述了我国在新时代对外援助的成果，说明坚持正确的义利观，不干涉别国内政，互利双赢，共同发展，量力而行是国际经济援助的正确道路。

【思考题】

1. 什么是国际援助？国际援助的动机是什么？

2. 中国开展国际援助有什么必要性？

3. 中国应当如何总结经验教训，开展有效的国际援助？

【即测即练】

【英文阅读】

第四篇　国际贸易

国际贸易不同于一般商品交换，它意味着利用各国、各地区的比较优势开展国际分工，提高全球福利。随着全球化的深入发展，国际分工越来越精细，专业化程度越来越高，构成了相互依存、相互促进的全球经济体系。国际贸易是推动这个体系发展的重要力量。

国际贸易可大致分为商品贸易和服务贸易，现在正向数字贸易发展。本篇以中国的商品贸易、服务贸易和数字贸易为例，研究国际贸易对本国经济的影响，以及国际贸易发展的一般规律。

第8章 国际贸易理论及其新发展

【学习目标】

1. 掌握古典贸易理论、新古典贸易理论、新贸易理论、新兴古典贸易理论、新新贸易理论的主要内容；

2. 学会利用贸易理论分析国际贸易的新情况，解决新问题；

3. 了解贸易理论在解释贸易现象的不足及其原因；

4. 了解贸易理论的演化发展方向；

5. 掌握全球价值链的概念，并会利用GVC分析全球贸易，客观看待中国贸易顺差问题，研究如何提高中国在国际分工的地位。

思政案例

"迎的是五洲客，计的是天下利"

金秋，正是收获的季节。2018年，首届中国国际进口博览会（以下简称"进博会"）期间达成578.3亿美元的意向成交额，大部分交易团完成合同率都超过90%，参展商、采购商和消费者都得到实实在在的好处。

得益于进博会，赞比亚的蜂蜜出口到中国，叙利亚商人为大马士革玫瑰产品找到"重点市场"，西班牙食品企业生产的火腿"一售而空"……世界越来越感受到中国市场的蓬勃与浩瀚。

"中国市场这么大，欢迎大家都来看看。"

"中国将张开双臂，为各国提供更多市场机遇、投资机遇、增长机遇。"

"交易的是商品和服务，交流的是文化和理念，迎的是五洲客，计的是天下利，顺应的是各国人民对美好生活的向往。"

……

进博会期间，习近平主席以真诚的话语，深刻阐释中国举办进博会的要义所在，彰显新时代中国的开放自信与气度担当，赢得各国领导人广泛赞誉。

面对单边主义、保护主义抬头之势，中国主动向世界开放市场，为世界合作共赢注入澎湃动力。这样的胸怀和担当，点燃了全球共赴"东方之约"的热情。

第二届进博会，规模更大、规格更高，企业展场馆一扩再扩，仍然是"一位难求"——参加的国别、地区、国际组织和参展商均超过首届，世界500强和行业龙头企业参展数量超过250家，国内外采购商和专业观众有望超过50万人，境外采购商由首届的3 600人左右增至7 000多人。发达国家、发展中国家、最不发达国家……181个国家、地区、国际组织与会，36万平方米的展馆，3 800多家企业参展，同时多达64个国家参加国家展，范围遍及五大洲。

在中美经贸摩擦背景下，美国参展企业也由首届174家增至192家，参展面积由

3万平方米增至4.75万平方米，居各参展国首位，合作意愿之强烈不言而喻。

场馆中，坦桑尼亚的腰果，希腊的美食和艺术品，意大利的葡萄酒，牙买加的蓝山咖啡、朗姆酒蛋糕，印度尼西亚的棕榈油，俄罗斯的新型直升机和汽车，琳琅满目。

不少企业家感叹：进博会的举办打破了外界对中国国际贸易地位的偏见，"中国不只是庞大的出口国，而且是友好的进口国"，"今年的进博会无论如何都不能再错过了"。

世界贸易组织总干事阿泽维多指出，中国进一步推动经济全球化的承诺将不仅限于举办一两次展会，而会转化为持续的进程，"这是非常积极的成果"。

外媒评价，进博会为与会者提供了一个平台，所有参展企业都可以在这个平台上展现自身优势，建立联系和业务网络，进而促进贸易、市场自由化和经济全球化，并为全世界带来福祉，"中国为世界贸易带来了光明"。

资料来源：姜微，刘华，赵超，等. 大江奔腾势如虹——习近平主席出席第二届中国国际进口博览会纪实 [EB/OL]. (2019-11-07). https://www.ciie.org/zbh/cn/19news/leader/xnews/20191107/19971.html.

国际贸易理论是解释国际分工和国际贸易从低级向高级演变的过程。改革开放，促进了中国国际贸易大发展、经济的大提升，中国已经成为世界的出口大国、对外投资大国，同时也如引导案例所述，正在扩大进口，成为世界的进口大国。本章详细解释国际贸易理论随着贸易的发展，不断演化的发展历史进程。

8.1 国际贸易理论综述

8.1.1 古典国际贸易理论概述

1. 亚当·斯密的绝对优势理论

英国古典经济学家亚当·斯密（Adam Smith）在其代表作《国富论》中阐明了著名的"看不见之手"机制。他认为在市场经济中，在利益驱动下，主观上为自己的微观经济主体可通过分工和交易在客观上为社会工作，从而实现自利与互利、个体利益与社会利益的相互联系。故经济主体之间的利益关系并不像重商主义者声称的那样，一定是非赢即输的，而可能是"双赢"的。经济主体的"利己"不应通过损人去实现，而应通过利他来实现。具体途径为，社会各经济主体按自己的特长实行分工，进行专业化生产，然后通过市场进行交易，从而在总体上实现社会福利最大化。显然，交易活动一旦越出本国范围，国际分工和国际贸易就出现了。斯密的这一理论被称为绝对优势理论。

该理论可以看成是解释国际贸易产生原因的最早的理论，其主要理论缺陷在于在确定从事国际贸易的绝对优势时，要将本国某种产品的成本与国外同样产品的成本直接进行比较，以成本的绝对高低来决定进出口。这样的比较会使那些在所有产品的生产成本上都处于劣势的国家无法参与国际贸易。

2. 大卫·李嘉图的比较优势理论

同样作为英国古典经济学家的大卫·李嘉图（David Rechodo）提出了比较优势原理，

突破了亚当·斯密的绝对优势理论，奠定了近代比较优势学说的基础。

所谓比较优势，是指将本国不同产品成本的比率与国外同类产品的成本比率进行比较，即不同国家的成本比率的比较。只要成本的比率存在差异，不同国家之间就能够也必然会进行相互交换，并从中获得经济利益。大卫·李嘉图的比较优势理论是建立在劳动价值论的基础之上的，其理论的前提假设是各国劳动生产率存在差异，暗含着各国生产同一产品的生产函数是不同的，这才成为形成比较优势的基础。

比较优势理论的创立，掀起了西方学者对国际贸易理论研究的第一个高潮，它的主要理论贡献就在于解决了国际贸易中两个最基本的问题。第一，指出了国际贸易的广泛性。比较成本原理揭示出，任何类型的国家都有参与国际贸易的可能性，这也是比亚当·斯密绝对优势理论进步的地方。第二，提出了国际交换的特殊原则。比较优势是一种独特的比较选择方式，不是将本国某种商品的成本与国外同样商品成本进行直接的比较，而是将不同产品成本的比率进行比较。选择的标准不是绝对值的高低，而是相对值的异同。

当然，传统比较优势理论的缺陷也是很明显的。第一，它只把劳动作为唯一的生产要素，忽略了资金、自然资源、技术等其他要素对产出的影响。第二，它只是简单地通过比较两种商品的相对成本从而确定比较优势，但如果商品数量增多，比较优势就很难确定，该原理提出的结论甚至可以被推翻。迪坦克特·罗曼（Dixitand Norman，1980）就曾经提出过三种产品比较优势假说的反例。第三，比较优势理论不仅仅把劳动生产率的国别差异看成是外生的，也就是说先天确定，后天无法改变的，而且还没有探寻造成这种差异的原因。

在李嘉图之后的赫克歇尔—俄林模型深入探讨了这一问题，使理论得以进一步向前发展。

8.1.2　新古典贸易理论的评述及其实证检验

1. 赫克歇尔—俄林的要素资源禀赋理论

赫克歇尔（Heckscher）和俄林（Olin）提出了要素资源禀赋理论（H-O理论）。1933年，俄林在其代表作《区际贸易和国际贸易》一书中详细阐述了要素资源禀赋理论的内涵。李嘉图用比较成本理论解释国际贸易产生的原因、必要性和国际贸易的利益。俄林在原则上赞同这一理论，但他认为这一理论没有充分解释比较利益产生的原因，应该加以补充，而且认为这一理论应当在瓦尔拉一般均衡理论基础上加以改造。

俄林认为，在不同国家同种商品的生产函数相同的条件下，比较优势产生的根源在于各国或区域生产要素相对禀赋的不同，以及不同商品生产在要素使用密集形式上的差别。这主要体现在五个方面：①自然资源蕴藏量和气候条件方面的差异；②技术水平上的差异；③劳动、资本、土地等基本生产要素拥有量上的差异；④与生产规模有关的生产率上的差异；⑤国民偏好或嗜好方面的差异。这五方面原因中，俄林最重视第③项基本生产要素拥有量上的差异。因此得出的结论是各国应当生产出口那些密集使用本国相对充裕要素的产品，而进口那些密集使用本国相对稀缺要素的产品。

相比古典国际贸易理论，H-O理论的进步之处在于：首先，它不再把劳动看成是唯一投入的生产要素，而是把资金、矿产资源、土地等要素都引入模型之内，扩大了理论适用的范围；其次，它解释各国比较优势产生的原因，发展了李嘉图的理论。虽然 H-O 理论的假设前提中有些是与李嘉图模型类似的，如生产技术外生给定、生产规模报酬不变、市场结构完全竞争等，但是 H-O 理论认为各国之间生产要素的生产效率都是相同的，即各国生产函数相同，从而得出比较优势是来源于要素禀赋的差异。从这个意义上说，H-O 理论是从非劳动生产率差异的其他方面来解释比较优势的成因的。

2. 否定 H-O 理论的实证检验证据

上述新古典贸易理论在解释现实中的某些贸易格局上是相当成功的，并曾在相当长时期内构成了国际分工与贸易理论的主流。但在第二次世界大战以后，出现了许多否定 H-O 理论的实证数据，其中最著名的是美国经济学家里昂惕夫（Loentief）提出的里昂惕夫悖论。1957 年，当里昂惕夫用数量方法来考察美国进出口商品包含的要素密集度时，发现美国进口商品中资本与劳动的比值，要高于出口商品中的资本与劳动比值。而根据 H-O 理论来推论，像美国这样的国家，应当出口资本密集型的商品。这就产生了理论与实证结果的不一致。另外，第二次世界大战以后国际贸易的数据表明，发达国家与发展中国家之间的贸易额只占到世界贸易总量的 30% 左右，而发达国家之间的贸易额却占到世界贸易总量的 70%。与此同时，行业内贸易的比重也在不断上升。但是按照新古典贸易理论的逻辑框架，资源禀赋相近的发达国家之间以及生产类似产品的不同国家相同产业之间应该是不存在大量国际贸易的动机和比较优势的。显然，H-O 理论在解释这些新的贸易格局方面缺乏应有的说服力。

8.1.3 新贸易理论的发展和综述

"新贸易理论"这一名词显然是为了区别于古典和新古典的贸易理论而产生的。这些理论主要是为了解释第二次世界大战以后出现的国际贸易的垄断竞争、新技术保护主义、产业内贸易等新现象，这些现象用经济学术语可以归纳为"规模经济""产品差异"和"不完全竞争"等。

1. 新李嘉图主义的国际贸易理论

该理论坚持并继承了李嘉图的比较利益论，认为贸易的真正来源还在于各国广义比较优势的差异，而不仅仅是资源禀赋上的差距。新李嘉图主义以一种比较动态的、长期均衡的分析来解释国际贸易，把收入分配置于整个的突出位置，并贯穿分析的始终。新李嘉图主义的国际贸易理论与李嘉图理论不同主要在于：李嘉图是从各国生产的角度即从各国的生产特点不同和劳动效率的高低不同上来解释比较优势的差异；而新李嘉图主义不仅从各国生产的角度来分析和比较各国的比较优势的差异，同时强调要从各国分配领域、经济增长、经济发展的动态角度来分析和比较各国比较优势的不同。

2. 新贸易理论的提出和发展

新贸易理论由瑞典经济学家林德尔在 1962 年提出。他指出，即使不同地域之间要素禀赋条件及生产函数并无不同，需求偏好的区际差异也可引致互利的贸易，许多国家相互出口的往往是种类相同但品牌不同的产品，它们从国际贸易中获得的利益在多数情况下表现为消费者买到了所希望的特定品牌的工业品而获得了效用。因此，产业内贸易可以得到解释。

在这类贸易中，产品差异化具有重要作用。所谓产品差异化，是指在同类商品或服务中，厂商通过质量、功能、款式、品牌、广告、售后服务等环节上的努力使自己经营的产品具有某种特色。它与不完全竞争，尤其是垄断竞争相联系。在垄断竞争的市场中，产品之间的类似性会使它们互相替代的可能性增大，从而导致竞争；而产品之间的差别性则导致一定程度的垄断。产品差异程度越高，产品的可替代性越小，产品的需求价格弹性越低，其结果是厂商可在一定程度上控制自己产品的价格。而这是以完全竞争为假设前提的传统贸易理论所无法解释的。

除了产品差异化以外，该理论中另一个重要的核心概念就是规模经济，即企业在不完全竞争条件下因参与国际贸易导致市场扩大从而使长期平均成本随着产量的增加而下降。20世纪70年代末，保罗·克鲁格曼在《产业内专业化分工与得自贸易的利益》一文中提出"规模经济作为国际贸易产生原因"的解释，从根本上打破了传统理论中完全竞争和规模经济不变这两个基本假定，使新贸易理论向规范化方向迈出了重要的一步。他在产业内贸易理论有关基本假设和结论的基础上，通过建立各种模型深入阐述了规模经济、不完全竞争市场结构与国际贸易的关系，成功地解释了战后国际贸易的新格局。

3. 以萨克斯和杨小凯为代表的内生分工与专业化贸易理论

该理论把李嘉图等传统贸易理论所论述的比较优势定义为外生的比较优势，这种比较优势是与生俱来的，不能变化和发展。而在他们的内生贸易理论模型中，每个人、每个行业甚至每个国家的天生条件可能相同，即可能不存在外生比较优势，但这并不表明内生的比较优势也不存在。相反，随着分工水平的提高，内生比较利益可以不断被创造和增进。按照内生分工与专业化贸易理论的论证逻辑，人们喜好多样化消费，专业化生产能带来高效率，但却会增加交易次数。这就产生了一种两难冲突：如果利用专业化经济，生产效率肯定会提高，但是它却带来了交易费用的增加。这种两难冲突的结果是产生最优分工水平。这种分工经济当然是以内生比较利益为基础的。当人们专于不同行业时，他们就会通过专业化内生的（或后天的）获得比外行高的生产率。

内生分工与专业化贸易理论产生了如下的命题：随着交易效率不断提升，劳动分工演进会发生，而经济发展、贸易和市场结构变化现象都是这个演进过程的不同侧面。根据这一理论，我们很容易解释，发达国家由于市场交易效率普遍高于发展中国家，因此它们的专业化水平就高，从而内生的比较利益就会随着专业化水平的提高而增长，这也就造成了发达国家之间的贸易增长比发达国家和发展中国家之间的贸易增长要快。

4. 新贸易理论的不足之处

新贸易理论通过对传统贸易理论的改进而成为当今的主流贸易理论。但由于该理论是产生于市场经济相对发达国家的背景之下的，故其没有从发展中国家的视角来看问题。对一些可能有利于发展中国家发展对外贸易的线索也没有进一步研究。

（1）新贸易理论假定各国市场制度基本健全，以一般均衡为基本理论分析框架，从成熟的市场经济运行的角度考察国际经济和贸易，因而对正处于经济转型的中国来说，缺乏针对性和适用性。在成熟的市场经济中，国内资源的优化配置是由产权清晰的企业和市场机制自动实现的，国内贸易机会假设已完全被利用，故不再予以考虑。

（2）新贸易理论揭示了技术对贸易之间的正面促进作用，但对后起发展国家如何利用技术因素实现"赶超"没有深入探讨。

（3）新贸易理论并没有为发展中国家如何才能跳出"比较利益陷阱"指明方向。

8.2　国际贸易理论与现实之间的挑战

8.2.1　发达国家之间的"水平贸易"发展

按照传统的比较优势和要素禀赋理论，国际贸易更应该在不同发展水平的国家之间进行，即应该以垂直贸易为主。然而，战后发达国家之间的水平贸易在国际贸易中占主导地位是一个不争的事实，而且这种主导地位至今没有改变。这一现象是传统贸易理论无法解释的。

8.2.2　制造业内部贸易发展

由于制造业存在规模经济的特点，战后制造业内部的国际分工更加精细化，一些发达国家的制造业开始向发展中国家转移。因此，制造业内部的贸易呈不断上升趋势。基于规模报酬不变的传统贸易理论无法解释同一产业内部贸易增长的情况。

8.2.3　跨国公司内部贸易增长

伴随着经济全球化，制造业的国际分工正由垂直分工发展到水平分工，甚至网络分工。以跨国公司为主导、以产业链细分为特征的制造业国际转移成为新的趋势。公司内贸易不断增长，而偏重于从国家利益角度进行宏观研究的传统贸易理论缺乏解释跨国公司内部贸易增长的力度。

8.2.4　区域集团内部贸易发展

区域经济一体化经历 20 世纪 50—70 年代初第一次浪潮，20 世纪 80 年代中期以后重新高涨。一半以上的全球贸易发生在各个区域集团内部。适用于全球范围自由贸易的古典国际贸易理论不能解释当今区域范围内部贸易量的增长。

8.2.5　加工贸易和软件外包等新的贸易方式出现

20 世纪 80 年代，在产业内贸易发展的不断推动下，加工贸易成为国际贸易的主要形式之一。90 年代中期以来，加工贸易升级的步伐明显加快；同时全球外包和转包等垂直专业化现象成为一种全新的生产经营方式，产品内贸易进一步引起经济学家的关注，对整合和创新国际贸易理论研究提出新的要求。

为了解释上述国际贸易新现象，以基辛（D. B. Keesing）、凯南（P. B. Kenen）、格鲁伯（W. Gruber）、费农（R. Vernon）为代表提出的新要素贸易理论扩展了生产要素的定义范围，将人力资本、技术、信息等作为一种新的要素投入，考察资本和劳动以外要素的作用，来建立和阐述各自的假说和理论。出现了所谓的熟练劳动说、人力资本说、技术差距说，并提出了将比较优势动态化的国际贸易产品的生命周期理论。林德（S.B.Linder）第一次从需求方面寻找贸易的原因,提出了偏好相似理论,指出收入水平是影响需求结构的最主要因素。这些理论很好地解释了发达国家之间的水平贸易。

针对现实中国际贸易大量发生在同类产业内部这一现象,20 世纪 70 年代末以来,保罗·克鲁格曼提出"规模经济作为国际贸易产生原因"的解释。他推翻了传统国际贸易理论中完全竞争和规模经济不变的假设,建立了一个不完全市场、存在规模经济和产品异质性的产业内贸易模型,阐述了规模经济、不完全竞争市场结构与国际贸易的关系,成功地解释了战后国际贸易的新格局。由于产业内贸易规模的不断扩大,80 年代以来许多经济学家陆续建立模型对这一问题从不同角度进行进一步的探讨。

20 世纪 90 年代,跨国公司的进一步发展和区域经济一体化浪潮的出现以及加工贸易、外包业务的出现,推动了包括跨国公司内贸易理论、一体化贸易理论以及产品内贸易理论的进一步发展。

8.3 国际贸易理论的演进

8.3.1 贸易动因多元化发展

前提假设是经济理论的基石。国际贸易理论对贸易产生原因的不同解释,源于各种理论不同的假设,但各种贸易理论的假设较多,且多有重复。生产技术、要素种类、产品质量、市场结构和企业差异,这 5 个假设对理论影响较大,且在各阶段贸易理论中都不相同。

古典贸易理论假设两国存在给定的,即外生性的技术差距;认为只有劳动一种生产要素;产品是无差异的,即同质的;完全竞争市场且企业同质。基于前提假设,古典贸易理论将商品质量差异、市场结构差异和企业其他生产要素差异同等化,在这种情况下,代表生产技术差异的劳动生产率差异就是国际贸易的原因。

新古典贸易理论是古典贸易理论的发展,沿用古典贸易理论大部分的假设,同样假定产品同质、企业同质和市场完全竞争。假设的区别有两点:一是新古典理论讨论的是相对要素充裕度,因此生产要素不同于古典理论假定的一种而是两种;二是虽然与古典理论一样都认为存在外生性的技术差距,但技术差距的来源却不相同,古典理论中是源于劳动生产率,而新古典理论认为源于相对要素充裕度。因此,新古典贸易理论认为生产要素禀赋的差异是国际贸易产生的原因。

新贸易理论除同样假定企业同质外,在另四个方面的假定都不相同。

(1)新贸易理论引入不完全竞争市场,讨论垄断竞争和寡头垄断的情况。

(2)除劳动和土地外,引入如资本等更多的生产要素。

(3)由于同种产品无论是内在做工还是外在品牌都不相同,新贸易理论引入差异化产品的概念。

(4)内生性的技术差距替代外生性的技术差距。可见,不同于既定的外生性技术差距,新贸易理论认为随着贸易的开展、规模的扩大,产品的边际成本会递减,技术也会获得内生性的增长。因此,获得源于规模经济的内生性技术进步是国际贸易产生的新动因。

　　新兴古典贸易理论和新贸易理论都假定技术差距、多种要素、差异化产品、不完全竞争市场和企业同质，但有两点区别。第一，技术差异的来源不同，新贸易理论假定在没有外生技术差距时，规模经济能导致内生技术差距；而新兴古典贸易理论认为，在有外生技术差距下，技术差异同样存在，来源于专业化分工的内生技术差距。第二，市场特征不同，虽都假定不完全竞争市场，但新贸易理论认为市场因存在垄断所以不完全，而新兴古典贸易理论认为信息不完全导致的交易效率不足才是市场不完全的原因。即新兴古典贸易理论认为交易效率的不断改进和专业化带来的技术进步是国际贸易产生的动因，而经济发展、贸易和市场结构变化现象都是这个演进过程的不同侧面（杨小凯，2001）。

　　新新贸易理论首次用微观视角代替宏观视角的研究，尝试解释高生产率的企业开展国际贸易，而低生产率的企业开展国内贸易的原因。新新贸易理论同样假定技术差异、多种要素、差异化产品和不完全竞争市场，同时引入企业异质的假设。企业的异质性是国际贸易产生的重要原因。异质性企业贸易理论提出，高生产率企业能更好地克服国际贸易的成本，获得比低生产率企业更多的利润，而随着低生产率企业的淘汰，更多的生产要素转移到高生产率企业，给企业带来更多的利润。可见，高生产率企业在利润驱动下会开展国际贸易。

　　综上所述，随着假设条件的不断放宽，各种贸易理论对贸易动因的解释呈现多元化的发展。这一发展趋势，实质上是扩展贸易的边界条件的过程：外生的劳动生产率差异首先转变为外生的生产要素禀赋，再转变为内生的规模经济效应，然后转变为内生的专业化分工和交易效率，最后转变为兼具外生性和内生性的企业异质性，见表8-1。

表 8-1　国际贸易理论的基本假设和贸易动因

动　因	古典贸易理论	新古典贸易理论	新贸易理论	新兴古典贸易理论	新新贸易理论
代表性理论	1. 绝对优势理论 2. 比较优势理论	1. 生产要素禀赋理论 2. 要素价格均等化理论 3. 里昂惕夫悖论	1. 基于外部规模经济的新马歇尔模型 2. 基于内部规模经济的新张伯伦模型 3. 古诺双头垄断模型	内生贸易理论	1. 异质性企业贸易理论 2. 企业内生边界理论
基本假设（技术、要素、产品、市场、企业）	外生技术差异、一种要素、同质产品、完全竞争市场、企业同质	外生技术差异、两种要素、同质产品、完全竞争市场、企业同质	内生技术差异（规模经济）、多种要素、差异化产品、不完全竞争市场（垄断竞争）、企业同质	外生和内生技术差异（专业化分工）、多种要素、差异化产品、不完全竞争市场（交易效率）、企业同质	外生和内生技术差异、多种要素、差异化产品、不完全竞争、企业异质
贸易动因	劳动生产率差异，外生比较优势	生产要素禀赋差异，外生比较优势	规模经济效应，内生比较优势	专业化分工和交易效率改进，内生比较优势	企业的异质性，外生和内生比较优势

　　注：新马歇尔模型提出外部规模经济效应，但仍承认完全竞争市场成立。

国际贸易结构要研究的是，在不同假定条件下，商品和服务的跨国界流向与相互依存的关系，回答国际贸易的生产结构或分工结构的相关问题。本节从假设出发，比较各种国际贸易理论对国际贸易分工结构的研究，分析决定贸易结构的三个假设：市场是否完全竞争、产品是否无差别以及企业是否同质。

依据表 8-1 可知，古典贸易理论和新古典贸易理论都假设市场完全竞争，而新贸易理论、新兴古典贸易理论和新新贸易理论却假定市场不完全竞争。虽然各种贸易理论对于市场是否是完全竞争的观点并不一致，但都假定要素在国内可以自由流动，却不能在国际自由流动。在完全竞争和要素不能自由流动的假定下，两国除要素外完全相同，而古典理论将要素仅限于劳动，新古典理论扩展为土地和劳动。因此，古典贸易理论认为分工只能是基于不同行业的劳动生产率差异展开，而新古典贸易理论认为应是基于不同行业的要素禀赋开展贸易。可见，古典贸易理论和新古典贸易理论对国际贸易分工结构的研究聚焦在行业间贸易。

新贸易理论假设企业同质，拥有差异化产品和不完全竞争市场，且存在规模经济效应。在不完全竞争市场中，产品差异化导致行业内分工成为可能，而规模经济效应致使行业内分工有利可图，促成了行业内贸易。因此，在新贸易模型中，不存在外生技术差距。但是，由于规模经济的存在，如果人们后天选择不同的专业，内生技术差距就会出现。可见，新贸易理论很好地解释了行业内贸易。

新兴古典贸易理论虽同样假设不完全竞争市场、差异化产品、企业同质和存在规模经济，但引入了交易效率的概念。杨小凯证明一国有可能出口有外生比较劣势的产品，这是因为这个有递增报酬的模型可以产生所谓内生比较优势。并且，该模型还引进交易效率，认为每个国家都应依据外生内生的生产和交易效率的综合比较优势进行国际分工。该理论指出交易效率提高能促进市场一体化，描述国内贸易向国际贸易的演变过程，弥补新贸易理论的不足。

新新贸易理论沿用不完全竞争市场、差异化产品的假设，同时引入基于微观视角的企业异质性假设。Melitz 的异质企业贸易模型认为高生产率的企业会进入国际市场，而低生产率的企业只能获得国内市场，国际分工在高生产率企业间依据企业的异质性展开。由此可见，新新贸易理论将国际分工进一步细化为企业间贸易。

综上所述，各种贸易理论对贸易结构的解释是依据国际分工方式的不断深入而深入的。当行业内分工取代行业间分工成为主流，贸易结构也从行业间贸易深化为行业内贸易；当跨国公司间贸易成为贸易的主要载体，企业间分工成为主导，贸易结构进一步深化为企业间贸易，见表 8-2。

表 8-2　分工方式和贸易结构

分工和结构	古典贸易理论	新古典贸易理论	新贸易理论	新兴古典贸易理论	新新贸易理论
分工方式	行业间分工	行业间分工	行业内分工	行业间分工、行业内分工	企业间分工
贸易结构	行业间贸易	行业间贸易	行业内贸易	国内贸易演变成国际贸易	企业间贸易

8.3.2　贸易结果多样化发展

国际贸易的结果常常被阐述成国际贸易得以持续展开的原因，而贸易利益的获得和分配是其主要体现。以下从生产力提升途径出发，结合贸易利益分配方式，比较各种国际贸易理论。

古典贸易理论基于商品国际流动但要素不流动的前提，指出可以通过出口国的高生产率替代进口国低生产率的生产，获得生产力的提升，增进社会福利。由于理论假设只有劳动一种生产要素，因此劳动力的价值是贸易利益分配的基础。

新古典贸易理论在生产要素不能但商品可以国际自由流动的前提下，依据外生的生产要素禀赋差异进行分工。本质上是基于商品的国际流动，出口国的廉价生产要素代替进口国昂贵的生产要素，使得商品生产成本下降，从而提升生产力，同样得出社会总福利提升的结论，因此同样倡导自由贸易。

新贸易理论在不完全竞争市场和规模报酬的前提下，认为在不存在外部技术差异和外部要素禀赋差异的情况下，贸易可获得规模经济效应，同样带来福利的提升。可见，新贸易理论提倡通过规模经济效应，降低商品生产成本，从而提升生产力，提升福利水平。

新兴古典贸易理论同样认为在不存在外部技术差异和外部要素禀赋差异的情况下，可以获得贸易利益。该理论提出两种提升生产力的途径：一是专业化分工可以提升生产效率；二是提升交易效率可以降低交易费用，节省商品成本。二者共同导致生产力提升，且促成国内贸易向国际贸易的转变。

新新贸易理论从微观视角出发，认为可依据企业异质性来开展国际贸易。该理论同样指出两个提升生产力的途径：一是在市场竞争环境下，企业优胜劣汰，高生产率企业淘汰低生产率企业，使行业的平均生产率提高；二是低生产率企业破产后，原有的生产资源流入高生产率企业，实现资源的优化配置。二者构成生产力提升的微观基础。

综上所述，贸易利益的本质是提升生产力，这是开展国际贸易的基本出发点，但获得途径各有不同，呈现多样化的态势；因此，贸易利益分配的方式也不同，见表8-3。

表 8-3 国际贸易理论的贸易结果

贸易结果	古典贸易理论	新古典贸易理论	新贸易理论	新兴古典贸易理论	新新贸易理论
生产力提升的途径	高劳动生产率替代低劳动生产率	廉价生产要素替代昂贵生产要素	规模经济效应导致边际成本递减	1.交易效率提升，降低交易费用 2.专业化提升生产效率	1.企业优胜劣汰，导致行业平均生产率提高 2.资源的优化配置
贸易利益的分配机制(生产方面)	劳动力的价值是贸易利益分配的基础	富裕且廉价的生产要素价格提升，稀缺且昂贵要素价格下降	不完全竞争厂商获得的市场与规模经济利益的总和	厂商受益于专业化效率提升和交易费用下降	高生产率企业获利，低生产率企业受损；生产要素总报酬提升
贸易政策	利用劳动生产率差异	利用生产要素禀赋	开展国际贸易，扩大企业规模。相对于战略性贸易政策，Krugman更强调自由贸易	开展专业化分工，促进交易费用的下降	构建企业的异质性；鼓励大型企业出口

8.3.3 理论局限

国际贸易理论的局限性主要体现在三个方面。一是过于严谨的假设条件，导致理论脱离现实；二是过于复杂的变量计算，导致理论应用困难；三是理论缺乏动态化。

国际贸易理论的演化路径如图 8-1 所示。

学习辅导 8.1　国际贸易理论及其新进展

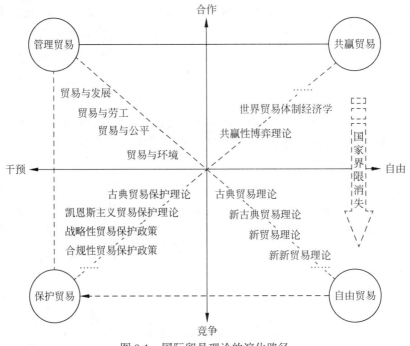

图 8-1　国际贸易理论的演化路径

8.4　以全球价值链视角研究国际贸易新问题

Marcelo Cano-Kollmann 等（2017）认为，当今全球经济有三个大趋势，一是国际贸易从成品贸易转向中间品贸易，全球价值链越来越重要；二是知识密集型的无形资产在增加，创新的重要性凸显；三是新兴市场国家在崛起，融入全球价值链的一部分。

从全球价值链的视角研究国际贸易的新情况、新问题可以很好地解释产业内贸易、公司内贸易，也可以更好地分析中美之间巨额的贸易逆差问题，还可以研究中国国际分工的地位问题。

8.4.1　全球价值链的定义

联合国工业组织对于全球价值链（global value chains，GVC）的定义是：全球价值链是指为实现商品或服务价值而连接生产、销售、回收处理等过程的全球性跨企业网络的组织，涉及原料采集和运输、半成品和成品的生产与分销，直至最终消费和回收处理的整个过程。它包括所有参与者和生产销售等活动的组织及其价值、利润分配。绝大部分学者都将全球价值链界定为经济全球化背景下的跨国、跨企业组织。

因不同国家的要素禀赋存在巨大差异，那些劳动生产率低、附加值低的劳动密集型的价值环节分布在发展中国家，而劳动生产率高、附加值高的技术与资本密集环节和信息与管理密集环节分布在发达国家，从而形成一条深凹的"U"形曲线。台湾企业家施振荣先生在分析 IT 产业价值链时将之称为"微笑曲线"。

全球价值链的形成，反映了价值链的空间分化和延伸，体现了垂直分离和全球空间再配置之间的关系（Kogut，1985；Krugman，1995）。在各参与国（地区）之间同时也形成了一个基于产品的价值创造和实现的全球价值链（Gereffi，1999a，1999b；Humphrey & Schmitz，2000，2002）。因此，全球价值链是国际分工的结果。卡普林斯基和莫瑞思（Kaplinsky & Morris，2001）认为，并不是全球价值链上的每一个环节都创造价值，价值链上的战略环节才是最重要的环节，才可能产生丰厚的价值。

在经济全球化的今天，西方发达国家的跨国公司控制了全球价值链的关键环节，他们获得丰厚的利润，发展国家，例如中国的企业只是处于全球价值链的低端环节，只能赚取微薄的加工费。同时，由于跨国企业对全球价值链的控制，发展中国家的企业被锁定在低端环节，很难改变被压榨的局面。

至于中美间的贸易逆差，由于中国处于全球价值链的低端，负责产品的组装、装配，进口西方的关键零部件，出口的是制成品，表面来看贸易额巨大，顺差在中国。但是，从全球价值链来看，制成品是生产最后一个环节，产品的价格实际上包含了上游各环节产生的附加值，而在中国加工、组装的附加值是相当小的一部分，不能说中国有顺差，就是中国赚了，实际上，在价值链的关键环节，西方跨国公司获得大部分的利润。

8.4.2 改变国际分工——全球价值链的升级

全球价值链反映各国的国际分工。近来，如何改变国际分工、提升全球价值链的地位是一个十分热门的学术话题。

关于价值链的升级模式研究，理论界普遍认同 Humphrey 等在研究全球价值链下产业聚集企业升级问题中，依据实现升级的不同范围与环节而提出的四种升级模式：工艺升级、产品升级、流程升级与跨价值链升级，其中，前面三种升级模式实现的是同一条价值链的移动升级，而第四种升级模式却以进入另外一条具有更高增加值的价值链为目标。

隆国强根据价值增值能力将全球价值链的不同环节划分为三类：对于任何一条全球价值链来说，其价值活动均可粗略地划分为技术与资本密集环节（如研发设计、高级原料生产、复杂零部件生产等）、劳动密集环节（简单零部件生产、成品组装等）和信息与管理密集环节（大致归为管理与营销活动、生产性服务活动）。他指出，发展中国家企业实现升级有三个战略方向。一是实现同一环节不同产业的升级：从劳动密集型产业到资本、技术密集型产业的产业间升级；二是沿着全球价值链从劳动密集型的价值环节向两个方向提升：向技术、资本密集型环节提升和向信息与管理密集型环节提升。并指出，后两个升级方向对于发展中国家实现企业升级更具指导意义，更为重要。

毛蕴诗认为全球价值链升级是一种重构，是全球范围内价值与经济利益在价值链各环节重新分配的过程。其中核心的表现是新兴经济体从价值链低端向价值链高端位置移动，发生地位和角色的改变。重构改变国际分工和全球资源配置，甚至会带来全球竞争格局的变化。

8.4.3　以全球价值链理论研究国际贸易逆差问题

虽然中美经贸关系存在贸易失衡问题，但中美贸易逆差的迅速增长是国际产业分工自然变迁的结果。第二次世界大战后，东亚地区存在劳动力的比较优势，且集中在发展劳动密集型产业，因此成为美国最大的贸易逆差产生的地区之一。后来，日本作为当时东亚中最先发展的国家，出现了人均工资上涨的问题。在20世纪60年代初，东亚的劳动密集型产业从日本转向新兴工业化国家和地区，其后又迁移至中国和东盟各国。这也就致使中国对美贸易顺差近30多年来，从1985年的-160亿美元一路增长至2016年的1 100亿美元。

随着国际产业分工的深入和范围的扩大，工业制成品的生产分工越来越广，生产工序不断细化，价值链条逐渐拉长，中间产品贸易飞速发展，产品生产跨越多个国界的现象越来越普遍，很多产品的价值实际上被很多国家、地区分享，而不是仅由最终出口该产品的国家、地区占有，全球价值链的特征比较明显。然而现行的国际贸易统计制度无法准确描述整个生产过程，只能统计产品跨境时的进出口总值，造成了不同程度的重复计算问题，扩大或减少了双边贸易不平衡状况，并有可能导致贸易决策的误判和宏观经济政策抉择的失误。特别是对于中国这一类贸易结构比较特殊的国家来说，这种重复计算问题更加严重。

中国正处于产业链的中下游，主要处于如加工、装配等劳动密集的生产阶段，并最终将成品出口至美国等发达国家。美国企业则掌握了产品设计、核心零部件制造、运输、储存和营销等全球价值链的高附加值环节，从中获得了绝大部分利润。因此中国的贸易出口额往往被夸大，但实际贸易附加值占总贸易出口额的比重却不高。以苹果手机为例，亚开行2010年的研究结果显示，2009年，中国出口到美国的苹果手机在美零售价为500美元，其中中国出口组装厂只赚取6.5美元的加工费，而331.7美元被美国国内的设计、运输、分销等环节的企业获得。

视8.2

学习辅导8.2　以全球价值链视角研究国际贸易新问题

综上所述，全球价值链可以清楚分析各国、各地区国际分工的地位，以及各国、各地区在国际贸易中真正的得失。

【本章小结】

本章介绍了古典贸易理论、新古典贸易理论、新贸易理论、新兴古典贸易理论、新新贸易理论如何解释贸易的产生和发展，以及这些理论如何解释当今国际贸易中普遍存在的水平贸易、产业内部贸易、跨国公司内部贸易、区域集团内部贸易、加工贸易和外包等现象。说明了贸易理论是从完全竞争市场到不完全竞争市场，从单一的生产要素到多个生产要素，从产品、企业同质到产品、企业异质，从技术的外生差距到技术内生差距，从规模报酬不变到规模报酬可变等方向演化发展。本章还针对当前国际贸易的新变化介绍了全球价值链的概念，全球价值链很好地解释了公司内贸易，分析了国际分工，以及与全球价值链各环节附加值有关的国际利益的分配问题。

【思考题】

1. 名词解释：绝对优势论、比较优势论、要素禀赋论、里昂惕夫悖论、全球价值链
2. 新贸易理论的代表理论是什么，有什么基本假设，如何解释贸易的动因？
3. 新兴古典贸易理论的代表理论是什么，有什么基本假设，如何解释贸易的动因？
4. 新新贸易理论的代表理论是什么，有什么基本假设，如何解释贸易的动因？
5. 什么是全球价值链？如何看待中美之间的贸易逆差？如何提高中国在国际分工的地位？

【即测即练】

【英文阅读】

第9章 中国进出口贸易

【学习目标】

1. 了解中国进出口贸易的发展情况；
2. 熟悉中国进出口贸易对中国经济发展的重要作用；
3. 研究推进中国从贸易大国转变为贸易强国的策略；
4. 掌握服务贸易的基本概念；
5. 了解发展服务贸易的战略意义，熟悉我国服务贸易的优势与劣势；
6. 研究我国发展服务贸易的思路与重点。

思政案例

中欧班列谱写丝路新传奇

2 000 多年前，驼铃商队穿越苍茫大漠，走出了一条连接东西方的丝绸之路。而今，中欧班列满载货物往来西东，古老丝绸之路再现"钢铁驼队"。

2014 年 11 月 18 日，连接"世界超市"义乌和欧洲最大小商品集散中心马德里的义新欧中欧班列首发。从义乌到马德里，原先通过海运需要近两个月的时间，现在只需 21 天可达。

西班牙红酒、波兰牛奶、保加利亚玫瑰油、法国母婴产品、德国汽车……越来越多的欧洲商品搭上中欧班列国际列车，一路向东，走进广阔的中国市场。

2019 年 10 月 9 日，中欧班列"世界电子贸易平台（eWTP）菜鸟号"首趟班列从浙江义乌鸣笛启程。这是义新欧中欧班列开通的第 11 条线路。82 个标准集装箱、约 20 万件电子产品和家居用品等抵达比利时列日后，通过当地物流渠道迅速分发至德国、法国、荷兰、波兰、西班牙、意大利和捷克等国。

2019 年前三季度，义乌外贸进出口总值 2 169.1 亿元人民币，比上年同期增长 10.8%；出口增长 8.5%，进口增长 194.8%。义乌计划在 2020 年初步建成全球日用消费品进入中国的桥头堡，形成"买全球，卖全球"的全方位贸易格局。

伴随着中欧班列常态化运行，中欧间的产能合作也越来越深入。

南京高精传动设备制造集团有限公司在杜伊斯堡港成立了欧洲营销、服务和研发总部，针对欧洲和国际化市场，中德联合研发新产品，进一步深化了国际产能合作，生产的齿轮箱和传动设备，客户遍布全球。中欧班列也让吉利汽车的全球化布局如虎添翼。吉利义乌新能源整车项目总监金国君介绍，运费不到空运的 1/4，运输时间则比海运节省了 60%，为项目争取了更多时间。

宝马、沃尔沃、保时捷、奥迪、长城汽车……越来越多的汽车企业通过中欧班列进行整车和零部件的进出口货运。效率提升，规模扩大，技术在协同下发展，各国消费者享受到全球统一标准的产品，中欧班列给全球汽车产业带来新的机遇。

"我们要坚持走开放发展、互利共赢之路，共同做大世界经济的蛋糕。"中欧班列，这一当代"钢铁驼队"，正源源不断将巨大利好播撒新丝路，拓展着各国各地区共享、共赢新发展空间。

资料来源：屈凌燕，许舜达，赵宇飞，等．总书记关切开放事：中欧班列谱写丝路新传奇 [EB/OL]．(2019-11-14). http://news.china.com.cn/2019-11/14/content_75409184.htm\.

改革开放后，中国的国际贸易有了长足的进展，尤其是加入 WTO 后，国际贸易更是突飞猛进，成为带动国民经济的火车头。就如思政案例所言，中国商品已经遍布全球。如今中国已经是贸易大国，但并非贸易强国。中国面临诸多贸易挑战，中国的商品附加值低，创新的能力弱，服务贸易还存在较大的逆差。我们要直面中国贸易的问题，提高中国商品的竞争力，促进中国贸易的发展。

9.1 中国商品进出口贸易

改革开放初，中国经济规模较小。与西方七国比较，1985 年中国 GDP 仅相当于美国的 6.6%、日本的 16.7%、英国的 51.6%。加入世界贸易组织后，中国国际经济地位快速上升。中国 2005 年超过了英国，2010 年赶上日本，成为世界上第二大经济体。2018 年中国 GDP 已相当于美国的 65.60%、日本的 2.65 倍、英国的 4.79 倍。中国拥有全球 500 强企业占世界的比重从 2%（10 家）上升到 24%（120 家）。这些成绩的取得都有赖于中国扩大开放，发展对外贸易。

9.1.1 中国对外贸易发展简史

1. 对外贸易计划管理阶段（1949—1978 年）

新中国建立之初，国家经济建设百业待兴，以美国为首的资本主义国家对中国采取围堵封锁的遏制政策，国内外形势严峻复杂。1950—1960 年，主要开展中苏贸易，中国的对外贸易总量稳步提升，在新中国成立初的 10 年间增加了 3 倍以上。

1960 年后中苏关系恶化，外贸重心向西方资本主义国家转移。1963—1977 年间，中国的外贸发展还是保持了约 12% 的年均增长率。

2. 对外贸易试点改革阶段（1979—1991 年）

1978 年 12 月，中美两国发表《中美建交公报》，进入西方市场的大门正式向中国敞开。在"对内改革"和"对外开放"的良性互动下，中国这一时期的对外贸易发展迅速，货物进出口总量由 1978 年的 355 亿元人民币稳步上升至 1992 年的 9 119.62 亿元人民币，15 年间增长超过 24 倍。同时，中国主要出口商品也由初级产品向工业制成品转变，工业制成品出口占比由 1980 年的 49.6% 提升至 1992 年的接近 80%，出口结构有所优化，为中国下一阶段的扩大开放奠定了坚实的基础。

3. 对外贸易扩大开放阶段（1992—2001 年）

1992 年邓小平南方讲话，总结了中国前一阶段改革开放取得的成就，指出了新一阶段"深化改革，扩大开放"的发展方向。在此阶段的10年间，中国对外贸易继续高速发展，货物进出口总额上涨362%，服务贸易进出口总额上涨321%，贸易顺差增长近5倍，占全球贸易比重也由2.3%上升至4.4%，在全球贸易中的地位得到了较大提升。

4. 深入全球贸易体系阶段（2002—2012年）

2001年11月中国正式加入WTO，这是中国深度参与经济全球化的里程碑，标志着中国改革开放进入新的历史阶段。从具体数据来看，该阶段中国对外贸易总量进一步高速增长，对外贸易年均增长率超过26%，货物进出口总额于2012年达到24.41万亿元人民币，首次成为全球货物贸易第一大国。随着中国经济的高速发展和对全球贸易体系的深度融入，2002—2012年，中国对世界经济增长的平均贡献率接近30%，逐渐成为推动世界经济复苏和发展的重要动力。

5. 贸易大国向贸易强国转变阶段（2013年至今）

党的十八大以来，国内外形势发生了深刻变化，党和国家事业发生历史性变革，以习近平同志为核心的党中央接过历史的接力棒，开启了中国特色社会主义新时代。

对外贸易发展方面，2013年到2015年，中国连续3年成为全球货物贸易第一大国。习近平总书记2013年正式提出的"一带一路"倡议，既是中国扩大对外开放的顶层设计，又是全球经济治理新模式的重要探索，开辟了我国参与和引领全球开放合作的新境界，是中国参与全球经济治理、对外贸易引进来和走出去并重的重要里程碑。

9.1.2　中国对外贸易发展的特点

1. 货物贸易规模不断扩大，成为最大货物贸易国

1978—2018年，中国无论是出口规模还是进口规模都呈现出快速增长的态势。图9-1、图9-2表明中国货物出口额从1978年的97.5亿美元增加到2018年的24 800亿美元。中国货物出口额占世界的比重从0.75%上升到2015年的14.02%。进口额从约108.9亿美元增加到接近21 400亿美元。中国货物进口占世界的比重从0.81%上升到2017年的10.61%。中国不仅成为世界上最大的货物贸易经济体，而且呈现持续顺差格局。

图9-1　1978—2017年中国货物贸易规模及其占世界比重的变化

资料来源：《中国商务年鉴2018》。

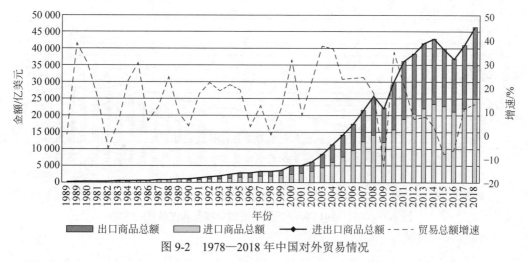

图 9-2 1978—2018 年中国对外贸易情况

资料来源：1978—2017 年统计数据来自世界银行网站；2018 年统计数据来自中国海关总署。

40 年中，中国货物对外贸易额年均增长 14.48%，在世界排位从第 29 位升至第 1 位，如图 9-3 所示。货物贸易差额也从逆差 11.4 亿美元上升至顺差 3 521 亿美元，连续维持世界最大货物贸易顺差国的地位。中国通过对外开放，融入全球经济、世界经济，实现了中国对外贸易发展史上的"奇迹"，发展对外贸易成为中国的复兴之路、强国之路。

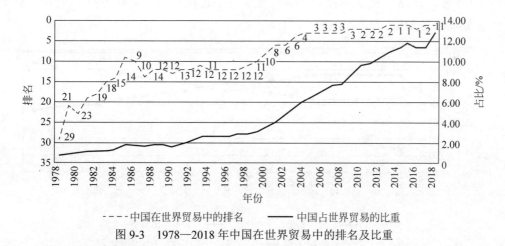

图 9-3 1978—2018 年中国在世界贸易中的排名及比重

注：根据 WTO 统计数据整理。

2. 服务贸易快速发展，成为世界第二大服务贸易进口国

1982—2017 年，中国服务进出口额从 47 亿美元增加到 7 919 亿美元，年均增长 15.30%。服务进出口额在世界的排位从 2005 年的第 9 位上升到 2014 年以来的第 2 位。中国成为世界上第二大服务贸易国，2017 年在世界服务进出口中所占比重达到 6.7%，如图 9-4 所示。与货物贸易持续巨额顺差形成鲜明对比的是，在扩大对外开放过程中，中国服务贸易从 1982 年的 7 亿美元顺差演变为 2018 年的 2 582 亿美元逆差，2013 年以来服务贸易逆差每年均在 2 000 亿美元以上。

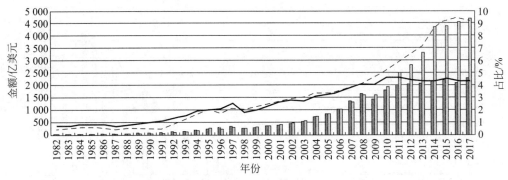

图 9-4　1982—2017 年中国服务进出口额及其占世界的比重

资料来源：《中国商务年鉴2018》。

3. 外贸质量的跃升

改革开放以来，中国货物贸易结构不断升级，初级产品占出口产品的比重从 1980 年的近 50% 下降到 2018 年的不足 5%，而工业制成品出口所占比重从 50% 上升到 95% 以上。自 20 世纪 80 年代中期国家鼓励大进大出的加工贸易以来，加工贸易和一般贸易均快速发展，加工贸易出口占货物出口的比重曾接近 60%。进入 2007 年后，国家调整了外资政策，推动外贸增长方式的转变。2011 年，在货物贸易中，一般贸易所占比重已超过加工贸易，如图 9-5 所示。2018 年的货物出口中，一般贸易所占比重已达到 63.69%，而加工贸易所占比重则降到 36.31%。

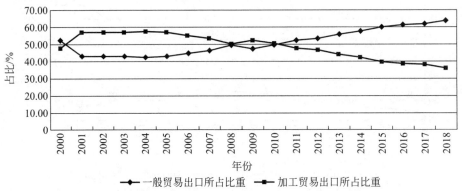

图 9-5　一般贸易和加工贸易在中国货物出口中所占比重变化趋势

资料来源：历年《中华人民共和国国民经济和社会发展公报》。

这表明中国出口产品价值链的国内区段越来越长，国内比较优势产业正在向全球价值链的两端延伸，外贸增长方式转变已经取得了明显效果。

贸易品结构升级反映了中国外贸质量的提升。哈佛大学丹尼·罗德里克曾用"经济复杂度指数"来衡量经济体出口多样性和复杂程度。中国的经济复杂度指数在世界的排位从 1995 年的第 48 位显著提高到 2014 年的第 19 位。这意味着在外贸规模扩大的同时，中国外贸质量也有很大提高。

4. 对外贸易地理结构日趋多元

从国际视角看，新中国成立初期，中国的对外贸易主要与苏联等社会主义国家展开，贸易伙伴构成比较单一。改革开放后，随着全方位协调发展的国别地区政策的实施，中国同世界各国各地区广泛开展贸易，进出口市场在地理结构上日趋多元。截至2014年，中国已与全球220多个国家和地区建立了经贸往来，并已成为120多个经济体的第一大贸易伙伴。从贸易伙伴的地理分布看，中国同亚洲国家的进出口总额在中国进口总额中占比51.7%，同欧洲和北美国家的贸易占比分别为18.4%和15.5%，中国的主要贸易伙伴除地缘接近的亚洲国家外，还是以发达国家为主。

国内对外贸易地理结构同样日趋多元，中国对外贸易由改革开放初期的东南沿海地区主导向内陆地区发展。特别是随着产业转移的进行和"一带一路"建设的推进，中西部地区逐渐走向开放前沿，全国各地的对外贸易占比日趋平衡。1996年按境内目的地和货源地统计，广东省进出口总量全国占比为38.6%，以湖北为代表的中部省市和以新疆为代表的西部省市占比则为1%和0.58%。2017年广东省进出口总量占比下降至27.1%，而湖北和新疆占比上升至1.13%和0.74%。中国着力推动的"陆海内外联动、东西双向互济的开放格局"正在逐渐成型。

5. 在全球价值链中的地位有所提升

随着对外贸易的发展，中国出口中一般贸易和服务贸易的比重有所增加，单位出口增加值含量逐渐提高。从数据上看，2017年中国货物和服务出口总值达到24 519.2亿美元，其对应的国内出口增加值为17 540.7亿美元，占比71.5%。中国逐渐向价值链中附加值更高的上游和下游发展，逐步参与产品和服务的设计、开发、营销等环节，在价值链中的地位有所提升。

6. 贸易总体保持顺差

1990年后，中国贸易差额逐渐呈现顺差趋势。虽然受全球经济影响，中国历年进出口差额存在波动，但总体顺差的特征得到了保持，并于2015年达到了3 695亿美元的峰值。

虽然长期的贸易顺差会产生通货膨胀加剧、人民币升值承压、国际经贸摩擦等负面影响，但对外贸易是国家获得外汇的重要来源，持续的高额顺差是中国外汇储备不断积累的主要原因，对于中国从外汇极度短缺发展成为全球最大外汇储备国起到了决定性作用。而充足的外汇储备，对于中国清偿能力的提高、国际收支能力的增强、人民币国际化的推动都有着重要意义。

9.1.3 对外贸易对中国经济的贡献

可运用学术界广为使用的外贸依存度指标来说明外贸对经济的影响，即用贸易额占生产增加值的百分比来衡量贸易依存度的变化。如果用国内生产总值（GDP）为分母，分别用货物和服务的出口额、进口额、进出口额为分子，可以计算中国经济整体的出口依存度、进口依存度和对外贸易依存度：

$$出口依存度 = 货物与服务出口额 / 国内生产总值 \times 100\% \tag{9-1}$$

$$进口依存度 = 货物与服务进口额 / 国内生产总值 \times 100\% \tag{9-2}$$

$$对外贸易依存度 = 货物与服务进出口额 / 国内生产总值 \times 100\% \tag{9-3}$$

根据中国货物与服务贸易数据和国内生产总值的数据，基于式（9-1）、式（9-2）、式（9-3）的结算结果，可以绘制出 1985—2018 年中国经济开放度变化的图形，如图 9-6 所示。

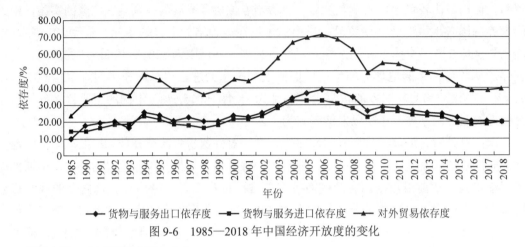

图 9-6　1985—2018 年中国经济开放度的变化

资料来源：《中国商务年鉴 2018》。

从图 9-6 中可以看出，1985—2018 年中国对外依存度在 2006 年达到最高，随后开始下降。货物与服务出口依存度从 1985 年的 9.83% 上升到 2006 年的 38.94%，2018 年下降至20.20%；货物与服务进口依存度从 1985 年的 14.44% 上升到 2005 年的 32.53%，2018 年下降至 19.51%。货物与服务的对外贸易依存度从 1985 年的 24.27% 上升到 2006 年的 71.36%，2018 年下降至 39.70%。由此可见，虽然中国货物贸易对外依存度是不断提高的，但近年出现了下降趋势。从图 9-7 中，我们可以看出中国 GDP 的增长与贸易增长的关系密切。

图 9-7　1978—2018 年中国 GDP 与进出口商品总额增长情况

资料来源：历年中国统计年鉴。

对外贸易对经济增长的贡献主要表现在以下方面。

1. 经济体制改革和创新

为了充分发挥市场作用，促进对外贸易发展，积极融入全球贸易体系，中国实施了一系列经济体制改革，为中国经济的发展提供了动力和保障。特别是加入 WTO 后，为了履行加入世界贸易组织的相关承诺，中国进行了与 WTO 相关的国内经济体制改革。例如，对不符合 WTO 规则的政策文件进行了全面清理。其中，修订了 2 300 多项法律法规，清理了 30 多万份政府下达的红头文件。政府行为的改变充分彰显出对外开放促进改革向纵深发展的事实。

2. 经济结构调整

中国通过进口获取了技术、设备和原材料，通过出口赢得了广阔的世界市场，促进了第二产业的高速发展。同时，对外贸易配套服务的不断完善，推动了第三产业的迅速崛起。

随着第二、三产业在中国经济发展中的重要性日益凸显，第一产业在国内生产总值中的占比由 1978 年的 27.7% 持续下降至 2017 年的 7.9%，对 GDP 的贡献率也由 9.8% 下降至 2016 年的 4.1%，中国形成了以制造业和服务业为主的产业结构。尤其是 2008 年后，中国第三产业占比逐步上升的同时，第二产业依靠创新和技术发展，产业内结构不断优化升级，整体经济结构进一步改善。

3. 国内就业和收入水平提高

据统计，2012 年中国对外贸易直接带动国内就业人口超过 800 万，其中 60% 以上来自农村。纳入间接带动的就业岗位，对外贸易在国内共创造了约 1.8 亿个就业岗位和 18% 的全国税收。2018 年，有进出口实绩的企业数量由 2017 年的 43.6 万家增长到 47 万家。对外贸易带来的就业和收入水平提升，对于国内消费市场的培育、"财富效应"的累积有着重要的经济意义，同时也带来了人民生活的改善、劳动力质量的提高等一系列社会效益。

4. 推动文化产业与交流

对外贸易的发展是全球掀起"中文热""中国热"的重要原因之一。截至 2018 年底，全球已有 154 个国家和地区建立了共计 548 所孔子学院和 1 193 个孔子课堂，中国国家文化软实力和对外文化交流水平得到了显著提高。

9.1.4 中国对外贸易的经验

70 多年来，中国积极探索并不断调整不同的国际环境下适合中国国情和国力的务实的对外贸易发展道路，取得了宝贵的历史经验。

1. 根据国际环境的变化及时调整中国对外贸易的地理方向

冷战背景下，中国重点发展与苏东社会主义国家间的贸易关系。中苏关系破裂后，中国对外贸易地理方向转向新独立的亚非拉发展中国家及日本、西欧国家。20 世纪 80 年代以来，经济全球化浪潮涌现，中国对外贸易方向趋向于全球化。

2. 不断创新对外贸易方式，开拓对外贸易渠道

改革开放以来，我国根据比较优势的变化和国际技术、产业发展的趋势，从大力发展加工贸易到推动加工贸易转型升级，从传统贸易方式到跨境电子商务、市场采购贸易等方式的创新，不断形成对外贸易的新增长点。

3. 不断加强多双边国际经济合作，为对外贸易创造有利的国际环境

改革开放以来，通过参与国际经济组织活动、签订自由贸易协定、提出"一带一路"

倡议等，对外开放水平不断提高，为对外贸易创造了有利的国际环境。

4. 对外贸易活动与产业发展良性互动，推动工业化进程

改革开放后，通过承接国际产业转移及市场竞争环境的形成，不断实现技术跨越式进步，出口的支柱性产业从资源密集型转向劳动密集型，再升级到资本与技术密集型。

5. 不断进行制度创新，激发对外贸易的发展活力

对外开放后，通过承包制、下放外贸经营权、股份制等对外贸易经营体制改革将企业推向市场、成为市场的主体；通过降低关税、减少非关税壁垒等对外贸易管理体制改革培育了竞争性的市场环境。市场化改革释放的巨大活力不断地推动对外贸易发展壮大。

9.1.5　发展中国外贸的策略

1. 加快区域经济一体化进程，进一步提高贸易自由化程度

健全"一带一路"倡议背景下的双边和多边合作机制，挖掘合作潜力、拓展合作领域，抓紧收获早期成果。加强与沿线国家的互联互通和产能合作，推动与沿线国家间的通关便利化，促进国际道路运输领域的合作，提升贸易和投资合作水平。发挥与"一带一路"沿线国家在市场整合基础上的分工深化效应，扩大中国商品、资金、服务等要素在相关区域的流通范围，实现互利共赢。创新对外贸易方式，培育贸易的新业务与新模式，打造高水平的区域经济一体化组织来促进贸易发展。加快转变政府职能，改革创新政府管理模式，打造具有国际水准的金融开放、投资贸易便利、监管高效便捷、法制环境规范的自由贸易区。

2. 充分利用多种渠道应对与有关国家的贸易摩擦

面对大国的牵制和周边国家的防范，首先要进一步优化贸易方式，在贸易规模扩张的同时更要注重质的提升，逐步以注重质量、效益的集约型发展模式替代传统粗放型的增长模式，优化进出口结构，促进贸易的高质量发展。加强我国在全球产业链分工中的竞争实力，推动我国由贸易大国向贸易强国的转化。其次，要采取出口市场多元化战略和贸易中性化战略，避免中国出口贸易结构过于集中造成的买方垄断，同时进、出口并重，以分散市场风险、减少贸易摩擦。最后，在提高自身的国际经济贸易综合竞争力的同时，加强与相关国家的对话沟通，防止贸易摩擦不断升级，努力建构健康可持续的世界贸易生态环境。

3. 积极维护多边贸易体制的稳定性

中国在参与和加强多边贸易体制方面采取的总体战略应是"互利共赢、和谐发展"。应在维护中国主权和国家利益的前提下，积极推动多边贸易体制的改革和发展，使中国真正成为世界经贸发展的贡献者、贸易自由化的实践者、多边贸易谈判的推动者、多边规则改革的支持者、多边贸易体制的建设者，以及多边贸易自由化进程的受益者。

学习辅导 9.1　中国商品进出口贸易

9.2　中国服务贸易

服务贸易在国际贸易中的地位越来越重要。当前服务贸易是一项高利润的生意，就如Facebook、谷歌等公司，它们利用互联网和软件为全球消费者提供服务，是全球500强名列前茅的跨国公司。

9.2.1　服务贸易的概念与分类

1. 服务贸易的概念

服务贸易指国与国之间互相提供服务的经济交换活动。服务贸易有狭义与广义之分，狭义的服务贸易是指一国以提供直接服务活动形式满足另一国某种需要以取得报酬的活动。广义的服务贸易既包括有形的活动，也包括服务提供者与使用者在没有直接接触下交易的无形活动。服务贸易一般情况下都是指广义的。

印度曾经提出定义国际服务贸易的四个标准，即服务和支付的过境流动；目的的具体性；交易的不连续性；有限的服务时间。1988年的蒙特利尔会议接受了印度的意见，既肯定服务贸易包括生产要素的国际流动，但同时又明确规定，"只有生产要素的流动目的明确、交易不连续和持续时间有限"的前提下，才能视为服务贸易。这就明确把国际直接投资和移民排除在服务贸易的范畴之外。最终，乌拉圭回合协议把服务贸易定义如下。

（1）从一缔约方境内向任何其他缔约方提供服务。

（2）在一缔约方境内向任何其他缔约方消费者提供服务。

（3）一缔约方在其他任何缔约方境内提供服务的商业存在而提供服务。

（4）一缔约方的自然人在其他任何缔约方境内提供服务。

属于上述四种类型的贸易称为服务贸易。

2. 服务贸易的分类

20世纪80年代中期，巴格瓦蒂（J.N.Bhagwati，1984）及桑普森和斯内普（G.Sampson and R.Snape，1985）相继扩展了霍尔的"服务"概念，他们把服务区分为两类：一类为需要物理上接近的服务，另一类为不需要物理上接近的服务。以此为基础，巴格瓦蒂将服务贸易的方式分为四种：①消费和生产者都不移动的服务贸易；②消费者移动到生产者所在国进行的服务贸易；③生产者移动到消费者所在国进行服务贸易；④消费者和生产者移动到第三国进行的服务贸易。

按照WTO于1994年签署的《服务贸易总协定》，服务贸易有四种提供方式。

（1）跨境交付：指服务的提供者在一成员方的领土内，向另一成员方领土内的消费者提供服务的方式，如在中国境内通过电信、邮政、计算机网络等手段实现对境外的外国消费者的服务。

（2）境外消费：指服务提供者在一成员方的领土内，向来自另一成员方的消费者提供服务的方式，如中国公民在其他国家短期居留期间，享受国外的医疗服务。

（3）商业存在：指一成员方的服务提供者在另一成员方领土内设立商业机构，在后者领土内为消费者提供服务的方式，如外国服务类企业在中国设立公司为中国企业或个人提供服务。

（4）自然人流动：指一成员方的服务提供者以自然人的身份进入另一成员方的领土内提供服务的方式，如某外国律师作为外国律师事务所的驻华代表到中国境内为消费者提供服务。

9.2.2　全球服务贸易发展的新趋势

1. 全球服务贸易发展迅猛

自 20 世纪 80 年代以来，在各种因素的共同推动下，服务贸易的增长异军突起。1981 年全球服务贸易进出口总额仅为 8 760.1 亿美元，而到 2017 年这一数值已快速攀升至 10.58 万亿美元，增长了近 11.08 倍。

2. 全球服务业 FDI 增长迅猛

UNCTAD（联合国贸易和发展会议）发布的《2017 年世界投资报告》中的统计数据表明，2017 年全球对外直接投资流量额约为 1.42 万亿美元，其中服务业对外直接投资流量为 8 323 亿美元，占总流量之比为 58.61%，截至 2016 年底，全球服务业对外直接投资存量占总投资存量的比重为 65.12%，全球对外直接投资正加快向服务业聚集。

3. 全球制成品贸易中内含的服务价值不断上升

产品内国际分工背景下，服务业在全球价值链中的作用也日益凸显，这不仅表现为服务成为"链接"产品生产中不同环节和阶段的重要"黏合剂"，服务本身（如研发、设计、营销等）也越来越成为价值链中的重要增值环节。联合国贸易和发展会议发布的《全球价值链及其发展》报告中的研究表明，1995—2011 年期间，全球制成品贸易中所内含的服务增加值比重不断提高。这既是服务业"全球化"和"碎片化"发展的表现，也是其结果。

4. 当前服务外包的蓬勃发展，更是服务业"两化"发展趋势的突出特征

服务外包体现的不仅仅是服务业的"全球化"问题，更能体现服务业的全球"碎片化"，因为从服务外包分类角度来看，主要是指知识流程外包（KPO）、信息技术外包（ITO）以及商业流程外包（BPO）三者。显然，这三种服务外包形式所涉及的均是企业内部服务的部分环节和阶段的"外部化"。

9.2.3　中国服务贸易发展 70 多年历程

在科技革命的不断推动、世界经济服务化程度日益加深，以及新型世界经济格局中各国分工日趋碎片化的大背景下，全球服务贸易增速不断加快、服务贸易不断崛起成为世界经济复苏的新动力，同时也为各国提高经济发展水平带来新机遇。

1. 1949—1978 年的服务贸易发展

服务贸易发展严重受限，发展受国际政治格局影响，规模极其有限。

2. 1978 年至今服务贸易发展历程

1）服务贸易从边缘走向舞台：1978—2001 年

在此阶段，中国只有旅游设施、饮食服务等少数服务业领域对外开放，服务业的产

业基础比较弱，服务业开放度较低且受限较多，整体上处在服务业对外开放的初始阶段。

2）服务贸易日益国际化：2001—2012 年

中国于 2001 年正式加入 WTO。在入世时，中国对《服务贸易总协定》中 12 大类中的 9 大类、近 100 个小类作出了渐进的开放承诺。其中金融、通信、旅游、运输和分销服务业成为对外开放重点，占服务部门总数的 62.5%，承诺的开放程度接近发达国家水平。

在入世效应的带动下，2003 年中国服务贸易总额首次突破 1 000 亿美元。根据《中国的对外贸易》白皮书，截至 2010 年，中国加入 WTO 的所有承诺全部履行完毕。但与世界发达国家相比，在商业存在、自然人流动方面依然存在诸多限制。

3）服务贸易发展新阶段：2013 年至今

2013 年，全国第一家自贸试验区——上海自贸试验区在浦东正式挂牌成立，预示着以服务业开放为主导的新征程的开启。2018 年 4 月，习近平总书记出席庆祝海南建省办经济特区 30 周年大会并发表重要讲话，宣布党中央支持海南稳步推进中国特色自由贸易港建设，其中发展现代服务业是重要产业指导方向。由此可见，目前中国的高水平开放基本上以服务业为主，服务贸易成为新时代中国对外开放的鲜明旗帜。2009—2018 年中国服务贸易总额如表 9-1 所示。

表 9-1　2009—2018 年中国服务贸易总额

年份	中国进出口额		中国出口额		中国进口额		差额 / 亿美元
	金额 / 亿美元	同比 /%	金额 / 亿美元	同比 /%	金额 / 亿美元	同比 /%	
2009	3 007	-6.2	1 426	-12.3	1 581	0.0	-155
2010	3 696	22.9	1 774	24.4	1 923	21.6	-149
2011	4 471	20.9	2 003	12.9	2 468	28.4	-465
2012	4 808	7.6	2 006	0.1	2 803	13.6	-797
2013	5 352	11.3	2 058	2.6	3 294	17.5	-1 236
2014	6 489	21.3	2 181	6.0	4 309	30.8	-2 128
2015	6 505	0.2	2 176	-0.2	4 330	0.5	-2 154
2016	6 575	1.1	2 083	-4.2	4 492	3.8	-2 409
2017	6 957	5.0	2 281	8.9	4 676	3.4	-2 395
2018	7 569	8.8	2 327	2.0	5 242	12.1	-2 916

资料来源：中国商务部、海关总署，数据采集截至 2019 年 6 月。

9.2.4　中国服务贸易发展面临的问题与挑战

1. 服务贸易逆差有持续增大趋势

我国服务贸易领域在 2009 年至 2018 年间已连续 10 年逆差，我国服务贸易发展面临的形势不容乐观，见表 9-1。美国长期以来一直是我国服务贸易逆差的主要来源国。从增长率趋势来看，自 1998 年以来，我国服务贸易逆差年均增长率高达 34.6%。在我国服务贸易中，细分行业竞争力最弱的是专有权利使用费和特许费，其次是旅游、保险服务和运输服务（表 9-2）。

表 9-2　1997—2014 年中国服务业分行业贸易逆差均值及 2008 年贸易竞争力指数

行　　业	贸易逆差均值（1997—2014 年）/ 亿美元	贸易竞争力指数（2008 年）
运输服务	−205.41	−0.13
旅游	−118.45	0.06
通信服务	1.44	0.02
建筑服务	32.46	0.41
保险服务	−84.25	−0.80
金融服务	−2.05	−0.29
计算机和信息服务	30.20	0.33
专有权利使用费和特许费	−77.84	−0.90
咨询	37.56	0.15
广告、宣传	5.13	0.06
电影、音像	−1.42	0.59
其他商业服务	72.18	−0.16

注：贸易竞争力指数数据根据 2004—2008 年中国国际收支平衡表数据整理得出。

由此可见，贸易逆差额大小基本与贸易竞争力指数呈反相关关系，贸易竞争力指数越小，则逆差相对较大。因此，在我国服务贸易发展过程中，如果贸易竞争力得不到有效提升，贸易逆差势必进一步扩大。

2. 服务贸易整体国际竞争力依然羸弱

服务贸易比较优势指数（TC）是衡量服务贸易竞争力的主要指标。2015 年，我国的服务贸易比较优势指数为 −0.24，远远低于其他发达国家的贸易数值（英国 0.25，美国 0.19）。服务贸易显示比较优势指数（RCA）是衡量服务贸易竞争力另一个重要指标。在世界主要服务贸易经济体中，中国的 RCA 为 0.5，位居倒数第一。排名最高的国家爱尔兰为 1.96。两种测量服务贸易国际竞争力量化指标都显示，我国服务贸易竞争力在世界主要服务贸易经济体中排名倒数第一，值得我们高度关注。

从两种量化指标数值分布来看，世界服务贸易竞争力较强的国家主要集中在已经完成工业化的欧美地区。2015 年全球主要服务贸易经济体服务贸易竞争力情况见表 9-3。其中，除美、英、德、法等老牌发达国家之外，北欧的荷兰、爱尔兰两种贸易指数分别为 0.06、1.07 和 −0.08、2.13，都远远高于中国。而在发展中国家中，印度两种贸易指数分别为 0.12 和 1.57，也远高于中国。究其原因，主要是随着我国经济社会快速发展和居民收入水平提高，居民对境外高端服务（如旅游、医疗服务、高等教育）有着巨大需求，但国内相关服务行业的供给又无法满足其高端需求，导致国内高端需求外溢。此外，我国经济转型升级过程中，对知识产权、专业技术服务等智力密集型服务业的需求不断增长，发达国家在这些领域发展水平较高，在全球产业链分工中对国内相关服务产业形成了强势的挤压，只有通过对境外较大规模购买才能满足国内需求。

表 9-3　2015 年全球主要服务贸易经济体服务贸易竞争力情况

国家	服务出口额/10 亿美元	服务进口额/10 亿美元	国际市场占有率/%	服务出口占该国贸易出口总的比重/%	服务贸易比较优势指数 (TC)	服务贸易显示比较优势指数 (RCA)
美国	690	469	14.5	31.08	0.19	1.39
英国	345	208	7.3	43.84	0.25	1.96
中国	285	466	6	11.12	−0.24	0.5
德国	247	289	5.2	15.76	−0.08	0.7
法国	239	228	5	28.18	0.02	1.26
荷兰	178	157	3.7	23.89	0.06	1.07
日本	158	174	3.3	20.18	−0.05	0.9
印度	155	122	3.3	35.02	0.12	1.57
新加坡	139	143	2.9	26.55	−0.01	1.19
爱尔兰	128	151	2.7	47.69	−0.08	2.13

资料来源：汤婧，夏杰长．我国服务贸易发展现状、问题和对策建议 [J]．国际贸易，2016（10）．

主要指标说明：

（1）国际市场占有率。国际市场占有率是衡量一个国家服务贸易服务地位的一个重要指标，即一国某产业或产品的出口总额占世界市场出口总额的比率。在综合考虑该国整体规模和实力的基础上，该指标可以简洁地表明该国该产业的整体竞争力，经济分析意义非常明显。该指标的计算公式为

$$国际市场占有率 = E_{ij}/E_{wk}$$

式中，E_{ij} 为该国服务贸易出口总额；E_{wk} 为世界服务贸易出口总额。

该指标反映了一个国家或地区出口的产品在国际市场上占有的份额或程度。该指标数值越高，表明该产业的产品国际竞争力越强，同时该产业的国际竞争力也越强。

（2）贸易比较优势指数。贸易比较优势指数即 TC 指数，表示一国进出口贸易的差额占进出口总额的比重，是行业结构国际竞争力分析的一种有效方法，总体上能够反映出计算对象的比较优势状况，计算公式为

$$TC = (E_{ij} - I_{ij})/(E_{ij} + I_{ij})$$

式中，E_{ij} 为该国服务贸易出口总额；I_{ij} 为该国服务贸易进口总额。

由于 TC 指数剔除了各国通货膨胀等宏观总量方面波动的影响，也排除了因国家不同而使得国际的数据不可比较，因此在不同时期、不同国家之间，比较优势指数具有相当的可比性。该指标的理论值域为 [−1，1]。大于 0 表示具有国际竞争力，数值越大，表示国际竞争力越大；小于 0 表示不具有国际竞争力，数值越小，表示国际竞争力越小。

（3）显示比较优势指数。显示比较优势指数即 RCA 指数，是一国产品或服务的出口与世界产品或服务平均出口水平进行比较的一个指标，是研究产业竞争力时经常使用的一个有力工具，其计算公式为

$$RCA = (E_{ij}/E_i)/(E_{wk}/E_w)$$

式中，E_{ij} 为该国服务贸易出口总额；E_i 为该国出口总额；E_{wk} 为世界服务贸易出口总额；E_w 为世界出口总额。

这一指标同样也剔除国家出口总量以及世界出口总量波动的影响，因此可以比较准确

地衡量一国在当期该产业或产品的出口与世界平均水平的相对位置以及时间序列上的变化趋势。其取值大于 2.5 时，表示国际竞争力极强；[1.25，2.5] 时，表示具有很强的国际竞争力；[0.8，1.25] 时，表示具有较强的国际竞争力；小于 0.8 时，表示国际竞争力较弱。

3. 服务贸易领域开放度有待提升

服务业对外开放对服务业、制造业的正溢出作用已经被证实。在我国对外开放过程中，由于服务业发展起步较晚，部分行业尚处于幼稚期，加之综合考虑国内就业、幼稚产业保护、国家经济安全等多种因素，我国服务贸易对外开放程度与西方发达国家相比有较大差距，部分行业的保护程度还比较高。

从量化指标研究来看，豪可曼（Hodkmon）最早提出了对各国服务业开放度进行衡量的方法，称为"豪克曼法"。其将各国开放程度区分为三类：完全自由化、不开放、其他，每一类的计分分别为 1、0、0.5，总分越大，开放度越高。而在服务贸易领域，为了量化衡量各经济体的服务贸易开放程度，经济合作与发展组织（OECD）及世界银行先后推出了服务贸易限制性指数（services trade restrictiveness Index，STRI）。用我国服务贸易限制性指数与 OECD 国家平均数比较发现，在 2015 年，我国除在建筑服务、内陆货物运输两个行业服务贸易限制性指数与 OECD 国家平均数接近外，在法律服务、文化娱乐等其余 11 个细分行业，我国服务贸易限制性指数都远远高于 OECD 国家平均数。其中，快递行业限制性指数最高。此外，文化娱乐、电信服务、商业银行、保险服务等行业服务贸易限制性指数也相对较高。

4. 缺乏服务贸易国际规则制定话语权

由于有影响的国际组织基本被西方发达国家所掌控，全球化过程中，我们通常需要被动遵从发达国家已经制定的国际规则。在服务贸易市场，发达国家常常要求发展中国家开放国内市场，放开进入限制，发展中国家往往只能被动应对。从与中国相关服务贸易摩擦案例来看：2005—2017 年，WTO 贸易争端案例库主要收录了与我国相关的 7 起服贸争端，其内容主要集中于不恰当的税收返还、金融领域的准入限制和信息公开、知识产权保护和其他市场主体准入限制等问题。在一系列服务贸易争端中，原告方主要为美国、加拿大、日本、欧盟（含原欧共体）等发达国家和地区。而作为被告方，我国基本上全部被动接受西方发达国家的诉讼需求，在部分意见突出的领域，如知识产权保护等，我国甚至对相关国内法律法规进行了修订。在外国投资者要求下，我国被动接受了金融服务、零售等领域的对外开放，在国际市场话语权缺失问题比较严重。

9.2.5　构建服务贸易持续稳定发展的长效机制

1. 多管齐下扭转逆差扩大的趋势

1）加快发展高附加值服务业

服务贸易强国顺差来源行业主要集中在附加值较高的金融、技术研发等领域。而反观我国服务贸易构成，运输、旅游等传统行业依然占据较强主导地位，相比之下，虽然金融服务、技术研发、信息、商务服务等行业也实现了快速增长，但占比依然不高，高附加值服务业没有成为拉动我国服务贸易出口增长和缩小服务贸易逆差的有力抓手。因此，发展高附加值服务业是遏制我国服务贸易逆差持续增大的重要出路。

2）大力发展服务外包，提高服务外包层次

推动服务外包发展，提高服务外包市场竞争力，是逐步解决服务贸易逆差的重要途径。下一步的工作重点是：①推动高水平数字中国建设，提高全社会宽带普及率。②借助移动互联网、云计算、大数据、物联网等新技术，为承接国际服务外包奠定坚实的硬件条件。

2. 夯实服务贸易发展的基石

1）推动服务业供给侧结构性改革，提高服务业发展水平

积极推进服务业领域的供给侧结构性改革，补齐发展短板，提高服务业供给水平，增加服务业知识含量和附加值，推动服务业高质发展，是摆脱高端服务业被发达国家和跨国巨头掌控局面、扭转服务贸易低端锁定的根本出路。要从加大政策扶持、吸引外资、培养人才、推进跨界融合等角度做大服务业体量，鼓励制造业企业服务化、生产性服务业和高端服务业发展，从而持续夯实服务贸易发展根基，在量变中寻求服务贸易国际竞争力的质变。

2）积极稳步推进服务业开放

要在综合权衡国家经济安全基础上，有序进行、分步推进银行、证券、保险、医疗、航运、旅游、软件、零售、支付、文化等行业的双向开放，通过加强国际合作，鼓励外资进入我国薄弱的服务业领域，鼓励国内服务业企业走出去。

3. 确立"服务先行"对外贸易战略

1）将服务出口上升为国家战略

我国应制定"服务先行"战略，明确服务贸易发展战略目标、基本方针、基本原则、重要任务和支撑保障。更应全面提升全社会对服务贸易的关注程度，完善各项机制、激活社会活力，实现服务贸易与货物贸易的平衡发展。

2）鼓励扶持新兴业态出现

一方面，加大对电子计算机技术的研发、投入和应用力度，鼓励国民经济各产业部门推进"互联网＋"和"手机＋"。另一方面，高度重视中小企业发展，鼓励基于互联网技术的创新创业。

3）做好合作交流平台搭建

政府可以在服务贸易试点地区，定期组织开展全球范围的服务贸易博览会，创造一切条件为服务类企业走出去和外资企业引进来搭建好平台。

4. 增强服务贸易国际规则话语权

随着中国国力增强，对全球治理的影响明显提升，中国可牵头组建有广泛影响、多边参与的国际组织，从而掌握国际规则话语权。

5. 实施更加灵活多元的规制措施

1）加强规则的研究和预判

首先，着手完善国内服务贸易统计制度，以便更全面地反映我国服务贸易概况。对不适应国际社会的规则进行修正。其次，加强国际规则发展趋势研判。鼓励科研院所、高校和企业加大对国际规则的研究，培育一批服务贸易领域专家型智库，不断增强研究实力。

2）以立法代替行政管制

我国应针对目前服务贸易现状，起草设立服务贸易发展的根本性法律，同时应加快立法进度，将各行业管理条例上升到法律层面，进一步通过立法明确内外资准入、外商监管、争端解决等机制，最终形成管理有序、层次分明的服务贸易法律体系。

学习辅导9.2　中国的服务贸易

【本章小结】

本章介绍中国商品及服务进出口贸易发展的简要情况，回顾了我国进出口贸易在改革开放，尤其是加入WTO后快速发展的历程，总结了中国对外贸易发展的经验，研究了中国服务贸易处于长期逆差的主要原因，提出了发展中国对外商品和服务贸易的策略。

【思考题】

1. 中国的对外贸易有什么特点？

2. 对外贸易对中国经济有什么促进作用？

3. 中国对外贸易有什么主要的经验？

4. 如何将中国从贸易大国打造为贸易强国？

5. 什么是服务贸易？如何分类？

6. 当前全球服务贸易发展的趋势是什么？

7. 我国发展服务贸易的主要问题是什么？

8. 如何提高我国的服务贸易竞争力？如何发展我国的服务贸易？

【即测即练】

【英文阅读】

第10章 跨境电子商务与全球数字贸易

【学习目标】--

    1. 了解跨境电子商务的发展历程；

    2. 掌握跨境电子商务的概念、优势和存在问题，发展策略；

    3. 掌握全球数字贸易的概念、主要特征、发展趋势。

思政案例

云上广交会激活全球贸易新动能

新冠肺炎疫情给全球经济贸易活动带来了巨大冲击，许多大型国际展会纷纷取消或延期举办。此种情况下，第127届中国进出口商品交易会（广交会）整体移至"云端"，并以多个创新呈现出一场史无前例的世界贸易网上盛宴，以实际行动激活全球贸易，注入发展新动能。

云上广交会实现了全新的结构设计和流程再造。广交会网上平台设有展商展品、新闻与活动、供采对接、大会服务、跨境电商专区等五大板块，数以百万计的展品正在通过图文、视频、3D、VR（虚拟现实）等多种形式展示给全球采购商。在10×24小时的网上直播间里，既可以与客商在网上单独面对面洽谈，也能通过网络直播面向全球的客商进行宣传和推广。老牌业务员变身主播熟练运用视频演示、VR展示工厂实景、直播讲解，让客户充分了解产品背后的故事，激发洽谈动机、营造洽谈氛围。这次广交会，采用网上展示、直播推介、供采对接、在线洽谈等多种模式，突破了空间的限制，创造了一个展会的全新模式。

近2.6万家海内外企业参展，180万件商品，数万个直播间同时在线。众多全球首发、广交会首发产品集中亮相，"三自一高"产品持续增多。特殊形势下，数以万计的中外企业齐聚云端，进行着为期10天的全天候网上推介、供采对接、在线洽谈，真正实现了足不出户做生意、签订单。

云上广交会为采购商提高采购效率，节约采购成本，还为各国企业家沟通交流搭建了平台，为疫情期间经贸合作提供了新的发展机遇。

资料来源：云上广交会激活全球贸易新动能：2.6万家企业参展180万件商品 [EB/OL]. (2020-06-19). http://finance.sina.com.cn/stock/relnews/cn/2020-06-19/doc-iirczymk7890156.shtml.

数字贸易是以现代信息网络为载体，通过信息通信技术的有效使用实现传统实体货物、数字产品与服务、数字化知识与信息的高效交换，进而推动消费互联网向产业互联网转型并最终实现制造业智能化的新型贸易活动，是传统贸易在数字经济时代的拓展与延伸。以下就对跨境电子商务和全球数字贸易进行讨论。

10.1 跨境电子商务

跨境电子商务是指分属不同关境的交易主体，通过电子商务平台达成交易、进行支付结算，并通过跨境物流送达商品、完成交易的一种国际商业活动。跨境电子商务运营方式如图 10-1 所示。

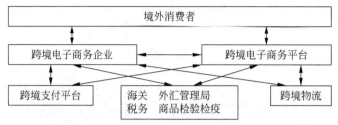

图 10-1 跨境电子商务运营方式

10.1.1 跨境电子商务的发展

从世界范围看，跨境电子商务主要兴起于世纪之交。随着亚马逊 eBay 分别于 1998 年、1999 年登陆欧洲市场，跨境电商的帷幕徐徐拉开。1999 年，阿里巴巴国际站的成立标志着我国跨境电商的兴起，此后国内各类平台型企业开始不断涌现。

1. 萌芽期：跨境电商 1.0 阶段（1999—2004 年）

在萌芽期，跨境电商是指随着互联网技术开始普及，从事跨境贸易的交易双方在线上借助跨境电子商务平台提供的黄页服务实现信息撮合，以此为基础，在线下完成跨境贸易其他环节的一种信息化贸易活动，是传统贸易结合互联网技术首次进行拓展的结果。

从阿里巴巴国际站成立到 2004 年，跨境电商只提供线上黄页服务，尚未出现线上交易。在跨境电商萌芽期，交易模式仅为单一 B2B（企业对企业）模式，跨境电子商务平台只是单纯的信息撮合平台，不涉及线上交易，支付、物流、通关等环节均在线下完成，也无法沉淀真实的交易数据。

2. 成长期：跨境电商 2.0 阶段（2004—2015 年）

在成长期，跨境电商是指随着互联网技术的快速发展和广泛应用，从事跨境贸易的交易双方利用跨境电子商务平台提供的线上交易功能，逐步实现交易流程的线上化，并开始借助数字化的供应链服务来降低交易成本、提升交易效率的一种线上化贸易活动。

2004 年敦煌网上线，标志着跨境电商线上交易的产生。在 2015 年阿里巴巴国际站信保业务上线之前，跨境电商处于由信息撮合向线上交易过渡的阶段。在这一阶段，敦煌网开创了国内跨境 B2B 线上交易先河；B2C（企业对个人）出口领域的速卖通、兰亭集势等平台，B2C 进口领域的洋码头、天猫国际等平台则使得消费者直接跨境购物成为现实。

3. 成熟期：跨境电商 3.0 阶段（2015 年至今）

在成熟期，跨境电商是指在人工智能、大数据、云计算等数字技术开始飞速发展和消费者需求日趋个性化的背景下，从事跨境贸易的交易双方能够充分利用平台上沉淀的海量交易数据，实现供需的精准匹配，并借助平台上的低成本、专业、完善的生态化供应链服务完成线上交易和履约的数字化贸易活动。

2015 年，阿里巴巴国际站的信保业务上线，标志着国内跨境电商向线上交易的全面转型。2020 年，新型冠状病毒全球大流行给跨境电子商务的发展带来了机遇与挑战，是其向全球数字贸易过渡的重要节点。

10.1.2　跨境电子商务发展现状

1. 跨境电商贸易额

2015—2019 年，我国跨境电商的进出口总额与增长速度都逐年提高，其占我国外贸进出口总额的比重也越来越高，可见其发展潜力是不容忽视的，如表 10-1 所示。

表 10-1　2015—2019 年我国进出口贸易与跨境电商交易额情况

年份	我国货物进出口贸易总额 / 万亿元	比上年增长 /%	我国跨境电子商务交易额 / 万亿元	比上年增长 /%	我国跨境电商交易额占货物进出口贸易总额 /%
2015	24.55	−7.1	5.4	28.6	22.0
2016	24.33	−0.9	6.7	24.1	27.5
2017	27.79	14.2	8.06	20.3	29.0
2018	30.51	9.7	9.1	12.9	29.8
2019	31.54	3.4	10.8	18.7	34.2

注：根据国家统计局、中国电子商务研究中心数据整理所得。

2. 对外贸易商品结构

我国受国外顾客欢迎的跨境出口销售产品中，3C 类电子占比 18.50%，受欢迎度高于其他产品，其中以低价手机、手机配件、平板电脑、电脑配件等性价比较高的产品为主。而汽车配件、灯光照明、安全监控类的比例相对较小，都在 1% ～ 4% 之间。我国制造业低成本、高效率的特点一直维持了几十年，尤其在 3C 电子产品、纺织服装品等方面具有明显的优势。

3. 对外贸易地理方向

跨境电商比起传统外贸能更好地借助物流的发展以及科技的进步，将触角伸向更遥远的地区。我国跨境电商对外贸易地理方向如图 10-2 所示，2019 年我国跨境电商出口国占据比重最大的五个国家依次是美国、俄罗斯、法国、英国、巴西。

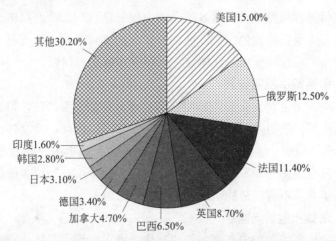

图 10-2　我国跨境电商对外贸易地理方向

注：根据雨果网数据整理所得。

这五个国家有三个相同的特点：①人口基数大，可支配收入较高。②网络基础设施完善，互联网文化普及度高，消费者比较容易接受线上交易。③物流基础设施完善，能与国内物流形成一个较好的衔接，运输效率有保障。

10.1.3　跨境电子商务的优势

（1）跨境电子商务具有去中间商作用。跨境电子商务企业可以越过一些国外渠道直接面对当地消费者，使传统外贸模式中利润多被国外渠道攫取的状况大大改观。据估算，跨境电子商务国内企业的外贸净利润率可以从传统的 5% 提高到 50%。

（2）跨境电子商务可以不受地理空间的制约，受贸易保护的影响也较小。外贸企业可以减少设立海外分支机构，大大降低企业进行海外市场扩张的成本，小企业也有机会开展国际贸易。

（3）可以减免出国谈判磋商的频次，大幅降低成交的代价。以网络营销取代传统的境外营销手段，不仅可以节约营销成本，而且借助网络营销的丰富手段和精准定位可以取得更好的营销效果。此外，网络营销还可以绕过当地政府对传统广告营销规定的相关流程，简化营销活动的手续。

（4）可以直接获得境外市场信息和用户反馈，优化海外客户关系管理，进行个性化定制，提高对境外市场反应的灵敏度。

10.1.4　跨境电子商务的主要问题

1. 物流问题

跨境电子商务的交易具有小批量、多批次、订单分散、采购周期短、货运路程长等特点，对物流提出了更高的要求。目前中国跨境电子商务中采用的物流形式主要有中国邮政的国际小包、国际快递、海外仓储等形式。每种形式各有利弊。对跨境电子商务而言，选择物流服务必须在成本、速度、货物安全、消费者对在途商品的追踪体验等几方面权衡考虑，尤其是如何获得廉价、快速、安全的国际物流是目前跨境电子商务企业最关心的问题。

2. 支付问题

传统外贸的支付过程成熟规范，具备健全的争端处理机制，而跨境电子商务支付处于起步阶段，还存在许多亟待解决的问题，面临着较高的支付风险，如支付系统的稳定性、网络安全、电子货币的发行和使用、法律监管以及争端解决等问题。

3. 信用体系和争端解决机制问题

跨境电子商务中，语言和文化的差异使得信息不对称的程度严重，再加上对国外电子商务企业的信任程度低，信息不对称成为交易的巨大障碍。因此，建立一个能够对买卖双方进行身份认证、资质审查、信用评价的信用体系就成为跨境电子商务的当务之急。另外，跨境电子商务涉及两个或多个国家的交易主体，一旦发生争端，适用哪国法律、该如何解决争端也是跨境电子商务不容回避的问题。

4. 通关手续、法律和监管问题

电子商务的高效性要求跨境电子商务能实现快速通关，而大量的货物通过快件渠道和邮递渠道出入境，给海关的监管和征税带来了挑战。对外贸易的网络化对当前的法律体系

和监管手段也提出了挑战。

10.1.5　新冠疫情给跨境电子商务发展带来机遇

1. 宏观层面

（1）疫情使更多原本倚重传统国际贸易方式的国家转向跨境电子商务。传统国际贸易在疫情冲击下颓势凸显，严重影响了部分国家与世界的正常经贸往来，甚至影响了防疫物资的供给。这迫使那些仍倚重传统国际贸易方式的国家，如非洲和南美的大部分国家，尝试涉足跨境电子商务领域。在疫情影响下，主打非洲市场的跨境电商平台 Kilimall 专门提供了快速便捷购买渠道以应对防疫物资的需求。此外，随着线上"宅经济"越来越受热捧以及越来越多非洲国家的消费者下载这个平台的 App，电视机、游戏机、笔记本、手机、厨卫用品、健身器材等需求不断提升。2020 年一季度，Kilimall 日订单量与 2019 年同比翻了一倍。

（2）疫情使更多跨境电子商务领域的后进国家高度重视这一新型贸易方式。因经济禀赋和政策空间有别于发达经济体，部分新兴经济体遭受疫情的严重冲击，因而越来越重视跨境电子商务这一新型贸易方式发挥的作用。马来西亚、越南等东南亚跨境电子商务领域后进国家开始加快发展步伐，以满足疫情防控和复兴经济的需要。

（3）疫情期间我国展现的大国担当使国内跨境电子商务发展拥有更良好的国际环境。疫情的全球蔓延给世界各国人民的生命安全和身体健康带来巨大威胁，是全人类面临的共同挑战。我国在应对疫情当中所展现的大国担当除了体现在通过加强国际合作维护全球公共卫生安全和通过积极提供帮助彰显疫情防控力量以外，还体现在有序复工复产为稳定世界经济作出贡献，特别是通过跨境电子商务渠道为世界各国提供包括防疫物资在内的全产业链产品，赢得了良好的国际声誉。在跨境通旗下子公司环球易购的自营平台 Gearbest 网站上，已经上架了防疫物资专题，销售物资包括口罩、护目镜、清洁消毒产品、测温仪、健身器材等，目前主要面向日韩、北美、欧洲等地区。

（4）疫情期间跨境电子商务凸显的应对优势使我国各级政府纷纷出台相关利好政策。在应对疫情的过程中，我国政府越来越意识到跨境电子商务具有延缓疫情全球大流行和保障跨境经贸活动顺利开展的优势。因此，各级政府均出台大量跨境电商支持政策，如落实出口退税、出口信用保险、降低短期费率等，以发挥这些优势，这使得跨境电子商务产业链上大量中小企业均有所受益。2020 年 4 月 7 日，国务院决定新设 46 个跨境电子商务综试区，加上已经批准的 59 个，全国将有 105 个综试区，覆盖 30 个省、区、市，形成了陆海内外联动、东西双向互济的发展格局。

2. 中观层面

（1）疫情期间经营门槛的提高使我国跨境电子商务产业整体竞争能力增强。疫情的全球大流行所带来的资金困难、经营风险和断货危机让大部分跨境电商企业无所适从，并给跨境电商从业者的供应商管理、资金管理、物流管理、人力资源管理等方面带来巨大考验。这在客观上提高了我国跨境电商产业的经营门槛，只有具备优秀综合能力的企业才有机会生存，并最终推动产业整体竞争力的提高。雨果网在 2020 年 1 月 31 日的调研显示，76% 以上的跨境卖家面临存货不足问题，其中 49% 的卖家只有 10 ～ 20 天的存货。但其中以中小卖家尤为严重，大部分工厂型卖家、大卖家所受的影响较小，甚至还会侵占原来属于小卖家的份额。

（2）疫情期间国际供应链管控能力的不足使海外仓和保税仓建设成为新一轮投资热点。海外仓和保税仓作为备货体系的补充和跨境物流的新方式，不仅减小了疫情对跨境电商卖家海外备货的影响，还能发挥本地化运营优势，以及物流配送时效凸显、退换货物流便利等优势。2020年4月，宁波鼓励企业自建海外仓，推动跨境电商企业直接面对国外的消费者。宁波市商务局局长张延表示，对于自建海外仓的项目，给予年利率不超过4%、贷款期限不少于两年的优惠贷款，财政给予50%的贷款贴息。

（3）疫情期间购物渠道从线下转向线上使跨境电子商务产业培养了海量的潜在消费群体。随着疫情在全球范围的扩散，线上零售和线下零售遭到截然相反的影响。沃尔玛等线下零售巨头相继宣布缩短营业时间。此外，耐克等品牌也宣布关闭部分地区的门店。与之形成强烈对比的是，消费者由于避免出门购物越来越依赖网络零售商，并逐步形成网上购物的习惯。据我国政府数据显示，在2020年1—2月社会消费零售总额下滑20.5%的同时，实物商品网上零售额仍然实现了3%的增长。在实物商品网上零售额中，食品类、日用类商品增速分别为26.4%、7.5%。

3. 微观层面

（1）疫情使更多传统贸易企业开展跨境电子商务业务。在疫情全球大流行的冲击下，传统外贸企业的损失已不可避免，而跨境电子商务这一新兴业态的逆势增长则成为传统外贸企业破局蜕变的重要渠道。杭州华安医疗保健用品有限公司就得益于额温枪、耳温枪、电子体温计需求大增和阿里巴巴国际站3月新贸节的线上流量扶持，线上询盘量增长10倍，外贸订单同比增八成。

（2）疫情使传统制造企业互联网转型并成为跨境电商供应链的有机组成部分。受疫情全球大流行的影响，熬过了国内复工生产难的传统制造企业又将面临新一轮考验，包括运输难、接单难等一系列供应链难题。面对这些挑战，部分传统制造企业选择通过互联网转型，积极参与跨境电商供应链建设，最终实现逆势增长。20多年前，雕牌洗衣粉已经迅速铺开至全国各地，其母公司纳爱斯也在之后不久发展成为日化行业的龙头企业。而纳爱斯集团终于在2020年正式携手阿里巴巴国际站，积极布局3月新贸节。来自阿里巴巴国际站的后台数据显示，新贸节开启前两周，纳爱斯在国际站的店铺日均询盘客户数环比增长127%，日均商品曝光量环比增长243%，日均店铺访客数环比增长283%。

（3）疫情期间传统国际展会的中断或取消使企业询盘问盘日益线上化。参加各种相关展会是传统外贸行业的重要营销方式，但为防控疫情传播而需对人口流动与聚集进行限制，全球会展业2020上半年恢复无望。为应对疫情影响，这些展会开始尝试从线下走向线上，通过举办网络展会发展线上化推广，驱动数字化营销。第127届中国进出口商品交易会（广交会）2020年6月15—24日在网上举办，为期10天。这种线上化的国际展会促使外贸企业体会到线上推广的优势，从而推动询盘问盘日益线上化。

（4）疫情期间跨境电子商务平台的帮扶措施使其与中小企业的黏性得到进一步巩固和加强。受疫情全球大流行的影响，众多跨境电商中小企业面临生存危机。为了帮助中小企业降低各类风险，增强平台与中小企业的黏性，维护平台生态稳定，众多跨境电商平台出台了多项关键的政策调整，如订单履行时间延长、免除到仓超时费等举措。速卖通平台决定统一延长所有订单的备货期，联合菜鸟物流升级物流保障政策，并向部分商家提供全链路规则保障、无忧退货保障、金融放款保障、流量推广保障和商家服务及赋能保障。速卖通平台推出的这些重磅优惠政策和扶持资源可以帮助中小企业更好地"开源节流"，增强了两者之间的黏性。

10.1.6　跨境电子商务的发展对策

1. 物流方面

从国家层面做好第三方物流的全局规划和部署。对第三方物流行业进行重新洗牌，通过并购重组等方式整合物流资源，形成一些具有规模效应、信息化水平高、管理科学、服务专业的大型物流企业，由它们为跨境电子商务提供快捷、安全、低价的物流服务。这些大型物流企业还可以通过并购重组等方式向海外扩张，以追求跨境物流的低成本。除此之外，在现阶段可统筹各方资源争取建设海外仓储基地，在外贸出口的主要流向国设立第三方仓储设施，既有利于提高配送效率、降低物流成本，还易于为当地的消费者所接受。

2. 支付方面

一方面，要加强信息安全技术的研发和应用，保证支付系统的稳定性，防范网络安全事故，规避技术问题给跨境电子商务支付带来的风险；另一方面，要大力扶持第三方支付机构开展跨境支付业务，扩大跨境支付市场的占有份额。同时，还需要完善对跨境电子商务支付的监管机制和相关法律制度。如跨境支付的管理统计制度，第三方支付定期向有关部门汇报人民币和外币跨境资金往来情况，准确提供交易信息。另外，应倡议多部门（市场监管、商务、海关、央行等）联合建立跨境电子商务信息平台，实现部门间信息共享，加强对异常交易的监测和审核等。

3. 信用体系的建立和争端解决机制方面

构建一个第三方信用中介体系。加强商家资质审查、机构评估、交易评价反馈，核实买方（特别是个人买家）的信用状况，防止恶意订单、信用卡支付时收货后撤回资金、恶意拒绝收货等情况。从卖方角度而言，需要加强自律，以优质的商品和诚信的经营在海外市场树立品牌；从跨境电子商务平台角度而言，需要采取措施，去伪存真，确保平台上交易商品的质量，防止"假冒伪劣"毁坏平台声誉和其他出口商形象；此外，政府主管部门还需要积极参与国际协商，建立争端解决机制，明确出现争端时适用哪国的法律法规以及解决的程序等。

4. 通关手续、法律和监管问题

监管方面，海关应在有效履行监管查验实物的前提下，创新监管模式。依托电子口岸，探讨针对跨境电子商务的报关、报检、收汇、核销、退税、结汇等问题的办法，探索无纸通关和无纸征税等便捷措施，做到快速通关。法律方面，应完善关于跨境电子商务主体身份核实与管理、跨境电子支付、跨境电子商务税收、用户隐私保护、电子数据法律效力、知识产权保护等的相关法律法规。国际合作方面，各国政府部门间加强国际协商，探索跨境电子商务监管合作的对策，建立国家之间关于跨境电子商务关税优惠、争议解决以及防

范打击计算机犯罪方面的协调机制，合力推动跨境电子商务的健康发展。

5. 做好市场调研，优化客户服务

不同国家之间的文化差异、消费习惯差异、法律制度的差异始终存在，企业在进行跨境电子商务之前要对目标市场进行深入细致的研究。此外，跨境电子商务使得外贸企业有可能直接接触境外的个体消费者，深入了解他们的需求，可以为个别消费者定制个性化的产品或服务。

10.2 全球数字贸易

10.2.1 数字贸易与跨境电子商务的区别

马述忠等提出数字贸易概念，即数字贸易是以数字化平台为载体，通过人工智能、大数据和云计算等数字技术的有效使用实现实体货物、数字化产品与服务、数字化知识与信息的精准交换，进而推动消费互联网向产业互联网转型并最终实现制造业智能化的新型贸易活动，是传统贸易在数字经济时代的拓展、延伸和迭代。

作为有机组成部分，跨境电子商务会助推数字贸易阶段的全面到来；作为新型贸易活动，全球数字贸易是跨境电子商务发展的高级形态。两者之间具有以下区别。

（1）电子商务以现代信息网络为载体，而数字贸易以数字化平台为载体。

（2）跨境电子商务平台是双边平台，助力"买全球、卖全球"；全球数字贸易平台是多边平台，通过匹配更多数字化工具和手段，助力"全球买、全球卖"。

（3）电子商务倚重的是信息通信技术，而数字贸易倚重的是人工智能、大数据和云计算技术。

（4）相较于电子商务，数字贸易的贸易标的还包括日益丰富的数字产品与服务、数字化知识与信息。

（5）电子商务对应的是消费互联网的普及与应用，数字贸易对应的是产业互联网抑或工业互联网的普及与应用，其中，产业互联网反映的是平台数字化的商业路径，工业互联网反映的是平台数字化的技术路径。

（6）相较于电子商务，数字贸易对消费者行为更加重视，服务于传统制造业智能化和数字化转型，通过消费端大数据的累积与应用，积极地反映消费者偏好。

我们相信，在不远的将来，全球数字贸易会完成对跨境电子商务的迭代，成为数字经济时代的一般国际贸易。

10.2.2 全球数字贸易的发展趋势与典型特征

1. 发展趋势

1）贸易模式高度复合化

伴随全球数字贸易的发展，为了充分反映消费者的个性化需求和制造业的智能化转型需要，B2B、B2C日益凸显，成为一种重要的线上复合贸易形态。其既能匹配贸易成本降低的诉求，又能契合碎片化订单集聚的趋势。具体而言，B2B是大动脉，负责大批量成交

和供应链协调；B2C 是支线，既如同毛细血管一样为"最后一公里"的消费者输送货物，又如同神经末梢一样感知消费者的个性化需求。两者之间通过大数据算法相联系。

2）贸易环节高度扁平化

全球数字贸易使国际贸易各环节之间信息流动频率加快，中间环节丧失，呈现高度扁平化趋势。第一，平台使生产企业能够兼顾生产和贸易；第二，随着外贸流程简化、中间环节门槛降低和平台服务生态完善，为了能够在激烈的竞争中脱颖而出，服务企业必须同时具备多环节经营能力；第三，伴随贸易门槛的降低，小型批发商和消费者更易于参与数字贸易。

3）贸易主体高度普惠化

几乎所有在传统贸易中处于弱势地位的主体都能通过全球数字贸易共享国际分工带来的福利增长。第一，中小企业可以广泛参与全球数字贸易。一方面，全球数字贸易降低货物贸易企业参与国际分工的门槛。另一方面，服务贸易企业能够在平台上提供更多优质服务。第二，个体工商户可以广泛参与全球数字贸易。部分优秀个体工商户能够利用平台将产品销往海外，而更多个体工商户将通过数字贸易进行跨境采购。第三，消费者可以广泛参与全球数字贸易。消费者不仅能通过全球数字贸易直接购买海外产品和服务，还能通过国内电商平台间接购买海外产品和服务。

4）贸易标的高度多元化

在全球数字贸易时代，几乎没有不可贸易的产品和服务。第一，传统实体货物仍是核心标的。未来几乎所有可贸易商品都可以通过数字贸易方式实现跨境交易。第二，数字产品与服务成为重要消费品。数字贸易的发展也使得各国消费者更容易接触和接受多元文化，从而更愿意消费跨境数字产品与服务。第三，数字化知识与信息成为重要生产资料。企业会逐渐重视数字化知识与信息这一重要生产资料的跨国消费，届时在政府与平台监管下数据跨境流动将成为常态。

5）智能制造高度常态化

全球数字贸易并非只是简单的跨境交易活动，还强调数字技术与传统产业的融合发展，并以实现制造业智能化作为重要目标。全球数字贸易能够利用数字技术降低企业获取消费端数据的成本，使更多企业能够通过平台累积消费端数据，并将其与生产端的设计、制造、管理等环节结合，实现生产端的精准分析和快速响应。这种高度常态化的智能制造模式将成为推动消费互联网向工业互联网转变的重要力量。

2. 典型特征

1）平台化

数字化平台作为数字贸易的核心。通过数字化技术精准匹配全球数字贸易买卖双方需求，平台为其提供数字化营销、交易、金融及供应链服务的一揽子数字化外贸解决方案，从而在这个完整的商业生态系统中发挥关键的行业引领和服务作用。

阿里巴巴国际站一直致力于为中小企业打造数字化新外贸操作系统，助推中小企业"数字化出海"。阿里巴巴国际站的数据显示，2020 年 3 月新贸节全站交易总额同比增长 167%，订单数同比增长 114%，支付买家数同比增长 77%，动销卖家数同比增长 43%，实现外贸市场的逆流而上。

2）全球化

全球数字贸易供应链服务跨国化逐渐成为常态，平台国别属性进一步削弱，实现平台全球化。一方面，面向世界各国的买家和卖家，平台以"全球买、全球卖"为主要愿景，有利于整合和开发全球数字贸易资源；另一方面，作为多边贸易平台，全球数字贸易平台能够提供广阔全球市场和便利贸易服务，吸引来自世界各国的卖家入驻，有助于"全球买、全球卖"愿景早日实现。

以天猫国际为例，截至 2019 年 6 月，共引进 77 个国家和地区、超 4 000 个品类、超 20 000 个海外品牌进入我国市场，其中八成以上是首次入华。

3）数字化

数字贸易所依赖的人工智能、大数据和云计算等核心技术具有典型的数字化特性。大数据技术有利于收集散落在供应链各环节中离散的数据，以减少双方交易成本；云计算则能够帮助企业有效处理大数据并对供应链环节的网络服务进行动态优化；人工智能技术则是帮助企业有效开拓大数据应用途径，包括智能客服、智能定价和智能制造等。

商务部和世界贸易组织秘书处联合发布的《2018 年世界贸易报告》指出，数字技术最重要的影响就是显著降低了贸易成本。时任世界贸易组织总干事阿泽维多称，数字技术不仅对货物贸易有利，还促进了服务贸易便利化、催生了新的服务业态。

4）个性化

与传统贸易提供标准化商品及服务不同，数字贸易能够依托全球商品供应资源，迎合全球不同消费群体需求。这是因为企业能够借助数字贸易平台掌握全面的数据信息，以直接反映消费者的个性化需求。

2018 年 9 月，速卖通宣布其累计成交用户已突破 1.5 亿，全球范围内每月访问速卖通的消费者超过 2 亿，并发现在欧美市场受到欢迎的产品主要是我国生产的长尾商品。在 2018 年"黑五"期间，速卖通在德国的各类型扫地机器人成交额同比 2017 年大增 35 倍，在法国增长了 13 倍。

10.2.3　新冠疫情给全球数字贸易的发展带来机遇

1. 宏观层面

（1）疫情使部分跨境电子商务水平较高的国家对全球数字贸易的重视程度提高。疫情让世界看到了数字经济和数字贸易在应对突发全球公共卫生安全危机中所发挥的重要作用，从而加快了跨境电子商务向全球数字贸易转型的步伐。这必然使得部分具有较高跨境电商水平的国家，如中国、美国和欧洲各国率先尝试发展全球数字贸易以迭代跨境电子商务。

（2）疫情期间数字技术及其应用能力重要性的显现使新一轮新型基础设施建设浪潮在世界范围内掀起。数字技术通过新型基础设施在全球疫情防控和企业复工复产中发挥着重要作用，这主要表现在疫情极大程度拓宽了数字技术在经济社会中的应用场景，从而深刻改变了消费、生产等经济社会运行模式。可以预料，疫情过后新型基础设施必将受到世界各国的高度重视，激发更多的创新应用模式，并推动更多生产要素流向全球数字贸易。

（3）疫情期间各国积累的监管经验使全球经济治理体系数字化转型日益加快。为了实现疫情防控和确保经济社会稳定，各国都创造了许多新型数字化监管手段。这些数字化监管经验不仅提高了各国政府经济治理水平，实现了经济治理的高效精准，还产生溢出效应，加快了全球经济治理体系的数字化转型。以我国为例，疫情期间各地紧急搭建的多条助农数字供应链就是倒逼数字化治理模式快速应用的典范。

（4）疫情期间各国应对全球突发公共卫生事件的合作经验使全球数字贸易规则体系构建及其相关谈判有望早日达成共识。疫情发生以来，我国积极组织专家深入开展技术交流，向其他受疫情影响的国家提供援助和技术支持，毫无保留地分享"中国经验"。这些合作经验将会加强各国之间的交流互信，对包括全球数字贸易规则在内的全球经贸谈判有所助益。

（5）疫情期间跨区域高效信息共享机制的构建和升级使数据跨境自由流动有望变为现实。在疫情发生后，以世界卫生组织为核心，国际社会逐步构建起包括疫情信息发布平台、生物科技合作平台等一系列网络平台，以此完善和升级全球信息共享互通机制。

（6）疫情期间主要国家数字技术及其应用能力得到加强使其愿意降低数字贸易壁垒。疫情的全球大流行迫使 G20 集团等主要国家通过推动数字技术的发展及其应用以实现疫情防控和复工复产。

2. 中观层面

（1）疫情期间跨境电商生态圈共克时艰所累积的经验和默契使数字化生态系统的构建步入快车道。疫情的全球大流行客观上助推了跨境电商生态圈实现自我完善。生态圈中的各参与主体，包括制造企业、电商平台、物流企业和金融企业等都带动了本地周边和产业链上下游企业"触网上线"，在为跨境电子商务发展营造良好环境的同时，也进一步加快了数字化生态系统的构建。

（2）疫情期间数字技术在资源配置中优势的凸显使相关主体数字化协同发展水平得到提高。大数据、人工智能、区块链、5G 等数字技术不仅在疫情监测、诊断治疗、物资调配中起到至关重要的作用，还为我国恢复经济生产、构建多方协同信任机制、助力企业复工复产提供了新的动能。

（3）疫情期间线上办公与教学的日益普及使以数字产品与服务、数字化知识与信息作为贸易标的的全球数字贸易稳步增长。受疫情全球蔓延的影响，国内外众多企业纷纷缩减工作时长，鼓励采用办公软件实行线上办公；在线教育行业蓬勃发展，线上教学成为各个国家的教育新模式，保障全球的学生"停课不停学"。这无疑助推了数字产品与服务、数字化知识与信息的生产与消费。

3. 微观层面

（1）疫情期间对跨境电商"粗放式增长"的反思使越来越多的企业管理者具备了数字化运营的认知能力。跨境电子商务作为一种新型贸易方式，在最近 20 年来不断成熟，但由于政策红利、技术进步和外贸增长的原因，长时间"粗放式增长"的弊端并没有得到有效改观，部分企业管理者也没有衍生出数字化运营的思维。疫情的突然冲击打破了这一局面，越来越多的跨境电商从业者开始反思用数字技术和数字化运营手段去规避同一问题的再次发生，降低供应链风险。

（2）疫情期间以大数据作为核心资源的企业会在全球竞争中脱颖而出，使跨境电商企业具备了转型全球数字贸易的动力。随着企业生产方式和民众生活方式的改变，大数据已成为首要生产资料，这既是防控疫情和实现复工复产的需要，也是应对市场变动和实现企业数字化转型升级的需要。这使得以大数据为核心资源的企业将能获取竞争优势，也使得跨境电商企业坚定了向全球数字贸易转型的决心。

（3）疫情期间以线上线下协同化为特征的商业模式的跨国实践使相关企业的数字化运营水平得到提高。毋庸置疑，疫情使得外贸企业的线上渠道和线下渠道均受一定的阻碍，面临着商品滞销的风险。部分企业开始思考如何通过线上线下协同化的方式提高自身的数字化运营水平，从而规避线上渠道或线下渠道的单一风险。

（4）疫情期间在世界范围内调配防控物资和生活必需品使相关企业具备了全球供应链数字化整合的能力。各国疫情的严重程度及其应对疫情的能力有所不同，这就从客观上要求相关企业必须在世界范围内发挥调配资源，特别是防控物资和生活必需品的作用，这也同时锻炼了其全球供应链数字化整合的能力。

（5）疫情期间公共安全应急反应能力不足使智慧物流体系建设得到了更多国家和企业的重视。抗击疫情是一场不期而至的全球范围内的国家治理能力极限测试，特别是各国各级政府的公共安全应急反应能力。从实际效果来看，各国政府都没有做好充足的准备，暴露出不同程度的公共安全应急反应问题。可以预料，各国政府和企业必然更加重视智慧物流体系的建设，以避免再次陷入公共安全危机。

（6）疫情期间开放型全球数字贸易平台具有的单一市场风险规避属性使其备受青睐。疫情在世界各国蔓延的程度是不均衡的，这使得主要面向单一市场的跨境电子商务平台隐含着不确定性风险。而全球数字贸易平台所具有的多边市场属性，能够在数字化工具和服务的支持下实现"全球买、全球卖"，从而有效规避了单一市场风险，是未来企业进行国际贸易的首选渠道。

10.2.4 数字贸易对 WTO 电子商务规则制定构成的挑战

WTO 电子商务联合声明谈判的启动，反映了数字贸易对国际贸易规则提出的新需求。进入 21 世纪以来，以计算技术、通信技术和信息处理技术为核心的数字技术极大地改变了国际贸易。国际贸易经历了三次"松绑"，从传统贸易（最终产品贸易）阶段、全球价值链贸易（中间产品贸易和服务）阶段发展到以数字方式促进的贸易（互联互通时代）阶段，即数字贸易阶段。

尽管美国主张数字贸易比电子商务更加广泛，并且更能体现数据的核心作用及数字化的发展趋势，而电子商务更倾向于是指货物的在线订购，但是欧盟、韩国等成员认为，WTO 定义的电子商务，即"通过电子方式进行的货物和服务的生产、分销、营销、销售和交付"，本身足以涵盖数字贸易的概念。无论电子商务和数字贸易有何区别，在 WTO 电子商务谈判及其他国际经贸谈判中，很多时候两者是混用的。

随着数字贸易成为国际贸易主导模式，贸易政策变得越来越复杂，主要体现传统贸易特点的国际贸易规则显然无法为其提供充分的法律框架。传统贸易阶段，贸易政策主要关注市场准入；全球价值链贸易阶段，贸易政策更加关注贸易便利化和边境后措施；互联互通时代，贸易政策还要纳入数据流动、数字连接和互操作性等因素。这些新问题急需

WTO 电子商务谈判作出回应。

（1）跨境数据流动规则是 WTO 电子商务谈判的最大挑战。跨境数据流动是数字贸易的基础和全球价值链的组织方式。特别是全球数字贸易快速增长得益于互联网使用越来越以云计算为基础，数字贸易更加离不开跨境数据流动。联合国贸易与发展会议估计，所有交易服务中将近 50% 是由信息通信技术支持的服务，包括通过跨境数据流动实现的。跨境数据流动不仅对信息产业十分关键，对传统产业也至关重要。据麦肯锡估计，互联网数据流动中有大约 75% 的增加值流向传统行业，特别是通过全球性扩张、提高生产率和增加就业。但是，对跨境数据流动的日益依赖也引发了对数据安全、隐私和所有权等问题的关切。如何平衡跨境数据流动与国内监管权之间的关系，是 WTO 电子商务规则制定面临的一大挑战。

（2）数字技术和数字化对 WTO 电子商务谈判提出了新问题。数字贸易是由数字技术催生的贸易方式。随着数字技术的广泛应用，制造业和服务业相互交叉、相互融合、相互依存。不仅越来越多的货物被数字化，服务以数字方式跨境提供，而且服务作为货物的组成部分进行国际贸易，给 WTO 分别规范货物贸易和服务贸易的现有法律框架带来了巨大冲击。例如，3D 打印技术用少量 3D 打印材料加上高附加值的计算机辅助设计（computer aided design，CAD）文件就替代了原来的货物，CAD 文件可以通过数字方式跨境提供；再如，智能互联产品往往包含大量软件、工业设计等，但在海关估价时其价值却得不到体现。因此，在 WTO 电子商务谈判中，数字产品是货物还是服务的分类引发的非歧视待遇问题，以及可数字化产品引发的电子传输免关税问题，都引起了参加方的激烈争论。

（3）数字平台和平台化是 WTO 电子商务谈判面临的新情况。过去 10 年，数据驱动商业模式的数字平台在全世界大量涌现。按市值计算的全球八大公司中有 7 家都使用基于平台的商业模式。数字平台带来的一大挑战是避税造成的税基侵蚀和利润转移，国际社会对此高度关注。尽管避税并不是数字平台独有的，但其固有特征无疑为避税提供了便利，即无形资产比重大且容易在全世界转移、相当部分价值来源于数据但很难确定价值在哪里产生。欧洲国家谋划数字税，就是为了应对美国数字平台避税的做法。通常，税收利益分配属于国际税收协定讨论的范畴，贸易协定较少涉及。但是，美欧之间有关数字税的对抗已经激化，美国不仅对 10 个国家的数字服务税发起 301 调查，退出 OECD 数字税谈判，还寻求利用贸易协定率先制定数字税规则。《美日数字贸易协定》专门写入了"税收"条款，试图规制数字产品跨境交易的税收问题。当然，WTO 电子商务谈判仅涉及数字税中的关税规则，即电子传输免关税是否应当永久化，对此，不同参加方的立场严重对立。

学习辅导 10.1　跨境电子商务与数字贸易

【本章小结】

跨境电商可以直接面对海外消费者，减少中间环节，不受地理空间限制，降低交易成本，因此在疫情时期，国际贸易利用电商平台使得交易额激增。全球数字贸易是跨境电商的升级与发展，它借助数字平台，利用大数据、云计算、人工智能，不仅卖商品还可以卖服务，实现"全球买，全球卖"，它还可以凭借产业互联网和工业互联网实现智能制造，更好地满足全球消费者的需要。数字贸易是将来发展的方向，我们要认真学习研究它。

【思考题】

1. 名词解释：跨境电子商务、全球数字贸易
2. 跨境电子商务有什么优势，存在什么问题，如何解决？
3. 全球数字贸易与跨境电子商务有什么区别，有什么特征？
4. 新冠肺炎疫情给全球数字贸易带来什么机遇，全球数字贸易的发展趋势是什么？
5. 数字贸易给传统的国际贸易带来什么新的挑战？

【即测即练】

【英文阅读】

第五篇 国际金融

　　国际商务与一般商务的不同是经常需要外币与本币的互换，如何减少货币互换时的损失是国际企业面临的重大问题。相对稳定的国际货币体系可以降低汇率的风险，促进国际企业的贸易投资，便捷开放的国际资本市场是国际企业融资的重要渠道，也是企业规避风险的重要场所。国际企业要掌握国际投资的工具，努力开拓国际市场，还要利用正确的国际结算，做到安全及时收汇，提高企业的经营效益。

第11章 国际货币体系

【学习目标】 --

1．熟悉国际货币体系的演进历程；

2．熟悉现行国际货币体系的主要问题；

3．研究国际货币体系的演变方向。

思政案例

美国"无上限"量化宽松副作用不容忽视

自2020年3月下旬美国联邦储备委员会宣布实行不设额度上限的量化宽松政策应对新冠疫情冲击后，美联储资产负债表在不到两个月的时间内扩张2万多亿美元。分析人士认为，"无上限"量化宽松短期内对稳定金融市场、支持经济复苏有一定效果，但长期看会给美国和世界经济带来诸多副作用。

所谓"无上限"呈现几个特点：一是购买国债买多少、买到何时，不设限；二是除了买国债，还买抵押债券；三是向机构、公司和个人提供援助和贷款。

数据显示，截至5月13日，美联储资产负债表规模已达6.98万亿美元。而2020年3月第一周时，美联储资产负债表才4.29万亿美元。这种"印钞"速度超过过去任何时候，包括2008年国际金融危机时期。这是最激进的市场干预。

这可能只是个开始。有分析师预测，至2020年年底美联储资产负债表规模可能突破9万亿美元。国际评级机构惠誉甚至认为，这一规模会达到10万亿美元。

美联储实施"无上限"量化宽松政策的短期直接目标是防止股市崩盘，防范金融危机，维持金融市场稳定，这个目标目前看已达到。但从长远看，"无上限"量化宽松将给美国经济带来诸多副作用。

首先，过量货币投放可能给美国埋下新一轮资产价格泡沫隐患。回顾过去20多年，美国一直处在危机与积累泡沫的循环之中。为应对潜在或已发生的危机，美国往往采取大幅投放货币的政策，但最终都催生了巨大的资产价格泡沫，给经济前景带来隐忧。

此举也给美国政府和企业带来偿债风险。对政府而言，削弱了其进行财政整顿的意愿，财政可持续承压。对企业而言，低利率和宽松的金融条件鼓励了金融机构和企业的冒险行为，加剧企业未来陷入债务困境的风险。

此外，货币供应量过多可能引发通货膨胀。从以往经验看，流动性增加不一定产生通胀。但货币超发始终是引发通胀的一大诱因。这一次如果供应链受阻导致供给端不畅，同时需求端回暖，美国通胀风险将明显加大。

从短期看，美联储此举能令美国金融市场企稳，这在一定程度上有利于稳定新兴经济体市场信心。但从长期看，这一政策给其他经济体、特别是新兴经济体带来的风险不容小觑。

首先是输入性通胀风险。美联储实施量化宽松政策将导致全球市场流动性过多，有可能引发新一轮资源价格上涨，给资源进口国带来输入性通胀风险。在全球经济贸易不振的环境下，有可能引发竞争性货币贬值，扭曲全球贸易和供应链体系。

对新兴经济体而言，美元"热钱"急需防范。一旦"热钱"撤出，有可能引发金融动荡，新兴经济体将面临货币贬值和资产市场下跌等难题，给宏观经济带来冲击。

为应对美国经济衰退，美联储似乎把"撒钱"当成了"灵丹妙药"。但这剂药不仅苦，副作用还很大。

资料来源：许嘉桐，欧阳为.财经观察，美国"无上限"量化宽松副作用不容忽视 [EB/OL].（2020-06-01）http://js.people.com.cn/n2/2020/0601/c360301-34056037.html.

国际贸易和国际投资用什么货币进行结算是与国际商务息息相关的问题。当前以美元作为主要的世界货币，而美元以自我为核心，滥发货币，给国际贸易和投资带来不良影响，汇率波动频繁，经济危机时常发生，就如思政案例所言。建立稳定的国际货币体系，有利于全球的经济发展。国际企业应当掌握世界货币演进的方向，以趋利避害。

11.1 国际货币体系的演进历程

国际货币体系经历了金本位、金汇兑本位（以布雷顿森林体系为代表）和美元本位（布雷顿森林体系崩溃后的货币体系）三个阶段，包括国际储备货币、国际收支调节机制和汇率制度三个方面内容。

11.1.1 理想的国际货币体系

理想的国际货币体系是只存在一种货币，次优的选择是只存在一种货币充当主要储备货币，其他还有几种次要的货币。

国际货币体系在每一个时期都只有一种或少数几种中心货币充当国际货币。金本位下是黄金以及与黄金完全挂钩的英镑或者法郎；金汇兑本位下是黄金和美元；而美元本位下则是美元和其他少数几种主权货币，如欧元、英镑和日元。

国际货币的"一元性"是由货币交易媒介的本质决定的，货币的存在就是为了减少交易的成本。由于商品的定价成本和交换成本随着货币数量的增加而增长，货币越少越好。最优货币区是整个世界只需要一种单一的货币，不管世界由多少个区域组成。当然，这是一种理想的状态。实际上，国际货币体系虽然不能达到这一理想状态，但往往会存在一种或几种占主导地位的中心货币来履行国际货币的职能。至于哪种货币能成为主导的国际货币，则取决于当时的国际经济结构和国家之间综合实力的对比。

无论是黄金、英镑、美元或者欧元，国际货币都必须具有以下特点：巨大的交易区域、良好的货币还原性、没有外汇和贸易的管制、稳定的货币政策、强大和具有连续性的中央政权等。

11.1.2　国际货币的发展历程

1. 金本位

金本位下，对称的国际收支调节机制可以自动维持国际货币体系的稳定。

黄金是天然的国际货币。各国通过黄金自由流动及其价格效应实现国际收支的自动调节。如一段时期 A 国对 B 国是国际收支顺差，则从 B 国流入 A 国的黄金增加，A 国用黄金计价的本国商品相对于 B 国商品价格较高，A 国商品竞争力下降；而 B 国由于黄金流出，B 国用黄金计价的本国商品相对 A 国商品价格较低，B 国商品竞争力上升，结果是下一段时期 B 国相对 A 国国际收支顺差，黄金从 A 国流回 B 国。因此，在金本位下，各国在宏观经济政策上完全放弃内部平衡和对价格的干预，通过牺牲内部平衡来实现外部平衡。金本位的这种对称的、自动的调节机制，是当时国际自由贸易所必需的。同时，当时政府和货币当局对经济干预的程度不高，本国经济国际化程度也相当有限，国际收支调节机制对本国实体经济的影响也不如现在这么深刻，金本位的自动调节机制有发挥作用的客观条件。

金本位下各国货币与黄金的固定汇率安排实质上是依赖有效的国际收支调节机制与各国正确的货币政策、财政政策和汇率政策的组合。各国保持货币与黄金比价的长期稳定，因此央行不能通过发行货币来抵消黄金流出的价格紧缩效应，否则就会破坏黄金自由流动及其货币政策效应。金本位下的固定汇率安排确保了长期稳定的国家价格趋势，有力地推动了国际贸易的发展。

事实上，从 19 世纪到 20 世纪初，这一体系创造了全球较长时期的高就业、低通胀和高速的经济增长。第一次世界大战爆发后，参战国大量举债，限制黄金的自由流动，对本国国内的价格水平进行干预。失去金本位体系的约束后，全球通胀水平大幅提升，严重影响了经济和贸易增长。因此，第一次世界大战结束后，各国纷纷提出恢复金本位制。但由于战后价格水平大大高于战前价格水平，如果按照战后价格水平恢复金本位制，将触发对黄金的巨额需求，若黄金供给不能满足对黄金的需求，就会导致通货紧缩，如 1929 年世界经济大萧条。协调全球重新回归金本位体系，建立各国货币与黄金的合理货币比价，是一项极其复杂而艰巨的任务。

但金本位也存在一些不足之处，主要矛盾是：一是黄金产量的不足，从而带来长期的通货紧缩的压力，尤其 20 世纪以来的经济高速增长使得这一问题更为突出；二是黄金产品分布的不均衡，经济发展水平和黄金产量在国与国之间分布并不均衡，从而产生了金本位崩溃的内在动力。

2. 布雷顿森林体系

布雷顿森林体系是由美国主导的，这种非对称的国际收支调节机制是不可持续的。

19 世纪后期美国开始崛起，到 1914 年第一次世界大战爆发时，美国的经济总量大于英国、德国和法国的总和。1913 年，美联储的成立使得美国拥有了巨大的货币权力。1934 年，纽约联储通过买卖国债抵消黄金流出的货币紧缩效应，从制度上割裂了黄金与货币政策的联系，并让美元贬值，将黄金价格从每盎司 20.67 美元提高到 35 美元。1936 年，美、英、法签订了"三国协议"，约定如果任何一国欲对汇率进行任何调整，必须事先相互知会。该协议奠定了布雷顿森林体系的基础。1945 年，美国国民生产总值占全部资本主义国家国民生产总值的 60%，黄金储备占世界黄金储备的 59%，相当于整个资本主义世界黄金储备的 3/4。美国的经济实力奠定了美元在国际货币的核心地位。

1944 年布雷顿森林体系正式建立，美国承诺将美元与黄金挂钩，其他国家则承诺将本国货币与美元挂钩。世界储备由黄金和外汇组成，美国是国际货币体系的核心国家，美元是最主要的外汇储备，而美元储备由美国对其他国家的国际收支逆差构成。其他国家通过调节储备结构来调节对美国国际收支逆差的大小。如果美元供给过度，则卖出美元，买入黄金；如果供给不足，则卖出黄金，买入美元。美国则通过货币政策来影响其他国家的国际收支。布雷顿森林体系的建立，在战后相当一段时间内，确实带来了全球价格稳定和国际贸易的空前发展。

布雷顿森林体系与金本位制最大的区别是：它的国际收支调节机制是不对称的。一种主权货币（美元）充当国际储备货币时，美国过度扩张的货币政策会导致其他国家的通货膨胀，而过度紧缩的货币政策会导致其他国家的通货紧缩，这一制度具有内在的不稳定性。因为只有靠美国的长期贸易逆差，才能使美元流到全球，让其他国家获得美元供应，但长期贸易逆差又会影响美元价值的稳定；而美国如果回归国际收支平衡，就会断绝国际储备货币的供应，引起国际清偿能力的不足。这是一个不可克服的矛盾，我们称之为"特里芬难题"。

从 20 世纪 50 年代后期开始，随着西欧和日本经济的兴起，各国经济发展水平和通胀水平的差异推动国际资本大量流动，加上美国大量的军事开支，共同导致美国国际收支开始趋向恶化，出现了全球性"美元过剩"，各国纷纷抛出美元、兑换黄金，美国黄金开始大量外流。到 1971 年，美国的黄金储备再也支撑不住日益泛滥的美元了，尼克松政府被迫宣布放弃按 35 美元兑一盎司的官价兑换黄金，实行黄金与美元比价的自由浮动，其他国家也纷纷宣布汇率浮动，布雷顿森林体系崩溃。

3. 美元本位制

布雷顿森林体系崩溃后建立的牙买加体系（即美元本位制）是一种"没有制度的体系"。赤字国家与盈余国家和地区间的高度不平衡，利率和汇率的频繁波动，刺激了国际金融资本的跨国投机活动，导致全球金融危机频繁发生。据统计，布雷顿森林体系崩溃后的 30 多年里，全世界一共发生了 100 次金融危机，其中每 8 年发生一次重大危机，影响最大的是 2008 年 9 月全面爆发的全球金融危机。在极不对称的国际货币体系下，各国国际收支高度不平衡，也缺乏促使国际收支平衡的制约机制安排，导致了这一由"次贷"危机引发的全球经济和金融危机。美联储长期以来实施过度宽松的货币政策，导致美元过度扩张和全球流动性过剩，催生了全球资产泡沫，加上过度的金融创新和无力的金融监管，最终造成了自大萧条以来的最严重的经济和金融危机。

在浮动汇率制下，各国货币反复无常地波动，尤其是美元与日元之间的汇率剧烈波动。根据传统理论，实行浮动汇率制后，各国持有外汇储备的需求将大大下降，但亚洲金融危机呈现的却是相反的现象。全球外汇储备不降反升，不仅增长迅速且一发不可收拾，由此诞生了一批拥有巨额外储的主权财富基金。在这一体制下，大国和小国的国际收支调节负担从根本上是不对称的。小国的利益没有机制的保障，受到外部冲击时，国际收支调节成本很高，这些小国只能被动储备大量的美元，以应对随时可能产生的外部冲击。无论是我国，还是东南亚国家，实行的都是"公开宣布的浮动汇率、事实上的可调整的固定汇率制以及巨额外汇储备"的"新三位一体"模式。这种被动的美元储备政策往往会加剧各国国际收支的不平衡和美元的泛滥，也增加了对现有国际货币体系进行改革的必要性和紧迫性。

当前的国际货币体系有如下特点：美元成为主要锚货币；美元是全球储备货币；美元成为最主要的支付、贸易、定价货币；美元成为主要"救市货币"。目前美元主导的货币体系本质上是一个国家国内政治经济秩序的全球扩展，存在结构性的自增强性，并将全球参与一体化的国家都卷入其中，游戏规则很难被改变。

11.2 现有国际货币体系的弊端与去美元化的浪潮

当前，国际货币体系的弊端主要是锚的缺失和脆弱的国际收支平衡问题，由于存在这些难以解决的矛盾，国际上出现去美元化的浪潮。

11.2.1 现在国际货币体系的弊端

1. 锚的实质性缺失——当前货币体系的根本问题

在牙买加体系下，美元等世界货币采用无锚的 Fiat Money 即法定货币制度，实际上是以国家信用为锚，其他货币再以主要货币为锚，盯住主要货币。不过，随着全球经济波动，特别是 2008 年金融危机后，全球各国的汇率制度有脱离美元的趋势，更趋向多元化。根据 IMF 统计，2018 年 IMF 成员中使用美元、欧元、货币篮作为锚的比例分别是 19.8%、13.0%、4.7%，与金融危机爆发之初的 2008 年相比，以美元、欧元、货币篮为锚的货币比例分别下降 14.6%、1.1%、3.1%（表 11-1）。数据及其变化说明美国目前仍然是世界上唯一的超级大国，没有其他货币能够挑战美元在储备货币、贸易货币、定价货币中的主导地位，但美元的锚定物地位弱化趋势也很明显，越来越多的国家选择货币供应量目标制、通货膨胀目标制等货币锚定安排，"无锚"的货币体系愈加迷茫。

表 11-1 2008/2018 年 IMF 成员货币政策锚定物的选择比例 %

年份	美元	欧元	货币篮	其他货币	货币供应量目标制	通货膨胀目标制	其他
2008	34.4	14.1	7.8	3.6	11.5	14.3	14.6
2018	19.8	13.0	4.7	4.7	12.5	21.3	24.0

需要关注的是，以国家信用为支撑的主要货币都面临国家信用的严重不足。根据 CEIC（香港环亚经济数据有限公司）及 Wind 数据统计，截至 2018 年底，美国联邦政府的债务率为 659.8%，负债率为 107.2%；日本中央政府的债务率为 592.25%，负债率为 200.5%；欧盟政府的债务率为 177.3%，负债率为 80%。主要经济体超高的债务率和负债率说明政府信用的严重不足，而政府信用的严重不足必然导致其对应的货币信用的缺失。

2. 脆弱的平衡——现有货币体系对中国乃至全球金融稳定的威胁

20 世纪 90 年代以来，中国通过出口的快速增长成为世界上最主要的"贸易国家"，获得顺差和外汇储备，外汇储备中又有较多回流美国，维持了中美两国资金流的平衡。美国商务部统计，2018 年美国对中国商品服务贸易逆差 4 192 亿美元。根据中国海关总署统计，2018 年中国对美国贸易顺差是 3 233.2 亿美元，占当年中国全部顺差 3 517.6 亿美元的 91.9%。中美之间这种互补性的商品和资金流动，学界将其形容为"金融恐怖平衡"（the balance of financial terror），造成博弈和利益的不对等。中国由于担心打破"平衡"会使本国经济受损，出于对代价的规避而不得不长期为美国"融资"，以维持现有的"平衡"状态。这使美国可以凭借外部资本的流入为其贸易逆差融资，从而维持其国际收支平衡。

20 世纪 80 年代末，美国对日本的全面压制，实质就是美国在感受到日本对自身的经济威胁后，主动打破了当时美日之间的"金融平衡"，借助"广场协定"迫使日元升值，并对日本出口产品加征惩罚性关税，最终使日本经济高速增长破灭，经历"失去的 30 年"。正在进行的中美贸易摩擦中，美国针对中国出口商品加高关税，将一批中国技术企业列入"实体企业清单"，跟当年对日本采取的手段具有很大的相似性。虽然今天的中国在政治、经济、金融等方面与当年的日本不具有可比性，但和美国的差距也是显而易见的，这不光体现在经济结构和科技实力上，更体现在"金融恐怖平衡"下双方金融实力和金融地位的巨大差距上。"金融恐怖平衡"带来的世界金融秩序不稳定，可以看作是一个"灰犀牛"事件。美国通过美元体系，用美国国家信用绑架了全球金融稳定，这是当今国际金融体系最大的"BUG"和不安定因素。其中美元在国际货币体系中的主导地位也是中美贸易摩擦中中方处于不利地位的重要原因。要建立更加安全稳定兼具韧性、更加公平合理兼具效率的国际金融体系，就必须打破目前这种由一种货币主导、基于国家信用支撑的货币体系，建立一种超出主权信用的新的国际货币体系。

11.2.2　去美元化浪潮

1. 脱钩美元清算系统

长期以来，以 SWIFT 为代表的美元清算系统为全世界的清算结算提供了便利，但近年来，SWIFT 已经成为美国政府对其他国家进行金融制裁的工具。脱钩美元清算系统，建立新的清算系统成为本次去美元化浪潮最显著的特征。

2018 年 10 月，俄罗斯央行宣布，外国银行将很快可以进入俄罗斯的金融信息传输系统（SPFS），希望以此来替代 SWIFT，从而减少对美元的依赖和降低因美国制裁受到的影响。2018 年 10 月，印度和伊朗签订石油贸易订单，宣布采用不同的支付系统，用印度卢比进行石油进口贸易结算，摆脱美国的长臂管辖。2018 年 12 月，欧盟委员会发布《朝着欧元更强国际化地位前行》的倡议，以欧元作为清算货币的支付系统 SPV 已经正式命名，并将正式启动。

2. 减持美国国债

长期以来，除美国以外，其他国家的储备资产绝大部分都是外汇储备，而外汇储备又以美国国债为主。2018 年以来，许多国家以减持美国国债为主要手段，对储备资产的结构进行了积极调整。

美国财政部的数据显示，2018 年 3 月至 5 月，俄罗斯共抛售了 800 多亿美元的美国国债，减幅高达 84%。2015 年开始，日本政府也在持续减持美国国债，而且减持的速度显著加快，2018 年减持的幅度超过了 10%。事实上，中国、印度等美国国债的主要债权国也都在陆续减持，而且也存在加速减持的趋势。

3. 增持黄金储备

一个国家的储备资产主要由外汇储备和黄金储备两部分组成。近年来，有相当一部分国家对储备资产的结构进行了显著调整，开始降低美元储备份额，用其他资产尤其是黄金储备替代美元储备，增持黄金储备。

根据 IMF 的统计数据，2018 年 10 月美元储备的全球占比为 62.25%，比 2017 年下降了 0.47 个百分点。其中，伊朗、俄罗斯和阿根廷三个国家的外汇储备中，美元储备几乎为零。根据世界黄金协会的报告，2018 年全球各国央行黄金储备增长了 651.5 吨，同比增长了 74%，全球各国央行的黄金年需求量达到 1971 年以来的最高水平。

4. 减少美元结算

在既有的国际贸易体系中，美元一直是第一大结算货币，除了美国与他国的贸易用美元结算外，第三方国家之间的贸易也大部分用美元结算。近年来，由于美国贸易政策、货币政策、政治风险等多重不确定因素的叠加，美元结算带来的外汇风险不断加大。为降低外汇风险的管理难度，许多国家通过签订双边或多边清算协议，改用本币或美元以外的其他国际货币充当贸易结算货币。

2017 年 12 月 11 日，马来西亚、泰国与印尼三国中央银行确立了本币外汇结算框架，决定在三国之间的贸易结算和直接投资中加强本币的使用，摆脱对美元的依赖。值得注意的是，委内瑞拉、俄罗斯、土耳其、伊朗等国甚至已经宣布放弃美元进行贸易结算。

11.3 重构理想的国际货币体系

11.3.1 理想的国际货币体系的标准或条件

1. 汇率标准

在运行良好、合理高效的国际货币体系下，各国之间的汇率基本上保持稳定和均衡的状况。稳定指货币汇率保持稳定，波动处于合理区间，不会发生货币汇率大幅波动和异常波动状况；均衡则是指每个国家既不会由于长期的收支逆差而导致通货紧缩，也不会由于长期的顺差而出现一系列的扭曲。合理有序运行的汇率体系能为经济的有效运行和顺畅发展提供合理经济基础和条件保障。

2. 国际收支调节机制标准

良好的体系应该具备一定的国际收支调节机制。在国际收支出现不平衡状况下，国际收支调节机制应发挥积极的作用。从亚洲金融危机、墨西哥金融危机、俄罗斯金融危机、全球金融危机等事件来看，国际收支不平衡是引致、诱导和直接造成金融危机爆发的主要因素。以卡尼为代表的专家和学者对国际货币体系的研究认为，功能完备、运行良好的国际货币体系能够有效促进国际分工格局的合理化、科学化和有效化，能充分发挥各国在劳动力成本、自然资源禀赋、科学技术等方面不同的比较优势和竞争优势，并在此基础上促进专业化和合理化分工，不会导致国际货币体系风险的集中爆发。

3. 国际储备货币标准

一般认为，国际货币体系应该包括国际储备货币、汇率制度和国际收支调节三方面内容。其中，国际储备货币相当于国际货币体系的细胞，是研究问题的关键。国际储备货币币值保持稳定，就要求国际储备货币发行国要综合考虑国内经济状况和国际经济状况，不能单从本国利益出发来制定政策。但在当前国际金融机构的监督作用并非很强的情况下，储备货币发行国往往会考虑国内经济发展、金融稳定、通货膨胀、贸易平衡等因素，制定相应的货币政策，而不考虑国际货币体系稳定的需要，这也是当前国际货币体系存在的一个重要缺陷。次贷危机引致的全球金融危机就是美联储未能很好地履行储备货币发行国职能的体现。

以上三个标准从构成国际货币体系的核心要素和基础条件进行了分析。可以说，这三个标准在实际中也并非是各自割裂的，而是相互影响、相互促进的。但是，在一些情况下，这三个要素并不能兼顾，需要国际金融机构、国际监管机构和各国政府就这三个要素之间进行平衡和取舍。比如，为了维持国际收支的平衡，贸易顺差国需要进行升值，贸易逆差国则需要进行汇率贬值。作为储备货币发行国，储备货币也面临着"特里芬难题"，即在是维护本币值稳定还是维护国际收支平衡之间，需要进行考量、平衡和抉择。

11.3.2 关于最优国际货币格局的理论分析

究竟什么是最优国际货币格局呢？衡量最优货币格局的标准可考虑两个：一是在这种国际货币格局下交易成本最低、交易效率最高；二是国际社会对国际货币拥有适度的可选择性，即当一种国际货币失效或失信时，同时并存的备用国际货币可以及时填补原有国际货币的空间。

国际货币的格局可以设想大致有如下几种情形。

1. 全球唯一国际货币：一种极端情形

假设只有美元是国际货币，世界其他国家的货币都只作为国内货币使用，国际经济交往都以美元作为媒介手段。Rey（2001）、Greenspan（2001）研究发现，国际货币使用存在正反馈机制，会不断向一种货币集中。Rey（2001）构建理论模型，验证了"一国出口量越大—对该国货币需求量越大—货币使用规模越大—交易成本越大—使用规模更大"这一正反馈机制。Greenspan（2001）也强调，因网络外部性，美元使用规模和频率不断提升，并吸引更多人持有和使用美元。

这种情形的风险在于，美元作为唯一的国际货币，可能滥用其超级、绝对垄断地位，为美国的国家利益服务，并损害其他国家和全世界的共同利益。美元具有自我扩张性，这将造成全球性的美元供给过剩。而此时，因为在市场中没有竞争对手，国际货币持有者只能被动接受美元和美元的价格。这种情形对应布雷顿森林体系时期，各国货币盯住美元，美元与黄金保持固定的兑换比率。尽管美元与黄金挂钩，但由于缺少对国际储备货币的供给约束，基于本国利益最大化的考虑，美元的国际供给不断增长。

在绝大多数年份，美元实际收益率和非储备货币国家实际产出增长率均高于美国黄金储备增长率，甚至高于世界黄金储备增长率，黄金储备显然无法支撑储备货币（美元）的发行。这使得美元危机不断爆发，并导致布雷顿森林体系的崩溃。正如完全垄断市场并非最佳的市场结构一样，单一主权货币格局同样由于垄断会产生霸权，给世界经济的稳定性和福利性带来负面影响。因此单一货币格局并非最优货币格局。

2. 一个国家一个国际货币：另一个极端情形

一个国家一种货币的"威斯特伐利亚模式"。如果全球有193个国家，相应地有193种国际货币。Hartmann（1998）对国际货币的数量进行了分析，基于投资组合理论，他认为，考虑到分散风险的需要，需要存在多个而非一个国际货币。考虑到风险和收益的平衡，不可能只由一种货币完全垄断国际货币市场。但是，Rey（2001）认为，美元之外的国际货币受制于有限的市场规模和流动性，交易成本过高，使得风险分散的好处不明显。这种情形下，汇率关系将极其复杂，储备货币各式各样，交易成本大为增加，国际交易的混乱和困难程度，犹如商品的物物交换。

3. 多元化的国际货币体系格局

金融危机表明，需要改革国际货币体系，弱化对单一货币的依赖，持有不同货币来分散单一国际货币（美元）的风险是改革的大趋势。目前主流的设想有以下三种。

（1）国际货币双寡头格局。设想只有美元和欧元两种国际货币，这种情况下，国际货币之间的竞争虽然存在，但往往并不充分。二者之间也可能形成共谋，成为国际货币联盟或本质上的一个国际货币。只有当两种国际货币的国际利益取向相异时，二者才能更好地相互制约。

（2）国际货币三足鼎立格局。当存在三种国际货币并且力量相当时，竞争将明显加剧。蒙代尔提出了"金融稳定性三岛"，指由美元、欧元、日元组成"三岛"。人民币加入SDR后，其国际储备货币地位进一步强化，未来可能出现美元、欧元、人民币"三足鼎立"的局面。对称的三元国际货币体系的优点在于：一是提供了三种可替代的国际储备资产，有利于缓解特里芬难题；二是实力相当的三种国际货币之间两两制衡，有利于提高国际货币体系的稳定性。根据等边三角形最具稳定性的原理，相对于双寡头，寡头垄断且对称的三元国际货币体系更有利于稳定（潘理权，2007），可以有效减少汇率的波动性及降低宏观经济协调的成本，从而真正发挥货币竞争的替代效应对各货币的约束作用。

（3）在多元化格局中一国货币仍占据核心地位。这种情形下，虽然国际货币也存在市场竞争，但是核心货币仍在竞争中具备一定的垄断优势，主导国际货币的供给仍超过世界的合理水平。这种情况虽然优于只存在单一国际货币的情形，但是要劣于两国货币实力相等的情形。

目前虽然出现了多元化的国际货币格局，但美元的主导地位并没有发生根本改变，美元在货币竞争中仍将享受一定程度的垄断优势。在理想的情况下，只有两个或多个主权信用货币的国际货币地位一致时，国际货币的发行才能更有保障，国际货币体系才能更稳定。而当两个或多个国际货币的地位不对等时，实力较强的国家货币仍存在供给过多的可能，当两个或多个国际货币的地位越接近时，相互之间的制约能力就越强，国际货币体系会越稳定。此外，国际货币多元化下储备货币之间的汇率波动、储备货币资产转移等问题有可能为世界经济带来新的风险。同时，多个储备货币的并行存在由于降低了单个储备货币的使用规模，也会造成整个经济运行效率的损失。

4. 超主权国际货币

特别提款权是由国际货币基金组织发行的一种国际货币，是国际货币基金组织分配给参加特别提款权账户的成员一种自动的提款权。在特别提款权成立之初，一特别提款权的价值等于 0.888 671 盎司的黄金，与 1 美元等值。SDR 必须转换成主要几种国际货币才能用于贸易、投资。

超主权货币（如 SDR）是对单一国际货币和国际货币多元化的一种补充与探索。金融危机以来，国际社会各界呼吁，建立超主权货币取代国家信用货币。在超主权货币下，所有国家的货币都将处于国际货币体系的外围，各国的货币地位将是完全对称的，从而提高国际货币体系的稳定性。

（1）SDR 具有超主权特征，可从根本上解决特里芬难题。SDR 以篮子货币作为定价基础，不与任何一个主权国家直接挂钩。SDR 的使用可以有效避免储备货币发行国牺牲国际利益而为本国谋利所形成的道德风险，降低一国经济波动对国际货币体系的影响，增强全球经济的稳定性。

（2）SDR 的稳定性优于单一货币，可有效避免币值无序波动，规避汇兑风险。SDR由国际贸易和金融交易中最常使用的货币构成，大多数汇率波动均发生在这些货币之间，若其中某一货币汇率贬值，其他货币则相对升值，从而使篮子总体价值保持相对稳定，降低贸易和投资成本。

（3）SDR 的构成内容可随国际经济形势的演变而调整，代表性更强。在创立之初，1 单位 SDR 等值于当时的 1 美元，并与黄金挂钩。布雷顿森林体系崩溃之后，1980 年 IMF 将其调整为美元、马克、法郎、日元和英镑五大货币作为定值标准。1998 年，IMF 临时采取了欧元自动替换德国马克和法国法郎的过渡性措施。IMF 每隔五年对 SDR 篮子进

学习辅导 11.1　国际货币体系

行审查，其构成可随世界经济形势的变化进行灵活调整。2016 年，人民币加入 SDR 货币篮子，进一步增强了篮子货币的代表性。

11.4　人民币国际化的成就与策略

在当前国际货币体系混乱之际，人民币的国际化可以显示中国的国际经济地位以及大国的担当，还可以减少我国对美元的依赖，规避国际经济风险。

11.4.1　人民币国际化的主要成就

1. 跨境贸易人民币结算业务取得长足发展，FTA 稳步推进

在"一带一路"倡议和中国—东盟自贸区战略引领下，目前人民币已经发展成为"一带一路"沿线国家和东盟国家中具有较大影响力的区域性国际货币。

据统计，2015—2016 年间新加坡元货币篮中人民币所占权重已达 31%。而一些实证

分析表明，人民币在东盟地区有取代美元的趋势。商务部统计显示，截至 2018 年 5 月，在已签署 FTA 中，零关税覆盖产品范围超过 90%，承诺开放的服务部门已从加入 WTO 时的 100 个增至近 120 个。据中国人民银行统计，2018 年全年跨境贸易人民币业务结算金额达 5.11 万亿元，较 2012 年增长 74%。

2. 人民币离岸市场不断拓展，全球人民币清算系统布局基本形成

2009 年 1 月 20 日，中国人民银行与香港金融管理局签署双边本币互换协议，这是人民币离岸市场的开端。同年新加坡也启动了离岸人民币交易。2012 年、2013 年，香港交易所（以下简称"港交所"）和芝加哥商业交易所（CME）相继上线可交割人民币实物期货，截至 2018 年底，全球共有 11 家交易所提供离岸人民币期货和期权产品交易，其中港交所人民币期货全年成交达 1 736 亿美元。

目前，除了港澳台地区之外，中国还在新加坡、悉尼、伦敦、法兰克福、首尔、巴黎、卢森堡、多伦多等全球和区域金融中心分别确定了一家中资银行作为当地人民币业务清算银行。通过境外人民币清算行的安排，中国开始构建全球人民币清算网络，为人民币国际化提供了技术保障。2014 年，人民币跨境支付系统（China international payment system，CIPS）在上海建立，该系统的建立可以连接境内外参与者，处理人民币贸易、投资等跨境支付业务，为人民币国际化提供了系统支持。目前，人民币在全球支付货币中占比约 2%，排名在美元、欧元、英镑、日元之后，名列第五。

3. 人民币纳入特别提款权，国际储备货币地位不断上升

2016 年 10 月 1 日，IMF 正式将人民币纳入 SDR，权重为 10.92%，排名第三。人民币在 SDR 中的位次，既体现了中国对全球经济增长的贡献，也体现了人民币在国际贸易和国际投资结算中地位的提升。

但是，按照自由使用的标准，人民币在储备货币、国际负债币种、外汇市场成交额等方面离其他四种国际货币仍有较大差距。2016 年第四季度，IMF 在"官方外汇储备货币构成季度报告（COFER）"中首次将人民币从"其他货币"里单列，到 2018 年第四季度，全球人民币储备资产已经达到 2 028 亿美元，在全球储备货币中占比约 1.89%，在全部货币中排名第五。

4. 金融市场改革不断推进，资本账户开放性逐步提升

货币的投资和定价国际化职能，离不开兼具广度、深度和开放性的金融市场。我国资本和商品期货市场经过 30 多年发展，市场规模不断扩大，交易品种不断增多，但交易规则、市场容量、衍生品多样性和世界金融中心相比还处于发展的初级阶段，开放程度整体较低。近年来，国家也通过一系列改革措施促进资本市场开放，如 QDII/QFII/RQFII 制度、2014 年和 2016 年推出的沪港通和深港通、2015 年实现的内地香港基金互认、2017 年推出的债券通等。接下来，随着注册制科创板的设立、创业板的注册制改革，我国资本市场将进一步与国际接轨，为人民币作为国际化投资货币打下基础。2018 年，原油、铁矿石、PTA 期货正式开始国际化试点，标志着我国开始争取一些战略商品的全球定价权。据 FIA 数据，2018 年我国上海（含中金所）、大连、郑州三大商品交易所成交量分别排名全球第 10、12、13 位，未来随着更多商品迈向国际化，将更有力地提升人民币的国际定价职能。

资本账户开放性逐步提升。目前不动产交易项目下的资本流出于 2015 年有序放开；境内机构借用外债于 2015 年开始在张家港保税区、中关村、前海实施宏观审慎管理试点；货币互换网络方面，截至 2017 年末，中国已签署双边货币互换协议 29 份，金额达 3.02 万亿元人民币。

11.4.2　人民币国际化的策略

1. 适度强化人民币逆周期监管

国际化和市场化是国际金融危机以来人民币汇率制度安排的两大主题。然而，人民币的市场化与国际化在某些特定时段会相互冲突。如果市场化背景下人民币汇率持续下跌，会显著冲击人民币的国际化。因此，有必要加大"逆周期因子"的干预力度和干预频率，使人民币长期运行在均衡合理的区间，维持人民币国际化的持续推进。

2. 有效推进双边本币互换进程

2009 年中国政府启动人民币国际化战略以来，已将双边本币互换作为人民币国际化战略的重要组成部分且成绩显著。

中国人民银行签署的人民币互换额度会通过两条渠道产生作用：其一是留存签约国中央银行，直接计入其外汇储备；其二是通过签约国央行的再贷款，进入商业银行系统，形成人民币离岸信贷或者实现贸易结算功能。显然，双边本币互换有助于人民币国际化的推进。我们需要与更多的国家签署双边本币互换协议，扩大双边本币互换规模，延长双边本币互换期限，让双边本币互换更深入、更广泛地服务于人民币国际化。

3. 积极培育中国进出口商结算货币的主导能力

理论上讲，跨境贸易人民币结算有助于中国进出口商规避汇率风险，但是近年来，跨境贸易人民币结算的规模和结构的变化都不符合上述逻辑。问题的症结在于中国进出口商缺乏选择人民币结算的主导能力，因此应该有针对性地培育这种能力：一是完善大宗商品人民币结算平台。二是强化进出口商的主场优势。广州进出口商品交易会和上海进口博览会是中国进出口商的主场，应该积极鼓励中国进出口商在这两大平台发挥主场优势，在进出口结算货币的选择上起主导作用。三是加大金融措施的配套力度。应该鼓励中国进出口银行为选择人民币结算的进出口商提供更多金融便利，鼓励商业银行为人民币跨境贸易结算提供更多的金融创新工具，下调人民币跨境贸易融资的门槛，降低人民币跨境贸易结算的成本。

4. 全力加速跨境人民币清算系统升级

2015 年 10 月 8 日，人民币跨境支付系统 CIP（一期）成功上线运行，为人民币国际化提供了必要的硬件支撑。2018 年 5 月 2 日，CIPS（二期）全面投产，实现对全球各时区外汇市场的全覆盖。

现阶段，应该尽快使 CIPS（二期）设计框架下的功能落地。一是降低参与门槛。二是拓宽业务品种；三是降低交易成本。

5. 充分利用"一带一路"合作契机

"一带一路"倡议提出以来，我们已经在国际合作、项目合作、经贸合作、金融服务和文化交流五个方面均取得了显著成就。就目前的情况看，在"一带一路"沿线国家加快人民币国际化进程更具天时、地利与人和。就天时而言，去美元化浪潮在"一带一路"沿线国家表现最为充分，人民币国际化可以有效填补各国减持美元储备和减少美元结算留下的空间；就地利而言，随着"一带一路"的推进，区域内国家人流、物流、资金流、信息流往来更为频繁，相互依存度持续提升；就人和而言，伦敦、新加坡、法兰克福等"一带一路"的沿线城市正在为拓展离岸人民币金融中心展开竞争，沿线国家的进出口企业也普遍欢迎人民币作为结算货币。

我们应该充分利用"一带一路"合作契机，加快人民币国际化进程：一是基于东南亚国家长期缺乏中心货币的现实，加上中国—东盟已经建立的"10+1"机制，可考虑将人民币国际化中心放在东南亚地区；二是基于沿线国家基础设施建设大规模的融资需求，应该提升丝路基金和亚投行信贷的人民币权重，扩大人民币在沿线国家的流通和使用。

6. 持续扩大人民币离岸债券市场

目前人民币国际债券可以分为三种类型。类型 I 是中国政府或机构在离岸市场发行的以人民币计价的债券；类型 II 是外国政府或机构在中国境内发行的以人民币计价的债券；类型 III 是外国政府或机构在离岸市场发行的以人民币计价的债券。

基于人民币汇率低位徘徊并由此显著影响了人民币国际化进程的阶段性特征，建议应该做到以下三点：一是适度扩大人民币离岸债券规模。相对于离岸市场庞大的人民币存量，离岸债券市场还有很大的拓展空间，应该积极扩大债券类型 I 的规模，维持离岸债券与离岸人民币存量的匹配。二是健全离岸债券的评级体系。强化离岸人民币债券市场发债品种和发债主体的评级，理顺离岸市场人民币债券评级与债券利率的关系，维持人民币离岸债券市场的平稳发展。三是完善市场的债券期限结构。扩大短期债券，调节人民币离岸市场的供求关系，同时适度增发十年期以上的人民币长期债券，促进收益率曲线的形成，为投资者提供更有价值的参照。

7. 全面提升银行业国际化水平

由于中国银行业的国际化起步早于人民币的国际化，所以银行业国际化初始的战略设计并没有将人民币国际化作为特征变量进行考量。目前虽然进行了部分调整，但仍不能适应人民币国际化的现实背景。因此，银行业国际化在以下三个方面需要进行调整：第一，客户战略转型。目前银行海外分支机构的客户基本局限于双边贸易和投资形成的客户，应该积极开发驻在国本地客户资源，促进人民币的境外流通和使用。第二，产品战略转型。现阶段银行海外分支机构经营的金融产品主要以美元或欧元标价，人民币离岸产品明显不足，商业银行应该设计不同期限结构和利率结构的离岸人民币信贷产品及衍生产品，不断满足离岸市场人民币结算、投资、交易和避险需求。第三，职能战略转型。目前我国商业银行海外分支机构的职能相对单一，未来这些机构应该成为离岸市场人民币信贷产品的供应商，利率及汇率市场的做市商，衍生产品的开发商和离岸债券的经销商，全面

学习辅导 11.2 人民币国际化

服务于人民币国际化进程。

【本章小结】

　　本章主要介绍国际货币体系从金本位到布雷顿森林体系，再到牙买加体系的演进历程，分析了现行国际货币体系中存在的汇率波动激烈，金融危机频现，美国利用美元独霸掠夺全球财富、转嫁经济危机等主要问题，提出要改变现行的国际货币体系就必须改革 IMF 的体制，扩大国际特别提款权的结算范围和储备金额，发展美元、欧元、人民币三足鼎立的新的国际货币体系。

【思考题】

　　1. 名词解释：布雷顿森林体系、特里芬难题、SDR

　　2. 国际货币体系经历了哪三个阶段，有什么特征？

　　3. 金本位制如何调节国际收支？

　　4. 当前国际货币体系存在什么问题，如何改革？

　　5. 理想的国际货币体系应当具备什么条件？

　　6. 如何推进人民币的国际化进程？

【即测即练】

【英文阅读】

第12章 汇率理论

【学习目标】

1. 掌握传统的汇率理论；
2. 掌握影响汇率变化的主要因素；
3. 熟悉人民币汇率的形成机制以及改革发展的方向；
4. 掌握汇率风险种类及其主要的规避措施。

思政案例

美国为何将中国列为"汇率操纵国"

2019 年 8 月 6 日，美国无端把中国列为"汇率操纵国"一事，再次引发市场对其激化中美贸易争端的担忧。事实上，人民币对美元汇率走低的始作俑者恰恰是美国。2019 年 8 月 1 日，美国宣布对中国 3 000 亿美元商品加征 10% 的关税，加剧了市场对于全球经济发展前景的担心。8 月 5 日，美元兑人民币离岸汇率首先突破 7，并同时带领在岸汇率最高达到 7.05，当日道琼斯指数也大跌超过 760 点。市场上投资者避险情绪更加明显。当地时间 8 月 14 日，美国两年期和 10 年期国债收益率出现倒挂现象。此被视为美国经济衰退可靠而强烈预警信号，并引发了其三大股市跌幅均超 3%，欧日股市也受到明显影响。

由此可以看出，一方面，这次人民币汇率下跌是美国加剧贸易摩擦导致的一次正常的市场情绪反应。在当前美元仍然是强势货币的情况下，投资者买入美元和卖出人民币是对美国本次贸易加税行为的本能反应。另一方面，世界经济已经紧密联系在一起，牵一发而动全身。美国所做的一些措施虽然针对的是中国经济，但是很可能搬起石头砸自己的脚，最先受伤的恰恰是自己。

资料来源：美国为何将中国列为"汇率操纵国"[EB/OL].2019-09-11. http://www.chinatoday.com.cn/zw2018/bktg/201909/t20190911_800178240.html.

汇率决定理论一直是国际金融领域的一个热点和核心问题。国际外汇市场实际上是一个寡头垄断市场，发达国家通常利用自身的垄断地位在市场上兴风作浪，获得各种利益，而发展中国家的货币经常受到冲击和排挤，就如思政案例所述。汇率经常波动，给国际企业的经营活动带来风险，因此要学习汇率理论，掌握汇率变动的规律，规避汇率变动的风险。

12.1 汇率的基本概念

汇率是一种货币转换成另一种货币的比率。

直接标价法时，其数值等于每购买一元外币所需的本币数。国外货币的国内价格下降，本币升值；反之，则本币贬值。间接标价法时，其数值等于每卖出一元本币，能换取多少外币。直接标价法下，汇率计算公式为

$$E=\frac{本币}{外币}$$

式中，E 为汇率。

汇率可以分为即期汇率和远期汇率。即期汇率是在某一指定日期将一种货币转换成另一种货币时使用的汇率。远期汇率是指当前签订的一份合约，它规定在未来的某一天（一般为 3 个月）以今天商定的汇价买或卖某一数量的某种外汇。合约中商定的汇率就是远期汇率。远期贴水（FD）指的是远期汇率低于即期汇率。远期升水（FP）指的是远期汇率高于即期汇率。

外汇期货是指金额与到期日都标准化的外汇远期合约。期货市场与远期市场的不同是期货交易标准化、期货的合约金额小、期货可以在到期日之前卖掉，而远期不行。

外汇期权指的是一份合约，它给购买者一个在事先约定的日期（欧式期权），或在此之前的任意时间（美式期权），按规定的价格（执行价格），买（看涨期权）或卖（看跌期权）一定标准化金额的外汇的权利。

12.2 传统汇率理论

12.2.1 传统汇率理论介绍

传统汇率决定理论又分为铸币平价理论、购买力平价理论以及利率平价理论三个理论派别。

1. 铸币平价理论

17 世纪中叶，英国人大卫·休谟提出了铸币平价汇率理论，其理论内容主要表述为在金币本位制货币流通体制下，两国货币的兑换率主要受制于两国铸币的含金量，与此同时，两国货币的兑换率的波动幅度受黄金的输入、输出点约束。

2. 购买力平价理论

古斯塔夫·卡塞尔于 1922 年正式提出了购买力平价理论。从购买力平价理论的发展情况来看，其先后经历了"绝对购买力平价理论"和"相对购买力平价理论"两个不同的阶段。

1）绝对购买力平价

绝对购买力平价认为，在一定的时点上，两国货币之间的兑换比率就等于两国物价水平之比。其公式为

$$E=P/P^*$$

式中，E 为汇率；P 为本国物价水平；P^* 为外国物价水平。将上式变形，得到

$$P=E \cdot P^*$$

上式表达的就是"一价定律"，绝对购买力平价是以一价定律为基础的。

2）相对购买力平价

相对购买力平价是指在一定时期内，汇率的变动应与同一时期两国价格水平的相对变动成比例，因此汇率等于基期的汇率乘以两国价格水平变动率之比。其公式为

$$\frac{E_1}{E_0} = \frac{P_1/P_0}{P_1^*/P_0^*}$$

式中，E_1 和 E_0 分别为现期和基期的汇率；P_1 和 P_0 分别为本国现期和基期的一般价格水平；P_1^* 和 P_0^* 分别为外国现期和基期的一般价格水平。

3. 利率平价理论

1923 年，凯恩斯在其著作《货币改革论》中提出了利率平价理论，他认为，两个国家货币远期汇率的变动与这两个国家在利率上存在的差异密切相关。在经济实践中，两国之间在利率上存在较大差异，从而为套利行为的产生创造了条件。因此只有当两国之间远期汇率变动幅度等于两国在利率上存在的差异时，套利才有可能由于无利可图而不会发生。

由此可见，利率平价理论的主要观点是，一国远期均衡汇率主要是依据一国货币远期与即期价格在时间上存在无套利均衡来确定的。从该理论的运用情况来看，在现实生活中，受各国资本管制、利息税、诸多交易成本和机会成本的影响，在各国经济发展水平以及各国自身经济内外部均衡存在较大差异的条件下，利率平价理论要想准确地预测两国之间远期汇率的变动趋势，依然存在较大的困难。

从传统汇率理论的运用来看，目前传统汇率理论多用于解释两国之间的贸易收支关系。在经济全球化背景下，由于发展中国家与发达国家在资本市场的发育程度和开放程度上存在较大的差异，传统汇率决定理论中的购买力平价理论成为解释两国贸易收支不平衡的重要理论。从目前全球的国际贸易争端来看，贸易逆差国往往认为贸易顺差国汇率低估，而频频对其举起反倾销制裁的大棒。而贸易逆差国在很大程度上就是根据购买力平价理论，来作出贸易顺差国汇率低估这个判断的。

12.2.2　购买力平价理论的缺陷

从实际情况来看，鉴于现代国际经济活动纷繁复杂，各国具体国情也存在着较大的差异，运用购买力平价理论并不能很好地解决国际收支不平衡问题。以中国市场人民币升值为例，2005 年 7 月份以后，人民币采取了渐进式升值的步骤。目前人民币对美元已经升值了近 35%，中国对外贸易顺差依然没有消除，贸易收支仍然不能实现平衡。如果运用购买力平价理论去衡量一国汇率水平的高低，那么，其本身与现代贸易的发展就是相互矛盾的。

理论上，购买力平价理论以各国货币实际购买力水平作为衡量各国汇率高低的唯一标准，虽然该理论在某种程度上体现了各国货币汇率的一个重要决定因素，即通过货币互换的方式，实现商品互换的目的。但是，从实践来看，购买力平价理论以两国同种类商品的价格比率来确定两国货币的汇率水平，主要存在以下三个缺陷。

1. 购买力平价明显地违背了现行的国际贸易规则

在现行国际贸易条件下，两国之所以需要发展贸易，主要是因为两国不同的国际分工以及两国在不同商品生产效率上存在相对差异，发展国际贸易的根本目的，在于实现两国

商品的互补以及实现两国生产效率的最大化。就此而言，两国发生贸易的商品一般呈现出较强的互补性，由此决定了这些商品并不是同质的，而是各不相同的。在此条件下，两国之间在进行不同品种商品贸易时，在汇率确定上却以两国同一种商品或同一组别商品的价格之比来作为确定两国贸易的汇率水平，显然是不合理的。

2. 价格之比不能正确反映汇率

存在除价格比率外的其他因素，影响着两国货币汇率水平。生产率和两国对于对方商品的需求程度是比较重要的两个因素。如果一国对另一国的商品需求程度较高，则该国货币对另一国货币就会出现贬值的趋势。就此而言，在互补贸易为主导的现行贸易背景下，一国货币汇率水平高低或币值坚挺程度，还取决于出口商品的不可替代性以及对国外商品的刚性需求程度。

影响价格的因素还有：一是一国货币发行量。当一国货币发行量较多时，该国商品的价格水平就相对较高。二是一国产品的生产成本。当一国生产力发展水平不高时，该国的生产成本相对较大，从而使其商品的价格相对较高。三是一国经济货币化程度。理论上，一国经济货币化程度相对较高，则该国的商品物价水平也相对较高，反之，其商品物价水平就相对较低。四是一国对于本国居民所实行的工资定价机制。如果一国对于劳动者的工资实行高工资制度，那么，该国商品的价格就相对较高。就此而言，单纯地以某一种或某一组合样本商品价格的对比关系来确立两国之间的汇率水平，显然是缺乏依据的。

3. 汇率无法解释国际资本流动

国际资本频繁流动成为影响各国货币汇率水平的一个重要因素，其在很大程度上超出了购买力平价理论对于汇率的解释范围。在现代市场经济条件下，国与国之间的货币互换已不再满足于两国的商品贸易，而是通过不同国家的货币互换，实现产业投资的转移。与此同时，通过不同国别之间的货币互换，进行货币投机等货币互换，也在目前各国货币互换中占有一定的地位。

跨国投资一是被投资国生产要素成本较低，使外部投资者可以以较低的投资成本获取较多的收益。但如果根据购买力平价理论对两国的生产要素进行换算，那么，两国要素是不存在较大差异的，由此就会使基于被投资国生产要素价格较低的跨国投资不可能发生。二是被投资国在生产要素供给上相对于投资国而言，呈现一定的稀缺性。投资者对外投资的主要目的在于通过国外稀缺生产要素的组合，生产出能够为其带来收益的产品。由于这是两国生产要素的异质互换，购买力平价理论无法通过两国同质商品互换的方式，来确定两国货币的真实汇率。因而，购买力平价理论在对于基于生产要素的稀缺性而导致的跨国投资汇率折算方面，有着明显的局限性。三是国外投资者鉴于被投资国庞大的市场而进行的跨国投资。跨国投资者在被投资国从事投资生产的商品，在投资资本流出国出现供过于求或者处于供求平衡状态，而在被投资国则处于供不应求的状态。如果根据购买力平价理论，投资资本流出国的币值会相对高于被投资国的币值。被投资国以前相对供不应求的商品供给会逐渐增多，其价格就会出现回落，直到回落至供给与需求相对均衡的价格水平。这时，投资资本流出国货币汇率会出现下降，一直回落至双方商品在供求均衡点的价格所决定的汇率水平。跨国投资者在被投资国从事商品投资所获得的利润，正好被两国根据购买力平价理论所计算的汇兑差额所抵消。这一方面违背了市场经济条件下市场主体从事经济活动所奉行的"逐利"原则，另一方面也不能很好地解释目前存在的发达国家对于发展中国家投资大幅增加的客观事实。而以两国货币汇率差异为投机标的的货币投机行为，更是购买力平价理论所无法解释的。

12.2.3 影响汇率的主要因素

1. 通货膨胀对汇率的影响

相对购买力平价的另一种表述形式为：在一定时期内，汇率变动的百分比等于同一时期两国国内价格水平变动的百分比之差。其公式为

$$\Delta E = \Delta P - \Delta P^*$$

式中，ΔE 为汇率变动的百分比；ΔP 为本国国内价格水平变化的百分比；ΔP^* 为外国国内价格水平变动的百分比。

由于我们通常用通货膨胀率表示价格水平变动的百分比，所以汇率变动的百分比又等于两国通货膨胀率之差，即

$$\Delta E = \pi - \pi^*$$

式中，ΔE 为汇率变动的百分比；π 为本国通货膨胀率；π^* 为外国通货膨胀率。

从上式我们可以看出，通货膨胀高的国家货币将贬值；反之，货币将升值。

2. 利率对汇率的影响——费雪效应

经济理论告诉我们，利率反映了对未来通胀率的预期。通货膨胀率高的国家利率也高。费雪效应（International fisher effect）表明，一国的名义利率 i 是市场实际利率 r 与借出资金时期的通货膨胀率 π 之和。即

$$i = r + \pi$$

例如：一国的实际利率 r 是 5%，而年通货膨胀率 π 的预期是 10%，那么名义利率 i 就是 15%。如果资本流动不受限制，当各国的实际利率出现差异，那么套利活动很快就会将利差扯平。假如本国的名义利率高于外国名义利率 4%，反映了本国更高的预期通货膨胀率，本国的货币在未来将贬值 4%。即两国汇率的变化和两国的名义利率的变化在数量上相等，在方向上相反，这就是费雪效应。其计算公式如下：

$$[(E_1 - E_2) / E_2] \times 100 = i - i^*$$

式中，E_1 为初始期的汇率；E_2 为当期的汇率；i 为本国的名义利率；i^* 为外国的名义利率。

3. 外汇市场的投资者心理对汇率的影响

研究表明，投资者的跟风效应（bandwagon effect）在短期的汇率波动上起重要作用。投资者心理可能受到政治因素及微观经济事件的影响。例如，1997 年东南亚的金融危机，当索罗斯抛售某国货币时，投资者就会跟风抛售，造成货币大幅贬值。仅几个月的时间，泰国、马来西亚、韩国和印度尼西亚的货币对于美元一个接一个地贬值 50% ～ 70%。

学习辅导 12.1　汇率理论

12.3　人民币的汇率形成机制研究

12.3.1　人民币汇率的市场化改革

1948 年 12 月 1 日中国人民银行成立，随之发行第一套的人民币，1949 年 1 月 18 日中国人民银行首次公布人民币汇率。从此以后，人民币汇率经过了不断变化的历程。1978 年党的十一届三中全会掀起了波澜壮阔的改革开放大潮。40 多年来人民币汇率历经 5 轮重大改革，基本实现了市场化目标，人民币汇率也走出了一条自己的轨迹（图 12-1），避免了其他发展中国家面临的汇率贬值惯性和货币危机困境，在我国经济发展和对外开放过程中发挥了重要作用。

图 12-1　新中国成立以来人民币汇率全景图

1. 人民币 1993—2005 年的汇率改革：大幅贬值，汇率并轨，实行银行间外汇市场

1993 年党的十四届三中全会通过《中共中央关于建立社会主义市场经济体制若干问题的决定》，作为全面经济体制改革的一部分。1994 年外汇管理体制进行了重大改革，再次实现汇率并轨，实行以市场供求为基础、单一的、有管理的浮动汇率制度。此次汇率改革被认为是最难的也是最成功的改革。

此次汇率并轨彻底解决了人民币汇率高估难题。1993 年上半年外汇调剂汇率一度超过 11，在中国人民银行的干预下年底回到 8.7 左右。改革初期，外汇调剂汇率和官方汇率的价差高达 3 元人民币 / 美元，存在巨大套利空间，滋生寻租和腐败行为，唯有取消双重汇率才能从根本上加以解决。并轨后人民币汇率稳中有升，到 1997 年升至 8.3 左右，从而阻断了长期持续存在的贬值预期和贬值惯性难题。

1994 年改革还建立了银行间外汇市场，使我国有了真正意义上的外汇市场。银行间外汇市场的独特安排对稳定汇率起到了重要作用。主要的做法有：一是人民币汇率实行日波幅管理，银行间美元交易在央行公布的基准汇率基础上可以有 0.3% 的浮动区间。二是企业出口外汇收入必须卖给银行，符合条件的进口用汇从银行购买，银行结售汇产生的外汇头寸高于或低于外汇周转头寸限额部分需要在银行间市场抛出或补进，市场上供求失衡时由央行买卖外汇来平衡。三是央行以某一卖出价无限供汇，阻止人民币贬值。四是外汇交易手续费覆盖每日最高价与最低价价差，这意味着绝大多数交易日的日内投机性交易是亏损的，以此阻止外汇投机买卖。

2. 人民币 2005—2015 年的汇率改革：参考一篮子货币

2005 年 7 月 21 日央行发布公告，宣布实行以市场供求为基础、参考一篮子货币进行调节、有管理的浮动汇率制度，人民币汇率不再盯住单一美元，要形成更富弹性的人民币汇率机制，同时兑美元汇率一次性从 8.276 5 调整到 8.11。

完善汇率形成机制成为改革的核心。一是与国际外汇市场接轨，2006 年 1 月 4 日即期交易中引入场外交易模式，推行做市商制度和询价交易，询价交易逐渐取代竞价交易成为最主要的交易方式，市场的价格发现功能得到发展。二是参考一篮子货币进行调节成功实现了人民币汇率稳中有升和有序调整。一篮子货币本身具有稳定器作用，如果严格盯住一篮子货币，汇率变动仅仅反映国际市场上篮子货币之间的汇率变化。这种外生性使得汇率不能反映经济基本面变化和外汇供求关系，因此此次改革创造性地提出是参考而非盯住。三是中间价管理成为人民币汇率干预的重要手段。最初将上一日收盘价作为人民币兑美元汇率中间价，2006 年年初将中间价改为开盘前市场做市商银行报价的加权平均价。中间价操作简便易行，使之成为央行管理汇率的重要选项，但这容易扭曲和抑制市场机制的作用。如果市场升贬值压力是短期的或者异常的，这种管理方式有稳定汇率的作用。然而，如果升贬值压力是来源于经济基本面或者是趋势性的，就很容易引起汇率失衡。能否应用好，取决于央行的判断是否正确。

3. 人民币 2015 年至今的汇率改革：完善汇率中间价，增强市场化的程度

中间价的定价机制透明化推动了人民币汇率市场化。改革要求做市商报价参考上一日银行间外汇市场收盘价，并综合考虑外汇供求情况以及国际主要货币汇率变化。中间价定价实际变成上一日收盘价＋参考一篮子货币，央行操控中间价的空间被大大压缩。实行新的中间价定价机制以来，中间价和上一日收盘价的价差显著收窄，主要受来自夜盘国际市场上主要货币汇率变化的影响，而且是双向的，中间价的变动基本能反映和吸纳汇率升贬值压力。

人民币离岸市场的发展也推动了境内人民币汇率市场化。人民币国际化在香港等境外形成了人民币离岸市场，其中包括离岸人民币外汇交易。由于离岸市场受到的管制较少，汇率的市场化程度高。此次汇改的另一个约束目标是要促进形成境内外一致的人民币汇率，以增强境内外市场的联动性，改革后境内外市场的价差也逐渐收窄。从实际运行效果来看，人民币对美元有升有贬，波动较大，而人民币汇率指数相对稳定，波动远小于对美元的双边汇率。

12.3.2 人民币汇率制度——实行有管理的浮动汇率制度

从全球范围来看，自由浮动从来不是大多数国家的选择。根据国际货币基金组织年报，2017 年在其 192 个成员中，实行自由浮动的只有 31 个，发展中国家实行自由浮动的只有 4 个。而大多数国家选择对汇率进行不同程度的管理是基于现实的次优选择。欧洲当年推行货币一体化并最终启动欧元，应对全球浮动汇率冲击是重要原因之一。处于外围的发展中国家和中心货币国家相比力量更为不对等，听任汇率浮动不仅不能让汇率成为吸纳外部冲击的缓冲器，还有可能使其变为外部冲击的来源。

自由浮动优先的逻辑也值得商榷。货币的价格有三种，即货币价格三重性：物价、利率与汇率，分别体现了货币的对内价值、时间价值和对外价值。在主流理论中，保持物价稳定是货币政策的首要目标，利率是重要的货币政策工具，唯独汇率要自由浮动。同是货币的价格，却差异化对待，从逻辑上难以自圆其说。事实上，全球固定汇率体系的存在时间要比浮动汇率体系长得多，自由浮动优先的理论也许是基于某种先入为主的理念或者某些国家的自身利益而演绎出来的故事。自由浮动被称为清洁浮动，有管理浮动被称为肮脏浮动。这些人为炮制的概念站在道德制高点上，自觉不自觉地驱使其他国家往某个方向走。

人民币汇率制度选择必须基于我国国情。实行真正的有管理浮动是在当前国际货币体系下适合我国国情的较长期选择，也是对改革开放以来汇率市场化改革成果的继承和发展，也符合党的十八届三中全会对政府与市场关系界定的精神。20世纪90年代以来，我国就一直宣布人民币实行的是有管理的浮动汇率制度，并在不同时期赋予"有管理"不同的内涵，但离真正的有管理浮动还有差距。按照国际货币基金组织的界定，我国汇率制度一直在中间汇率制度内变动。真正的有管理浮动属于浮动汇率，汇率主要由市场决定，没有公开的汇率管理目标，允许存在基于汇率稳定的政府干预。从我国来看，实行真正有管理浮动，就是让市场来发现均衡汇率水平，通过政府管理维护汇率稳定，保持汇率在合理均衡水平上基本稳定，从而实现均衡汇率和汇率稳定双重目标的协调。

转向真正的有管理浮动，参考一篮子货币进行调节需要逐步淡出历史舞台。转向真正的有管理浮动，近期还需要解决境内外人民币外汇市场发展不一致的问题。

在当前国际货币体系中，全球性货币锚缺失，很多国家货币盯住与其经济联系紧密的国家的货币，使一些主要国际货币成为区域性货币锚，形成货币区，主要有美元区、泛欧元区。在2014年以来这轮外汇市场动荡中，属于这两类货币区的货币汇率要稳定得多。另一个货币相对稳定的地区是曾经的亚洲金融危机重灾区的东亚及东南亚，只有马来西亚、缅甸达到了货币危机的标准，但货币贬值幅度远小于其他地区货币。这得益于中国经济发展红利和人民币汇率稳定的溢出效应。随着我国与越来越多国家经贸关系日益密切，彼此货币之间的关联性不断增强，形成与上述两大货币区并列的人民币区的条件将不断成熟。汇率有没有扭曲将成为这些国家是否选择人民币作为货币锚的重要考量因素。一旦形成全球三大货币区，探讨全球汇率稳定机制就有了基础，从而可能推动全球汇率体系走向以规则为基础的有管理浮动。这无疑对构建公平、公正和有序的国际货币体系具有积极意义。

12.4　保持人民币稳中有升的重要意义

我国的经济平稳增长，外汇储备充足，贸易长期处于顺差状态，物价稳定，国债处于安全范围内，因此人民币长期趋势应当是不断升值。但是，人民币始终有较大的贬值压力。人民币贬值有三个方面的因素：始于2015年以来的经济预期、中美贸易战的心理影响、央行的汇率政策管理。发挥根本性作用的还是央行的汇率政策意图。

在目前中国的汇率形成机制下，央行的汇率政策管理是最为重要的。央行不想人民币贬值，人民币就贬不了，央行想要人民币升值，人民币就能够升。这是由目前的汇率形成机制、外汇管理制度以及外汇市场结构决定的。

人民币贬值弊大于利，可以从以下十个方面分析。

（1）人民币主动贬值不可以冲销美国给中国商品加征高关税带来的负面影响。本币贬值是外国官方和消费者福利的增加、本国居民福利的减少。美国对来自中国的商品加征高关税，美国政府财政收入增加，人民币贬值的直接后果是把中国商品和劳务贱卖给外国，外国消费者得利。人民币贬值，不仅导致从美国进口商品价格的上涨，所有进口商品价格都将上涨，同样的进口商品，中国消费者要支付更多的人民币才能买到，直接损害了中国消费者的利益。不仅是进口商品，所有海外的劳务价格以人民币计算都会上涨，包括中国居民赴海外的旅游费用、海外留学的学费和生活费等，中国消费者都将支付更多的人民币。

（2）人民币贬值，短期内有可能恶化国际收支。根据"J 曲线效应"，由于本币贬值，出口同样数量的商品和劳务，获得的外国货币金额反而减少，进口同样数量的商品和劳务需要付出更多的本币。因此，本币贬值，至少在短期内无法改善国际收支，反而会恶化国际收支。本币贬值对国际收支的最终影响还是如马歇尔—勒纳条件（Marshall-Lerner Condition）所述，贬值的效果取决于该国进出口商品的结构和弹性。转型升级，提高出口商品的附加值和科技含量，优化贸易商品结构才是改善国际收支的正道。

（3）人民币贬值不利于经济转型升级和供给侧改革。若人民币不贬值，会迫使出口企业压缩成本、提高生产效率；寻找商品替代市场；生产要素转移；淘汰部分资源密集、能源密集、污染环境的企业；把生产基地转移到海外，实现出口市场替代。

（4）人民币贬值可能引发债务危机。不要只看到中国外汇储备这么多，国内很多企业，包括一些大型央企，借了很多外债，但是它们赚的钱还是以人民币为主，收入币种和负债币种不匹配。本币贬值导致对外货币性负债债务负担加重，进而引发债务链断裂，出现债务危机，甚至引发金融危机的案例并不少见。

（5）不良预期连锁反应。人民币持续贬值产生的刺激效应之一，就是居民恐慌性地换取、持有和转移外汇等。与此相对应的是国家外汇管理当局采用一系列的限制汇兑、限制提现、限制用汇范围等管卡措施，从而进一步恶化预期，管理当局与居民在外汇问题上形成博弈，结果导致居民用汇的不便，影响到居民的生活和投资等。2015 年开始的人民币贬值足以说明，贬值引起的只能是不良预期及其不良连锁反应。

（6）人民币贬值导致通货膨胀。本币大幅度贬值引起输入型通胀是必然的。大幅度的本币贬值，不仅直接导致进口商品价格的上涨，也会触发与进口相竞争商品的价格上涨，引发通货膨胀。本币贬值不仅导致最终消费品价格的上涨，还会导致进口资本品价格的上涨，进而提高产出成本。

（7）持续贬值也将对人民币国际化产生较大的负面影响。人民币目前并不是完全自由兑换货币，在走向国际货币的过程中，需要币值的稳定，尤其需要汇率的稳定，甚至坚挺。如果币值和汇率不稳定，人民币国际化水平将会下降。美元已经是国际货币，美元贬值升值都不会影响它的国际货币地位。人民币在国际化过程当中，如果持续大幅度地贬值，积累的效果有可能前功尽弃。

（8）人民币大幅度贬值，可能激化中美贸易战。人民币短期内持续大幅度贬值的行为，极有可能诱发中美汇率争端，从贸易战升级为汇率战，授人以柄，美国给中国扣上"汇率操纵国"

帽子有了新借口，中美经济关系势必进一步恶化。而且，汇率作为一个重要的外部经济变量，影响所及并非只限于中美，其他受人民币贬值影响的国家也可能对中国产生不满。

（9）对吸引外资产生负面影响。如果人民币存在持续的贬值预期，潜在的外国投资者将担心汇率风险，从而对东道国的投资会产生观望而裹足不前。无论是直接投资者，还是证券投资者，都会担心汇率风险。

（10）诱发资金外逃。一国货币持续的贬值预期，极可能诱发资金和资本外逃。不仅短期资金极易外逃，而且长期资金也有可能外流；外国资金会随时发生外流，本国资金也会寻求出逃的渠道；具有实体经济性质的资产，也有可能转化为货币资金逐步转移到海外。

综上所述，保持人民币汇率的稳定十分重要。

12.5 汇率风险及规避措施

汇率风险的产生主要是由于汇率具有波动性以及难以预测性的特点。在企业涉外交易业务中，外币需要与本币进行兑换，不同阶段货币的兑换汇率是波动的，在考虑时间因素的条件下就会产生一定的汇率风险。若企业未重视，没有采取有效措施规避外汇风险就可能造成非常大的损失，不利于企业持续发展。

根据汇率风险的产生过程，可以将其分为交易风险、折算风险以及经济风险三种类型。其中，交易风险是指在使用不同货币进行计价支付交易行为中，因外汇汇率变动而导致经济主体蒙受损失；折算风险是指经济主体在对资产负债表的会计处理中，在功能货币与记账货币的转换中，因汇率变动导致的经济主体蒙受损失；经济风险则是无法预计的汇率变动对企业生产销售数量、成本、价格产生影响，进而导致经济主体蒙受损失。

企业汇率避险主要措施有以下几种。

12.5.1 利用远期汇率，抵御汇率波动风险

（1）直接运用人民币外币衍生工具，对汇率走势进行预判，通过远期、掉期等衍生产品工具，有效对冲汇率波动风险。

如 2013 年 5 月 8 日，美岛公司成交了一笔 1 000 万日元的 8 个月期远期结汇，签订的远期成交汇率（100 日元/人民币，下同）为 6.265 1，到期日为 2014 年 1 月 10 日，而到期日汇率为 5.768 3。通过提前锁定远期日元结汇汇率，公司获取了 4.97 万元汇兑收益（1 000 万日元 ×（6.265 1-5.768 3)/100）。

（2）运用"贸易融资 + 衍生产品"组合工具。企业主要运用进口代付、福费廷、美元流动贷款等融资产品与远期结售汇相结合的方式规避汇兑风险。

如大冶有色在进口结算时多采用"进口（银行）代付 + 远期购汇"的方式抵御汇兑风险。2014 年 1 月 17 日，银行对大冶有色进口信用证项下的单据进行代付融资，金额为 1 990 万美元，约定还款日期为 2014 年 7 月 16 日，利率为 1.62%，购汇汇率为 6.079 3，而到期日银行外汇牌价为 6.218。通过锁定远期购汇价格，企业节省了 280 万美元的汇兑成本 [1 990 ×（1+1.62%)×（6.218-6.079 3)]，覆盖了 200 万美元（1 990 × 1.62% × 6.218）的利息支出，实现收益 80 万美元。

12.5.2 利用汇率期权避险

期权避险主要是针对汇率走势方向不明的情况。人民币外汇期权，作为一种收益与风险具有明显非对称性的外汇衍生产品，能较好地满足这类避险需求。人民币外汇期权是一种权利的买卖。期权买方通过向期权卖方支付期权费，获得了在未来的一定时间内按约定的汇率向期权卖方办理结汇或售汇的权利。由此，期权买方获得了今后是否执行权利的选择权，而期权卖方则承担了今后汇率波动可能带来的风险。可以发现，期权的买卖双方具有收益与风险非对称性的特点，即买方风险有限、收益无限，而卖方收益有限、风险无限。出口企业基于预期的贸易收入，未来处于美元多头地位，出于规避汇率风险的需求必然选择作为期权的买方，即买入结汇期权（也叫美元看跌期权）。

例如，企业判断 6 个月后美元汇率不会高于 6.25，但同时也担心汇率波动加剧而导致到期汇率高于 6.25。这时，客户可以买入一个执行价为 6.25 的结汇期权，并支付约 500bps 的期权费。我们以一张收益曲线（图 12-2）来看一下期权的执行效果。

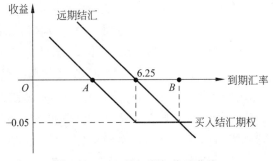

图 12-2　买入结汇期权收益曲线

当 6 个月后即期汇率低于 6.25 时，客户选择以 6.25 的执行价行权，规避了美元下跌的风险；若到期汇率高于 6.25，则客户放弃行权，可以以更好的即期价格结汇，享受到美元上涨带来的收益。这里我们还要注意 A、B 两个点位，分别代表在计入期权费成本的情况下，人民币外汇期权相较即期结汇和远期结汇的盈亏平衡点。唯有到期汇率进一步下跌到 A 以下或者上升到 B 以上，上述的执行效果才能充分体现出来。当然，如果客户认为到期汇率会高于或低于远期汇率 6.25，还可以通过调高或调低期权执行价来调整期权费的支出，改变 A、B 两个盈亏平衡点的位置，以此来改变期权的价格保护和获取收益的空间（图 12-3、图 12-4）。

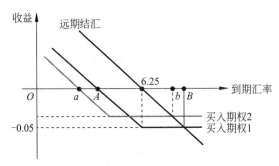

图 12-3　行权价低于远期汇率，均衡点下移

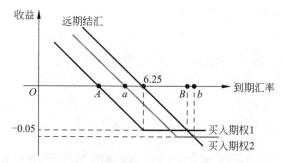

图 12-4 行权价高于远期汇率，均衡点上移

从这个例子可以发现，一方面，人民币外汇期权在双向波动的汇率环境下有很好的应用价值；但另一方面，期权费成本的存在，也使规避双向风险的效果打了折扣。买入期权，本质上来说是做多汇率的波动性。由于在人民银行扩大汇率日间波幅后，人民币汇率弹性在提高，汇率波动性在加大，因而期权费自然也会有所上升。为减少期权费成本对避险效果的影响，对于期权费敏感的客户可在买入看跌期权的基础上再办理一笔执行价更高的卖出看涨期权，通过卖出期权获得的期权费收入来部分甚至全部抵消买入期权支付的期权费。这就是自 2011 年以来各家银行力推的人民币外汇期权组合业务。

我们仍旧以收益曲线（图 12-5）来看一下期权组合的效果，为方便起见，我们选择零成本结汇期权组合来做分析。结汇期权组合，是指客户针对未来结汇需求，买入一个执行价格较低的美元看跌期权（买入一个未来卖美元的权利），同时卖出一个执行价格较高的美元看涨期权（卖出一个未来买美元的权利）。设较低执行价格为 K_1，较高执行价格为 K_2，期权到期日即期汇率为 E，到期将会出现以下三种情形：

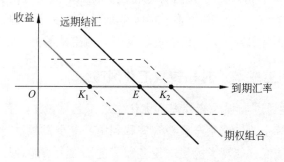

图 12-5 零成本结汇期权组合收益曲线

① E 小于 K_1 时，客户可以选择行权，以 K_1 价格结汇。② E 介于 K_1 和 K_2 之间时，客户作为看跌期权的买方不会选择行权，因为市场价 E 比 K_1 更高；同时银行作为看涨期权的买方也不选择行权，因为市场价 E 比 K_2 更低。③ E 高于 K_2，银行必然选择行权，这时客户必须按 K_2 办理结汇。

可以发现，和远期结汇相比，期权组合可以在一定程度上享受美元升值的收益，即比远期汇率 E 多了一个（K_2-E）的收益；缺点是美元贬值时少了一个（$E-K_1$）的价格保护。而和即期结汇相比，无论到期即期汇率如何变化，期权组合都有一个兜底的价格 K_1；缺点是如果美元升值超过 K_2，则必须按 K_2 结汇，这一点的效果跟远期是一样的。需要指出的是，组合中的 K_1 和 K_2 是由客户自行选择的，且零成本组合中 K_1、K_2 一定是在远期汇率 E 的两端。

从 E 开始会形成逐渐向外扩散的多个价格区间，如果区间选得太窄，则等同于一笔远期结汇，没有太大意义；如果区间选得太宽，最终不行权的可能性较大，等于没有锁定，同样也没有意义。因此选择怎样的区间很重要，这个选择必须基于客户自己对汇率走势判断及对执行价格的容忍程度。综上所述，和单独买一个结汇期权不同，期权组合体现了权利和义务的混合。它的结汇价格限定在 K_1 和 K_2 之间，类似于一个区间灵活的远期结汇，在汇率双向波动的市场环境下更符合客户的个性化需求。

12.5.3　结合人民币汇率波动趋势，合理配置外币资产负债结构

（1）在人民币升值期间加强资产本币化、负债外币化配置。如新冶钢、大冶有色在人民币走强期间持续保持美元负债头寸，美元借款到期后，企业与银行协商"借新还旧"，待人民币走强时，再择期购汇还款。

（2）根据汇率走势调整对外贸易信贷结构。在外贸结算环节，企业在人民币升值期间倾向于通过预收、延付等扩大外币负债规模来获取升值利好。如大冶有色、美岛在2013 年人民币单边升值期间分别预收贸易货款 4 859 万美元、21 万美元，在 2014 年 1—6 月人民币走软期间，两家企业预收货款则无发生。

12.5.4　通过"收硬付软"等方式，调整贸易收付汇币种结构

随着人民币汇率的波动，在贸易结算中具备话语权的企业，可以依据"收硬付软"或结算币种多元化的原则，抵御或稀释汇兑风险。从出口收汇情况看，在 2014 年 1—6 月人民币汇率下行期间，美元相对人民币是"硬币"，大冶有色和宝加鞋业两家企业相应在出口结算中扩大了美元结算份额。如大冶有色将美元结算比率由 2013 年的 76.77% 扩大至2014 年 1—6 月的 95.34%，宝加鞋业则在 2014 年取消了人民币结算，在 2014 年前 6 个月全部换作美元结算，从而享受了人民币贬值、美元升值带来的汇兑收益。

12.5.5　对内压缩成本、对外转嫁汇兑风险

（1）资源型企业通过加强内部管理、优化生产工艺等做法，有效降低了生产成本。如大冶有色、新冶钢等企业加强生产原料管理和利用，减少日常生产所必备的煤、水、电的耗费，同时淘汰产能低、能耗大的生产设备和工艺，加大节能减耗力度，不断压缩单位产品生产成本。

（2）加工贸易型企业基于与海外客户良好的合作关系，能够及时通过价格条款转嫁汇兑风险。如美岛、美尔雅加工贸易占到公司贸易总额的 90% 以上，国外客户为了保证稳定的产品来源，在汇率波动期间，愿意与国内企业一起分担汇兑风险，对于金额较大的贸易订单，国外客户与国内企业在签订合同时就设立了相应条款，协议当人民币升值或贬值时，相应地提高或降低出口价格。

12.5.6　加强贸易收汇、付汇时间安排，通过贸易收入直接付汇，减少汇兑环节

部分出口导向型企业，出口收汇大于进口付汇，企业通过合理安排收汇、付汇时点，

能够将出口收汇直接用于进口付汇，从而减少汇兑中间环节，规避汇兑损失。如新冶钢 2013—2014 年 6 月，出口收汇 17 305 万美元，进口付汇 14 900 万美元，其中贸易购汇仅 634 万美元，购付汇缺口达 14 266 万美元，因此避免了汇率波动带来的汇兑风险。

学习辅导 12.2　人民币汇率形成机制研究

【本章小结】

汇率理论是国际金融的热点和核心问题，本章主要介绍汇率理论、影响汇率波动的主要因素，回顾了人民币的汇率改革的历程，研究了人民币汇率的发展趋势，探讨了汇率风险及其规避措施。

【思考题】

1. 名词解释：汇率、即期汇率、远期汇率、汇率期货、汇率期权、直接标价法、间接标价法、远期升水、远期贴水、费雪效应、铸币平价理论、绝对购买力平价理论、一价定律、相对购买力平价理论

2. 购买力平价理论存在什么缺陷？

3. 我国中央银行是如何稳定汇率的，如何进行汇率改革？

4. 我国实行什么样的汇率制度，如何做？

5. 影响汇率变动的主要因素是什么？保持人民币稳中有升有什么重要意义？

6. 汇率风险包括哪几种？如何规避汇率风险？

【即测即练】

【英文阅读】

第13章 国际资本市场

【学习目标】

1. 了解国际资本市场的发展历史及其重要性；
2. 掌握国际资本市场的有关概念；
3. 熟悉国际资本市场的利弊，学会利用国际市场的策略；
4. 研究建设中国国际金融市场的策略。

思政案例

中国资本市场对外开放成效显著

据证监会网站消息，2021年11月23日，中国证监会副主席方星海在2021中新（重庆）战略性互联互通示范项目金融峰会上介绍，近年来，中国证监会推出了一系列双向开放新举措，中国资本市场对外开放取得显著成效。

一是市场开放不断深化。证监会持续拓展和深化境内外市场互联互通机制，丰富外资参与A股市场的投资渠道：符合条件的科创板股票正式纳入沪深港通标的，沪伦通机制稳定运行；QFII新规落地实施，投资范围扩大至商品期货、商品期权、股指期权等。外资高度关注和认可不断开放的中国资本市场，保持稳步流入A股市场的总态势。2021年1—10月，境外投资者通过QFII、沪深股通等渠道累计净流入约2 409.76亿元。截至2021年10月末，外资持有A股流通市值3.67万亿元，占比约4.97%。

二是行业准入全面放开。证监会于2020年全面放开证券、期货和基金管理公司外资股比限制，外资机构在经营范围和监管要求上均实现国民待遇，很多国际知名机构加快了在华投资展业步伐。2021年以来，新增设立摩根大通、高盛（中国）两家外资全资证券公司，富达、路博迈两家全资基金管理公司。目前已有8家外商控股证券公司和3家外商独资基金管理公司、1家外商独资期货公司获准设立，有的已经正式开展业务。

三是产品开放稳步推进。商品期货、期权国际化品种范围不断拓展，已有9个品种向境外投资者开放，其中2021年新增原油、棕榈油期权两个国际化品种。沪深港ETF（交易型开放式指数证券投资基金Exchange Traded Fund，缩写ETF）互通、中日ETF互通相继推出，顺利推进。

资料来源：王震．证监会：中国资本市场对外开放成效显著[EB/OL]．（2021-11-24）．http://finance.people.com.cn/n1/2021/1124/c1004-32290928.html．

改革开放，中国逐渐建立了资本市场，优化资本配置，提高资金的利用率，促进了国民经济的发展。同时，利用该市场吸引外资，扩大开放，取得了良好的成绩，就如引导案例所述。

13.1　国际资本市场重要性及相关概念

在当今国际竞争中，资本市场日益成为发达国家竞争的焦点与核心，欧美等国更是以投资者的逐利本性为由，在资本市场上展开了没有硝烟的利益争夺战和风险转嫁战。例如，美国为了摆脱金融危机造成的经济衰退，实施量化宽松政策，狂印美元，在与他国的贸易往来中，以极低的成本搜刮全世界的资源与财富，形成本国巨额的贸易逆差。随后，美国又利用其庞大的资本市场，向这些持有大量美元外汇储备的贸易顺差国家出售其国债甚至不良资产的衍生证券，大量的美元又回流国内，刺激美国经济发展。为减少不断上升的债务，美国实行持续的美元贬值策略，使外国投资者为美国打工又面临资产缩水的风险。2008年的金融海啸，就源于美国为了刺激房地产市场，带动本国经济繁荣而发放大量的次级贷款，并利用其发达的资本市场，通过资产证券化手段将这种有毒的住房融资和其他的风险转移到国际投资者身上。美国次贷危机爆发，国际投资者的投资瞬间化为乌有，而美国攫取了利益，转嫁了风险，这核心的秘密就是美国的资本市场。

国际资本市场是一个不同国家进行资产交易的市场。当然，资本市场并非一个单一市场，而是多个互相紧密相连的市场，资产在其中被交换。其中包括：①股票市场（equity market）；②债券市场（bond market）；③外汇市场（foreign exchange market）。这些市场相互联系、相互影响，形成一个整体。

这个市场的主体是投资者、借款人、中介商。投资者是资金的供给者，即有剩余资金的公司、个人及其他非银行机构。当前，三大市场中最主要的投资者有被美国麦肯锡全球研究所称为四大"玩家"的四只"巨手"，即石油美元、亚洲国家的中央银行、对冲基金和私人股权投资公司。借款人是资金的需求方，包括公司、个人、政府。中介商是投资者和借款人的媒介，包括商业银行和投资银行。市场的客体就是资产。

国际资本市场对借款人的好处是可以用较低的成本和灵活的方式，借到金额较大的资金。对投资者的好处是可以有更多的投资方式和投资选择，可以进行投资组合，分散投资风险。近年来，越来越多的中国企业利用国际资本市场融资，进行跨国并购，取得良好的经济效益。

13.2　国际资本市场发展简史

13.2.1　20世纪初到50年代的国际资本市场活动特征

自20世纪初期起到20世纪50年代，国际资本市场开始在资本的国际配置中发挥积极作用，其活动表现出如下特征。

古典金本位盛行的1870年到1914年的40多年间，国际资本保持高度流动性，并有大量资本由欧洲涌入美国和澳洲等地区。资本流动因资本输出国和输入国宏观经济状况变化及突发性政治经济事件而出现大起大落。1929—1933年全球性金融危机引发的大萧条，导致普遍的债务违约，严重打击了国际资本市场的活动。

13.2.2 "欧洲美元"时期的国际资本市场活动及特征

第二次世界大战结束后，国际范围的私人银行贷款和证券投资受到相当程度的抑制。资本无法突破地域限制，更多地表现为在货币发行国境外的流动，市场交易行为也大多发生在"国外"，即"欧洲美元交易"。欧洲美元是指存放在美国境外各国商业银行（包括美国银行在国外开设的分行）的美元，或者是在美国境外向各国商业银行借到的美元。

该时期国际资本市场活动的特征如下。

（1）国际资本市场活动停留在"欧洲市场及欧洲货币"的范畴。

（2）资本流动形式集中表现为官方援助和直接投资。第二次世界大战后欧洲重建计划引起了庞大的官方资本流动。美国政府实施的"马歇尔计划"和杜鲁门的第四援助计划导致美元大量流入欧洲。美国商业银行纷纷扩大国际业务，在国外尤其是欧洲开设分行，这些银行利用其持有的巨额资金，积极发展信贷业务，发行国际债券，为欧洲货币市场提供了新的资金来源。

13.2.3 "石油危机"时期的资本流动及其特征

1973年，随着汇率制度由固定向浮动转变，美国和其他一些国家逐渐解除对跨境资本流动的控制，国际资本流动进入一个新的发展时期。

1973年10月中东战争爆发后，OPEC（石油输出国组织）成员国一方面加快石油生产国有化进程，另一方面大幅度提高石油价格，石油价格从1973年10月的3.01美元/桶提高到1981年10月的34美元/桶，对世界经济产生了重大影响。随着石油价格的大幅度上升，OPEC成员国的国际收支经常项目出现巨额顺差，1973年到1981年顺差累计达3 360.7亿美元。这就是所谓的石油盈余资金，由于石油盈余资金大部分以美元表示，所以又称石油美元。

石油美元的积累及流动推动了欧洲资本市场的进一步发展。在OPEC成员国可供运用的资金中，约有1/3投放在欧洲货币市场，大部分采取欧洲美元存款的形式。1982年后，OPEC成员国开始出现经常项目逆差，石油美元被迫中断。

13.2.4 债务危机时期的资本流动及特征

进入20世纪80年代，由于多数中等收入的发展中国家沦为债务沉重的借款国，面临着债务还本付息的困难，资本流动开始显示出收缩迹象。

该时期国际资本市场活动特征表现如下。

（1）资本流动规模扩张极不稳定。20世纪80年代初期，资本跨国流动的总量由年融资近2 000亿美元下降到1 500亿美元左右，累计下降幅度超过20%。1984年后，国际资本市场的融资总额又出现大幅度上升，三年间累计升幅超过70%，表现出很强的不稳定性。

（2）发达国家间的国际资本流动受债务危机的影响程度轻微，并在短时间内快速恢复。

（3）发展中国家的资本流入进入长期收缩期。在债务危机的影响下，发展中国家的资本流入收缩期长达10年，这刚好是拉丁美洲国家"失落的十年"。

13.2.5 全球化阶段的资本流动及其特征

1988年以后，资本流动的规模获得前所未有的发展，资本的跨国流动进入一个新的全球化的发展阶段。国际资本市场活动最显著特征是资本流动的全球化，具体表现如下。

（1）资本跨国界流动对经济发展的影响力大幅度上升。

（2）资本流动快速上升，资本流动性达到很高水平。在资本流动规模快速扩张的同时，金融技术的日新月异，金融创新的大量使用，以及各类金融衍生工具的开发和普及，大大提高了国际资本的流动速度。

（3）参与国际资本市场活动融通资金的国家越来越多，各类进入资本市场的障碍纷纷消除。

（4）国际资本市场的价格呈现趋同趋势，利率的波动具有明显的联动性。

13.3 国际资本市场的利弊

13.3.1 正面经济影响

1. 资本市场的全球化有助于创造新的资金供应，并满足世界市场上的资金需求

资本的全球运动提高了资本利用率和增值率，促进各国、各地区经济要素在全球范围内实现优化配置，从而共同提高经济效益。这种生产社会化意义上的资本全球化，在相当程度上解决或缓和了许多国家、地区的"资本饥渴症"，推动了这些国家的经济增长和就业扩大。事实证明，一个充分发展、对外开放的资本市场不仅能够引入大量资本，而且通过市场功能的有效发挥，可以把资本引向最有效的项目，借以调整和改造产业结构、经济结构，成为市场经济最重要的"晴雨表"。

2. 资本市场有助于促进改革开放

由于资本运动固有的规律和特点，许多国家对经济制度和经济政策不得不进行调整和重新安排。一个国家为了吸引外来投资，其经济必须对外开放（无论是全面开放还是部分开放），并且要采取负责任的财政政策和货币政策，降低关税壁垒。如果不这样，而是实行过多的管制或征取过高的税收，对资本流动加以不适当的限制，超能力地扩大公共支出，那么国外资本非但不会进入，而且已经进入的还会撤出。从这个意义上说，资本市场全球化可以使资本流入国得到资本的同时接受新的思维和发展模式，进而改革原有的经济体制和经济制度，建立与国际社会相接轨的市场规则。

13.3.2 负面经济影响

全球市场力量的运用会产生不良的经济后果，突出体现在以下两点。

1. 资本的无国界化会对各国经济主权尤其是处于弱势地位的发展中国家的经济主权造成侵害

如前所述，资本的全球流动使得各国融为一个不稳定的国际资本体系，而一旦融入这个体系，在确定利率、汇率以及市场游戏规则时，就不得不考虑资本持有者的反应。因为各类庞大基金机构的战略和决策对资本流向、流量和流速具有关键性的影响，所以它们的行动会迫使各国经济政策向它们提供最有利于资本增值的条件，无论是主动作出的条件让渡，还是被迫服从的市场制约，其结果都会增大各国经济的依附性和被动性。

2. 资本市场全球化会对各国经济安全构成威胁和冲击

（1）资本市场的全球化为世界性投机活动提供极其广阔的场所和炒作空间，使资本持有者在全球范围内有隙可乘，它们为寻求成本—收益关系的最佳组合，不断变换动作形式，不断转移投入方向和领域，在短期内涌入或撤出巨额资金，导致当事国资本供求严重失衡、货币大幅度贬值和外汇储备锐减，使市场条件迅速恶化，经济运行陷于极度波动与混乱，从而成为引爆金融和货币"双重"危机的导火线。

（2）资本全球自由流动的冲击源不仅来自国外，还可能来自国内，也可能是国外、国内双重夹攻。例如资本外逃会引起国内证券市场激烈波动，打乱本国的经济秩序。

（3）最先受资本全球化影响的国家，是那些同时实行贸易自由化和金融自由化的国家。这些国家受到来自实业领域和金融领域的双重矛盾牵制，其投资扩张、进口增加、信贷膨胀及国际收支平衡，无不依赖于外国资本特别是短期资本，一旦外国资本停止流入甚至大量流出，危机即会爆发。

（4）依靠国际资本市场融资而超过本国经济承受能力，资本运动过程与经济过程相分离，对经济增长将产生既促进又破坏的双重作用。如资本流入增长过快，会导致通货膨胀，以及本国货币的高估。外资撤离，又会引发本币贬值。

学习辅导13.1　国际资本市场——全球竞争的核心与焦点

13.4　金融全面开放下的资本市场国际化趋势

近年来国际金融资本大量进入中国的金融领域，这对国内金融机构而言不但是一种挑战，更是一种竞争，可以进一步促进和提升中国资本市场的国际竞争能力，拓展市场广度和深度，提高市场效率，实现国内资本市场与国际资本市场对接。中国资本市场国际化，主要具有以下五个方面的显著特征。

13.4.1　参与主体呈现国际化趋势

从国际范围内来看，国际资本的流动结构经历了"国际债券投资—国际银行贷款—国际直接投资—国际证券投资"的发展过程，国际证券投资逐步成为国际资本流动的主要形式。伴随我国资本市场进入全面开放的新阶段，国际资本流入我国证券市场的规模和速度无疑会呈现加速化趋势。在我国的证券市场上参与交易的主体不仅有本国的投资者、证券公司和上市公司，而且包括大量海外机构投资者和其他市场参与主体。这就要求我们不仅要继续大力发展合格的境外投资者（QFII），将海外机构投资者陆续"引进来"，还需要通过认可的本地机构投资者机制（QDII），开放内地居民往海外资本市场投资，即采取"走出去"战略。金融全面开放的时代，国外交易与中介机构参与我国证券市场的经营及相关活动的程度将大幅度提高，国内证券经营机构及其他中介机构也将获得参与国际证券市场经营及相关活动的资格和权利，全面参与国际证券市场的竞争。

其中，资本市场对外开放方面，"请进来"是非常重要的一环。

2003 年 7 月 9 日，瑞银买入 4 只 A 股股票，标志着外资开始进入 A 股市场。此后，RQFII（人民币合格境外机构投资者）也开始进入 A 股市场。随着时间的推移，外资进入 A 股的额度不断提高。截至 2018 年 11 月 29 日，国家外汇管理局已累计批准 QFII 额度 1 005.56 亿美元、RQFII 额度 6 426.72 亿元人民币。在资本市场对外开放进程中，沪港通、深港通纷纷开闸。而且，A 股也已经成功"入摩"与"入富"。这一切，都将为 A 股引入更多外资创造了条件。把外资等"请进来"的同时，中国资本市场开放方面实行了"走出去"战略，其主要始于 2007 年的 QDII。截至 2018 年 11 月 29 日，国家外汇局累计批准 QDII 额度 1 032.33 亿美元。

13.4.2 筹资主体呈现全球化趋势

资本市场作为提供资本要素的最重要场所，资本市场国际化、自由化是经济全球化的重要组成部分。经济国际化的实质是资源配置国际化，尤其是资本配置国际化。随着资本市场的逐步开放和国际化，国内资本市场与国际资本市场日益融为一体，国外机构可以在国内证券市场筹融资，国内机构则可以在国外证券市场筹融资。国内企业、券商和其他投融资主体介入国际资本市场的程度以及国内资本市场对外国投融资者开放的程度都大幅度提升。一方面，本国企业为降低筹资成本、扩大国际影响、提升国际竞争力，不仅在国内发行股票和债券进行直接融资，还可以到境外交易所上市和发行境外债券。另一方面，外资企业也可获准在国内资本市场上市融资，一般而言，国际化的程度越高，外国上市公司的数量就越多，如在纽约、NASDAQ（纳斯达克）、伦敦、巴黎等证券交易所上市的外国公司都达到了 10% 以上。随着中国金融市场对外开放的步伐加快，中国证券市场尤其是上海证券交易所，应该建设成为多极全球资本市场的重要一极，海外企业到国内证券市场上市将是一种必然趋势。

13.4.3 市场体系呈现层次化趋势

伴随资本市场开放程度的提高和金融资本流入规模的扩大，外资机构基于它们在业务能力、市场经验、风险管理乃至资金等方面的竞争优势，会相应对国内证券市场的市场体系和金融品种提出新的要求，在一定程度上促进了衍生产品的出现及发展。股票指数期货、利率期货、金融期权等金融衍生品种将应运而生，金融市场体系逐步完善，衍生产品的品种不断增加，市场风险对冲机制和风险转移机制逐步完善。这不但能够满足海内外不同投资者的交易需求和投机需求，而且必然助推我国证券市场体系趋向层次化，交易产品趋向多样化，制约我国资本市场多年的结构性缺陷问题也将得到根本性解决。可见，资本市场国际化是与多层次金融市场体系和多元化交易品种相适应的，这不仅包括资本市场、货币市场及外汇市场在内的金融市场体系，而且包括股票、债券、证券投资基金、期货、期权等交易品种。

13.4.4　资本流动呈现自由化趋势

资本市场国际化是与金融市场自由化相协同的，这意味着国际资本无阻碍的跨境流动。尤其是随着金融创新不断发展，各类金融工具和衍生工具得到开发与普及，大大提高了国际资本的流动速度和速率，跨境资本的规模呈现几何级数迅猛增长。目前，全世界资本市场每天的交易额是 2 万亿美元，其中 98.62% 纯粹是为了金融的交易，只有不到 1.5% 是为了贸易，所以全世界资本都为了追逐利润和规避风险，在全球范围内迅速移动和转移。从资本流动规模看，1974 年，美国的跨境资本只占美国 GDP 的 4%，1998 年占到了 GDP 的 230%。同样，在日本、英国、法国等其他西方国家，跨境资本流动的规模也是一样呈现迅猛增长态势。在中国金融业进入全面开放阶段后，可以预见海外资本将在中国证券市场呈现大规模流动趋势。

13.4.5　市场运行呈现效率化趋势

随着资本市场国际化进程的推进，海外证券资本的进入规模增大和进入速度加快，市场规模的快速增长，延展了市场空间，有利于拓展资本市场的深度和广度。同时，外国投资者对市场交易活动的参与，有助于推动金融管理当局改善金融基础设施，完善交易制度，增加市场流动性；采用更为先进的报价系统、清算系统和结算系统；采用国际会计标准，改进信息质量和信息的可获得性，改善交易的公开性；加强市场监督和调控，及时向公众传递信息，改善市场流动性和市场效率，提高风险控制能力，来保持本土市场对外国证券资本的吸引力。可见，资本市场国际化显然有利于加速国内资本市场与国际市场对接，完善资本市场功能，提升金融市场运行效率。

13.5　资本市场国际化进程中的难题与冲突

随着 WTO 过渡期的结束和金融市场的不断开放，中国资本市场的国际化趋势已经成为一种必然选择。然而，中国证券市场是一个具有"新兴 + 转轨"双重属性的特殊市场，资本的自由流动将给我国的经济金融运行和金融监管带来许多难题。同时，资本市场仍是股票市场占主导，缺乏多层次、完善的市场结构和交易体系，市场参与者的结构不合理，有力的监管与完备的监管框架尚未形成，这些因素都给金融完全开放与资本市场国际化之间带来一定矛盾和冲突。

13.5.1　金融开放与资本项目管制之间的难题

目前，尽管我国进入金融业全面开放的时代，资本项目却还处于尚未完全开放的管制状态，人民币仍没有自由兑换，国有银行改革没有完成，金融体系存在一定内在脆弱性。而资本市场国际化是以证券为传媒的资本国际流动，资本项目管制直接对资本市场国际化造成严重约束。资本项目管制对金融开放的制约主要体现在对跨境资本交易行为本身进行管制，即在汇兑环节对跨境资本交易进行管制。其表现在，一方面限制外国投资者通过资本市场在中国境内购买 A 股和人民币债券以及货币市场工具；另一方面限制境内企业和个人到境外购买、出售和发行资本与货币市场工具。在资本项目开放之前，资本市场国际化会面临一些实际障碍，很难实现国内资本市场与国际资本市场的真正对接。因此，寻求新的市场格局下的外汇管制监管方式，将是资本市场全面开放背景下的重要使命。

蒙代尔·弗莱明基于简化假设建模提出了汇率制度选择中的蒙代尔不可能三角，即"货币三元悖论"，一国在资本自由流动、汇率稳定和保持货币政策独立性三个目标中只能同时实现两个，而不可三者兼得。一国的政策选择不仅着眼于"货币三元悖论"，还需要在"金融三元悖论"（financial trilemma）中进行权衡。"金融三元悖论"是指一国在金融稳定、金融全球化和国内金融政策独立性之间只能同时实现其中两个，而不能三者兼得。

货币三元悖论中，一国之所以想要维持国内货币政策的独立性，是希望能通过对货币供应量、利率、汇率等宏观金融变量进行调控，来对整个国民经济运行中的经济增长、就业水平、通货膨胀和国际收支产生影响，进而保证宏观经济政策目标的实现。实际上，随着全球金融冲击和金融周期的协同现象越来越凸显，一些国家即便是采取浮动汇率制度，也会受到发达经济体货币政策和金融市场发展的影响。如图 13-1 所示，20 世纪末至今全球金融危机频繁发生，跨境总资本流动规模快速上涨，尤其是 2008 年国际金融危机后，全球经济大幅波动。在全球金融一体化的趋势下，跨境资本流动与宏观经济之间的关系越来越紧密，此时独立的货币政策对于实现宏观金融稳定而言，并不是一个十分有效的工具，政策制定者开始重视金融稳定的重要性，金融稳定政策和货币政策成为各国央行关注的主

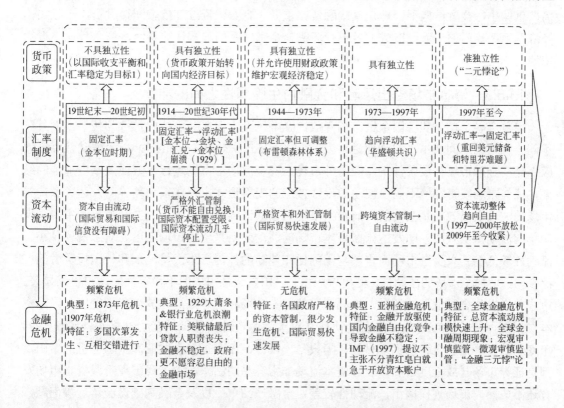

图 13-1 "货币三元悖论"和"金融三元悖论"之间的联系

要政策。在此背景下，舍恩马克提出了"金融三元悖论"，认为一国无法同时实现国内金融稳定、国内金融政策独立性和金融全球化三个目标。如图 13-1 中 1973—1997 年，各国金融开放程度逐渐增强，而且每个国家都保持自己独立的金融政策，但是不同国家或地区之间的监管套利行为影响国内金融稳定，最终导致该时期内危机频频发生。否则，采取独立国内金融监管政策的国家则需要降低金融开放程度，来维护国内金融稳定，如布雷顿森林体系时期。然而，大多数国家更希望放弃一定的国内金融政策独立性，即通过国际金融政策协调，在获取金融全球化收益的同时实现国内金融稳定。由此可知，"金融三元悖论"揭示了金融全球化对金融稳定和国内金融政策独立性的影响。"金融三元悖论"的现实，使得在开放的资本账户以及浮动汇率条件下，甚至固定汇率制背景下，一国货币政策需要在宏观经济目标（通胀和产出水平）与金融稳定之间进行权衡。

13.5.2　资本市场体系缺失与金融全球化之间的不适应

完善、发达的金融市场体系是开放经济条件下经济发展和金融稳定的基础。然而在金融市场化和资本市场国际化的背景下，我国资本市场缺乏完善的金融市场基础设施和多层次、结构化市场体系与交易体系，这不但与金融市场全球化所要求的证券交易品种、交易机制、会计准则以及结算和清算系统等方面存在一定差距，无法满足不同层次和不同风险要求的国际资本需要；而且金融体系存在的薄弱环节无法承受资本大量流入的冲击，难以有效分散潜在的金融风险，容易导致价格波动性上升、新兴金融市场股票价格迅速下降以及流动性突然丧失的危险，加剧了资本市场国际化的风险。同时，我国的资本市场规模仍严重偏小，金融结构不合理，直接融资比重低，企业融资过度依赖间接融资，一旦实体经济发生严重问题，就会造成大量银行坏账，金融体系的脆弱往往将经济拖入长期不振的境地。

13.5.3　资本市场溢出风险和金融内生脆弱性之间的冲突

随着金融全球化和各国金融市场开放，金融风险不但在经济体内扩散与传导，而且在不同金融市场之间产生"波动性溢出效应"（volatility spillover effect）。"波动性溢出效应"是在金融市场开放条件下，国内外市场在资金流动、市场运行等方面关联度加强的结果，证券市场发育环境不同，波动溢出性效应的表现形式也存在很大差异。发达国家证券市场的波动溢出效应是双向的，而新兴市场国家的证券市场，股市的波动溢出则主要表现为单向波动溢出效应，即发达国家资本市场的波动向新兴资本市场溢出。对于规模狭小、流动性较低的新兴金融市场而言，与国际化相伴随的外国资本大量流入和外国投资者的广泛参与，增加了市场的波动性，溢出效应增强，国内金融市场的不稳定性表现得更为显著。审视曾经发生金融危机的各国，如墨西哥的证券市场和资本账户开放得非常彻底，国际资本进出墨西哥资本市场非常容易，使得其对国际游资冲击的抵抗能力非常小，致使 1994 年底爆发了严重的金融危机。另外，阿根廷、巴西，还有直接引发亚洲金融危机的泰国，都是证券市场开放程度很高、国际资本流动非常容易的国家。由于我国现阶段资本市场发育还不成熟，市场规模偏小，流动性较差，金融产品单一以及金融基础设施落后等问题，抵御外部金融风险和短期投机资本冲击的能力还不够高，更容易受到"波动溢出效应"的冲击。

13.5.4 资本市场国际化与金融监管能力之间的不协调

进入金融业全面开放的时代后，资本市场国际化的加快和境外国际资本的加速流入，将对我国金融市场的监管水平和监管能力提出新的要求，资本市场开放推动的金融创新也将进一步加大监管当局对金融机构进行有效监管的难度。尽管当前我国资本市场监管水平有了很大提升，但在金融监管手段与监管技术上，我国目前的金融监管仍以市场准入、业务领域、分支机构的设立、资本充足性等合规性监管手段为主，过多采用行政性管制手段，尚未建立起风险预警机制和危机处理机制。同发达国家的法律制度相比，我国证券市场法律法规体系仍不完善，监管方式相对较为落后，对跨境资本的监管能力不足，这无疑会对我国金融安全提出严峻挑战。

13.6 资本市场全面开放的战略选择和路径安排

中国金融市场全面开放有必要借鉴新兴市场开放的成功经验，本着渐进式开放、阶段式开放原则，采取渐进式开放策略，选择资本市场开放合理时序，设计好各阶段开放的目标，在条件成熟的情况下逐步扩大开放的领域和范围，推进中国资本市场渐次开放，提高资本市场国际化程度，最终与国际资本市场完全接轨，如图 13-2 所示。

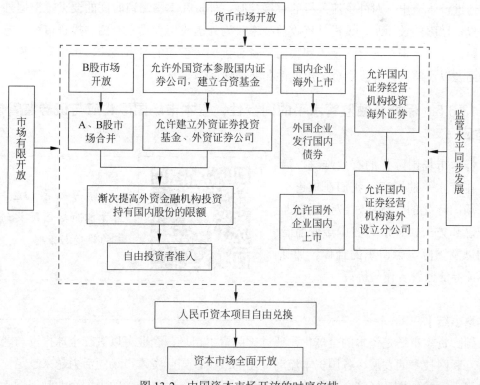

图 13-2 中国资本市场开放的时序安排

13.6.1 妥善处理好金融业开放、金融自由化改革与金融健全性改革之间的关系，实施资本市场梯度开放策略

资本市场国际化进程必须与经济开放进程及金融自由化次序相适应，这主要包括开放速度和开放次序的选择战略等，以解决资本市场开放的风险集中扩散问题。在当前资本项目仍受一定管制条件下，如果贸然推进完全直接的资本市场开放，缺乏灵活性的汇率体制，脆弱的金融体系必然会遭受国际投机资本的冲击，金融风险将迅速放大和扩散。

13.6.2 稳步推进汇率制度改革与资本项目渐次开放，为国际资本跨境流动创造条件

资本市场开放必然要涉及货币兑换以及对货币进出国境的管制问题，因而资本市场的梯度开放策略应与外汇管制放松程度相协调。

13.6.3 注重市场微观基础的建设，完善资本市场体系

应该大力发展证券市场，积极培育资本市场主体，扩大资本市场规模；推进多层次资本市场体系创新，优化金融市场体系，分散金融风险；加强金融微观基础建设，提高金融系统抵御外部投机资本冲击的能力。

13.6.4 加强国际资本流入的可控性，避免海外资本对本国市场的过度冲击

加强国际资本流动的动态监控，以避免外国投机资本对我国金融体系产生负面冲击。可以通过资本流出、对外资流入量的直接控制、外资在本国滞留时间的要求，根据外资在本国投资期限的长短制定累进外资收益税率，为外国投资者设立专门的投资市场等方式控制外国证券投资资金的合适量，解决由于资金量加大引起的股市泡沫、币值升值和价格上涨的问题以及解决证券投资资金短期性和波动性问题。

13.6.5 保持金融监管水平的同步性，资本市场国际化应与证券监管能力相适应

资本市场国际化的有效推进，离不开监管水平的提高。我们在推进资本市场国际化的过程中，应该更新监管理念和方式，开展与各国金融监管机构以及国际金融组织的合作，加强国际证券的监管合作与协调。

学习辅导13.2　中国资本市场国际化进程中的难题与策略

【本章小结】 --

国际资本市场是资本的全球化，通过国际资本市场，企业可以进行全球投资与融资。随着互联网技术的发展、各国资本流动壁垒的减少，国际资本市场的活力越来越足，功能日益强大，成为推动经济全球化的重要工具。近年来，越来越多的中国企业利用国际市场

进行融资与跨国并购，以及全球资源整合，中国资本市场的地位也越来越突出。我们要熟悉国际资本市场，分析国际资本市场的利弊，利用国际市场为中国经济融入世界经济体系服务。

【思考题】

    1. 名词解释：国际资本市场、投资者、借款人、中介商、欧洲美元、石油美元、货币三元悖论、金融三元悖论

    2. 国际资本市场有什么重大作用？

    3. 国际资本市场的利弊是什么？

    4. 国际资本市场有什么特征？

    5. 资本市场国际化进程有什么难题与冲突？

    6. 如何建设中国的国际资本市场？

【即测即练】

【英文阅读】

第14章 国际结算

【学习目标】
    1. 学习传统国际结算的方式，了解其风险；
    2. 熟悉新型国际结算的概念和操作流程；
    3. 熟悉美元和人民币的国际结算体系；
    4. 研究人民币国际化给国际结算带来的机遇和挑战。

思政案例

数字人民币来啦

简单来说，数字人民币是法定货币的数字化形态，也就是我们手中人民币纸钞的数字化版本。法定数字货币与比特币等数字代币相比，最关键的区别在于其有国家信用背书，币值稳定。我国数字人民币是由中国人民银行发行的，是数字形式的法定货币，具有价值特征和法偿性。数字人民币与纸钞、硬币等价，纸钞能买的东西，数字人民币都能买；纸钞能兑换的外币，数字人民币也能兑换。

不少人觉得，数字人民币和微信支付、支付宝都使用手机支付，功能相似，因此将形成竞争关系。对此，中国人民银行数字货币研究所所长穆长春曾解释，微信支付、支付宝和数字人民币不在同一维度上，微信支付和支付宝是金融基础设施，是"钱包"；而数字人民币是支付工具，是"钱包"的内容。数字人民币发行后，消费者仍可用微信和支付宝支付，只不过"钱包"里装的内容增加了中国人民银行数字货币。

穆长春表示，随着移动支付日益普及，央行需要推动支付体系与时俱进，通过顶层设计推出数字形式的法定货币。数字人民币只是"人民币的数字化"，而不是寻求替代哪一类支付方式。

目前，数字人民币的应用场景从超市、加油站等线下场景扩展为"线下＋线上"，使用方式从单一支付扩展到扫码支付、"碰一碰"等多种支付方式，甚至还可以在没有网络的条件下使用。此外，不论是线下还是线上使用数字人民币，中国人民银行都不会向个人和运营机构收取任何交易手续费，在提高支付系统效率的同时，可以极大降低交易成本。从货币发展演化规律看，数字货币具有低成本、高效率、丰富应用场景等特点，数字人民币有望成为人民币发展的趋势。

未来随着数字人民币逐步铺开，技术不断成熟，应用场景将从消费领域向金融投资领域拓展。伴随着跨境电子商务的发展，我国将逐步与海外经济体合作，建立相关法律制度安排和协调机制，完善相关金融基础设施、法律等，推动数字人民币在跨境支付结算、投融资等方面的广泛应用和流通，并形成数字人民币回流机制，这也有助于加快人民币国际化进程。

资料来源：姚进. 数字人民币发展空间在哪儿 [EB/OL]. （2021-02-25）http://www.xinhuanet.com/2021-02/25/c_1127136671.htm.

国际结算对企业安全收汇、结汇十分重要，随着信息技术的不断发展，国际结算的方式也在不断更新之中，就如思政案例所说的数字人民币，必将带来国际结算翻天覆地的变革。本章讨论传统与现代的国际结算方式，以及人民币国际化给国际结算带来的机遇和挑战。

14.1 传统的国际结算

14.1.1 结算方式的概念

1. 汇付

汇付（draft），又称汇款，是最简单的国际贸易货款结算方式。采用汇付方式结算货款时，卖方将货物发运给对方后，有关货运单据由卖方自行寄送买方，而买方则径自通过银行将货款交给卖方。汇付按付款的时间可以分为赊销（open account，O/A）、货到付款、预付货款三种。赊销是出口商将货物发送给进口商，在没有得到付款或付款承诺的情况下，就将货物运输单据交给进口商，让进口商提取货物的一种结算方式。货到付款是出口商先行将货物出运，在进口商收到货物后再将货款汇付给出口商。预付货款是进口商先将货款汇交出口商，出口商在收到货款后再发货给进口商的方式，常见方式为预付定金。

根据汇出行向汇入行转移资金发出指示的方式，汇款可分为三种方式。

1）电汇

电汇（telegraphic transfer，T/T）是汇出行应汇款人的申请，拍发加押电报或电传给在另一国家的分行或代理行（即汇入行）解付一定金额给收款人的一种汇款方式。

2）信汇

信汇（mail transfer，M/T）是汇出行应汇款人的申请，用航空信函的形式，指示出口国汇入行解付一定金额的款项给收款人的汇款方式。信汇的优点是费用较低廉，但收款人收到汇款的时间较迟。

3）票汇

票汇（remittance by banker's demand draft，D/D）是指汇出行应汇款人的申请，代汇款人开立以其分行或代理行为解付行的银行即期汇票，支付一定金额给收款人的汇款方式。

票汇与电汇、信汇的不同之处在于，票汇的汇入行无须通知收款人取款，而由收款人持票登门取款，这种汇票除有限制流通的规定外，经收款人背书，可以转让流通，而电汇、信汇的收款人则不能将收款权转让。

汇票有即期汇票（sight draft）和远期汇票（time draft）。即期汇票见票即付，而远期汇票有一定时间的延迟，通常是延迟 30 天、60 天、90 天或 120 天付款。

2. 托收

根据《托收统一规则》，托收是指由接到委托指示的银行处理金融单据或商业单据以便取得承兑或者付款，或者凭承兑或者付款交出商业单据，或凭其他条件交出单据。

根据托收时是否向银行提交货运单据，托收可分为光票托收和跟单托收两种。

1）光票托收

托收时如果汇票不附任何货运单据，而只附有"非货运单据"（发票、垫付清单等），叫光票托收（clean bill for collection）。这种结算方式多用于贸易的从属费用、货款尾数、佣金、样品费的结算和非贸易结算等。

2）跟单托收

跟单托收（documentary collection）有两种情形：附有金融单据的商业单据的托收和不附有金融单据的商业单据的托收。在国际贸易中所讲的托收多指前一种。

根据交单条件的不同，跟单托收又可分为付款交单和承兑交单两种。

3. 信用证

信用证（letter of credit，L/C）是银行作出的有条件的付款承诺，即银行根据开证申请人（一般是进口商）的请求和指示，向受益人（一般是出口商）开具的有一定金额并在一定期限内凭规定的单据承诺付款的书面保证书。

信用证方式是银行信用介入国际货物买卖价款结算的产物。它的出现不仅在一定程度上解决了买卖双方之间互不信任的矛盾，而且能使双方在使用信用证结算货款的过程中获得银行资金融通的便利，促进了国际贸易的发展。因此，它被广泛应用于国际贸易之中，成为当今国际贸易中的一种主要的结算方式。信用证的结算程序如图 14-1 所示。

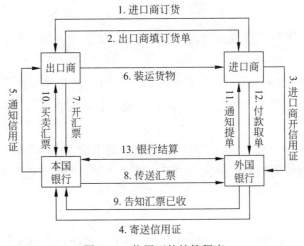

图 14-1　信用证的结算程序

14.1.2　风险分析

国际结算业务涉及进口商、出口商、进口方银行与出口方银行等结算对象，业务范围涵盖贷款发放、外汇买卖、衍生产品交易、征信调查、资产评估、保险、抵押担保等业务，业务构成具有较高综合性，业务流程较为复杂，这决定了国际结算业务风险具有广泛性、复杂性、难预测等特点。为了更清楚地识别和分析国际结算业务风险，可以根据风险起因和主体将国际结算业务风险划分为国家风险、外汇风险、信用风险和操作风险（图 14-2），通过对这些主要风险及其因素的分析，为进一步构建国际结算风险管理体系奠定基础。

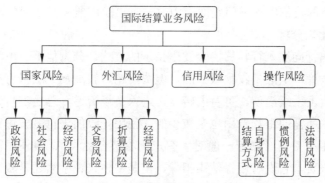

图 14-2　国际结算业务风险体系

1. 国家风险及其因素分析

国家风险指的是在国际经济活动中，由于国家政治、经济、社会环境的变化使债权人得不到清偿的可能性。国家风险涉及一国的政治、社会、法律、宗教、经济、金融、外债等多个层面，表现为战争、恐怖行动、内乱、政变、冲突、地震以及其他自然灾害等，对国际商业活动可能采取罚没、收归国有、禁止出入境、废除债务、毁约或强行终止合同等行为。在国际贸易结算中，主要指那些因进口国家不履行职责或采用主权措施而造成拒绝接收货物或阻止向国外付款所产生的风险。

2. 外汇风险及其因素分析

外汇风险是指在国际经济、贸易、金融活动中，一个经济主体在一定时期内因未预料到的汇率变动或其他原因而使以外币计价的资产或负债遭受损失的风险。外汇风险主要包括交易风险、折算风险、经营风险。

3. 信用风险及其因素分析

信用风险是指在以信用关系为基础的交易过程中，交易的一方不能履行给付承诺而给另一方造成损失的可能性。国际贸易通过国际结算活动，最终使身处异地的买主得到所需的货物，卖方得到货款。但是，如果交易双方的任何一方不履行贸易合约，就会使另一方有可能遭受这类风险。

4. 操作风险及其因素分析

操作风险是由于不完善或有问题的内部程序、人员及系统或外部事件所造成损失的风险。操作风险主要包括结算方式自身风险、惯例风险和法律风险。

14.1.3　传统国际结算中常用支付方式的比较分析

1. 付款责任比较分析

汇付、托收、信用证虽然都是以银行为媒介进行结算，但是性质完全不同，汇付与托收是以商业信用为基础的，出口商能否安全收汇完全依靠进口商的商业信誉，进口商是唯一付款责任人，如果一方违约，只能单一地靠买卖合同。但在实际业务中，进口商通常以市场行情的好坏决定是否付款而对合同的存在不以为然，出口商也往往因为复杂的手续和高额的索赔费用而放弃追索权。信用证支付方式是一种银行信用，开证行承担第一付款责任，只要出口商提供了符合信用证各项规定的所有单据，开证行就必须付款。对于出口商来说，如果开证行的资信出现了问题而无力付款，也能依据买卖合同要求进口商付款。

2. 手续费用比较分析

汇款根据汇出行向汇入行转移资金发出指示的方式，分为信汇、电汇和票汇三种。信汇方式费用较为低廉，电汇是收款最快的，但费用相对较高，一般只有在金额较大或情况紧急时使用，而票汇手续简便，可背书转让，进入市场流通，总之汇付这种结算方式的手续是比较简单的，所需的银行费用也是较少的。使用托收的支付方式进行结算，只包含一些快递费、国内银行费用（银行一般对大客户优惠甚至免收）、国外银行费用，如果银行催收还得支付电报费，它没有银行信用担保，但是整体来说手续还是较简单，费用还是较少的。信用证相对以上两种支付方式而言，所需的费用较高，通常还需支付一系列的费用，如议付费、通知费、电报费和修改费等，手续也较为烦琐，结算所需的时间也较长，加大了进口成本，一般进口商不愿采取此种结算方式。手续由简到繁，费用由低到高依次为汇付、托收和信用证。

3. 融资方式比较分析

在汇付业务中，若是预付货款，资金完全由进口商承担，若是货到付款，资金则完全由出口商承担，因其自身特有的特点，进口商无法从银行得到资金融通的支持。虽然托收和汇付都是以商业信用为基础，但是在托收项下的单据是银行传递与控制的，这样一来银行可以在使用托收支付方式时为进口商提供贸易融资，在托收项下主要的融资方式有对出口商提供的出口押汇和对进口商提供的银行担保以及信托收据。但是这种融资方式控制性较强，往往仅限于资信较好的买卖双方。

信用证与汇付和托收不同，它是以银行信用为基础，银行控制单据，银行承担了付款责任，所以银行必然会为进口商提供资金融通。在此业务中，开证银行对进口商提供的融资方式主要有提货担保、进口押汇；议付行对出口商提供的融资方式主要有打包放款、票据贴现、出口押汇。以上五种融资方式银行都具有追索权。除了银行提供的融资，在信用证支付方式中还有利用开立不同种类信用证进行的融资。

4. 风险比较分析

汇付与托收是以商业信用为基础的，卖方能否收到货款，完全凭买方的商业信誉，假如对方的信誉欠佳，完全可能钱货两空。汇付主要有两种形式，一种是预付货款，另一种是货到付款。使用预付货款的支付方式对于出口商来说有利于其资金周转，保障它的收汇安全，但对进口商而言，这不利于其资金周转，而且会面临财货两空和产品滞销的风险。这种做法一般不易被普遍接受，只是在个别小额交易中使用。货到付款对卖方来说资金负担较重，影响其资金周转，而且需要承担货到而收不到货款的风险，而对于进口商，却是最有利的方式，既可减少其资金占用量，又拥有较大的主动性，可以在收到货物或者验收合格甚至是销售后才进行付款。在托收支付方式下，有付款交单（D/P）和承兑交单（D/A）之分，付款交单又分为即期付款交单和远期付款交单，但无论是哪种方式，总是由出口商先行发货，然后将相关单据交到银行委托收款，如果是远期付款交单，出口商可能是在货到后才能完全收回货款，而承兑交单是进口商一经承兑便可获得单据并拥有货物的所有权，比预付货款的方式更为安全。综合来说，进口商更加乐意采用此种结算方式，但对于出口商来说他面临的风险是很大的，有市场风险、进口国的政治风险以及进口商因破产或无力支付货款而导致的自身风险。因此，采用托收的结算方式对贸易买卖双方的风险和利益的分配是不均衡的。

信用证支付方式下，开证行是第一付款人，只要出口商提供了符合信用证项下规定的各类单据，开证行就保证付款，对出口商来说，他的资金收汇可以得到一定的保障，减少收汇风险，而且也容易获得资金融通，但是也有进口商提供假信用证和信用证诈骗，有财货两空的风险；对于进口商来说也存在一定的风险，如进口商品的品质不能得到保证和出口商提供假单据骗取货款的风险，但是，信用证结算方式还是对买卖双方都比较公平的，而且相对托收和电汇而言，信用证信用度较高，因此自其产生以来就成为主要的结算方式。

5. 作用比较分析

汇付因费用手续简单、所需时间少，因此为双方的贸易往来提供了便利，使用托收的支付方式为进出口双方均衡了风险，银行也为其提供了资金融通，因为汇付与托收是以商业信用为基础的，银行只是媒介并不承担责任，只是收取一定的手续费用。在信用证支付方式中，对于出口商，一是保障了他的收汇安全，二是获得外汇保障，三是获得了贸易融资；对于进口商，有利于按时收到货物，也为进口商提供融资便利、银行提供信用，扩大了业务量，增加了经济收益。

14.1.4 影响国际贸易结算方式的选择因素

各种结算方式都有其各自的优缺点，在国际贸易往来中，每个企业都应根据其自身特点选择合适的结算方式，结算方式的选择关系到贸易双方的切身利益，选择合理的支付方式还可以帮助外贸经营者增强企业的竞争力、减少资金压力等，因此企业在选择时除了要考虑收汇风险与资金融通等常规性因素外，还应该综合考虑以下因素，从而作出理性选择。

1. 交易对手的信用

在国际贸易实际业务中，一般要对交易对手的信用提前进行评估，这样才能使出口商的收汇和进口商的用汇得到一定的安全保障，根据交易对手的信用等级选择适当的结算方式。在信用等级不高或者是初次交易尚未对对方有充分了解时，应选择风险较小的结算方式与其进行交易，在出口业务中，出口商一般可采用跟单信用证，必要时可要求采取预付货款等方式进行支付以保证自己的收汇安全。如果是与信用等级高的客户进行贸易往来，可以选择一些手续简单、费用较少的方式，在出口业务中，一般可采用 D/P，这样可在一定程度把握物权凭证安全性；若客户信用等级非常高或者经常与之进行往来，也可直接选用 D/A 或者 T/T。

2. 货物供求情况

企业选用何种结算支付方式，还应结合企业的经营意图，如果货物畅销，出口商不仅可以提高价钱，还可以选择对自己单方面有利的结算方式，例如要求采用信用证的结算方式进行结算，甚至也可以要求进口商预付部分或全部货款；如果企业的货物滞销或者是竞争激烈的商品，出口商不仅要降低售价，而且在选择结算方式时也应作出合理的让步，倾向于有利于进口商的结算方式以增强自身竞争力，此时，可选择 D/A 甚至是货到付款。

3. 选用的贸易术语和合同金额

买卖合同中选用的贸易术语不同，相应的交货方式及运输方式也会不同，必然会影响结算方式的选择。CFR（成本加运费）和 CIF（成本加保险费和运费）属于象征性交货术语，出口商的交货与进口商的收货不在同时发生，货物所有权转移是以单据为媒介的，在此种情况下，可以选用跟单信用证，如果进口商信用较好，也能选用付款交单支付方式收取货款。E 组与 D 组属于实质性交货术语，在此种业务中，出口商通过承运人直接向进口商交货，如果通过银行收款，实质上是货到付款，出口商承担风险极大，因此一般不使用托收，以免财货两空。对于 FOB（船上交货），FCA（货交承运人）贸易术语条件达成的买卖合同中，虽是可凭运输单据付款交货，但在这些术语下的运输方式是由进口商安排，出口商很难控制货物，在此情况下一般不宜采用托收方式。一般来讲，合同金额越大，意味着买卖双方要承担越大的风险，对于出口商来说，宜采用信用证支付方式甚至是预付货款，一般不宜采用托收或货到付款等风险较大的结算方式。相反，如果签订合同的金额不大，则可选择以速度较快、费用较为低廉为特点的汇付结算方式或者是光票托收的结算方式。

4. 出口企业自身规模和财务状况

一个企业的自身规模大小和财务状况好坏也决定着企业应该选择何种恰当的支付方式。如果一个企业规模较大、资金比较雄厚，可采用比较宽松的结算方式，这样能增强企业的竞争力。对于规模较小、资金薄弱的企业来说，若不能按时收回货款，会严重影响到企业的资金周转，因此要选择风险相对较低的结算方式，如信用证。

14.1.5　国际结算中常用支付方式的选择策略

在国际贸易业务往来中，买卖双方在支付方式上的矛盾是始终存在的，其中最主要的就是双方信用问题以及资金周转问题。要想成功地达成交易，单独使用某一种结算方式往往并不能将这些矛盾都解决，因此需采用进出口商双方都能够接受的结算方式，面对市场变化、交易对象的不同和交易商品的不同，将支付方式组合使用，往往能够利于达成交易或安全收汇，从而促成买卖双方的双赢，一般都将以下结算方式进行组合使用。

1. 汇付与托收结合使用

汇付与托收结合使用是进口商先预付货款或一定比例的定金为保证，采用跟单托收的结算方式支付大部分货款。在实际应用中，常常先采取 T/T 预付货款 10%，在装船以后用 T/T 支付 40% 的货款，之后剩余的 50% 采用 D/P 即期付款的支付方式。选择这两种方式结合，对进口商来说，一方面可以保证出口商发货义务的及时履行，另一方面还能节省银行费用，省去办理信用证的烦琐细节，节省了宝贵的贸易时间；对于出口商而言，可以约束进口商及时支付货款，如果托收金额被拒付，出口方也可将货物运回，以预收的货款或押金抵偿运费及其他损失。

2. 托收与信用证结合使用

托收与信用证结合使用是指一笔交易的货款结算部分以信用证结算，部分使用托收进行结算。在实际业务中，出口商签发两张汇票，属于信用证下的款项凭光票支付，托收方式下的余款凭跟单汇票支取，在实际贸易中常常采用此种方式进行结算。对进口商来说，相对于使用单一的信用证，这样可以减少开证金额，减少押金垫付，有利其资金周转。对出口商而言，货款收汇时的风险可得到有效控制，因为有部分信用证支付货款的保证，而且进口商在完全付清货款时才能获得单据，即使进口商不付款赎单，出口商也可用信用证下的货款弥补损失。托收与信用证方式结合一般是双方都较易接受的。

3. 汇付与信用证结合使用

汇付与信用证的结合是指以汇付方式预付小部分的货款或者定金，用信用证支付其余大部分的货款。在实际应用中，对于竞争不是很大的商品，常常预付货款的10%～20%，剩下货款采用信用证支付方式，这样一来，出口商可以收到预付货款和信用证后开始备货发货，保障了出口商的收汇安全。对于竞争激烈的商品或者交货的数量不宜进行控制的初级商品，使用信用证支付货款的70%～80%，在货物到达目的地后再用汇款支付余下货款，这样即便进口商不付余款，出口商的损失也已经减到最小。

4. 投保出口信用险，以转嫁出口收汇风险

出口信用保险是一国政府为鼓励和扩大出口而以财政资金做后盾，由专门保险机构向出口商提供的保证其收汇安全的一种政策性风险保障制度。它不以盈利为目的，不同于一般的商业保险。出口商投保此种险后，其在托收业务中面临的收汇风险可以安全有效地转移给出口信用保险机构，由其负责并承担安全收汇的风险。对出口商而言，出口信用保险是一种有效的风险转嫁制度，可以达到防范风险的目的。

视14.1

学习辅导14.1 传统的国际结算

14.2 新型国际结算方式的概念及操作流程

14.2.1 国际保理结算方式

《国际保理公约》对保理（factoring）作出以下定义：保理又称保付代收，是由保理商（factor）向出口商提供的保理服务，包括调查进口商的资信，并为相应的信用额度提供付款保证、无追索的资金融通以及代办托收和财务管理等。

保理商可以提供的服务主要包括：一是接受出口商委托调查进口商的资信情况。二是提供可使用的"买方信用额度"。保理商在调查进口方的资信条件和支付能力的基础上，为出口商提供与该进口商进行交易时可使用的信用额度，在该额度范围内，出口商可以得到保理商为其提供的金融服务，从而保障收汇和取得贸易融资。三是应收账款的代收和偿付。在信用额度内赊销交易项下的应收账款，可委托保理商代收。保理商在合同规定期内收妥货款，扣除手续费和费用后，交付出口商，也可按事先推算出来的平均结算天数，确定出口商的付款日期。如进口商因财务上无偿付能力而不能在到期日付款，保理商承担偿付责任。所以，这种方式使出口商能按期从保理商那里取得全部有保证的款项。四是承办应收账款的会计工作。保理商在出口商的要求下，可承办出口商应收账款的会计工作，还

包括递交清单给买方和必要的查询工作。一些小企业或出口交易相对集中在某一时间的企业，为减少雇佣人员，会委托保理商承办此项工作。

保理使得在赊销的交易背景下，既能保证卖方收取账款，增加销售收入，又能保证买方收取货物，减轻付款压力，对买卖双方都有利。对出口商来说，运用保理业务最大的优势在于能向卖方提供无追索权的、手续简便的贸易融资。同时由于采用了赊销的方式，运用保理业务大大增强了产品的出口竞争力，并有利于出口商对新市场的培育。此外出口商采用保理业务还可以减轻财务管理方面的成本。对进口商来说，由于基于信用销售，可以避免信用证项下较高的开证费用和百分之百的保证金，减少了资金积压，降低了进口成本。

国际保理业务的操作流程如图 14-3 所示。

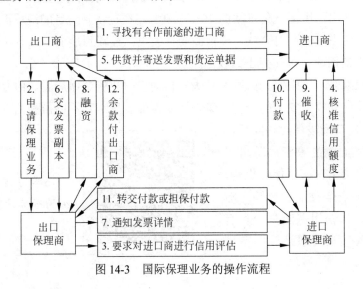

图 14-3　国际保理业务的操作流程

14.2.2　包买票据结算方式

包买票据又称"福费廷"（Forfeiting），是指包买商向出口商无追索权地购买已经由进口商所在地银行承兑或担保的远期汇票或本票的业务。在包买商买入出口商的票据后，出口商必须放弃对所出售债权凭证的一切权益，而包买商必须放弃对出口商的追索权。出口商在把票据转让给包买商时，通常在票据上注明"无追索权"字样，从而把收取债款的所有风险和责任转嫁给包买商。在包买票据业务中，有关的票据应该产生于销售货物或提供技术服务的正当贸易中，因此其具有正当的融资背景。我们在一般情况下操作的都是所谓"贸易融资型包买票据"，但在实务中有些包买商也做"单纯融资型包买票据"。包买票据业务涉及的票据付款期限一般较长，大多在半年至 7 年，有的甚至更长，并且包买票据的债权可在二级市场转让。

包买票据业务的操作流程与国际保理业务操作流程相同。

包买票据业务的优势主要体现在以下三个方面。

（1）对出口商而言，直接益处是可获得固定利率和无追索权的中期贸易融资，将远期应收账款变成现金销售收入，有效地解决应收账款的长期资金占用问题，同时将一切收汇风险（包括利率、汇率、信用和国家风险）转嫁给包买商。间接益处是增强自己的出口竞争能力，扩大销售；节省资产管理和债款回收费用；手续简便易行，便于操作：只要担保人能被包买商接受，往往在一两天内甚至几个小时内就可以达成融资协议，效率很高；融资凭汇票、本票或类似效用的债权凭证，通常不需要其他单据；业务通常是保密的，保护了出口商的利益。出口商在商务谈判初期就可获得包买商给予的报价和在一定期限内决定是否叙做业务的选择权，因此有充分时间通过相应地提高价格来转嫁有关的融资费用。

（2）对进口商而言，所需要的交易单据简单易行、办理迅速；可获得中短期固定利率贸易融资。

（3）对包买商而言，手续简单，办理迅速；所购资产可以方便地在二级市场上转让流通；收益率较高。对担保人来说，文件简单，责任明确，便于受理；由于交易金额一般较大，保费收入相当可观。

14.2.3　新型国际结算方式的适用情形

国际保理作为一种为非信用证提供风险保障和资金融通的综合性国际结算方式，具有广泛的适应性。在遇到以下情况时，公司可选择保理业务：第一，对国外客户资信不了解，且对方不愿意接受信用证方式，要求以 O/A 或 D/A 等信用方式作为支付手段。第二，以往采用托收方式交易，经常发生逾期、拖欠货款的现象，现在可运用保理业务避免这种情况的发生。第三，同意对进口商采用远期赊账方式销售。第四，同意对应收账款寻求催收和跟踪管理。第五，由于市场和其他方面变化等原因公司可能失去原来以信用证结算的订单。

福费廷业务将远期应收账款变成现金销售收入。叙做福费廷业务的商品类别，覆盖极其广泛。在货币选择方面，包括货币市场上所有可自由交易的货币，主要有美元、欧元、日元、港币等，还有就是交易期限限于远期收汇，从十几天到几年不等。福费廷结算方式的适用范围是以远期信用证为结算方式的出口业务。在以下三种情况下宜选择福费廷结算业务：一是为改善财务报表，需将出口应收账款从资产负债表中彻底剔除；二是应收账款收回前遇到其他投资机会，且预期收益高于福费廷全部收费；三是应收账款收回前遇到资金周转困难，且不愿接受带追索权的融资形式或占用宝贵的银行授信额度。国际保理业务与传统结算方式的比较如表 14-1 所示。

表 14-1　国际保理业务与传统结算方式的比较

种　类	汇　付	托　收		信用证	国际保理
	T/T	承兑交单 D/A	付款交单 D/P	L/C	
信用种类	商业	商业	商业	银行	银行
债权信用风险保障	无	无	无	有	有
进口商费用	低	中	中	高	无
出口商费用	低	中	中	高	中
进口商银行抵押	无	无	无	有	无
银行融资	不能融资	信用好可融资	信用好可融资	可融资	可融资
便利性	便利	较便利	较便利	手续烦琐	较便利

14.3　国际结算系统介绍

14.3.1　美元结算体系

1. SWIFT

SWIFT 即环球银行金融电信协会 （Society for Worldwide Interbank Financial Teleco-mmunication），是一个国际合作组织，由欧美等银行发起成立，并作为股东拥有董事会席位和投票权，运营着世界级的金融报文网络，银行和其他金融机构通过该组织提供的安全、标准化的和可信的通道与同业交换报文（message），从而完成金融交易。它是世界国家间统一的银行间支付信息传输系统，有全球 200 多个国家的 1.1 万多个银行加入，几乎所有的银行间的结算都要通过这个系统。

2. CHIPS

CHIPS 即纽约清算所银行间支付系统（Clearing House Interbank Payment System），是美国国内银行成立的私营机构，是全球最大的私营支付结算系统之一，经营管理纽约清算所同业支付系统，是替代纸票据清算的一个电子系统，主要进行跨国美元交易的清算，所有用美元进行的交易，都要用这个系统结算。CHIPS 还需要 FedWire 系统的配合。

3. FedWire

FedWire 即美国联邦资金转账系统（Federal Reserves Wire Transfer System），是全美境内美元支付系统，它是美国支付清算的主动脉，归美联储所有和运营。它是银行间的大额付款转账系统，有了这个体系，美国就可以监控各国大额交易，且经常把大额的短期信用暴露给系统的参与者和监管者。这个机构从 1914 年开始运行，到现在已运行了 100 多年。

FedWire 和清算所银行间支付系统是通信、结算系统，而环球银行金融电信协会主要承担通信职能。具体而言，FedWire 是实时全额支付系统（real time gross settlement） 的一个分支，其主要功能在于资金转账、传输交易信息、清算等，其中资金转账服务主要通过商业银行在联邦储备体系中的存款账户实施商业银行间的同业清算。CHIPS 是一家私有化的即时、多边支付系统，主要用于大额美元清算。CHIPS 在联邦储备银行设有存款账户，并利用 FedWire 资金服务系统完成即时清算。SWIFT 是一个国际银行间非营利性的国际合作组织，总部设在比利时的布鲁塞尔，其开展的各项经营活动受制于比利时法，这背后的考量在于"规避伦敦和纽约两大金融中心的激烈竞争"。与 FedWire 和 CHIPS 不同的是，SWIFT 只是一个通信系统，并不直接进行结算，实际的清算活动需要通过国内支付平台或者外国的代理银行（Correspondent Bank）完成。

美元清算活动，根据是否通过 FedWire 进行清算可以细分成三种不同的情形，即通过 FedWire 进行的银行间美元清算，不通过 FedWire 进行的银行间美元清算，以及同一银行内部进行的美元清算。在第一种情形下，若非美国银行 a 与非美国银行 b 之间要进行美元清算，这笔清算将最终转变为 a 银行的美国代理银行 c 和 b 银行的美国代理银行 d 通过 CHIPS 系统完成的清算。第二种情形中，假设付款人 x 持有非美国银行 A 的账户，并用该银行账户增加贷款 1 美元，而收款人持有非美国银行 B 的账户，这笔美元清算活动是通过位于美国境外的第三方非美国银行完成的，在这一情形下，相关美元清算并没有通过位于美国境内的银行进行。而在第三种情形下，由于是同一家非美国银行内部完成的美元清算，不同账户之间的转账活动只是账户存储的资金数额的改写。比如 x 有限公司持有 y 银行位于伦敦的账户，而 z 银行要求 y 银行向 x 公司的账户转账 1 美元，如果 y 银行照做，那么 y 银行对 z 银行的债务减少，与此同时，y 银行对 x 有限公司的债务会增加相同的数额。

14.3.2　其他国家的结算体系

长期以来，以 SWIFT 为代表的美元清算系统为全世界的清算结算提供了便利，但近年来，SWIFT 已经成为美国政府对其他国家进行金融制裁的工具。脱钩美元清算系统，建立新的清算系统成为去美元化浪潮最显著的特征。2018 年 10 月，俄罗斯央行宣布，外国银行将很快可以进入俄罗斯的金融信息传输系统（SPFS），希望以此来替代 SWIFT，从而减少对美元的依赖和降低因美国制裁受到的影响。2018 年 10 月，印度和伊朗签订石油贸易订单，宣布采用不同的支付系统，用印度卢比进行石油进口贸易结算，摆脱美国的长臂管辖。2018 年 12 月，欧盟委员会发布《朝着欧元更强国际化地位前行》的倡议，以欧元作为清算货币的支付系统 SPV 已经正式命名，并将正式启动。

截至 2021 年 6 月底，CIPS 直接参与者数量从上线时的 19 家增至 53 家，间接参与者从 176 家增至 1 144 家，覆盖全球 6 大洲, 175 个国家和地区，CIPS 的间接参与者覆盖 48 个"一带一路"沿线国家和地区，业务实际覆盖 60 个"一带一路"沿线国家和地区，超过 1 000 家银行通过 CIPS 为"一带一路"沿线国家的客户提供人民币资金清算服务。CIPS 的实际业务范围已经覆盖到全球 200 个国家和地区的 3 400 多家法人金融机构。CIPS 由中国人民银行管理，由位于上海的跨境银行间支付清算（上海）有限公司运营。

2018 年 5 月 2 日，CIPS（二期）全面投产，实现对全球各时区外汇市场的全覆盖。现阶段，我们认为应该尽快使 CIPS（二期）设计框架下的功能落地。一是降低参与门槛。尽管经过几次扩容，直接参与者仍然只有 53 家，其他大部分银行都是以间接参与者的角色加入，我们有必要让更多的间接参与者升级为直接参与者。二是拓宽业务品种。在 CIPS（二期）的设计框架内，能够完成多项人民币结算和交易，但是迄今为止，相当一部分并没有推广或者普及，有必要将 CIPS（二期）涵盖的所有产品尽快付诸实施。三是降低交易成本。在新的交易系统中，除了成员银行的客户汇款以外，其他业务的交易成本仍然偏高，既影响了系统效率，又影响了参与者的积极性，有必要进一步优化结算流程，降低交易成本。

14.4　人民币国际结算的意义和挑战

14.4.1　企业：政策的最大受益者

人民币用于国际结算，企业将成为最大受益者，具体体现在以下方面。

（1）有利于有效规避汇率风险。

（2）有助于清晰了解营运成果。

（3）节省了企业进行外币衍生产品交易的有关费用。当企业在贸易中以非本币进行结算时，通常为规避汇率风险而委托银行进行衍生产品交易，若人民币用于国际结算，我国企业为规避汇率风险所承担的衍生交易费用即可消除。

（4）节省了两次汇兑所产生的部分汇兑成本。

（5）加快结算速度，提高资金使用效率。

14.4.2 银行的机遇

如果人民币可以用于国际结算，则商业银行将会获得新的业务发展空间，中资商业银行将是最大的受益者，主要表现在以下几方面。

（1）有利于中资银行竞争力的提升。若人民币在国际贸易中充当计价和结算的比例越来越大，中资银行的人民币国际结算量会相应增加，结算网络会逐步延伸到国际，并带来许多派生的业务，增加新的盈利机会，这将有助于其自身竞争力的提升。

（2）有利于中资银行海外分行的发展。如果中资银行海外分行可以开展人民币的国际结算业务，就拥有了外资银行所不具备的竞争优势，进而带动其汇兑业务等收费业务以及融资业务的发展。这将有利于它们在海外的逐步壮大。

（3）可以享受人民币清算行的好处。这不仅会促进中资商业银行业务收入的增加，而且会提升中资商业银行在国际金融市场上的形象和荣誉度。

（4）有利于获取新的客户资源。

（5）增加收费业务收入，改善中资商业银行的业务结构、收入结构和盈利模式。

14.4.3 人民币国际结算对银行的挑战

人民币用于国际结算对中资商业银行也将带来新的挑战，具体体现在以下方面。

（1）中资商业银行的现行国际结算系统不能适应新的业务要求，需做相应的调整。

（2）相关的制度安排和管理流程缺失，需要加以研究确定。

（3）人民币用于国际结算后，监管当局必将强化合并报表后的监管，要求中资银行加强对海外分支机构的风险管理。这将考验中资银行合并报表后的综合风险管理能力。

学习辅导14.2　新型的国际结算以及人民币国际结算的机遇与挑战

【本章小结】

国际结算是企业经营的重要环节，能否安全地收汇、结汇，关系到企业的生死存亡。本章介绍传统国际结算的方式方法及其风险，讨论了如何根据现实情况选择合适的结算方式。本章还介绍了新型国际结算方式的概念及操作流程，为大家在将来的实际工作提供参考。最后，本章介绍了美元和人民币的国际结算体系，分析了人民币国际化给国际结算带来的机遇和挑战。

【思考题】

1. 名词解释：汇付、托收、信用证、保理、福费廷、SWIFT、CHIPS、FedWire、CIPS 结算体系

2. 国际结算有什么风险？

3. 如何选择合适的国际结算工具？

4. 试分析各种贸易结算方式的差异，说明其有什么优点和缺点，适用什么情况。

5. 人民币国际结算会带来什么机遇与挑战？

【即测即练】

【英文阅读】

第15章　国际投资

【学习目标】

1. 掌握国际投资基础知识；
2. 掌握国际投资理论；
3. 了解国际投资的新趋势；
4. 研究中国国际投资的策略。

中国企业对"一带一路"沿线国家投资累计超1000亿美元

近年来，中国与"一带一路"沿线国家双向投资不断深化。商务部副部长钱克明2019年9月29日说，如今中国企业对沿线国家的投资累计已超过1000亿美元，沿线国家对中国的投资也达到480亿美元。

钱克明是在当日召开的庆祝新中国成立70周年活动新闻发布会上表示的。他说，近几年，中国与"一带一路"沿线国家的贸易额占整个对外贸易的比重不断上升，而且质量也在提升。中国对"一带一路"沿线国家出口的比重达到了30.1%。

据介绍，中国在沿线国家的重大项目和园区建设稳步推进。中马友谊大桥、亚吉铁路、瓜达尔港等一大批重大的项目落地，中国在沿线国家推进建设了一批境外经贸合作区，累计投资300多亿美元，为当地创造就业岗位达到30多万个。

自贸区建设步伐也在加快。中国已经与13个沿线国家签署了5个自贸协定，还推进《区域全面经济伙伴关系协定》（RCEP）谈判进入关键阶段，与欧亚经济联盟实质性结束经贸合作协议谈判。

他还说，中国已与37个国家建立双边投资合作工作组，与5个国家建立贸易畅通工作组，与19个国家建立电子商务工作机制，与14个国家签署了第三方市场的合作协议。

钱克明表示，下一步，商务部将从五方面推进"一带一路"建设，包括搭建开放平台，精心筹备第二届中国国际进口博览会，持续办好中非经贸博览会等展会；深化与相关国家的发展战略、产业、项目和政策对接；推进中欧班列和陆海新通道建设；扎实推进境外经贸合作区高质量发展等。

资料来源：于佳欣，王雨萧.中国企业对"一带一路"沿线国家投资累计超1000亿美元[EB/OL].(2019-09-30). http://www.gov.cn/xinwen/2019-09/30/content_5435149.htm.

当前，国际投资领域的一个重要现象是，国际投资规模特别巨大，对投资母国及东道国经济的影响显著增强。对外投资，是全球化时代各国深化经济合作的需要，国与国之间正不断开展多种形式的贸易投资合作，实现共同发展。就如思政案例所言，中国正在加强对"一带一路"沿线国家的投资，带动沿线国家经济共同繁荣。

15.1 国际投资的基础知识

15.1.1 国际投资的基本概念

国际投资（international investment），又称国外投资（foreign investment）或海外投资（overseas investment），是指跨国公司等国际投资主体，将其拥有的货币资本或产业资本，通过跨国界流动和营运，以实现价值增值的经济行为。

国际投资的内涵应包括以下三个方面。

（1）参与国际投资活动的资本形式是多样化的。它既有以实物资本形式表现的资本，如机器设备、商品等；也有以无形资产形式表现的资本，如商标、专利、管理技术、情报信息、生产诀窍等；还有以金融资产形式表现的资本，如债券、股票、衍生证券等。

（2）参与国际投资活动的主体是多元化的。投资主体是指独立行使对外投资活动决策权力并承担相应责任的法人或自然人，包括官方和非官方机构、跨国公司、跨国金融机构及居民个人投资者。而跨国公司和跨国银行是其中的主体。

（3）国际投资活动是对资本的跨国经营活动。这一点既与国际贸易相区别，也与单纯的国际信贷活动相区别。国际贸易主要是商品的国际流通与交换，实现商品的价值；国际信贷主要是货币的贷出与回收，虽然其目的也是实现资本的价值增值，但在资本的具体营运过程中，资本的所有人对其并无控制权；而国际投资活动则是各种资本运营的结合，是在经营中实现资本的增值。

15.1.2 国际投资的类型

1. 国际直接投资和国际间接投资

以投资经营权有无为依据，国际投资可分为国际直接投资（international direct investment）和国际间接投资（international indirect investment）。

（1）国际直接投资是指一国企业或个人在另一国企业中拥有全部或一部分经营管理权的投资，这种投资的形式包括在国外创办独资企业或合资企业、收购国外企业一定比例以上的股权〔一般为10%以上〕以及用国外附属企业的利润进行再投资。

（2）国际间接投资又称为国际证券投资，一是指一国企业或个人购买另一国企业发行的有价证券；二是指购买国外企业一定比例以下的股权，该比例一般为10%。

国际直接投资与国际间接投资的区别，关键在于一笔跨国投资是否带来对国外企业的经营管理权，能带来经营管理权的属于国际直接投资，否则就属于国际间接投资。

由于购买国外企业的债券只能对其拥有债权，而凭借这种债权并不能参与国外企业的经营管理，因此跨国债券投资属于国际间接投资。

2. 外国直接投资

1）外国直接投资的概念

外国直接投资（foreign direct investment，FDI）是现代资本国际化的主要形式之一，按照国际货币基金组织的定义，FDI 是指一国的投资者将资本用于他国的生产或经营，并掌握一定经营控制权的投资行为。也可以说是一国（地区）的居民实体（对外直接投资者或母公司）在其本国（地区）以外的另一国的企业（外国直接投资企业、分支企业或国外分支机构）中建立长期关系，享有持久利益并对之进行控制的投资，这种投资既涉及两个实体之间最初的交易，也涉及二者之间以及不论是联合的还是非联合的国外分支机构之间的所有后续交易。

2）FDI 在统计上的归类

第一，按状态分类。

FDI flows：FDI 流量，即 FDI 的现期值，单位时间的数量。

FDI stocks：FDI 存量，即 FDI 的累计值，一段时间内的数量总和。

第二，按方向分类。

inward FDI：外国在本国的投资，外国资本进入。

outward FDI：本国对国外的投资，本国资本流出。

第三，FDI 四种形态。

inward FDI flows：FDI 流入量。

outward FDI flows：FDI 流出量。

inward FDI stocks：FDI 内存量。

outward FDI stocks：FDI 外存量。

15.1.3　国际投资的重要方式

绿地投资和国际并购是国际投资的两种重要方式。

1. 绿地投资

（1）绿地投资的概念。

绿地投资（green field investment）又称创建投资，是指跨国公司等投资主体在东道国境内依照东道国法律设置的部分或全部资产所有权归外国投资者所有的企业。创建投资会直接导致东道国生产能力、产出和就业的增长。

绿地投资作为国际直接投资中获得实物资产的重要方式是源远流长的。早期跨国公司的海外拓展业务基本上都是采用这种方式。绿地投资有两种形式：一是建立国际独资企业，其形式有国外分公司、国外子公司和国外避税地公司；二是建立国际合资企业，其形式有股权式合资企业和契约式合资企业。

（2）绿地投资的条件。

第一，拥有最先进技术和其他垄断性资源。采取绿地投资策略可以使跨国公司最大限度地保持垄断优势，充分占领目标市场。

第二，东道国经济欠发达，工业化程度较低。创建新企业意味着生产力的增加和就业人员的增多，而且能为东道国带来先进的技术和管理，并为经济发展带来新的增长点；而并购东道国现有企业只是实现资产产权的转移，并不增加东道国的资产总量。因而，发展中国家一般都会采取各种有利的政策措施，吸引跨国公司在本国创建新企业，这些有利的政策有助于跨国公司降低成本、提高盈利水平。

（3）绿地投资方式的优点。

第一，有利于选择符合跨国公司全球战略目标的生产规模和投资区位。海尔选择在美国的南卡罗莱纳州的汉姆顿建立生产基地是因为其地理位置优势。汉姆顿生产基地是海尔独资企业，电冰箱厂生产能力为年产 20 万台，以后会逐渐扩大到年产 40 万～50 万台。

第二，投资者在较大程度上把握风险，掌握项目策划各个方面的主动性。例如在利润分配上、营销策略上，母公司可以根据自己的需要进行内部调整，这些都使新建企业在很大程度上掌握着主动权。

第三，创建新的企业不易受东道国法律和政策上的限制。因为新建企业可以为当地带来很多就业机会，并且增加税收。到目前为止，海尔在南卡罗莱纳州的总投资额达到 1.26 亿美元，创建了 1 250 个工作岗位。

（4）绿地投资方式的缺点

第一，绿地投资方式需要大量的筹建工作，因而建设周期长，速度慢，缺乏灵活性，对跨国公司的资金实力、经营经验等有较高要求，不利于跨国企业的快速发展。

第二，创建企业过程当中，跨国企业完全承担其风险，不确定性较大。

第三，新企业创建后，跨国公司需要在东道国自己开拓目标市场，且常常面临管理方式与东道国惯例不相适应、管理人员和技术人员匮乏等问题。

2. 国际并购

1）国际并购的概念

国际并购就是指一国跨国性企业为了某种目的，通过一定的渠道和支付手段，将另一国企业的一定份额的股权直至整个资产收买下来。跨国公司的国际并购涉及两个或两个以上国家的企业、两个或两个以上国家的市场和两个以上政府控制下的法律制度，其中"一国跨国性企业"是并购发出企业或并购企业，"另一国企业"是他国被并购企业，也称目标企业。这里所说的渠道，包括并购的跨国性企业直接向目标企业投资和通过目标国所在地的子公司进行并购两种形式，这里所指的支付手段，包括支付现金、从金融机构贷款、以股换股和发行债券等形式。而跨国公司的国内并购是指某一跨国性企业在其国内以某种形式并购本国企业。

并购（mergers & acquisitions）一词包括兼并（merge）和收购（acquisition）（或购买）两层含义。

兼并指公司的吸收合并，即一公司将其他一个或数个公司并入本公司，使其失去法人资格的行为，是企业变更、终止的方式之一，也是企业竞争优胜劣汰的正常现象。在西方，企业兼并可分为两类，即吸收兼并和创立兼并。

收购意为获取，即一个企业通过购买其他企业的资产或股权，实现对该企业的实际控制的行为。有接管（或接收）企业管理权或所有权之意。按照其内容的不同，收购可分为资产收购和股份收购两类。

从经济学角度而言，企业兼并和收购的经济意义是一致的，即都使市场力量、市场份额和市场竞争结构发生了变化，对经济发展也产生相同的效益，因为企业的产权和经营管理权最终都控制在一个法人手中。正是在这个意义上，西方国家通常把 Mergers 和 Acquisitions 连在一起，统称 M&A。我国企业兼并的含义与 M&A 相似，兼指吸收合并与收购，1996 年 8 月 20 日财政部发布的《企业兼并有关财务问题的暂行规定》第二条规定："本规定所称'兼并'，指一个企业通过购买等有偿方式取得其他企业的产权，使其失去法人资格或虽保留法人资格但改变投资主体的一种行为。"因此，在我国，我们通常把企业兼并和企业收购统称为企业并购。

2）国际并购的主要类型

（1）按跨国并购双方的行业关系，跨国并购可以分为横向跨国并购、纵向跨国并购和混合跨国并购。

横向跨国并购是指两个以上国家生产或销售相同或相似产品的企业之间的并购。其目的是扩大世界市场的份额，增加企业的国际竞争力，直至获得世界垄断地位，以攫取高额垄断利润。在横向跨国并购中，由于并购双方有相同的行业背景和经历，所以比较容易实现并购整合。横向跨国并购是跨国并购中经常采用的形式。

纵向跨国并购是指两个以上国家处于生产同一或相似产品但又处于不同生产阶段的企业之间的并购。其目的通常是稳定和扩大原材料的供应来源或产品的销售渠道，从而减少竞争对手的原材料供应或产品的销售。并购双方一般是原材料供应者和产品购买者，所以对彼此的生产状况比较熟悉，并购后容易整合。

混合跨国并购是指两个以上国家处于不同行业的企业之间的并购。其目的是实现全球发展战略和多元化经营战略，减少单一行业经营的风险，增强企业在世界市场上的整体竞争实力。

（2）从并购企业和目标企业是否接触来看，跨国并购可分为直接并购和间接并购。

直接并购指并购企业根据自己的战略规划直接向目标企业提出所有权要求，或者目标企业因经营不善以及遇到难以克服的困难而向并购企业主动提出转让所有权，并经双方磋商达成协议，完成所有权的转移。

间接并购是指并购企业在没有向目标企业发出并购请求的情况下，通过在证券市场收购目标企业的股票取得对目标企业的控制权。与直接并购相比，间接并购受法律规定的制约较大，成功的概率也相对小一些。

3）国际并购的优势

国际并购越来越成为国际直接投资的首选，跨国并购的浪潮一浪高过一浪。这种情况和跨国并购本身的优势密不可分。具体说来，跨国并购有如下优势。

（1）迅速进入他国市场并扩大其市场份额。

（2）有效利用目标企业的各种现有资源，如成熟完善的销售网络，成熟的客户关系网，既有的专利权、专有技术、商标权、商誉等无形资产，稳定的原材料供应保障体系，成型的管理制度和既有的人力资源等，这些资源的存在可以使并购方绕开初入他国市场的困难，迅速投入生产，完善和开拓销售渠道，扩大市场份额，减少竞争压力。这些都是其他跨国投资方式难以获得的。

（3）充分享有对外直接投资的融资便利。例如，用目标企业的实有资产和未来收益做抵押，直接从金融机构获得贷款；或并购方通过与被并购方互相交换股票的方式控制目标企业，从而避免现金支付的压力。

（4）可以在对方资产价格被低估、对方经营困境或者目标企业股票暴跌的时候，廉价购买资产或股权。

（5）其他优势。跨国并购还可以有效降低进入新行业的壁垒，大幅度降低企业发展的风险和成本，充分利用经验曲线效应，获得科学技术上的竞争优势，等等。

3. 跨国并购与绿地投资方式的对比

1）从短期角度来比较

尽管并购方式和新建投资方式的 FDI 都为东道国带来国外金融资源，但并购方式所提供的金融资源并不总是增加生产资本存量，而在新建投资的情况下则会增加。并购方式不太可能转移新的或比新建更好的技术或技能，而且可能直接导致当地生产或职能活动（如研发）的降级或关闭，但新建投资可以增加东道国的技术资产，并提高其生产能力。利用并购方式进入一个国家时，不会创造就业，还可能导致裁员，新建投资在进入时必定会创造新的就业。并购方式可能加强东道国的产业集中并导致反竞争的后果，而新建投资能够增加现有企业的数量，并且在进入时不可能直接提高市场集中度。

2）从长期角度来比较

跨国并购常常跟随着外国收购者的后续投资，如果被收购企业的种种关联得以保留或加强，跨国并购就能创造就业。这两种方式在就业创造方面的差异更多地取决于进入的动机，而不是取决于进入的方式。并购和新建 FDI 都能带来东道国缺少的新的管理、生产和营销等重要的互补性资源。从东道国角度看，需要 FDI 的部分原因是 FDI 能够在新领域中带来资本（如工业产权），从而有助于当地经济的多样化。

总的说来，在并购方式中，现有资产从国内所有者转移至国外所有者手中，而在绿地投资方式中，有现实的直接投资资本或效益资本发生了跨国的流动，因此在东道国，跨国公司所控制的资产至少在理论上是新创造的。

随着经济全球化的不断发展，绿地投资在 FDI 中所占比例有所下降.跨国并购已成为跨国公司参与世界经济一体化进程、保持有利竞争地位而更乐于采用的一种跨国直接投资方式。随着全球投资自由化的进一步发展，这种趋势将更加明显地体现出来。

学习辅导 15.1　国际投资基础知识

15.2　现有的国际投资理论概述

现有国际投资理论的核心内容于 20 世纪六七十年代即已形成，主要有垄断优势理论（Hymer，1960）、内部化理论（Buckley，1976）、产品生命周期理论（Vernon，1966）、区位理论、国际生产折中理论（Dunning，1977）、边际产业转移理论等。它们构成了国际投资理论的基本框架，其后的理论发展主要是在上述框架内的补充，未有实质性突破。

15.2.1　垄断优势理论

垄断优势理论（monopolistic advantage）的奠基人是美国经济学家海默（S.Hymer）。

1960 年，"垄断优势"最初由他在其博士论文《国内公司的国际化经营：对外直接投资的研究》中首先提出，以垄断优势来解释国际直接投资行为，后经其导师金德尔伯格（C.Kindleberger）及其凯夫斯（R Z.Caves）等学者补充和发展，成为研究国际直接投资最早的、最有影响的独立理论。

垄断优势理论的前提：企业对外直接投资有利可图的必要条件，是这些企业应具备东道国企业所没有的垄断优势；而跨国企业的垄断优势，又源于市场的不完全性。

（1）不完全竞争导致不完全市场，不完全市场导致国际直接投资。海默和金德尔伯格提出并发展了"结构性市场非完美性理论"（structural market imperfection theory），不完全竞争问题表现为四个方面：商品市场的不完全竞争；要素市场的不完全竞争；规模经济所造成的不完全竞争；经济制度与经济政策所造成的不完全竞争。

（2）垄断优势是对外直接投资的决定因素。垄断优势理论的静态优势要素主要由两部分组成：一是知识资产优势、技术优势、资金优势、组织管理优势、原材料优势。二是规模经济优势。

15.2.2　内部化理论

1. 内部化理论的含义

市场内部化，是指市场不完全，市场机制的失灵，以及由于某些产品（知识产权）的特殊性质或垄断势力的存在，导致企业市场交易成本的增加，而通过国际直接投资，将本来应在外部市场交易的业务转变为在公司所属企业之间进行，并形成一个内部市场。也就是说，跨国公司通过国际直接投资和一体化经营，采用行政管理方式将外部市场内部化。企业内部化行为超越国界，就形成了跨国公司。

2. 市场内部化的动因和实现条件

市场内部化的动因：减少交易成本，防止技术优势的流失；特种产品（技术、专利、人力资本）交易的需要；对规模经济的追求；利用内部转移价格获取高额垄断利润、规避外汇管制、逃税等目的。

市场内部化条件：投资与经营成本低是主要条件。从内部化的成本来看，它主要包括：跨国生产时产生的交通、通信成本，管理成本，国际经营风险成本，规模经济损失成本。

15.2.3　产品生命周期理论

1966 年，美国哈佛大学教授雷蒙·维农（R. Vernon）从动态角度，根据产品的生命周期过程，提出"产品生命周期"直接投资理论。

产品生命周期理论的内容是，跨国公司建立在长期性技术优势基础上的对外直接投资经历以下三个阶段。

（1）产品的创新阶段：发达国家凭借雄厚资金和技术，开发新产品，并投入高收入的本国市场。维农认为美国最具有这些条件。

（2）产品的成熟阶段：市场对产品的需求量急剧增大，产品由创新国向较发达国家出口，诱导了较发达国家市场发育，较发达国家为了保护本国市场，开始实施关税和非关税壁垒，创新国的企业为了冲破市场障碍，降低生产成本，会到较发达国家投资生产，设立海外公司，生产产品在较发达国家销售，并出口创新国及发展中国家。

（3）产品的标准化阶段：进入标准化阶段，意味着企业拥有的专利保护期已经期满，企业拥有的技术诀窍也已成为公开的秘密。进入标准化阶段，市场上充斥着类似的替代产品，竞争加剧，而竞争的核心是成本问题。这时，生产商会将生产的重点转移到生产成本更低、收入较低的发展中国家，或者将生产程序分解，把劳动密集型的工序放在低成本的国家。产品向创新国及发达国家出口。

15.2.4 区位理论

在维农的产品周期三阶段模型基础上，美国学者约翰逊则进一步分析和考察了导致国际直接投资的各种区位因素，认为它们是构成对外直接投资的充分条件，这些因素主要包括以下几种。

（1）劳动成本：对外投资将把目标选择在劳动成本较低的区位。

（2）市场需求：对外投资选择市场潜力大的区位。

（3）贸易壁垒：贸易壁垒的高低会影响国际企业在直接投资和出口贸易之间进行选择。

（4）政府政策：政府对投资者的态度，政策上的保护与支持也会影响投资者的选择。

（5）原材料的供应：原材料的稳定供应影响国际企业纵向一体化的发展，是投资者考虑的重要因素。

15.2.5 国际生产折中理论

国际生产折中理论（eclectic theory of international production）是由英国经济学家约翰·邓宁（John Dunning）教授于1977年提出的理论。他认为，一国的商品贸易、资源转让、国际直接投资的总和构成其国际经济活动。然而，20世纪50年代以来的各种国际直接投资理论只是孤立地对国际直接投资作出部分的解释，没有形成一整套将国际贸易、资源转让和国际直接投资等对外经济关系有机结合在一起的一般理论。

国际生产折中理论的基本内容是，跨国企业所拥有的所有权优势、内部化优势以及区位优势的不同组合，决定了它所从事的国际经济活动的方式。

1. 所有权优势

所有权优势（ownership advantage）是指一国企业拥有或能够得到别国企业没有或难以得到的技术优势、企业规模、组织管理能力、金融和货币优势等。跨国企业所拥有的所有权优势主要包括两大类：一是通过出口贸易、资源转让和对外直接投资能给企业带来收益的所有权优势，如产品、技术、商标、组织管理技能等。二是只有通过对外直接投资才能得以实现的所有权优势，这种所有权优势无法通过出口贸易、技术转化的方式给企业带来收益，只有将其内部使用，才能给企业带来收益。如交易和运输成本的降低、产品和市场的多样化、产品生产加工的统一调配、对销售市场和原料来源的垄断等。跨国企业所拥有的所有权优势大小直接决定其对外直接投资的能力。

2. 内部化优势

内部化优势（internalization advantage）是指企业为避免不完全市场带来的影响，把企业的优势保持在企业内部的策略。内部化起源于市场的不完全性。市场的不完全性包括两方面内容：一是市场结构的不完全性，这主要是由于对竞争的限制，这种情况下，交易成本很高，相互依赖经济活动的共同利益不能实现；二是信息的不完全性，这主要是由于产品或劳务的市场信息难以获得，或者要花很大代价才能获取这些信息。由于市场的不完全性，企业所拥有的各种优势有可能丧失殆尽。只有通过内部化来实现由市场决定的供给与需求的交换关系，改用企业内部程序来配置资源，才能使企业的垄断优势发挥最大效应。

3. 区位优势

区位优势（location advantage）是指跨国企业在投资区位上所具有的选择优势。区位优势包括直接区位优势和间接区位优势。直接区位优势，是指东道国的某些有利因素所形成的区位优势。如广阔的产品销售市场、劳动力成本低、政府的各种优惠投资政策等。间接区位优势，是指由于投资国和东道国某些不利因素所形成的区位优势。如商品出口运输费用过高、贸易壁垒使出口贸易困难等。区位优势的大小决定着跨国企业是否进行对外直接投资和对投资地区的选择。

综合上述优势，邓宁认为，所有权优势和内部化优势只是企业对外直接投资的必要条件，而区位优势是对外直接投资的充分条件。因此，可根据企业对上述三类优势拥有程度的不同，来解释和区别绝大多数企业的跨国经营活动。用公式表示为

所有权优势＋内部化优势＋区位优势＝对外直接投资

国际投资企业的优势及其来源如图 15-1 所示。

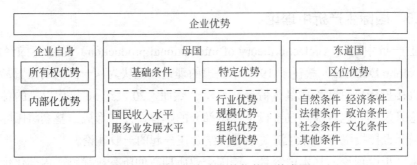

图 15-1　国际投资企业的优势及其来源

15.2.6　边际产业转移理论

日本一桥大学教授小岛清（Kojima，1978）于 20 世纪 70 年代中期提出"边际产业转移理论"用于解释日本企业在东亚的产业转移所形成的"雁行分工"，实际是比较优势动态化的延伸，与 Dunning 的区位优势理论有相似之处。小岛清认为，分析国际直接投资产生的原因，应从宏观经济因素，尤其是国际分工原则的角度来进行。

这一理论的核心是，对外直接投资应该从投资国已经处于或即将陷于比较劣势的产业部门，即边际产业部门依次进行；而这些产业又是东道国具有明显或潜在比较优势的部门，但如果没有外来的资金、技术和管理经验，东道国这些优势又不能被利用。根据边际产业

转移理论，对外投资应能同时促进投资国和东道国的经济发展。因此，小岛清从宏观经济角度来考虑，把对外直接投资划分为以下几种类型：自然资源导向型、劳动力导向型、市场导向型和交叉投资型。

这些理论实际上都是跨国公司理论，它们从企业的微观角度理解国际投资，反映了当时国际经济的特点，但已越来越不适应国际投资发展现状。首先，国家资本与私人资本相互融合、国家主权财富基金参与对外投资、国家参与全球生产要素的组合与配置，是当前国际投资领域的重要现象。其次，国与国之间不断签署更多的投资协定，开展更多样的投资合作，对国际投资的规划、管理日渐成为许多国家政府的重要工作内容。最后，进入21世纪以来，中国政府推行"走出去"战略，政府推动的企业海外投资将成为新潮流。以上现象说明，国家在国际投资领域的作用明显增强，这已成为当代国际投资的基本特点。

学习辅导15.2 国际投资理论与发展趋势

15.3 国际投资的新趋势

新全球化潮流的萌动使得以往以血汗工厂、高污染、高能耗为特征的跨境投资有所减少，发达国家作为投资主体并主导规则制定的境况也有所改变。近年来，全球投资并购市场呈现新的发展趋势，主要体现在以下三个方面。

15.3.1 面向工业4.0新科技的投资并购日趋活跃

近年来，以物联网、大数据、云计算、人工智能、虚拟现实、3D打印为代表的工业4.0技术领域掀起了一股投资热潮。

15.3.2 发达经济体与新兴经济体投资吸引力和对外投资能力发生变化

近年来，流向发达经济体的外国直接投资大幅下降，降幅达37%。而流向新兴经济体的投资没有明显变化。新兴经济体为拉动出口，获得国外知识和技术，拓展市场，大力增加海外投资。

15.3.3 发展中国家对国际投资规则制定有更强的影响力

发展中国家对国际投资规则制定的影响日益增大，主要表现在以下几方面：其一，更注重投资保护与东道国监管权之间利益的平衡；其二，将贸易、投资与综合经济发展统筹考虑，重视企业在东道国环境保护、劳工权益和公共健康维护等方面的社会责任的履行；其三，对争端仲裁机制进行系统性改革，提高透明度和公众参与度，并积极探索适合解决纠纷的多边仲裁机制的改革举措；其四，用嵌入投资条款的区域自贸规则替代双边投资协定，与此同时，也加大了知识产权保护力度，并提高了外国投资审查的门槛；其五，以绿色金融、环境保护、医疗健康、消费升级为代表的人本关怀和社会责任投资逐渐增强。随着对环境污染、劳工剥削、贫富差距扩大等全球化问题的关注日益广泛，各国开始大力倡导人文价值回归，这一变化也体现在投资领域。

15.4　中国企业海外投资的调整与选择

15.4.1　中国对外直接投资的现状

2018 年中国对外直接投资主要呈现以下特点。

（1）对外直接投资流量和存量稳居全球前三，占比皆创新高。如图 15-2～图 15-4 所示，2018 年中国对外直接投资（含对中国香港投资）1 430.4 亿美元，同比下降 9.6%。在全球对外直接投资流出总额同比减少 29%，在连续 3 年下滑的大环境下，2018 年略低于日本（1 431.6 亿美元），成为第二大对外投资国。2018 年末，中国对外直接投资存量达 1.98 万亿美元，是 2002 年末存量的 66.3 倍，在全球分国家地区的对外直接投资存量排名由第 25 位升至第 3 位，仅次于美国和荷兰。中国在全球外国直接投资中的影响力不断扩大，流量占全球比重连续 3 年超过一成，2018 年占 14.1%，较上年提升 3 个百分点；2018 年底存量占 6.4%，较上年提升 0.5 个百分点，皆创历史新高。从双向投资情况看，2018 年中国对外直接投资与吸引外资基本持平。

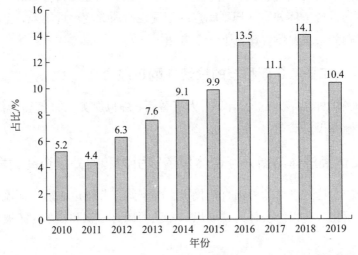

图 15-2　2010—2019 年中国（内地）对外直接投资流量占全球份额情况

（2）投资覆盖全球 188 个国家和地区，投资存量相对集中。如图 15-5、表 15-1 所示，截至 2018 年底，中国内地超 2.7 万家境内投资者在全球 188 个国家（地区）设立对外直接投资企业 4.3 万家，全球 80% 以上国家（地区）都有中国的投资。中国内地在"一带一路"沿线国家（地区）设立境外企业超过 1 万家，2018 年当年直接投资流量 178.9 亿美元，年末存量 1727.7 亿美元，占比分别为 12.5% 和 8.7%。中国内地对外直接投资地域分布高度集中，存量前 20 位的国家（地区）占总额的 91.7%。

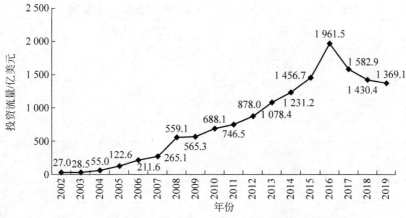

图 15-3　2002—2019 年中国（内地）对外直接投资流量情况

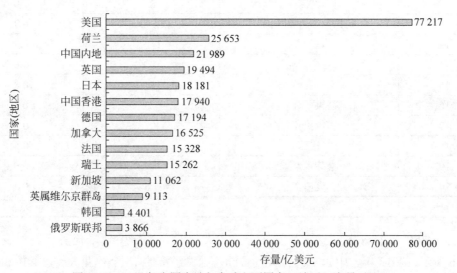

图 15-4　2019 年中国内地与全球主要国家（地区）存量对比

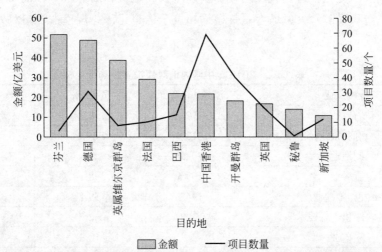

图 15-5　2019 年中国内地企业对外投资并购十大目的地（按并购金额）

表 15-1　2019 年中国内地对外直接投资流量前 20 的国家（地区）

序号	国家（地区）	流量 / 亿美元	占总额比重 /%
1	中国香港	905.5	66.1
2	英属维尔京群岛	86.8	6.3
3	新加坡	48.3	3.5
4	荷兰	38.9	2.8
5	美国	38.1	2.8
6	印度尼西亚	22.2	1.6
7	澳大利亚	20.9	1.5
8	瑞典	19.2	1.4
9	越南	16.5	1.2
10	德国	14.6	1.1
11	泰国	13.7	1.0
12	阿拉伯联合酋长国	12.1	0.9
13	老挝	11.5	0.8
14	马来西亚	11.1	0.8
15	英国	11.0	0.8
16	刚果（金）	9.3	0.7
17	伊拉克	8.9	0.7
18	巴西	8.6	0.6
19	哈萨克斯坦	7.9	0.6
20	柬埔寨	7.5	0.6
合计		1 312.6	95.8

（3）投资行业分布广泛、门类齐全，六大行业存量规模超千亿美元。如表 15-2、图 15-6 所示，2018 年，中国对外直接投资涵盖国民经济的 18 个行业大类，其中租赁和商务服务、金融、制造、批发零售四行业投资占比超七成，流向信息传输、科学研究和技术服务、电力生产、文化教育等领域的投资快速增长。租赁和商务服务、批发零售、金融、信息传输、制造和采矿六大领域存量规模均超过千亿美元，总规模占中国对外直接投资存量的 84.6%。

表 15-2　2019 年中国内地对外投资并购行业构成

行　业	流量 / 亿美元	同比 /%	比重 /%
合计	1 369.1	-4.3	100.0
租赁和商务服务业	418.8	-17.6	30.6
制造业	202.4	6.0	14.8
金融业	199.5	-8.1	14.6
批发和零售业	194.7	59.1	14.2
信息传输 / 软件和信息技术服务业	54.8	-2.7	4.0
采矿业	51.3	10.8	3.7
交通业 / 仓储和邮政业	38.8	-24.8	2.8

续表

行 业	流量 / 亿美元	同比 /%	比重 /%
电力 / 热力 / 燃气及水的生产和供应业	38.7	17.7	2.8
建筑业	37.8	4.5	2.8
科学研究和技术服务业	34.3	−9.7	2.5
房地产业	34.2	11.5	2.5
农 / 林 / 牧 / 渔业	24.4	−4.8	1.8
居民服务 / 修理和其他服务业	16.7	−27.8	1.2
教育	6.5	13.2	0.5
住宿和餐饮业	6.0	−55.4	0.4
文化 / 体育和娱乐业	5.2	−55.1	0.4
水利、环境和公共设施管理业	2.7	51.1	0.2
卫生和社会工作	2.3	−56.7	0.2

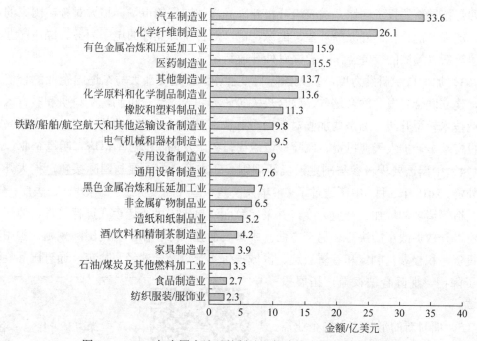

图 15-6　2019 年中国内地对外制造业投资流向的主要二级类别

　　（4）地方企业对外直接投资逆势上扬，非公经济控股主体对外投资占比提升。2018 年，地方企业非金融类对外直接投资流量达 982.6 亿美元，同比增长 14%，占全国非金融类流量的 81%，广东、上海、浙江位列 2018 年地方对外直接投资前三甲。非公经济控股境内主体 2018 年对外投资 755.7 亿美元，同比增长 11.2%，占对外直接投资总额的 62.3%，较上年提升 13.6 个百分点。

　　（5）境外企业对东道国税收和就业贡献明显，对外投资双赢效果显著。2018 年境外企业向投资所在国缴纳的各种税金总额达 594 亿美元，雇用外方员工 187.7 万人，占境外企业员工总数的一半以上，较上年末增加 16.7 万人。2018 年中国境外企业的经营情况良好，超七成企业盈利或持平。

15.4.2 扩大中国对外投资的策略

（1）应该把参与推动区域和世界互联互通基础设施及网络建设作为重中之重，要联合外国企业和国际金融机构，共同参与国家间设施联通建设，在全球范围内由点到线、由线到面逐步铺开，构筑纵横一体、四通八达的立体交通网。设施联通既是"一带一路"倡议得以施行的基础，也是顺应新全球化技术发展、设施互联互通的趋势性要求，基础设施投资将为全球经济发展带来普遍福利。

（2）进一步拓展海外投资新区域，打造多主体、多层次、多方式、多领域齐头并进的对外投资新格局。中资企业在新全球化背景下的海外投资应在以下几个方面进行改善：一是要鼓励投资主体多元化，尤其鼓励中小企业"走出去"，可以与大企业抱团，共同把握海外投资新机遇；二是要在已有投资区域开辟新投资领域，尤其侧重在新兴经济体投资新兴行业，如节能环保、消费升级、健康医疗等行业，为当地科技溢出和人文福利作出贡献；三是创新投资方式，积极探索双边基金、产业园、产业与金融对接等多种投资合作模式；四是拓展新的投资区域，进一步开拓新兴经济体国家的市场，扩大对金砖国家的投资规模，加强产能合作，开展除基建、能源、矿产等传统行业外的电子商务、绿色产业、医疗健康等新兴领域的投资合作，尝试对外开放新举措。

（3）加大自主研发力度，扩大国际科技合作：一是要加大与东道国企业的合资合作力度，建立联合研发、联合培养、联合攻关等研究和人才交流机制，从科研和教育入手实现企业技术转型升级；二是要加强对新兴产业和新科技前端投资的关注度，设立新兴产业联合投资基金，扩大天使投资、风险投资规模，善于发现隐形冠军，培育明星企业。

（4）中国需要积极参与制定投资新规则。一方面，中国要与国际接轨，扩大开放，吸引外资。2019 年 3 月，中国通过了《中华人民共和国外商投资法》，对外资在医疗、金融、先进制造等诸多领域加大开放力度，并采用负面清单、国民待遇模式进行管理，体现了中国政府以开放促改革的决心。另一方面，中国要加强国际合作，利用国际规则保护中国的对外投资，积极参与制定和签署双边、区域投资协定以及全球经贸协定，通过国际规则消除投资障碍，保障合法权益，拓展投资领域。

（5）面对新的形势，中国企业需要树立投资新理念，以绿色经济、社会责任、可持续发展精神为指导，探索和践行广为接受的新投资行为和投资方法。

学习辅导 15.3 中国对外投资的现状与发展

【本章小结】

中国已经由原来的接受投资国变成对外投资国，越来越多的中国企业到海外投资经营，因此，如何开展国际投资，是我国面临的重要课题。本章介绍国际投资的理论、国际投资的现状，分析了国际投资的新趋势，总结了中国对外投资的现状，研究中国对外投资的策略。

【思考题】

1. 名词解释：国际投资、国际直接投资、国际间接投资、FDI 存量、FDI 流量、并购、横向并购、纵向并购、混合并购、直接并购、间接并购、绿地投资

2. 试比较绿地投资与并购的优缺点。

3. 什么是国际投资的垄断优势？

4. 什么是国际投资的内部化？

5. 什么是国际投资的产品生命周期理论？

6. 什么是国际投资的区位理论？

7. 试论国际生产折中理论的主要观点。

8. 什么是国际投资的边际产业转移理论？

9. 试论当前国际投资的新趋势。

10. 试论中国当前的国际投资现状，以及中国应当如何开展国际投资。

【即测即练】

【英文阅读】

第六篇　国际商务运营

　　国际企业进军全球市场，首先要制定好企业的战略，然后根据战略构建企业组织，选择进入国际市场的方式方法。再者，由于国际企业面对不同的政治、经济、法律及文化环境，需要进行跨文化管理，做好风险管控，同时也要讲究国际企业的伦理，落实企业的社会责任，真正融入东道国社会，才能做好企业生产经营、市场营销、人力资源管理、财务管理以及研发管理等各项工作，利用全球资源提高经营绩效。

第16章 国际企业战略

【学习目标】···

    1. 掌握国际企业的战略理论；

    2. 研究国际企业战略对组织结构的影响；

    3. 研究国际企业推进全球化方式；

    4. 研究中国的国际企业应如何制定国际战略。

思政案例

疫后中国"世界工厂"地位将更凸显

英国《经济学人》周刊日前发表文章说，中国产业链强大，基础设施完善，市场巨大，这将让中国"世界工厂"地位在疫情过后更加凸显。

文章提道，尽管受疫情影响，广交会的客商无法像往常一样面对面交谈，但网上交易让大量中国厂商实现直播卖货，促进了出口。对于制造业增加值占世界份额超过1/4 的中国来说，网上广交会顺利举行在一定程度上也是中国制造能力的体现。

文章指出，中国在制造能力方面有两大优势，近几个月体现尤为明显。

首先，中国工业门类齐全，产品跨越低端和中高端。尽管近年来人工成本上涨，但中国制造业基础设施完善，产业配套优势明显，制造能力不断升级，越来越多的零部件开始由中国本地生产。

文章说，疫情期间中国的口罩生产就是其制造能力的生动体现。2 月初，中国口罩日产量 1 000 万只，为世界供应了一半的产量，一个月后，这一数字增加到近 1.2 亿只。一只口罩所需材料和环节复杂，如没有完备的产业链和生产能力，很难做到短时间内大量生产。

其次，市场巨大。文章引用美国荣鼎咨询集团日前发布的报告称，过去 18 个月里，外资在华并购出现了近 10 年未有的热潮。正是看好中国市场潜力，德国巴斯夫、美国特斯拉等行业巨头均到中国投资生产。

资料来源：于佳欣.《经济学人》认为，疫后中国"世界工厂"地位将更凸显 [N/OL]，人民网—人民日报海外版，2020-06-27. http://ydyl.people.com.cn/n1/2020/0627/c411837-31760224.html。

当今中国企业实力不断增强，逐渐具备对外投资的资本优势、技术优势、管理优势等。在企业国际化的历程中，要分析国际市场环境，制定正确的企业战略，构建与战略相适应的管理结构，采用适合本企业的国际市场进入方式，积极稳妥地推进企业国际化进程。

16.1 企业国际化战略

企业国际化战略（internationalization strategy）是企业产品与服务在本土之外的发展

战略。随着企业实力的不断壮大以及国内市场的逐渐饱和，有远见的企业家开始把目光投向中国本土以外的全球海外市场。

企业的国际化战略是公司在国际化经营过程中的发展规划，是跨国公司为了把公司的成长纳入有序轨道，不断增强企业的竞争实力和环境适应性而制定的一系列决策的总称。企业的国际化战略将在很大程度上影响企业国际化进程，决定企业国际化的未来发展态势。

16.1.1　国际企业面临的主要竞争压力

如图 16-1 所示，国际企业主要面临降低成本和产品当地化的压力，但各企业面临压力的情况各不相同，A 企业降低成本的压力大，当地化的压力小；B 企业降低成本的压力小，当地化的压力大；C 企业降低成本的压力大，当地化的压力也大。

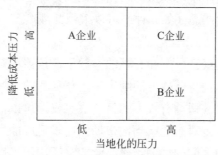

图 16-1　国际企业面临的降低成本与当地化的压力

1. 当地化压力

当地化的压力主要有以下四个方面：其一是各国、各地区消费者的兴趣和偏好有差异；其二是当地的基础设施有差异，如有些国家的家用电器标准电压是 220V，而有些国家却是 110V；其三是各国、各地的分销渠道不同，如美国是大型超市占主要地位，而日本却是众多小商店占主要地位，而当今电子商务又开始大行其道；其四是各国政府的要求，有些国家、地区为了促进本国就业和经济增长，要求外国的企业必须招聘当地员工、使用当地的原材料等。

2. 降低成本压力

降低成本的压力主要来自具有普遍需求的商品（例如，饮料用于解渴，全球消费者需求一致），而竞争对手以成本、价格作为主要的竞争武器，产品的替代品很多，产品过剩，消费者在相同产品不同品牌转换的代价很小，这时企业就会面临很大的成本压力。

16.1.2　国际企业的四种国际战略

为了应对不同的情况，国际企业有四种不同的国际战略，分别是国际化战略、当地化战略、跨国战略、全球标准化战略，如图 16-2 所示。

1. 国际化战略

国际化战略是在母公司的利益和价值判断下作出的经营战略，其目的在于以高度一体化的形象和实力在国际竞争中占据主动，获得竞争优势。这一战略的特点是母公司集中进行产品的设计、开发、生产和销售协调，管理模式高度集中，经营决策权由母公司控制。

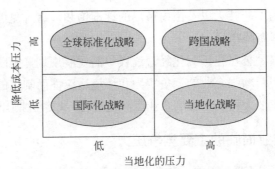

图 16-2　国际企业的四种国际战略

这种战略的优点是集中管理可以节约大量的成本支出，缺点是产品对东道国当地市场的需求适应能力差。这种战略适用于成本压力与当地化压力均小的企业，例如：具有专利保护的医药产品、有知识产权的产品（如软件）可以采用此战略。

2. 当地化战略

当地化战略是在统一的经营原则和目标的指导下，按照各东道国当地的实际情况组织生产和经营。母公司主要承担总体战略的制定和经营目标的分解，对海外子公司实施目标控制和财务监督；海外的子公司拥有较大的经营决策权，可以根据当地的市场变化作出迅速的反应。这种战略的优点是对东道国当地市场的需求适应能力好，市场反应速度快；缺点是增加了母公司和子公司之间的协调难度。此战略适用于当地化要求高而成本要求较小的企业。

3. 跨国战略

跨国战略是力图满足降低成本、适应当地化两方面要求的经营战略。企业在全世界的范围内获取最佳的资源，并通过规模经济、学习效应、技术创新来降低成本，同时采用全球决策系统把各个子公司连接起来，使用全球商务网络实现资源共享、信息共享、技术共享、市场共享，提高整个公司的核心竞争力。这种战略既考虑到东道国的具体需求差异，又可以顾及跨国公司的整体利益，已经成为企业国际战略的主要发展趋势。但是这种战略也有缺陷，对企业管理水平的要求高，企业管理资金投入大。

4. 全球标准化战略

实施这一战略主要是通过标准化的生产、标准化的营销，达到规模经济，发挥学习效应，努力降低成本，提高企业竞争力。这个战略适用于成本压力大、本地化压力较小的企业。例如，可口可乐公司就使用这样的战略。

当然，实施这些战略不是一成不变的。例如，有些实施国际化战略的公司，在专利产品保护期内成本和差异化的压力都比较小，也不会遇到强有力的竞争，如果过了保护期，这些压力就显现出来了，就需要转变战略，迎接挑战。

16.1.3　国际企业战略的制定

1. 国际企业战略要素

国际企业战略是企业在世界市场上竞争的行动纲领和远景蓝图，主要包括四个要素：经营范围、资源配置、竞争优势、协同效应。

（1）经营范围回答的问题是"企业在什么范围内经营"。经营范围可以是指地理区域的范围，也可以是指市场区分。所有的企业都只有有限的资源，而且它们在不同产品上的相对优势不同，因此，管理者必须做好市场分析，确定对本企业最有吸引力的经营方向。

（2）资源配置回答的问题是"当企业选定了经营范围之后，应如何配置资源来服务所选定的市场"。资源配置可以按照产品线来做，也可以按照地理区域来做，还可以既按照产品线又按照地理区域来做。除此之外，还要决定不同产品或地域获取企业有限资源的优先权。

（3）竞争优势回答的问题是"相对于竞争对手而言，本企业有哪些特色和专长"。一个经营国际化的企业可以在不同的市场上具有同一种竞争优势，也可以在不同的市场上具有各不相同的竞争优势。掌握核心技术、知名品牌、富有管理经验的团队、畅通高效的营销网络、雄厚的资本都是企业重要的竞争优势。

（4）协同效应回答的问题是"企业的不同生产经营单位之间如何做到互相促进，实现 1+1 ＞ 2 整体系统效应"。

2. 制定企业战略的步骤

战略制定是决定企业要做什么，而战略实施则是具体怎么去做。良好的战略是企业成功的保证，一般而言，制定战略需要有如下步骤。

（1）确定企业使命。使命是说明企业的经营范围、服务对象等，要体现出企业的社会责任、服务大众的思想意识，起到激励员工、吸引顾客、争取投资者的作用。

（2）进行 SWOT 分析。分析企业自身的优势、弱势，看清市场环境的机会和威胁，研究如何扬长避短、利用机会、规避风险。

（3）设定战略目标。战略目标是企业长远的规划，如 5 年、10 年企业要开发哪些国内、国际市场，推出什么产品或服务，要在行业、国内、国际达到什么水平等。

（4）制订战术目标与实施计划。战术目标必须具体、可操作性强，例如，要达到什么样的总体战略目标，分阶段、分步骤或每年、每个业务单位要达到什么目标，销售额、利润额、市场份额是多少，应当采取什么措施降低成本、提高产品质量、开发市场、促进销售等。

（5）建立控制体系。控制可以是规章制度控制、企业文化控制、计划控制等。例如，事前设定计划目标，拟定某阶段要达到的成本、产量、销售额等，事后将实施的结果与事前计划进行对比，达到计划要求的给予奖励，没有达到要求的要查明原因，寻找解决问题的方法。

3. 企业战略的三个层次

企业战略的三个层次分别是：总公司的战略、各经营单位的战略、各职能领域的战略。

（1）总公司的战略首先要确定的是企业的经营领域。总公司的战略一般有以下三大类型：单业经营、一体化经营、多元化经营（相关、不相关）。单业经营有利于企业集中精力做好一个产品、一项服务，但是风险较大，万一出问题，企业就会亏损或破产。一体化经营是企业根据产业链进行垂直整合，以确保企业原材料供应和销售市场畅通。多元化经营是企业在多个业务上发展，这些业务可能是相关的或不相关的。其主要优点是分散企业经营风险，确保企业有稳定的业绩，缺点是分散企业精力，难以突出企业特色和优势。

（2）各经营单位的战略是总公司战略在各经营单位的具体化。它要回答的问题是"我们如何在所选定的每个市场里有效地开展竞争"。具体有差异化战略、成本领先战略、集中化战略。差异化战略是利用企业的竞争优势，突出企业的特色，做到人无我有、人有我优。成本领先战略就是努力降低成本，以价格作为竞争的武器。集中化战略就是集中企业资源，开发某个市场，经营某个市场。

（3）各职能领域的战略所关注的问题是，为了更好地实现总公司层次的战略和经营单位层次的战略，企业应该怎样履行其市场营销、生产运作、财务会计、人力资源、研究开发等各项职能。

学习辅导 16.1 企业国际化战略

16.2 国际企业的组织结构

国际企业的组织结构随着其规模的扩大、市场的延伸和竞争环境的变化而变化，应在其不同发展阶段采取与之相适应的组织结构。传统的国际企业结构表现出明显的地理边界特征，那些分布于不同国家的分支机构的权责几乎完全自治。而现在便捷的互联网和其他通信条件消除了这种地理上的障碍，国际企业越来越多地采用网络化和柔性化的组织结构，这将有助于国际企业化解全球经营管理中的风险，获得全球竞争优势，实现全球效率的最优化。

16.2.1 国际企业的组织形式

国际企业的组织形式有母公司、子公司、分公司三种。

1. 母公司

母公司，是指能够在国外拥有其他公司部分股份，或通过其他形式能控制该公司重大业务活动，使其成为自己附属机构的公司。母公司有时被称为总公司、本公司或控股公司。

母公司有以下特征：其一，母公司能对所属公司进行实际控制；其二，母公司对所属公司的控制关系是建立在股份占有或签订契约的基础上；其三，母公司在经营体系中，始终处于主动、积极、支配、控制的地位；其四，母公司既可采用"纯粹控股公司"形式，也可采用"混合控股公司"（混合控股是指又控股又参与经营）形式。

2. 子公司

子公司，是指由母公司控制的，但形式上仍具有独立法人资格的公司。

子公司有以下特征：其一，子公司具有自己独立的公司名称和公司章程；其二，子公司具有自己独立的行政管理机构；其三，子公司具有自己独立的财产，能独立进行核算、自负盈亏；其四，子公司可以独立地以自己的名义进行各类民事法律活动，包括进行诉讼。

3. 分公司

分公司，是指母公司在国外所开设的不具备独立法人资格的附属公司。

分公司有以下特征：其一，分公司不具备法律与经济的独立性；其二，分公司的资本全部源自母公司；其三，分公司没有自己独立的公司名称和公司章程；其四，分公司是以母公司的名义并根据其委托，代表母公司从事经营业务，母公司直接控制分公司的业务。

16.2.2 国际企业组织结构相关理论

1. 组织结构的概念

企业组织结构是为了实现组织目标，把企业内部按分工划分为不同的部门，赋予各部门权利和责任，建立整合机制协调各部门活动的过程，而形成的组织内部的构成形式。组织结构，就是组织内部对工作的正式安排。

如图 16-3 所示，组织结构的核心是管理人员，调动员工的积极性和创造性，实现组织的战略目标。组织结构包括五项功能：一是控制功能：用于衡量各部门的业绩，判断各部门工作的好坏。二是激励功能：用于激励良好的工作行为。三是决策功能：规定组织的决策如何作出，工作如何执行的程序。四是文化功能：形成组织共有的道德标准和价值观。五是人员管理功能：依据人员的技术、价值观、职业导向、绩效等，招聘人员、支付薪酬、提拔与留住某些人员。

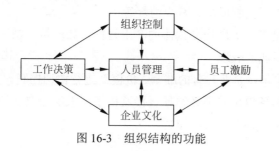

图 16-3 组织结构的功能

2. 组织结构的划分

组织结构可以从三个维度划分为垂直系统、水平系统、协调系统

（1）垂直系统：主要界定各部门的权利和责任。这个系统的主要差别在于分权还是集权。

集权的好处：有利于协调；有利于各项决定与企业目标相一致；有利于给上层较大的影响力，带动企业发展；也有利于避免重复的行动，浪费组织资源。

分权的好处：避免高层负担过重；提高下层的积极性与创造性；会给企业带来更大的弹性，更快应付市场变化；贴近现实指挥，决策更加科学；可以增强责任心，加强对下属部门的控制。

因此，设计垂直系统要根据企业的实际，综合考虑集权与分权。

（2）水平系统：把企业内部按工作分工划分为各个部门。

划分部门的方法有：一是按工作的职能划分，二是按业务的种类划分，三是按工作的区域划分。

（3）协调系统：建立整合机制，协调各部门的活动。

如图 16-4 所示，最简单的协调系统就是人员直接控制、直接管理，如小企业的工头；企业再大些，亲自管理不可能了，就聘请代理人，如监工人员；再大的企业，就需要管理团队，管理就更复杂；国际企业采用矩阵结构进行管理，是最复杂的协调系统，因为每个业务部门要受两个方面的控制，如地区经理和产品经理。

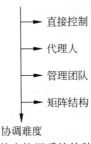

图 16-4　整合协调系统的种类及难度

协调控制系统可以分为个人控制、行政管理控制、产出控制和文化控制四种。

第一，个人控制是通过与下属个别接触进行控制，适合于小企业。

第二，行政管理控制是通过规章制度和章程来管理下属单位、人员的行动，使之朝公司的目标努力。例如，计划的制度要求下属制订工作计划，有步骤、有目标地完成工作任务；预算的制度要求下属控制成本、减少消耗等。

第三，产出控制是指为下属设立具体的产出目标，如产量、销售额、利润额、市场份额等，以此来评价各下属的表现。

第四，文化控制是指以企业共有的准则、价值观进行协调控制。当企业文化深入人心，形成一种氛围，员工和各单位就不必领导直接监控了，大家会自觉地努力工作，完成工作任务，维护企业的形象，为企业添砖加瓦。

16.2.3　国际企业组织结构

1. 职能式的组织结构

职能式的组织结构如图 16-5 所示。

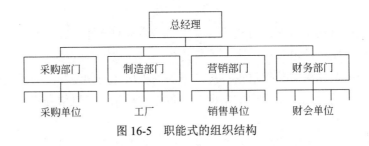

图 16-5　职能式的组织结构

2. 业务式的组织结构

业务式的组织结构如图 16-6 所示。

3. 国际部式的组织结构

国际部式的组织结构如图 16-7 所示。

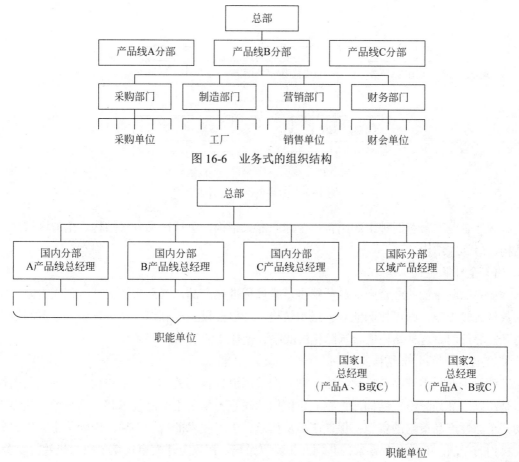

图 16-6　业务式的组织结构

图 16-7　国际部式的组织结构

国际部式的组织结构的特点有：国际部式的组织结构适用的产品品种有限，海外销售较国内及出口销售少；地理上不分散，国外环境影响力不大，需谋求产品的适应性并采取不同的市场营销策略；制造方面的经济规模有限；行政人员缺乏国际经验。

国际部式的组织结构的优点有：能协调国外子公司，从而比单个子公司的独立活动获得更多的利益（划定子公司的国外销售市场；统一筹措资金；降低整个公司的税收；互通情报、信息）。

国际部式的组织结构的缺点有：由国际部统一制定的销售策略，会限制子公司针对当地情况而灵活决策；当海外业务扩大或子公司数目增加时，国际部较难适应繁杂的海外业务；当在海外制造和销售的产品与国内生产的产品相同时，国内与国外各部门之间往往会产生互不适应的矛盾。

4. 国际企业的组织结构

国际企业的组织结构如图 16-8 所示。

国际企业通常由公司总部从全球的角度来协调整个生产与销售，统一安排资金和分配利润。与国际部结构相比，有两个显著特点：一是把国内和国外的经营决策权都集中在母公司总部，总部不再是只管或主要管国内经营决策；二是把国内和国外统一为一个整体，总部任何部门都按照世界范围来设置，为国际企业实施全球战略提供了组织条件。

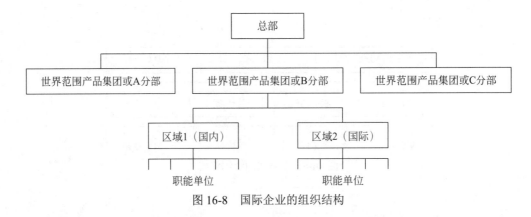

图16-8 国际企业的组织结构

国际企业通常有四种组织结构：全球职能式结构、全球产品分部结构、全球区域分部结构、矩阵式结构。

1）全球职能式结构

如果国际企业的经营产品品种很少，且属标准化产品，产品市场的地区范围有限，需求数量比较平稳，则可按职能划分组织结构，一般分设生产制造、市场营销、财务和研究与开发等部门。这种结构适合国际化的战略、全球化的战略。

2）全球产品分部结构

如果企业采用产品多样化战略，则倾向采用世界范围的产品分部结构。这种结构的优点是：以产品划分组织结构，把企业各部门的注意力集中于产品技术和产品市场，从而推动了全球性产品策略的实施；保证产品从信息到生产技术的统一沟通，消除了企业内各分支机构的矛盾；引导企业各部门共同开拓世界市场，强化全球性市场竞争观念和效益观念。这种结构比较适合当地化战略的需要。这种结构的缺点有：通常，全球性的经营责任落在那些只具有产品专长和熟悉国内业务的人员身上，而他们缺乏国际经验，不善于处理国际经营业务；任何一个地区内不同产品部的活动很难沟通、协调和控制；高层领导者不容易协调每个产品部的规划、长期投资和市场营销；小的产品部可能由于资源不足而难以采取积极的国际性战略。

3）全球区域分部结构

产品多样化程度低、涉及国家或地区多且需凸显地区市场特色的公司适合采用全球区域分部结构。经营决策权下放到每个区域，总部则掌握公司总的战略决策权和财务权。这种结构的优点有：公司在职能和产品上的能力可针对不同国家和地区的环境作出较佳的配合；更加强调各国子公司作为"利润"中心的地位，因而有利于各子公司的独立发展；高层管理、地区总部与各国子公司之间合理有效的权力与沟通路线，有利于简化高层管理公司。这种结构比较适合当地化战略的需要。其缺点有：当产品线众多且具有高度技术时，产品的变动与技术的转移在各国之间难以协调（补救办法是在公司总部设置产品专家）；较难有大量具有国际经验的管理人员充实到各地区总部；在地区总部，职能部门与主线管理人员重叠；业务常过度集中于少数重要地区，易于重视该地区效益而忽略公司的全球利益。

4）矩阵式结构

全球产品分部结构地区敏感性低，全球区域分部结构不利于实现区位和经验曲线经济。

矩阵式结构既弥补了按单项划分的组织结构的不足，又照顾了不同经营活动的特点，适合实行跨国战略的企业采用。其优点有：充分利用公司内各种资源；多方面调整各部门积极性；更加适应外界变化，及时调整公司行为。这种结构适合跨国战略，同时满足降低成本与当地化的需要。其缺点有：过于复杂；多重报告关系导致管理混乱；管理决策者常会陷于处理部门冲突问题之中；有时会产生权责不清现象。矩阵式结构如图 16-9 所示。

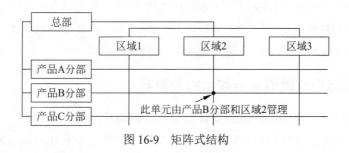

图 16-9 矩阵式结构

5. 国际企业组织结构的发展趋势

信息技术的进步和经济全球化的浪潮，已经改变了企业管理者对竞争方式的认识。企业利用现代的通信工具和交通工具，能够观察市场环境的变化，预测竞争者的行动，它们正在以一种全新的方式进行全球性资源配置和转移。为了在全球竞争中继续保持领先优势，国际企业对其组织结构进行了一场深刻而广泛的调整、重组和创新，其变化在内部主要表现为网络化、扁平化和柔性化趋势，在外部上主要表现为战略联盟和 R&D 全球化的趋势。

（1）网络化趋势。知识经济带来了对国际企业现存组织结构的网络化改造，促进了国际企业的适应性、学习性和创新性。在网络化的结构下，国际企业采取了全球经营方式，根据不同的区位优势，将研发、供应、生产、销售等环节分布于全球各地，把所有分支机构联结成统一的一体化经营网络，这样使分散于世界各地的各种企业活动能够服务于国际企业的全球发展战略。

（2）扁平化、柔性化趋势。信息技术的迅猛发展要求国际企业对市场变化作出迅速的反应从而保证其竞争力。传统的层级制下决策是相对缓慢的。一种有效率的组织结构是尽可能保持扁平化，管理层次的减少将有助于增强组织对市场的反应能力。扁平化的组织结构彻底改变了原来由上而下的纵向信息传递方式，大大加强了横向联系，使组织更具弹性和灵活性。

组织结构应当提供国际企业在经营过程中持续反复地获取、积累、运用、创造新知识的能力，创新活动的内在特性要求组织结构必须进行相应的调整或变革。因而，国际企业的组织结构出现了柔性化的趋势。而互联网技术的应用，支持了企业的所有部门及人员能够更直接地面对市场，加快对市场竞争动态变化的反应，从而使组织结构变得更具柔性化。

（3）联盟化趋势。经济全球化所带来的国际竞争加剧的压力迫使国际企业不得不寻求新的合作形式，这种压力迫使处在前沿的国际企业率先进行组织形式的变革，以提高其创新能力和适应环境的能力。实践经验表明，国际企业联盟有利于它们之间通过各种形式进行互补性的技术共享和专利交换，并在联合各种技术优势的基础上开发更高层次的新产品。

（4）R&D 全球化趋势。过去国际企业的研发中心一般只设在母国，通过内部市场，以转让价格手段，向海外分子公司转移技术。然而随着经济全球化的深化，越来越多的行业变成了全球性的行业，这些行业的产品与服务在世界范围内基本上是同一的，不需要或只需要很少的国别适应，如计算机和通信器材。在这些行业中，企业的竞争是高度的全球竞争，竞争实力在很大程度上取决于进行大规模集中研发和集中制造，并向全球出口标准产品的能力。因而，国际企业根据不同东道国人才、科技实力以及科研基础设施上的比较优势，在全球范围内组织安排研发机构，以从事新技术、新产品的研发工作，从而使国际企业的研发活动日益朝着全球化的趋势发展。

16.2.4　国际企业战略对组织结构的影响

1. 国际企业经营战略的不同发展阶段要求相应的组织结构

国际企业的发展呈现出明显的阶段性，一般来讲要经历专业化阶段（内向型）、多元化阶段（外向型）、地区化阶段（多国公司）、国际化阶段（跨国公司）和全球化阶段（全球公司）五个阶段。在每个发展阶段，国际企业有着不同的经营战略，从而也就要求一定的组织结构与之相匹配。

在专业化阶段，企业的国际化经营刚刚开始，国际业务对企业的经营战略不起决定性的影响，企业的经营重心放在国内业务上。所以在这个阶段，国内企业只需设立出口部的组织结构来从事国际经营，出口产品也采取与国内产品相同的营销模式，出口部本身不会主动去寻找市场机会。

随着企业的出口产品进入成熟阶段，海外市场的模仿能力逐渐形成，在东道国市场上出现本土化竞争者。迫于保住海外市场的压力，国际企业必须改变一直奉行的国内经营战略，采取积极有效的国际化战略，在几个主要的海外市场投资设立生产企业，使其能够进行本土化经营。这时只依靠原来的出口部结构无法协调变化了的海外业务，为保证国际化战略的顺利实施，国际企业应改变组织结构，设立国际部来统一协调子公司的海外经营。

国际部的设立表明国际企业对海外业务控制的开始，但公司业务还是以国内业务为主，国际业务在公司业务中仍然占据比较小的比例。随着国内市场空间的不断缩小和国际业务规模的不断扩大，国际业务对公司的经营业绩起着决定性影响。这时企业开始转变经营重心，开始采取多国本土化经营战略。

多国本土化战略也就是以东道国为中心采取本土化经营的战略。为了保证多国本土化战略的顺利实施，在组织结构上就相应要求采取地区化组织结构。在每个主要的海外市场设立一个地区部门，来统一控制、协调地区内的经营业务。多国本土化战略属于典型的东道国中心主义，强调的是每个地区的效率化经营，这种国际企业只能是一种多国公司，而且过分强调单个地区可能会不利于公司整体战略的实施。随着企业国际化水平的进一步提高，国际企业才真正步入跨国经营阶段。

在国际化阶段，公司强调的是地区主义而不是单纯的东道国主义。此时公司更注重的是企业内部之间的协调，通过这种协调来实现整个公司利益的最大化。这时候地区化组织结构显然已经不能再适应这种战略上的变化，而要求一种相对更加集权化的组织结构，如全球职能型组织结构。

企业国际化经营的最高水平是全球经营。此时企业不再局限于有限的海外市场，而是以全球经营为根本目标。企业的经营强调"全球化思考，本土化行动"，全球化思考要求国际企业在全球范围内实现资源的有效配置，而本土化行动要求企业在全球各个市场的主要分支机构尽量采取本土化经营。此时全球经营战略的实施必然要求更高级化的组织结构形式，例如网络化组织结构。著名国际企业飞利浦公司、丰田公司、宝洁公司等都已经步入全球经营阶段，并采取了网络化的组织结构。

综上所述，国际企业在不同的发展阶段具有不同的经营战略，不同的经营战略也要求相应不同的组织结构。

2. 国际企业竞争战略要求相应的组织结构

哈佛大学商学院著名战略管理学家迈克尔·波特教授提出了企业竞争的三种基本战略：总成本领先战略、差异化战略和目标市场集聚战略。总成本领先战略是企业在产品成本上处于同行中的领先地位，公司经营的原则是尽可能降低成本，以保持产品成本上的优势；差异化战略是保持企业产品在同行中的差异化特色，以尽可能通过差异化经营获取高额利润；目标市场集聚战略是指在某小类产品或某一小范围市场上进行集中经营，其在目标市场表现为总成本领先或差异化两种竞争战略。不同的竞争战略也要求相应不同的组织结构，具体情况如表 16-1 所示。

表 16-1 不同国际企业竞争战略所要求的组织结构的特点

总成本领先战略	差异化战略
①效率导向，较强的集权，严格的成本控制，频繁、详细的控制报告； ②标准化的操作程序； ③高效率的采购和分销系统； ④严密的监督，常规任务，很少向员工授权	①学习导向，灵活、宽松的行为，强有力的横向协调； ②强大的研究开发能力； ③密切联系顾客的价值观和行动机制； ④鼓励员工发挥创造性、冒险和创新

由此可见，总成本领先战略要求效率导向型的组织结构，公司总部要对企业的各项经营业务实行严格控制，如在生产上实行标准化生产，原材料上实行全球集中化采购等。在组织内部，权力大部分集中在企业高层手中，普通员工很少有自主权，信息的流动方向主要是公司高层与普通员工之间横向流动。这种情况下全球职能式组织结构较为适宜；而差异化战略则要求学习导向型的组织结构，公司实行的是分权化管理，鼓励员工与顾客密切接触，了解他们的需求，发挥主观创造性，努力开发创新性的产品。在组织结构内部，员工之间的横向交流的机会比较多，公司则努力营造一种学习型组织，以提高员工的学习能力和创新能力，以保持住产品的差异化优势。在这种情况下，全球产品分部结构较为适宜。

学习辅导 16.2 国际企业的组织结构

16.3 国际企业国际化战略的模式

企业从一个本国企业逐步走向国际市场，成为一个国际企业，经历了一个从初级向高级的演化过程。一般而言，企业进入国际市场前必须弄清三个问题，一是进入哪个市场；二是何时进入，投入多大；三是以何种方式进入。抓住市场机会，采用合适的进入方式，是企业成功国际化的关键。进入国际市场模式，是指国际企业进入国际市场，参与国际竞争的方式方法。归纳起来，具体包括四大类：一是出口，即国内生产，国外销售，这是一种传统、简单、风险最低的进入方式；二是合同进入，又称非股权进入，它有多种具体的形式，如授权经营类、服务合同类、建设与生产合同类，而且富有较大的灵活性和实用性；三是对外直接投资，又称股权进入，即企业直接在目标市场国投资，就地生产，就近销售；四是战略联盟，这是一种比较灵活的进入方式。以下就对企业国际化的模式进行分析。

16.3.1 影响企业进入模式选择的因素

1. 目标国家因素

（1）目标国家的市场因素。市场因素主要是指市场规模和竞争结构。如果目标国家的市场规模较大，或者市场潜力较大，则企业可以考虑以投资模式进入，尽可能地扩大销售额；反之则可以考虑以出口模式和契约模式进入，以保证企业资源的有效使用。如果目标市场的竞争结构是垄断型或寡头垄断型，企业应考虑以契约模式或投资模式进入，以使企业有足够的能力在当地与实力雄厚的企业竞争。

（2）目标国家的环境因素。环境因素包括以下几类：一是政治和经济环境。如果目标国家的政局稳定、法制健全、投资政策较为宽松、人均国民收入比较高、汇率稳定，则可以考虑采取投资模式进入，反之则以出口模式或契约模式进入为宜。二是地理和社会文化环境。如果目标国家距离本国较远，为了省去长途运输的费用，则可以考虑契约模式或投资模式。如果目标国家的社会文化和本国文化差异较大，则最好先采取出口模式或契约模式进入，以避免由于文化的冲突造成的摩擦成本。三是生产要素。如果目标国家的生产要素的价格比较低、基础设施比较完善，则比较适合采取投资进入模式，否则应采取出口模式。当然还要考虑贸易壁垒，如果贸易壁垒高，出口遇阻，为了绕开关税壁垒，也可以采用投资或者契约型进入方式。

2. 本国因素

本国因素主要包括本国市场的竞争结构、生产要素和环境因素三个方面。如果本国市场是垄断竞争型或寡头垄断型，当其他竞争对手到海外投资经营，本企业担心失去市场和竞争优势，也会考虑以契约或投资模式进入国外市场。从生产要素来看，如果本国生产要素比较便宜且容易获得，则企业可以采取出口模式进入国际市场。本国的环境要素，是指本国政府对出口和对外投资的态度，当本国政府鼓励对外投资，企业也会努力开拓海外市场。

3. 企业因素

1）企业产品因素

企业产品要素是指产品密集度、价值高低和技术含量。劳动密集型和资源密集型产品主要以具有丰富自然资源的国家为生产基地，如果目标国家具备这些条件，那么可以采取投资模式，就地设厂，以节省出口的中间费用。如果企业生产的产品价值高、技术复杂，考虑到目标国市场的需求量，以及当地技术基础的配套能力，则以出口模式为宜。如果客户对产品的售后服务要求比较高，且产品需要作出大量适应性变化以销售国外市场，企业最好采取契约模式或投资模式进入。另外，企业的主线产品、核心技术在进入目标国市场时，大多采取投资方式，且以独资为主。

2）企业的核心竞争力

就核心竞争力而言，企业可以分为两类：一类企业的核心竞争力是技术诀窍，另一类企业的核心竞争力是管理诀窍。当企业的竞争优势建立在技术诀窍上时，应尽量避免许可协定和合资企业的经营方式，以减少技术失控的可能性。竞争优势建立在管理诀窍上的企业大多是服务性企业（如麦当劳、希尔顿国际饭店等），这些企业宝贵的是它们的品牌，而品牌是受国际法律保护的，因此可以采取特许经营和建立子公司相结合的方法。

3）企业资源与投入因素

企业在管理、资金、技术、工艺和销售方面的资源越充裕，企业在进入方式上的选择余地就越大。如果企业的资金较为充足，技术较先进，且积累了丰富的国际市场营销经验，则可以采取直接投资模式进入国外市场。反之，则以出口模式和契约模式为宜，待企业实力增强，积累了一定的国际市场营销经验后再采取直接投资模式。

16.3.2 企业国际化的进入模式

1. 出口模式

出口模式（export）包括间接出口和直接出口两种方式。

间接出口是指企业通过本国的中间商（即专业性的外贸公司）来从事产品的出口。此种方式下，企业可以利用中间商现有的销售渠道，不必自己处理出口的单证、保险和运输等业务。同时，企业在保持战略灵活性的情况下，还不用承担各种市场风险，初次出口的小企业比较适合运用间接出口的方式。

直接出口是指企业拥有自己的外贸部门，或者使用目标国家的中间商来从事产品的出口。直接出口有利于企业摆脱对中间商的依赖，培养自己的国际商务人才，积累国际市场营销的经验，提高产品在国际市场上的知名度。但同时也要承担更多的风险，如果其业务量比较小，企业自己处理单证、保险和船务就不能达到规模经济，而且会失去战略的灵活性。

例如，华为就长期坚持国内生产，自主品牌出口，先从发展中国家市场做起，再向发达国家市场推进的战略。

2. 契约模式

契约模式主要包括许可证模式（licensing）、特许经营模式（franchising）、合同制造模式、管理合同模式和工程承包模式、双向贸易模式六种。

（1）许可证模式。许可证模式指企业在一定时期内向国外法人单位转让其工业产权（如专利、商标、配方等无形资产）的使用权，以获得许可费。许可证最明显的好处是能绕过进口壁垒的困扰，而且政治风险很小，但是这种方式不利于对目标国市场的营销规划和方案的控制，还可能将被许可方培养成强劲的竞争对手。

（2）特许经营模式。这种模式和许可证模式很相似，所不同的是，特许方要给予被特许方以生产和管理方面的帮助。在这种模式下，特许方不需投入太多的资源就能快速地进入国外市场，而且对被特许方的经营拥有一定的控制权，如麦当劳、肯德基。但是很难保证被特许方按照特许合同的规定来提供产品和服务，不利于特许方在不同市场上保持一致的品质形象。

（3）合同制造模式。合同制造模式是指企业向国外企业提供零部件由其组装，或向外国企业提供详细的规格标准由其仿制，制成品由企业负责销售的一种方式。采取这种模式不仅可以输出技术或商标等无形资产，而且可以输出劳务和管理等生产要素，以及部分资本。但是由于合同制造往往涉及零部件及生产设备的进出口，有可能受到贸易壁垒的影响。

（4）管理合同模式。这种模式是指管理公司以合同形式承担另一公司的一部分或全部管理任务，以提取管理费、一部分利润或以某一特定的价格购买该公司的股票作为报酬。利用这种模式，管理公司可以利用管理技巧，不发生现金流出而获取收入，还可以通过管理活动与目标市场国的企业和政府接触，为以后的营销活动提供机会。但这种模式具有阶段性，即一旦合同约定完成，企业就必须离开东道国，除非又有新的管理合同签订。

（5）工程承包模式。工程承包模式是指企业通过与国外企业签订合同并完成某一工程项目，然后将该项目交付给对方的方式进入外国市场。这类模式有交钥匙（turnkey projects）和 BOT 工程两种。

交钥匙工程就是企业为东道国建设一个工厂体系或工程体系，承担全部设计、建造、安装、调试以及试生产等活动。BOT 是建设（build）、运营（operate）、移交（transfer）三个英语单词的首字母，BOT 工程是指承建公司在建设完指定的项目之后，按照合同拥有该项目若干年的经营权，并从经营该项目中获得收益，经营期满之后再把该项目无偿地移交给发包方。

工程承包模式是劳动力、技术、管理甚至资金等生产要素的全面进入和配套进入，这样有利于发挥工程承包者的整体优势。工程承包模式最具吸引力之处在于，它所签订的合同往往是大型的长期项目，利润颇丰。但也正是由于其长期性，这类项目的不确定性因素也会增加。

（6）双向贸易模式。双向贸易是指在进入一国市场的同时，同意从该国输入其他产品作为补偿。双向贸易通常是贸易、许可协定、直接投资、跨国融资等多种国际经营方式的结合。根据合同内容的不同，双向贸易可以分为易货贸易（barter）、互购（counter purchase）、抵消（offset）、补偿或回购（compensation or buyback，如销售生产设备，回购厂商部分产品补偿设备款）、转手贸易（switch trading，通过第三方处理无用的易货产品）五种形式。

3. 投资模式

投资模式属于进入国际市场的高级阶段。我国的"走出去"战略所指的主要就是投资模式。投资模式包括合资进入（joint ventures）和独资进入（wholly owned subsidiary）两种形式。

（1）合资进入。合资指的是与目标国家的企业联合投资，共同经营、共同分享股权及管理权，共担风险。合资可以是企业直接到目标国家投资建厂或并购目标国家的企业。合资企业可以利用合作伙伴熟悉当地的政治、法律、文化，有成熟的营销网络，而且由于当地企业的参与，企业容易被东道国所接受。但是也应看到由于股权和管理权的分散，公司经营的协调有时候比较困难，而且公司的技术秘密和商业秘密有可能流失到对方手里，将其培养成未来的竞争对手。

（2）独资进入。独资指企业拥有百分百的股权。生产制造业或服务业可以采取独资经营方式。独资经营方式下，企业完全控制整个管理和销售，独立支配所得利润，技术秘密和商业秘密也不易丢失。但是独资要求的资金投入很大，投资回收的周期长，因此面临比较大的政治和经济风险，如货币贬值、外汇管制、政府没收等。

4. 国际战略联盟

国际战略联盟就是指两个或两个以上企业为了相互需要、分担风险并实现共同目的而建立的一种合作关系。国际战略联盟是弥补劣势、提升彼此竞争优势的重要方法，可以迅速开拓新市场，获得新技术，提高生产率，降低营销成本，谋求战略性竞争策略，寻求额外的资金来源。

学习辅导 16.3 国际企业国际化的战略模式

【本章小结】

国际企业战略回答企业在国际经营中会遇到怎样的压力、企业应当经营什么、在什么地方经营、如何经营等重大问题。本章阐述国际企业战略演变给公司组织结构带来的变化，研究了企业进入国际市场的各种方式。

【思考题】

1. 名词解释：国际企业战略、全球标准化战略、国际化战略、跨国战略、当地化战略、组织结构、许可经营、特许经营、交钥匙工程、BOT 工程
2. 国际企业面临什么压力？相应的战略是什么？
3. 国际企业的组织结构有几大功能？
4. 国际企业的组织结构有几个维度？分别是什么？
5. 国际企业的集权和分权有什么优点与缺点？
6. 国际企业如何划分横向的部门？有什么样的组织结构？
7. 试述全球性的组织结构，说明各有什么优缺点，适用于什么情况。
8. 国际企业组织结构如何与企业战略相协调？

9. 国际企业如何进行整合协调？

10. 国际企业组织发展趋势是什么？

11. 国际企业的全球化战略工具有哪些，各有什么优缺点？国际企业应当如何选择合适的战略工具开拓国际市场？

【即测即练】

【英文阅读】

第17章 跨文化管理

【学习目标】
1. 掌握跨文化管理的含义；
2. 掌握跨文化分析的主要方法，分析出现文化差异与管理差异的主要原因；
3. 研究跨文化管理的策略。

思政案例

坚持不同文明开放包容交流互鉴

文明因多样而交流，因交流而互鉴，因互鉴而发展。中华文明正是在同其他文明交流互鉴中不断丰富发展，亚洲众多文明亦是交相辉映、相得益彰，同时与世界文明互通有无、携手前行。文明互鉴与人类发展相伴而生，是让世界变得更美好的必由之路。

习近平主席在亚洲文明对话大会开幕式的主旨演讲中指出，交流互鉴是文明发展的本质要求。只有同其他文明交流互鉴、取长补短，才能保持旺盛生命活力。文明交流互鉴应该是对等的、平等的，应该是多元的、多向的，而不应该是强制的、强迫的，不应该是单一的、单向的。我们应该以海纳百川的宽广胸怀打破文化交往的壁垒，以兼收并蓄的态度汲取其他文明的养分，促进亚洲文明在交流互鉴中不断前进。这样的文明观，顺应世界发展大势，体现出推动构建人类命运共同体的大国胸怀与担当。

"要尊重世界文明多样性，以文明交流超越文明隔阂、文明互鉴超越文明冲突、文明共存超越文明优越。"党的十九大报告将开放包容的中国精神融入构建人类命运共同体的伟大进程，呼吁世界各国遵循开放包容的精神创造人类美好未来。文明因交流而多彩，因互鉴而丰富。文明交流互鉴，成为推动人类文明进步和世界和平发展的重要动力。在各国日益成为命运共同体的21世纪，开放包容、互学互鉴的文明观更应成为各种文明交往的遵循。唯有促进不同文明的对话与交流，在合作比较中取长补短，在求同存异中共同发展，才能消除相互之间的隔阂，让世界文明更加丰富多彩。

不同文明没有优劣之分，只有特色之别。要了解各种文明的真谛，必须秉持平等、谦虚、包容的态度，开放包容、互学互鉴。历史与实践证明，只要秉持包容精神，就可以实现文明和谐。亚洲先人们早就开始了文明交流互鉴。丝绸之路等古老商路，见证了亚洲文明交流合作的步伐，记录着亚洲先人们互通有无的文明对话。现在，"一带一路""两廊一圈""欧亚经济联盟"等拓展了文明交流互鉴的途径，各国在科技、教育、文化、卫生、民间交往等领域的合作蓬勃开展，亚洲文明也在自身内部及同世界文明的交流互鉴中发展壮大。亚洲文明发展壮大的历史启示我们：交流互鉴是推动亚洲文明进步和世界和平发展的重要动力，只有同其他文明交流互鉴、取长补短，才能保持旺盛生命活力。

　　不同文明、宗教、种族求同存异、开放包容，书写共同发展的美好画卷。文明在开放中发展，民族在融合中共存。国家在互通有无中实现发展繁荣，在取长补短中绽放灿烂文明。文明交流互鉴，推动构建人类命运共同体。要搭建更多合作平台，开辟更多合作渠道，积极架设不同文明互学互鉴的桥梁，加强不同国家、不同民族、不同文化的交流互鉴，夯实共建亚洲命运共同体、人类命运共同体的人文基础，让开放包容、合作共赢的信念绵延不绝。

　　"五色交辉，相得益彰；八音合奏，终和且平。"今天的中国更加强调坚持开放包容。建设一个开放包容的世界，推动不同文明交流互鉴，让不同文明交融共存，让人类文明更加丰富多彩，这将成为人类社会进步的动力、维护世界和平的根源。

　　资料来源：光明日报评论员. 坚持不同文明开放包容交流互鉴 [EB/OL].(2019-05-18). ttps://baijiahao.baidu.com/s?id=1633839937200321966&wfr=spider&for=pc.

　　"海纳百川，有容乃大"，到异国他乡从事商务活动，就要入乡随俗，尊重不同的文化、风俗和习惯，做到包容互鉴，就如上述案例所言。本章重点研究全球文化差异导致管理模式的差异，以及应对文化差异而采取的跨文化管理策略。

17.1　跨文化管理的概念

　　"跨文化管理"这一概念是随着经济全球化和跨国公司的兴起而产生的，是企业为成功地进行跨国经营和实现利润最大化而采取的管理方法。跨文化管理又称交叉文化管理，是企业在全球化经营中，对子公司所在国的文化采取包容的管理方法，在跨文化条件下克服任何异质文化的冲突，并据以创造出企业独特的文化，从而形成卓有成效的管理过程。

　　相关统计数据表明，跨国企业经营失败，仅有 30% 是由于政策、资金和技术等方面原因所导致，其余 70% 则由文化差异造成。不同文化之间的价值观念和风俗习惯等均存在着巨大差异，不同文化背景下人的思维方式和所应采取的管理模式也存在着较大差异，因此产生的文化冲突和摩擦，必将给迈出国门的企业经营造成困难。因此，企业在全球化经营过程中必须进行有效的跨文化管理。

　　跨文化管理的关键在于人的管理。一方面，跨文化管理的目的就是要融合不同文化，进而形成一种新的文化。另一方面，跨文化管理的主体是人，即企业的经营管理者。在进行跨文化管理时，既要让经营管理者深刻理解母公司的企业文化，同时又要选择具有高文化整合能力的经营管理人员到国外分公司履行跨文化管理的重要职责。

　　如图 17-1 所示，跨文化管理是一个 A 与 B 两种不同文化逐渐融合的过程，具有渐进性、渗透性、长期性等特点。跨文化企业形成完善的新企业文化一般需要经过以下步骤：不同文化互相接触→初步了解→跨文化冲突→跨文化沟通→更深入地交流→跨文化认同→形成新企业文化→进一步沟通→完善的企业文化。由以上步骤可以看出，在企业国际化过程中进行跨文化管理、形成新的企业文化并不能一蹴而就，而是一个长期持续渐进的构建过程。

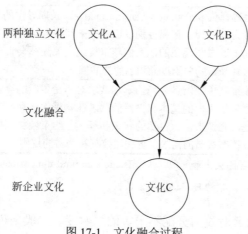

图 17-1 文化融合过程

17.2 跨文化管理的理论

17.2.1 霍夫斯泰德的跨文化管理理论

跨文化管理，首先我们要弄清如何区分文化的差异，然后才能针对不同文化采用不同的管理策略。在区分文化差异的理论中，最著名的应当就是霍夫斯泰德的跨文化管理理论。霍夫斯泰德跨文化理论的六维度如表 17-1 所示。

表 17-1 霍夫斯泰德跨文化理论的六维度

维 度	内 容
权力距离 power distance	解释不同区域/组织的成员对于"怎样对待人与人之间的不平等"这一基本问题，人们对权力分配不均的接受程度。高权力距离的社会/组织认为每一个人都有适当的位置，从而才有一个顺序良好的等级；低权力距离的社会则认为所有人应该享有平等的权利
个体/集体主义 individualism/collectivism	个体主义文化强调个人权利、自由与自尊，松散地结成社会关系网，人们只照顾自己及其核心家庭，并且十分强调个人的作用；集体主义指人们从出生起就融入强大紧密的内群体中，这个群体为人们提供终身的保护以换取人们对该群体的绝对忠诚。在集体主义氛围中，人们更期望得到内群体成员的关照，同时回报该群体绝对的忠诚
阳刚/阴柔气质 masculinity / femininity	阳刚气质文化是指两性社会性别角色差别清楚，表现得自信、坚强、注重物质成就；在阴柔气质文化的群体中，性别角色相互重叠，男性与女性都表现得谦逊、温柔，关注生活质量
不确定性规避 uncertainty avoidance	指一个社会/组织感受到的不确定性和模糊情景下的威胁程度。在高不确定性规避的社会/组织中，人们难接受异常的思想和行为，通常会采用一定的手段来规避不确定性，偏好结构、稳定、规则和明确；而在低不确定性规避文化下，人们容易接受与自己不同的意见和行为，并且认为不确定性可以为改革提供鼓励的机会

维　度	内　容
长期 / 短期导向 long/Sort-term orientation	也翻译为 pragmatic versus normative。长期导向的文化关注未来，重视节俭和毅力，重视培育和鼓励以追求未来回报为导向的品德；短期取向的价值观倾向于过去和现在的，人们尊重传统，关注社会责任的履行，关注现实，重视培育和鼓励关于过去和当前的品德
宽容与约束 indulgence/restraint	该维度主要测量人们的基本欲求对享受生活的满足程度和控制程度，宽容文化多指人们的基本和自然的欲求在享受生活和拥有相对自由的过程中获得满足，强调自由、自然的状态和享受；约束性文化则通过控制和严格的规范手段调节成员的需求，更关注控制和严格的规则

注：资料来源于霍夫斯泰德文化维度理论（Hofstede's cultural dimensions theory），Hofstede 官网 2001 第二版、2010 第三版、2011 第四版的 Hofstede 调查数据。

（1）权力距离是测量对权力分配不平等的忍耐度。一般来说在权力距离指数较低的国家或地区因为官僚主义行为较少进而更加强调公平，所以能激发较高的创造性行为，这是因为官僚主义会抑制创造性的活动，Sandra 也认为较低的权力距离指数对一个国家的创新能力有着积极的影响。但是，在高权力距离文化的国家、地区或组织，个体一旦感知到组织支持就会备受激励并进而激发出较强的责任心与创新欲望，鼓励创新。

高权力距离指数的组织成员更容易接受等级制度，认为权力集中、严密监管是维系组织高效运作的必然手段，并能接受较大的收入差距。而在低权力距离指数的组织中成员更倾向于独立自主，认为个人在组织中只有分工不同，没有地位高低之分，难以容忍过大的收入差距。

（2）个体主义与集体主义权衡的是有关个体与初级团体的融合程度。倾向个体主义的人群认为个人时间自由和挑战是最重要的。另一部分倾向集体生活的人群认为培训机会、良好的工作条件，充分运用自己的技能最重要。

在个体主义文化价值观的群体或组织中组织成员有更多尝试新事物的机会，拥有积极的氛围去培养和鼓励员工的创新行为。

在对待雇佣关系上，具有个体主义倾向的组织成员的流动率较高，雇佣和晋升的依据是规则与员工本身的能力，员工和组织是契约关系。而具有集体主义倾向的员工则更看重道义关系而不是契约关系，雇佣和晋升时喜欢考虑关系，流动率较低，更倾向集体利益与融洽的团队气氛。

（3）阳刚 / 阴柔气质，在自信和谦逊的程度上，社会的气质文化的表现特点是不同的。处在阳刚文化中的成员比较顽强且敢于担当，有竞争力，他们从成功者和失败者的角度来观察世界。阴柔气质文化则倡导关爱和良好的工作关系，谦虚、温顺并关心生活质量。

工作中，阳刚气质的成员，无论男女一般不会从事观念中女性的工作，而且对于他们而言，工作是不可或缺的，对事业更强调创新与进取。阴柔气质倾向的组织成员倡导平等，更关注生活质量，决策时强调妥协与共识。

阳刚和阴柔气质的区别会长期在宽容文化主导的组织中存在，但随着经济的高速发展及老龄化的加剧，阳刚气质显示出向阴柔气质转变的趋势。

（4）不确定性规避是衡量面对未知和未来的应对水平，表达人们对非结构性情境的偏爱程度。低不确定性规避的人普遍倾向于放松的生活状态和鼓励冒险的倾向，凡是新鲜的事物都能引起好奇心，而控制不确定性是创新管理的最核心的工作，创新就意味着在现有基础上挑战未来的不确定性。因此，组织和主管就会鼓励那些低不确定性规避偏好的员工敢于面对挑战，作出不回避风险的创新决策。低不确定性规避组织的高层管理者更关注组织的战略，鼓励竞争与创新。企业家的才能得到了充分的发挥，德鲁克的目标管理法是组织乐于接受的管理体系。

高不确定性规避的文化寻求有序的组织系统，这个系统中秩序和预测极其重要。规章制度和安全措施有时会多得使人心烦。在这样的社会或组织中，创新和变革更强调连续性和稳定性，但是作为规避不确定性的规则来说，科技创新也是发现真理和客观规律的有效手段。因此，即使对高不确定性规避的组织来讲，科技创新也会被视为有效手段而受到鼓励。越是极力避免不确定性取向的文化越是需要科学和规则，他们鼓励确定行为来提高安全性。在高不确定性规避的组织中，高层管理者往往会关注组织的日常工作，决策时重视专家的意见，推崇精密的组织管理体系，这样的组织会尽最大努力去消除不确定性。这样文化的组织多半不会出现企业家，但是执行力会是热门的管理词汇。

（5）长期／短期导向是讨论人的努力的焦点选择是未来还是现在和过去。长期导向的组织文化的管理者关注企业的发展前景和未来利润，重视培养人才，并认为人才是企业的财富，培训是企业前进的根本。长期导向的组织成员重视工作和家庭的平衡，遵循长幼尊卑关系，追求责任心与自律。长期导向价值观的企业家敢于担当，追求经济增长与资源的和谐，履行企业职责，提倡节俭，注重长期投资，以牺牲即时利益为代价去占据强有力的市场位置的投资成为长期导向的行为特征。

位于短期这一端的组织成员，倡导积极主动，崇尚冒险和灵活性。从这点看，短期一端的企业似乎比许多西方国家更不传统，这也是"亚洲五小龙"经济迅猛发展的内驱力，短期导向的个体对自由和权力表现热衷，精英主义的价值观是其内驱力。

（6）宽容与约束是建立在幸福感知基础上的与享受生活相关的人类基本欲求的满足与控制。宽容表示对生活和工作的态度，其自由度、独立性及高成就导向与组织的科技人才的特殊性非常契合。

在宽容文化主导的组织中，崇尚宽松、自由的组织氛围，无疑是对组织人才良好的激励，可以提升组织的工作热情并促进创新行为。

宽容与约束和主观幸福感存在强正向相关的关系。主观幸福感是指人们对生活质量所做的情感性和认知性的整体评价。它对组织成员的工作满意度、组织承诺、积极的组织文化有着较强的预测作用，尤其与幸福感相对应的敬业与乐业有较强的关系。

该维度与权力距离呈较弱的负相关，越是等级制度严格的组织，其权力距离就越不宽容，就越注重内在的等级制度，因此就会制定严格的等级规定来进行规范。

霍夫斯泰德的宽容与约束维度很好地补充了跨国企业在管理中的激励理论。不同国家的组织文化有着其特有的特征，在员工激励理论上我们必须采取不同的激励措施才能取得理想的激励效果。例如，对休闲的重要性，不同的国家有着不同的重视程度。因此，在组织实行激励政策时可以采用不同的激励措施。西方管理更倾向于宽松、自由，如 Google

公司所崇尚的宽松自由的组织文化就是对员工最好的激励。反观国内，许多公司都采用给予优秀员工更多福利的做法来激励员工，如给优秀员工配备公家车、过渡住房、比较灵活的工作时间及空间等，都是与人才管理相契合的。

17.2.2 "一带一路"沿线国家（地区）的文化差异性分析

学习完上述理论，我们结合"一带一路"沿线国家（地区）做一下文化的差异性分析。"一带一路"沿线国家（地区）涉及蒙古、东盟10国、南亚8国、西亚18国、中亚5国、独联体7国和中东欧16国。在这60多个国家中，历史传统、语言文字、社会制度和宗教信仰等方面存在巨大差异。

从霍夫斯泰德跨文化维度来看，中国与"一带一路"沿线国家存在以下文化差异，见表17-2。

表 17-2　中国与"一带一路"沿线国家的文化差异

国　　家	不确定性规避	男性度	个人主义	权力距离	与中国的文化差距
中国	44	54	39	89	—
印度尼西亚	48	46	14	78	28.74
马来西亚	36	50	26	104	38.131
菲律宾	44	64	32	94	23.875
新加坡	8	48	20	74	75.75
泰国	64	34	20	64	42.261
印度	40	56	48	77	46.109
巴基斯坦	70	50	14	55	49.729
伊朗	59	43	41	58	47 445
以色列	81	47	54	13	86.134
土耳其	85	45	37	66	55.272
阿拉伯国家	68	53	38	80	26.671
捷克	74	57	58	57	55.507
匈牙利	82	88	55	46	68.593
波兰	93	64	60	68	62.594

1. 基于不确定性规避的差异

不确定性维度反映的是一个社会面对不确定性事件时，对规避风险所作出的考虑。在这一维度上东南亚、南亚等地区国家与中国得分较为接近，说明这些国家人民与中国人的基因里蕴藏着一定的冒险精神。中东区域国家在这一维度上得分较高，说明他们并不习惯冒险，他们希望通过规避不确定性摆脱可能发生的危险和由此带来的损失。新加坡得分最低，表示人们都希望尝试创新，即便在这一过程中存在风险，但依然对未来充满信心，都试图通过改变现状与挑战自我的方式，将强烈的竞争压力与紧迫感释放出来，变成前进的动力。

2. 基于男性度的差异

这一维度是作为衡量事业成功导向或者生活质量导向的关键维度，中国在这一问题上的得分相对居中偏上，基本与马来西亚、印度、巴基斯坦等国家持平。也就是说，如果将中国企业与这些国家企业进行对比，在这一点上，国家之间的差异并不明显，企业的行为都属于事业导向性或者男性度倾向较强的类型。在这样的文化思维下，人们更愿意为了事业而付出更多努力。在人们的价值观里，都认为应该参与到激烈的竞争中，无论是男性还是女性，都应该通过努力工作去追求自身的职业发展和个人进步。在所有的激励手段中，工作绩效、薪金、地位等能够给他们带来自信和满足，属于"双因素理论"中的"激励因素"。但是在其他一些西方国家，比如法国，该国十分注重生活质量，属于女性度意愿较强的国家，因此，在法国跨国公司的跨文化管理实践中，人们更加注重人际关系的和谐与生活质量的提升，注重良好的团队与工作环境，地位、升迁、挑战等更倾向于"保健因素"。

3. 基于个人主义和集体主义的差异

印度尼西亚、巴基斯坦等国家在这个维度得分较低，中国得分也不高，表明这些国家更加看重集体利益而不是英雄主义，普遍认为在实现集体利益前提下才会实现个人利益，十分注重团队整体的绩效。即使个人存在内在激励的诉求，但在决策过程中也倾向于集体决策。波兰、捷克、以色列等国家得分较高，表明这些国家中的个体更加重视自身权利和个人表现，注重自我奋斗和设计，追求个人价值的最大化，更多的时候，他们强调理性与实用，希望借助开拓与竞争赢得更多利益。

4. 基于权力距离的差异

马来西亚、菲律宾以及中国在这一维度得分较高，表示这些国家权力距离的位置较高，具有高权力距离文化。在这些国家企业中，员工更加注重上下级之间的关系，层级之间的差异十分明显，无论是上级还是下属，都对此抱以"天经地义"的态度。上级往往借助专制型或者家长式的领导方式行事，下属对上级存在依赖关系，组织以"金字塔"式的官僚结构为主，下属参与决策的概率很小。以色列得分最低，存在低权力距离文化，任何人都不存在显著的、有别于他人的特权，无论是员工还是上司领导都不会通过某种"仪式"而显现出他们地位之间的差别。

17.2.3 其他跨文化管理的理论

除了上述霍夫斯泰德的跨文化理论，还有其他跨文化比较分析。如表 17-3 所示，共有 15 种分析方法。

表 17-3 15 种跨文化比较管理分析框架要点一览表

代 表 人 物	框 架 名 称	分析维度或要点	方 法 视 角
1. Kluckhohn-Strodt-beck (1961)	文化价值观维度	与环境的关系；时间取向；人的本质；活动取向；人际关系；空间概念	基本的文化倾向
2. E.T. Hall (1976)	高低背景—内容文化说	高背景—低内容文化；高内容—低背景文化	沟通的明示性与暗示性
3. Terpstra (1978)	国际经营文化环境图	语言；宗教；价值观；法律；教育；政治；科学技术与物质文化；社会构成	文化环境

代表人物	框架名称	分析维度或要点	方法视角
4. Hofstede (1980, 1991)	国家文化模型	大与小力距离；强与弱风险避让；个人主义与集体主义；男性化与女性化；长期与短期；宽容与约束	因子分析
5. Ouchi (1980)	Z 理论	雇佣；决策；负责；提升；控制；职业发展；员工关心	日美比较
6. Renen-Shenkar (1985)	文化饼、文化群	远东；阿拉伯；近东；北欧日尔曼；日尔曼；盎格鲁；拉丁欧洲、拉丁美洲；独立地区	最小空间分析法
7. Nath (1988)	开放系统框架	环境 7 因素；管理 8 方面	环境—管理矩阵
8. Trompenaars (1993)	世界商务文化维度	通用与特殊主义；个人与集体主义；中立与感情导向；具体与扩散方向；成就与因袭地位	商务环境调研
9. Koontz-Weihrich (1993)	全球化职能管理基础	计划、组织、人事、领导、控制领域美中日比较	管理职能
10. Calori-Woot (1994)	美日欧管理模式	不详，可能是时间取向；价值追求导向；关注领域意识；人际关系等	综合分析
11. Gullen (1994)	宗教—管理模式	美英德西宗教因素对管理的影响	历史比较认知系统
12. W. Hall (1995)	文化罗盘	北方型；南方型；东方型；西方型	决断力—反应力矩阵
13. Leaptrott (1996)	世界文化地图	部落主义型文化；集体主义型文化；多元主义型文化	人际关系考察
14. Watner (1996)	世界各国和地区的管理	会计学；银行业；企业文化；人力资源管理；劳资关系等	百科全书式
15. Gesteland (2003)	世界商务风格	生意导向—关系导向；正式—非正式文化；恪守时间—灵活时间；情感外向—保守	国际商务惯例

　　跨文化比较管理分析框架，分析了各种文化差异维度背后的原因。跨文化比较管理学不仅要识别一种管理模式，更要明白各种管理模式背后的原因，它们之间的关系应该是互为因果的。而且，管理模式的背后，不只涉及文化因素，仅仅将导致跨国经营中的"水土不服"问题归咎于"文化维度"方面的差异是不够的。

17.2.4　管理模式

　　文化的不同导致管理模式的不同。所谓管理模式，指的是建立在相应制度文明基础上的、反映管理理论与实践的知识体系。以下从制度要素基础、管理模式要点、跨文化管理的方法来分析管理模式。

1. 制度要素基础

　　事实上，"制度理论"致力于将制度研究与组织密切结合，研究在制度化过程中，组织之间出现类似以及产生差异的原因、制度环境对组织的影响、制度环境如何影响组织的结构和运行等问题——这正是研究跨文化比较管理学所需要的方法。当今学界对制度理论的研究比较流行的分析框架主要是斯科特分析框架，它是由斯科特在《制度与组织》一书中提出的框架，涉及以下三方面内容。

（1）管控性系统，包括法律、规则、制裁等强制的、束缚人们行为的制度。

（2）规范性系统，指价值观与标准。

（3）文化认知系统，指共同信仰、共同行为逻辑等社会共同认知。

斯科特认为，这三种要素制度的重要组成部分，构成了一种制度文明的基础，并称其为制度的三个支柱。通过制度的管控性、制度的规范性和国家文化的认知性三个角度来研究制度产生的驱动力量，进而对一个企业的管理模式以及管理特质产生影响。不同国家间在制度文明方面的差异性造成了企业跨国经营中面临的重要问题。

2. 管理模式要点

一种管理模式的分析维度可以从多角度加以剖析，首先，从"管理知识"角度划分，管理知识体系一般拥有三种最基本的表现形式。

（1）超我—控制知识。控制管理的核心，涉及超我知识的转换。超我知识相当于显性知识的那一部分（如产品平台或信息平台），可以独立于知识主体而存在，是组织知识中最易于转换和共享的那一部分，它易于编码和文本化。只有实现了编码和文本化，控制管理才有了依据。

（2）自我—组织知识。组织管理的核心，涉及自我知识的转换。自我知识相对于若隐若现的那一部分知识（如组织结构或工序流程），是个人或组织在工作和学习过程中不断积累的经验与技能，不易被编码和模仿，需要选择恰当的渠道和方式来实现它的转换，它不能独立于知识主体而存在，不易编码和被模仿。

（3）本我—企划知识。企划管理的核心，涉及本我知识的转换。本我知识是比自我知识更深层次的内容，它是知识主体在长期学习和工作过程中逐渐形成的潜在知识（如心智模式等），是一种不可言传而只能意会的知识，也可能是一种与生俱来的、天生的才能，不易被模仿和转移，只能通过长期的、潜移默化的形式实现在知识主体间的影响。企业价值创造主要来源于两个方面：经营理念和商业模式。两者都有赖于基于企业家心智模式本我知识的创造和创新。

上述控制、组织和企划是管理的基本职能，而企业"领导者"就是综合运用本我、自我、超我管理知识，通过控制、组织和企划职能，实现组织目标的人。这样，有关探讨基于一种文明体系的管理模式特质的命题，就转换为对建立在该种制度文明基础上的、反映管理理论与实践的"本我—企划知识""自我—组织知识""超我—控制知识"的特质的探寻。

其次，从管理层面上分析管理模式。

参考斯科特、范徵的构架体系，管理层面如图 17-2 所示，是立体式的"冰河模型"，用以形象描述一种管理模式赖以生存的文明环境以及基于一种制度文明的管理模式——依次分别是显露于外的"积雪层"、若隐若现的"冰冻层"、隐藏于内深不可测的"河水层"。各层之间犬齿交叉，就像冰雪融化般相互渗透；文明、模式间也存在着相互渗透、排斥或强加作用。

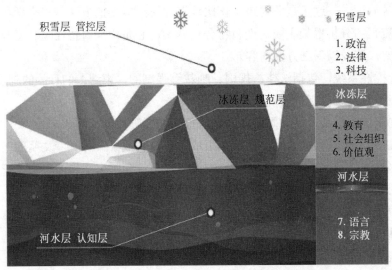

图 17-2　中国企业"走出去"文化因素之冰河模型

（1）"积雪层"——显性层面。这个层面与外力相互接触、相互作用的程度最大，具有一系列显露在外的特征。它往往是一个国家的管理控制体系，是可鉴别的结构性特征（如"地理因素"），主要涉及国家的政治体制和经济制度，通常是可以通过一定的法律条文、制度规范明确指出的结构性特征。制度环境中显性特征的"积雪层"对应于相应管理模式中的"超我—控制知识"层。

（2）"冰冻层"——若隐若现层面。它介于"积雪层"和"河水层"之间。"冰冻层"一方面受到外力和"积雪层"的作用，凝聚河水冻结成冰；另一方面，它的本源还是河水，源自"河水层"，只是隐藏得比较浅显，易被人们发觉罢了。这一层次主要指的是社会文化中那一部分有时可以作为某些行为、言论等被人们感知，而有时则转化为意识、思想、道德底线等很难被人们察觉的"价值观"方面的内容。制度环境中若隐若现特征的"冰冻层"对应于相应管理模式中的"自我—组织知识"层。

（3）"河水层"——隐性层面。它位于"积雪层"和"冰冻层"之下，一般情况下很难被发觉。另外，水又是"冰冻层"和"积雪层"的物质来源。这一层次主要指的是文明的本源，是一种文明有别于另一种文明的根本表现，它是一种文明思想形成和发展的"哲学基础"和对世界认知的"基本假设"。它是形成一个社会基本的价值观念和道德规范的基础。制度环境中隐性特征的"河水层"对应于相应管理模式中的"本我—企划知识"层。

3. 跨文化管理的方法

比较不是目的，跨文化比较管理学的真正目的是提高跨文化管理的有效性，解决"如何做"等方面的连贯命题。一般来说，不同文明或管理模式之间存有三种关系：互相排斥、渗透或强加。这样，跨文化管理有三种基本方式，即平行／并存、交叉／融合，以及包含／覆盖。

（1）"平行／并存"，即"地方本土化"战略。指跨国公司将全球视为异质性市场，根据各细分市场的特征和消费者需求，设计和生产不同的产品或提供不同的服务。

（2）"包含／覆盖"，即"全球标准化"战略。意味着跨国公司将全球视为一个同质性市场，在全球范围内生产与销售标准化的产品与服务，追求规模经济的竞争优势。

（3）"交叉 / 融合"，即"全球地方化"战略。通常指跨国企业在海外进行投资，与当地社会文化融合创新，运用双方都能接受的文化进行管理。

需要指出的是，制度因素三要素、管理模式三层面、跨文化管理三种方法之间是有机联系的。适用覆盖战略的"行业－企业"因素组合情况是：最好是战略性文化差异小的公司间的收购，强势文化压倒弱势文化，它更多地体现为管理的超我知识层面，本身是一种强制性的管控方法；适用平行战略的公司特质大致是一种控股公司的结构，或其海外业务部门一般在跨国公司中占有重要地位，让其适应东道国的情况自主经营，它要求更多地考虑组织的自我知识方面的因素，需要相互尊重的伦理规范支持；而当跨国公司价值链中的竞争优势主要来源于企业的下游活动并面临着较大的全球化压力，或者其竞争优势来源于企业的上游活动并且面临着较大的地方化压力时，跨国公司则应采取兼顾全球化和地方化的双重战略即交叉战略，它涉及对本我层次隐含管理知识方面的认知与融合。适合此战略的公司特质一般是联盟企业，许多合资经营的联盟方式采取了此种融合式的跨文化管理方式。

这样，从新制度主义出发，参考斯科特制度文明框架、范徵管理知识框架，便可提出"基于制度文明的跨文化比较管理分析框架"，如表 17-4 所示。

表 17-4　基于制度文明的跨文化比较管理分析框架

世界文明体系	Ⅰ. 制度要素基础（why）		
美国文明 欧洲文明 日本文明 中华文明 伊斯兰文明 东正教文明 印度文明 拉美文明 非洲文明 犹太文明	管控性基础 如：经济体系、外来影响	规范性基础 如：政治制度、意识形态	认知性基础 如：宗教信仰、哲学思潮
	⇩	⇩	⇩
	Ⅱ. 管理模式要点（what）		
	管理的超我层面 如：超我控制方式	管理的自我层面 如：自我组织方式	管理的本我层面 如：本我企划方式
	⇩	⇩	⇩
	Ⅲ. 跨文化管理方法（how）		
	"包含 / 覆盖"战略 即"全球标准化"	"平行 / 并存"战略 即"地方本土化"	"交叉 / 融合"战略 即"全球地方化"

17.2.5　世界文明体系的全球管理模式分析总结

借鉴亨廷顿、汤因比的世界文明体系框架，得出的基于世界文明体系的全球管理模式分析框架，如表 17-5 所示。

表 17-5　基于世界文明体系的全球管理模式分析框架

管理 模式	文 明 基 础			管 理 模 式			领导者
	积雪层	河水层	冰冻层	外显特质	隐现特质	内隐特质	
美国式 管理	自由企业 民主政治	查格鲁 - 萨克逊 裔民族性格	实用主义 美国精神	短期利润 优先	组织硬 管理	企业家 精神	英雄
欧洲式 管理	欧盟一体化	基督教 / 古希 腊 / 古罗马 / 文艺复兴	精神人文 理性民主	中道控制	多样化 结构	以人为本	教练

续表

管理模式	文明基础			管理模式			领导者
	积雪层	河水层	冰冻层	外显特质	隐现特质	内隐特质	
日本式管理	岛国情结美国接管	武士道/神道教/绳纹文化	大和理念/耻感伦理/公司资本主义	质量控制	根茎组织	命运共同体	教父
中国式管理	转型经济社会主义	儒释道法毛泽东思想	中庸官本关系	和谐管理	差序格局	太极管理	儒商
阿拉伯式管理	阿拉伯同心图/中东石油经济	和平和谐/中正公平/自由宽容	贝都因人伊斯兰教原教旨主义	道德框架外部责任	伯特结构	忠诚/社团精神	酋长
俄罗斯式管理	大国情结/薄弱帝国/社会制度变更	亚欧民族两重性/西方精神/东方情结	东正教/公社制度/斯拉夫主义	产业报国/民族自豪感	享受生活公社模式	极端思维管理突变	决斗士
印度式管理	半社会主义英国殖民英文思维	印度教/种姓制度/村社制度/雅利安	平和包容保守安分	内部控制自我约束	外包流程并购模式	利他主义	职业买家
拉美式管理	两级嬗变	多元、矛盾价值观	天主教/印第安文化	个人渗透	部落制度	摇摆心理	独裁家长
非洲式管理	落后混乱公有经济	非洲个性	非洲宗教	对人不对事	部族关系	传统信仰和管理文化	政客
犹太式管理	边际迦南流浪生涯	危机意识学习意识	犹太教/哈比如基因/叙利亚文明	简洁高效/掌控自我/守约诚信	参与性结构合作性结构	创新能力应变能力	世界商人

17.3　跨国经营的文化认同策略

文化认同（cultural identity）是一种个体受其所属群体或文化的影响，产生的对该群体或文化的认同感。文化认同的过程是使原先分属于不同文化群体的个性文化充分融合，现在具有相同的文化意识和文化归属感。文化认同在跨国公司经营中则主要体现在包括母国对属国文化的认同、属国对母国文化的认同、母国和属国共同对多元文化的认同。跨国公司经营中发展文化认同主要有利用文化互补的母国化策略、缩短文化距离的属国化策略、融合多元文化的全球化策略这三个具体策略。

学习辅导17.1　跨文化管理的理论

17.3.1　母国化策略—利用文化互补

在进行跨文化管理时，跨国公司应当分析历史、文化、政治等因素的影响，在相互理解与尊重的基础上对东道国与母国间的文化进行融合，充分实现东道国对母国文化的认同，使文化间的差异得到积极的利用，从而提高跨国公司核心竞争力。例如，1983年美国迪斯尼公司建成了日本迪斯尼乐园，其经营模式完全复制了美国迪斯尼的标准化经营模式。投入运营后收入可观，仅1987年主题公园就接待了上百万名日本儿童，并连年创下该公司收入新高。虽然日本和美国分属于东方文化和西方文化，两种文化截然不同。但由于日本对美国文化的推崇和认同由来已久，因此日本民众迅速接受美国迪斯尼风格。早在明治维新时期，日本已大量汲取了西方科技和文明成果及养分。第二次世界大战以后，美国文化的大量涌入，更树立了日本对待美国文化持积极接纳的态度。对于众多认同感强的知名品牌来讲，其核心竞争力不仅来源于高精尖的技术，更重要的是蕴含在品牌中的文化内涵。例如，法国的香水、服装，美国的可口可乐、麦当劳，德国的奔驰、阿迪达斯等，这些著名品牌能纵横驰骋于全球市场，不仅仅因为它们的品质和信誉等迎合了全球消费者的品位，更是因为在以西方文化为主流的趋势下，消费者内心潜在的对文化认同感的自然表达，促使消费者不由自主地产生消费欲望。因此，在文化接受度高的异域环境中，可以利用东道国消费者对母国文化的新鲜感和认同感，将文化差异作为吸引力和卖点，大力开展文化营销。

17.3.2　属国化策略—缩短文化距离

文化距离实为母国与属国之间以语言为主要特征的文化差异程度，主要包括语言差异、生活习惯差异、社会文化差异等。欧洲迪斯尼初期经营的失败促使迪斯尼公司开始反思，并实施了一系列本土化措施。这些措施包括雇用法国当地职员、增加法语为工作语言、允许餐间售酒、配备不同欧洲国家的语言导游等。因此在欧洲迪斯尼乐园可以看到会说德语的白雪公主、法国科幻小说中的探险岛等，这也成为欧洲迪斯尼乐园的独特之处。肯德基和麦当劳，这两个源于美国的餐饮业，携带的是地地道道的美国快餐文化，然而，进驻中国后，结合中国的本土饮食开发了老北京鸡肉卷、油条等食品，进驻日本、印度、荷兰后也结合当地的饮食文化开发了许多受当地人民喜爱的食品，这都证明利用当地文化可以对跨国企业营销起到举足轻重的作用。CocaCola在中国深受喜爱，除了上百年积累的品牌，还因为中国市场赋予了它一个极具亲和力的名字，既"可口"又"可乐"。德国的BMW、BENZ在中国分别被翻译成"宝马"和"奔驰"，极大地迎合了中国人追求高品质和社会地位的心理，从而大大拉近了这些品牌与中国人的文化距离。因此，在文化距离远且文化接受度低的异域环境中，应尽量避免与异域文化的直接冲突，结合当地的异域文化和习俗，降低文化差异的影响，提高品牌的接纳度和认同感。

17.3.3　全球化策略—融合多元文化

跨国公司在国际化经营过程中，除了要受到东道国政治经济文化和风俗的制约之外，还会受到异于母公司的多元文化影响，同时也可能面对属国和母国对彼此文化认同度较低的状况。面对这种复杂情况，除了要竭力回避由于文化差异所导致的文化冲突，同时还应本着尊重和学习的态度，利用不同文化之间的差异或互补性，融合并创造出一种各方都能接受的新型文化。具体的应对策略就是尊重母国与属国的文化诉求，充分发挥彼此的文化优势，从多元文化中吸纳其优秀因子，取长补短，培养文化敏感性、推动文化创新。同时通过跨文化培训，有效促进来自不同文化背景下的管理者和员工之间的互相沟通与理解，促进各种文化背景的员工交流沟通，建立多层次、制度化、正式及非正式沟通机制，实现文化协同。星巴克作为一个美国的连锁咖啡企业，能以星火燎原之势遍布全球，并将其变成时尚代名词，其所代表的已经不只是一杯咖啡，而是一种品牌和文化。灵活和兼容并包是星巴克经营之道的精髓。它会根据各国各地的市场情况采取相应的合作模式。归根到底，跨国公司的文化管理难度并不取决于文化差异的水平，而是取决于双方的沟通、包容及相互理解的程度。对于处理文化多元的情况，管理的原则是减少冲突、文化镶嵌，建立公司共同的经营理念和价值观。

17.4　跨文化社会关系网、结构洞及管理策略

17.4.1　社会关系网、结构洞的基本概念

1. 跨文化社会关系

根据当代美国经济社会学家罗纳德·伯特（2008）的概括，企业经营者是带着金融资本、人力资本、社会资本（指社会关系网络）这三种资本进入市场竞争的。金融资本和人力资本的获取在跨国条件和国内条件下大同小异，不构成国际企业发展的瓶颈性障碍。拥有良好的跨文化社会关系网是成为一个成功的国际企业的必要条件。对于我国本土企业走出国门经营来说，这个条件也最难获得。在这里所说的跨文化社会关系，是指在拥有不同习惯、行为准则、禁忌、心理倾向等非正式规范的社会群体之间建立的社会关系。

2. 结构洞

社会关系网络是有不同结构的，有的结构缺乏效率，有的结构却能够使经营者处在更有利的竞争位置上，取得更大的利益。伯特强调指出，有一种被其称为"结构洞"的社会网构造，对竞争者来说具有特别重要的意义。根据伯特的定义，结构洞指的是非重复关系人之间的断裂位置，换句话说，它是社会关系网络结构中可能的中介节点，如果这个中介节点不存在了，那么网络将是非连续的。图17-3直观地刻画了结构洞的特点。在图17-3描绘的关系网中有三个子网，每个子网的内部关系均很密切，而在三个子网之间，则存在着结构洞。这里重要的是，"你"和A、B之间建立了关系，通过"你"在结构洞上搭起了桥。如果"你"撤离了，桥就断裂，结构洞就露出来。所以，处在结构洞上的人的位置非常重要。

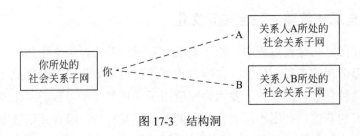

图 17-3　结构洞

伯特的研究指出，处在结构洞上的关系资源拥有者比处在重复而密集的子网络中的那些人，在竞争中更具有优势。首先，处在结构洞上的人拥有更丰富的信息来源，从而

可能获得更多的经济机会，取得更高的信息收益。另外，处在结构洞上的竞争者，能够在多个关系人乃至子网之间联系沟通，影响和掌控更多不同的参与者，从而获得更多的控制收益。

3. 跨文化结构洞

伯特研究的主要是网络的构造，针对国际企业研究这一课题，网络的构造和网络的文化性质同样重要。因此，我们在跨文化社会关系网和结构洞概念的基础上，提出"跨文化结构洞"的概念。"跨文化结构洞"是指网络中介节点所联结的诸子网具有不同的文化性质，而该中介节点一旦不存在，不同文化性质的各子网间将出现断裂。换言之，由各子网通过被占位的结构洞联结起来的整个网络，具有多文化的特点。如图 17-4 所示，有三个子网，分别属于 A、B、C 三种文化，占据结构洞上的中介"你"原属文化子网 C，但通过建构网络的活动，和 A、B 文化子网都建立了关系，从而处在跨文化结构洞上，可以在三个文化子网间获得信息收益和控制收益。

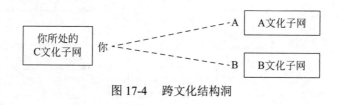

图 17-4 跨文化结构洞

17.4.2 企业跨文化社会关系网的建构

1. 企业跨文化社会关系网的类型

1）基于社会关系网的文化性质分类

从文化性质的维度出发，社会关系网可以分为两个子类，即原初文化网和跨文化网。原初文化网内的所有组织成员来自同一文化群体，遵循着成为国际企业前就存在的原有规范；跨文化网内的组织成员来自不同文化群体，遵循着不同的社会规范。对国际企业来说，完全保留原初文化网是很少见的，不过近似状况可能出现。

2）基于社会关系网的结构分类

从网络结构的维度出发，社会关系网可大略分为三类：可控网络结构、对称控制结构、被控结构。当我国国际企业家占据结构洞的位置，可以驾驭其他的子网时，他将处于主动地位，即可控网络结构；当企业中各子网间的结构洞存在着多个占据者，每人控制着一个子网，三者是对等关系，即对称控制结构；当我国企业家由于缺乏直接和异文化群体成员交往的能力（比如语言不通或对其他国家的国情非常不了解），而不得不依靠代理人，代理人很可能就演变成了结构洞的控制者，即被控结构。在对称控制结构和被控结构中，我国企业家没有驾驭多个社会网络的权力（即使拥有控股权也不能代替这种网络关系的控制），重要决策乃至实施将会付出较大的协调成本。

2. 以联想收购 IBM 个人计算机业务来说明企业跨文化社会关系网的管理策略

联想集团是一家极富创新性的国际化科技公司，是全球个人电脑的领导企业，也是中国企业全球化的典型。联想集团跨国经营战略采用的是"收购＋联盟"的全球化策略，其中有两个最重要的里程碑：2004年收购IBM个人计算机业务，2011年与NEC公司战略合作。联想集团的跨国经营管理过程，实际上就是以柳传志和杨元庆为代表的联想高层不断提升跨文化理解能力，构建和完善跨文化社会关系网的过程。本章以此案例说明跨文化社会关系网的管理策略。

1）第一次跨文化社会关系网的构建："代理人控制结构洞"形式

如图17-5所示，在刚刚完成收购时，柳传志和杨元庆意识到联想是条小蛇，而IBM是头大象，为了实现收购的目标，稳住IBM的团队，学习IBM的先进技术，留住原有客户，他们"退守"，请史蒂芬·沃德作为强代理人。实质上，柳与杨在整个跨文化社会关系网上将自己置于被控制的地位（被控网络）。沃德需要发挥沟通IBM所代表的欧美文化子网以及其他国家文化子网与联想原初文化网的桥梁作用。在这样的国际化发展战略中，"代理人"的位置和作用相当重要，甚至是整个计划成败的关键。

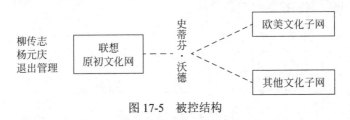

图 17-5　被控结构

联想的跨文化被控网络的构建，一定程度上规避了并购带来的巨大风险。这些风险主要表现在：第一，原IBM优秀员工流失的风险；第二，既有客户流失的风险；第三，品牌风险。

2）第二次跨文化社会关系网的构建：是一个从"被控结构"到"对称控制结构"的演变过程

如图17-6所示，随着柳传志、杨元庆开始站在联想原初文化网的结构洞上，名义上整个跨文化社会关系网的代理人阿梅里奥不完全控制联想原初文化网，实质上演变成"对称控制结构"。

图 17-6　从被控结构到对称控制结构

3）第三次跨文化社会关系网的构建：可控网络结构

从2004年到2009年，通过5年的学习和成长，柳传志和杨元庆等联想高管的跨文化理解能力越来越好，也完成了一个从中国式到较多跨文化理解式的社会关系网的建构过程。他们终于有足够的自信和实力，让自己坐在公司跨文化社会关系网的结构洞位置上，发挥指挥者、协调者的作用，从而获得全球范围内社会关系网的信息收益和控制收益。这个高质量的跨文化结构洞，如图17-7所示。

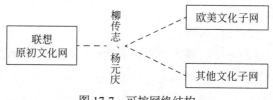

图 17-7 可控网络结构

在内部跨文化团队的建设上,联想集团实现了管理团队的国际化,高管团队中除了CEO(首席执行官)杨元庆以外有 4 个国际人士和 4 个中国人。柳传志和杨元庆等站在跨文化结构洞上,对公司的发展变化能够应付自如。

3. 总结与讨论

通过案例分析,我们得到关于中国国际企业在跨文化背景下发展的以下几点看法。

(1)建构具有相当规模的、拥有可控结构洞的跨文化社会关系网络是国际企业成为一个具有国际竞争力企业的必要条件。

(2)对中国国际企业来说,建构跨文化社会关系网络特别是具有可控结构洞的跨文化社会关系网络,是一个比资金、技术更难克服的约束。可以说,这个条件正是中国企业走向全球的瓶颈。

(3)对于首先在国内取得成功进而走向跨国经营的企业家来说,避免按照国内建构社会关系网络的方式去建构跨文化社会关系网络的路径依赖,是值得注意的一个问题。

(4)从企业家主观层面看,通过学习不断提高跨文化理解能力是非常重要的。不断学习,是当前中国国际企业家必须具备的基本素质。

学习辅导 17.2 跨文化管理的策略

【本章小结】

国际企业在不同的国家和地区中经营、发展,最大的难题在于处理与母国不同文化背景的人和事。本章阐述跨文化管理的概念,重点介绍霍夫斯泰德等跨文化分析的理论,并分析了中国与"一带一路"沿线国家和地区的文化差异,论述了文化的差异导致的管理模式的差异,总结了全球主要文明体系及相关的管理模式,提出了跨文化管理的方法,研究国际企业做好跨文化管理的策略。

【思考题】

1. 名词解释:跨文化管理、管理模式、结构洞、跨文化社会关系网
2. 简述霍夫斯泰德的跨文化比较。
3. 管理知识体系三种最基本的表现形式是什么?
4. 简述制度的三要素。
5. 什么是跨文化的冰河模型?它主要说明什么问题?

6. 跨文化管理有哪些方法？

7. 如何做到跨国经营的文化认同？

8. 用跨文化管理的理论分析，联想的案例说明什么问题，如何做好跨国并购的跨文化整合。

【即测即练】

【英文阅读】

第18章　国际企业经营风险

【学习目标】

1. 熟悉国际经营存在的各种风险；
2. 学习评估、预测各种风险的方法；
3. 研究应对经营风险的对策。

思政案例

商务部回应美国封杀 TikTok：敦促美方停止对中国企业无端打压

针对美国封杀短视频软件 TikTok 一事，商务部发言人高峰在 2020 年 8 月 20 日举行的商务部例行发布会上指出，一段时期以来，美方动辄以所谓"国家安全""国家紧急状态"为由，限制甚至禁止中国企业在美国开展正常的投资经营活动，以莫须有的罪名对中国企业施加交易禁令，毫无事实和法律依据，严重损害企业的正当权益，严重违背市场经济基本原则。这不利于中国，不利于美国，也不利于整个世界。

高峰表示，美方的制裁打压，无疑会动摇投资者在美投资的信心。中方坚决反对将投资国家安全审查作为政治工具、泛化和滥用安全审查的做法，中国政府维护本国企业正当合法权益的决心坚定不移。再次敦促美方摒弃错误做法，停止对中国企业的无端打压，多做有利于中美两国经贸合作和人民福祉的事情。

资料来源：栗翘楚. 商务部回应美国封杀 TikTok：敦促美方停止对中国企业无端打压 [EB/OL].（2020-08-20）. http://jx.people.com.cn/n2/2020/0820/c190316-34241081.html.

国际经营要面对十分复杂的经营环境，因此会遇到许多意想不到的风险。就如思政案例所述，TikTok 原来在美国、印度等海外市场经营良好，但因美国打压中国的科技企业，以国家安全等莫须有的罪名，逼迫中国企业退出美国市场。印度因中印边境争端，中印关系恶化，也以种种理由封杀中资企业。这些就是国际企业经营的风险。以下就国际经营遇到的政治风险、法律风险、文化宗教风险、新冠肺炎疫情给企业经营带来的风险展开讨论。

18.1　政治风险

政治风险是指东道国政局变化，导致投资环境恶化，进而给外国投资者的投资活动造成损失的可能性。政治风险一般不易预测，一旦发生，则会给跨国企业的生产经营带来巨大损失。其主要包括以下几种。

（1）战争和内乱。这些情况常使企业遭受致命打击，企业只能得到极少的赔偿，有时甚至得不到赔偿。

（2）征用。东道国基于国家安全和公共利益需要，对企业予以没收或国有化。

（3）拒付债款。某些国家在财力枯竭情况下，对政府项目简单地废弃合同，拒付债款。

（4）制裁与禁运。某些国际组织、西方大国对项目所在国家实行制裁与禁运，对投资企业造成影响。

18.1.1 政治风险的类型

虽然对于政治风险有多种不同的定义，但大家通常认为，政治风险是由东道国政治环境的不确定性引起的，这种不确定性会给企业的预期收益与资产安全带来波动和损失。在这里，政治环境的不确定性主要指东道国政府的稳定性与控制力、政策的连续性。当然，政治环境的波动不仅取决于自身的政治制度，而且取决于东道国的社会结构、宗教、文化特征，还受到经济发展水平，与其他国家政治、军事关系及其变化的影响。

企业面临的政治风险来源非常复杂，其表现形式也多种多样，而且在不同国家和不同历史时期又呈现出差异性。对于政治风险的类型与结构进行讨论有助于理解政治风险的多维度性与复杂性，政治风险的类型如表 18-1 所示。

表 18-1　政治风险的类型

风险类型	政府行为风险		非政府群体行为的风险	
	东道国	外国	东道国	外国
宏观政治风险	征收与国有化 政策法律变更 利润汇出限制 政府腐败	禁运：对特定国家的经济制裁	大规模罢工与劳工权益冲突； 城市骚乱； 内战	局部战争； 内战
微观政治风险	蚕食性征收； 单方面取消已经签订的合同； 政治性歧视	第三国对某些具体项目的干预； 两国关系紧张	破坏活动； 绑架； 抵制活动； 反全球化； 环境保护	跨境恐怖活动

政治风险可以从不同的角度进行分类。

从影响范围的广泛性来度量可以分为宏观政治风险与微观政治风险。美国学者罗伯克最先对此进行了区分，认为宏观政治风险影响范围涉及所有的外国投资者，东道国的政治事件或政治措施会给所有的外国投资者带来负面影响；与此相对应，微观政治风险影响的范围只是某个行业或者具有某种特征的外资企业。

政治风险还可以用政治环境变化的来源主体区分为政府行为风险、非政府群体行为的风险。政府更迭、国内政治力量对比的变化、国内经济形势的改变都可能使东道国调整法律与政策，比如拉美地区一些国家针对采矿业的外资政策变动。政府行为风险还可能表现为政府权力的滥用，比如执法部门的勒索行为。

政府行为与非政府群体行为之间的界限有时并不是那么清楚，非政府群体的压力在一定条件下也会引起政策的变动。非政府群体除了通过对政府施加压力外，还通过自身的行动直接作用于外资企业经营环境，这些非政府群体包括受到损害的经济利益集团，也包括具有不同利益诉求的非政府组织与社会群体。它们可能对外资进入采取抵制行动，甚至暴力活动，如在西班牙发生的针对中国企业的事件。而反政府武装与恐怖组织的袭击活动，也会严重影响外资企业的正常经营与人员安全。

就风险来源的区域范围来讲，可以将风险分为东道国范围的行为导致的风险与来自其他国家的行为导致的风险。东道国政治环境的变化主要来自东道国内部；但是来自外部的政治干预、压力，也影响着东道国的政策与法律环境，甚至直接引起东道国政治环境的变化。来自第三国的政治干预，可以表现为对特定利益群体的支持，甚至直接的军事打击，从而影响东道国政府的控制力与当地的稳定；也可以表现为对东道国政府施加压力与影响，从而使企业的预期计划与目标难以实现，如日本在俄罗斯石油管道修建上对中国企业造成的不确定性；还可以表现为对一些地区从事经营活动的外国企业进行制裁。而来自外部非政府群体的影响则表现为具有特定意识形态追求的群体给外资企业带来的负面影响，如反全球化思潮及其行动、跨境恐怖活动等。当然，特定的政治环境变化很可能是多因素共同作用的结果，比如东道国单方面中止契约是政府行为。政府政策变化可能是国内产业结构调整的要求，但同时也可能受到来自国内利益集团的压力。另外，过去通常认为东道国的政治风险只是（或主要）来自内部，事实上来自国外的政府与非政府力量的影响也十分强大。这种力量往往直接作用于东道国的政治制度的稳定性，并直接影响到某个项目的运行安全。例如，利比亚战乱就很难简单地归因为东道国内部民族矛盾激化的结果，西方国家的军事打击直接推动了卡扎菲政权的倒台。类似地，如果简单地用政治风险指数的指标去度量萨达姆政权时的伊拉克也很难认定是政权失去了控制力。而是由于美国出于本国的利益追求，对伊拉克进行军事打击，直接推翻了萨达姆政权。

18.1.2 政治风险的地区差异

从国内学者的研究成果与中国信保的研究报告看，各个地区面临的政治风险表现形式也很不相同。在发达国家，歧视性政府干预与民族主义情绪引起的风险较为突出；而在中东、非洲与拉美地区，政局不稳、社会动荡与战乱风险则更为明显，政治风险表现形式的地区差异如表 18-2 所示。

表 18-2 政治风险表现形式的地区差异

地　区	政治风险的主要表现形式
发达国家	劳工权益引发的暴力风险、贸易保护政策、环境标准变化、民族主义风险、歧视性政府干预
中东、非洲	政局动荡、战乱与局部战争、恐怖主义与民族主义风险、政府违约风险、汇兑限制风险
南美地区	间接国有化、外汇管制风险、环境与劳资纠纷风险、外资政策变化
其他周边国家	腐败、政府违约、民族主义风险、外资政策变化

东盟是我国的主要贸易伙伴，那里存在如下政治风险。

（1）政治体制调整或过渡造成的风险。

（2）反政府武装、恐怖活动频发造成的风险。

（3）领土主权、区域主导权争端带来的风险。

18.1.3 政治风险之第三国干预——长臂管辖

1. 长臂管辖的含义

长臂管辖本来是美国法律界的术语，即是说美国有关机构可以超过法院所在地，而在域外执行法律管辖权。这是美国创造的特有的经济武器，即用法律的形式扩大本国法律执行的范围，以获得域外利益。

2. 长臂管辖的法律依据

美国长臂管辖的主要法律：1970 年的《银行保密法》和《犯罪组织侵蚀合法组织法》；1976 年的《外国主权豁免法》和 1977 年的《反海外腐败法》；1996 年的《赫尔姆斯 - 伯顿法》和《托马斯法》；2002 年的《萨班斯 - 奥克斯利法》；2016 年的《对恐怖主义实行法律制裁法案》；2018 年的《外国投资风险现代化法案》和《澄清合法使用境外数据法案》。当前美国长臂管辖法律已经被滥用和泛化，甚至推广到整个世界。

3. 长臂管辖的三个层次

（1）初级制裁。初级制裁是对国家的制裁。列入被制裁名单的国家，其他国家就不能与其发生经济往来。比如先后受到美国制裁的古巴、伊朗、叙利亚、苏联、苏丹、委内瑞拉。

（2）限制美国本国的企业和境外组织、个人与被制裁的对象国之间的经济往来。

（3）本国和外国都与被制裁对象断绝交往，而且要和同被制裁对象有经济交往的行为者断绝交往。这个层次的制裁现在泛化得非常厉害。它的本质：一是实行域外管辖权，二是要坚持最低限度联系，三是不可预见性和随意选择性。

到目前为止，美国已经对世界上接近 40 个国家、一半以上人口进行过经济制裁，而且获得了很大收益。

例如，《赫尔姆斯 - 伯顿法》是美国针对古巴制定的法律，通过此法案对古巴进行禁运。这部法律包括四大部分，第一部分是对卡斯特罗政府进行国际制裁，第二部分是要在古巴扶持一个亲美政权，第三部分、第四部分是经济制裁的内容。其实，在这个法案出台之前，西班牙、意大利、德国、法国和古巴的贸易非常频繁，占到古巴所有贸易额的 45%。这个法案出台以后，和古巴的贸易关系和行为都被认定为非法，古巴几乎受到全球封锁。

再如现在在长臂管辖中发挥很大作用的是《托马斯法》，主要针对伊朗和叙利亚，目的是切断恐怖主义的经济来源。其中的一个要点就是，任何企业和个人在伊朗和叙利亚年投资超过 4 000 万美元，直接投资或间接扶持两国石油、天然气行业的，就应当受到处罚。违法者被美国列入"特别指定国民名单"，出现在名单上的企业和机构，美国市场将对其关闭。美国财政部的海外资产控制办公室负责对这些禁运国家的制裁，罚没的款项归美国财政部。美国对于当时的伊朗、叙利亚的禁运政策，国际上通行的说法叫"焦土政策"，各个国家的企业和个人都不敢与被制裁的国家做生意，否则就会在经济上遭受极大打击。美国 2017 年 4 月对中兴通讯审查依据的正是这部法律。中兴通讯在美国的分公司向伊朗出口设备里的一部分零部件是美国生产的，因此被认定违反了这个法律。2017 年

4月,中兴通讯因此遭受惩罚,美国宣布对其实行为期7年的禁供,即2025年3月13日之前,美国公司不得向中兴通讯供应核心零部件芯片以及关键设备。

《反海外腐败法》是美国把长臂管辖变成国际法的一部法律,它使美国的国内法律具有了域外法权的属性。这部法律自1977年通过,发挥了近半个世纪的作用。该法律规定,不管在世界上任何地方发生的案件,涉事企业或旗下任何一家分支机构,甚至是办事处,只要与美国有某种联系,比如用美元进行结算,或者通过互联网发电子邮件的服务器在美国,美国司法部就可以展开调查或者是实施制裁。全球有很多海外腐败案均是美国跨国进行调查和制裁的,罚款都归美国所有。这样,美国逐渐编织了一个非常庞大的监视网络,把世界上很多国家领导人、企业都纳入其中,实质上形成了美国深层次的世界霸权。

4. 长臂管辖的发展

美国现在正在建立的是长臂管辖的数据霸权,或者叫作网络霸权。美国借口在全球打击恐怖主义,制定了《爱国者法案》,这个法律允许美国的执法机构收集各种信息和数据,将很多国家、组织、个人置于美国长臂管辖之下。美国执法机构可以随意查阅一切他们认为对国家安全有威胁的信息和数据。一旦被列入实体清单,不是一个部门实行制裁,而是所有共享信息的部门共同或者按照分工进行制裁。

还有一些长臂管辖的法律现在正在推进,也会非常快地形成域外执法能力。其中最重要的是《云法案》,全称《澄清合法使用境外数据法案》。任何拥有监管或者控制各种通信、记录或其他信息的公司,像大数据、网络公司,凡是产生数据的,无论是不是在美国注册,也不论数据是否存储在美国,只要和美国发生某种联系,比如企业在美国上市、其发邮件的根服务器在美国、用美元进行交易等,美国都有权力监管和控制该公司数据。

5. 长臂管辖使美国获得了巨额收益

一是想打击谁就打击谁,而且是依据国内法律打击别的国家、企业和个人,《爱国者法案》等明文规定,美国可以根据其中条款,对任何人、任何地方的资金进行核查、冻结。二是美国确实从中受益。从2009年到2017年,美国仅从欧洲就通过长臂管辖拿走了1 900亿美元罚款,而且获取了大量企业的数据,一些巨型企业受长臂管辖制裁倒闭后被美国企业收购。阿尔斯通案、法国巴黎银行案都是美国长臂管辖的典型案例。

6. 美国通过长臂管辖对中国企业的制裁

2018年4月,美国商务部工业安全局对华为实行制裁,对华为所有子公司都实行禁供。2019年6月,美国商务部将天津海光、中科曙光、成都海光、无锡江南计算研究所等都纳入它的制裁名单;8月,又把44家中国企业列入美国出口管制清单,实施技术封锁。2019年10月8日,美国把28家中国企业列入实体名单,有6家是高科技企业。目前被美国列入实体名单的企业达到216家,这是值得重视的,包括中国腾讯、科大讯飞、大疆无人机等都在美国的实体名单里。唯一一个从名单撤出来的就是大疆无人机,大疆无人机在深圳生产,出口量占全球的80%,现在美国国防部40%的无人机是大疆制造生产的。所以,应美国国防部的要求,大疆被从名单上撤下来了,这是中国企业进入名单后唯一被撤下来的,因为美国国防部还需要它生产的产品。

7. 与长臂管辖相关恶法的抗争

为与长臂管辖相关恶法抗争，各个国家、地区都出台了阻断法，最典型的是《欧盟阻断法案》，这部法律是 1996 年制定的，因为当时美国利用长臂管辖法案从欧洲拿走的钱最多。法案主要精神有以下几个方面：一是抵制性立法，严禁本国国民服从美国法律的命令；二是制裁性立法，对遵守美国法而不遵守欧盟法的主体实施制裁，不得按照美国的法律办；三是否认性立法，不承认美国法以及美国法派生的决定或者命令的法律效力，不承认以它作为执行的依据；四是补偿性立法，准许有关企业或者公民在欧洲法院起诉美国案件中受益方或者是胜诉方，对冲美国的法律制裁效果。当前，中国必须加强研究美国的长臂管辖，制定应对长臂管辖相应的法律，依法废除美国恶法对我国企业实行的不合理制裁。

18.1.4 "一带一路"沿线政治风险分析

虽然近年来我国企业参与"一带一路"建设成绩斐然，但海外投资中的政治风险依然突出，在中国社会科学院世界经济与政治研究所发布的《中国海外投资国家风险评级报告（2017）》中，列明了沿线 35 个主要国家的投资风险评级结果。该评级报告包括经济基础、偿债能力、政治风险、社会弹性和对华关系五大指标 41 项细分指标，认为"一带一路"沿线区域的投资风险较高，其中政治风险是最为突出的潜在风险。"一带一路"沿线多为新兴经济体国家，部分国家和地区政治情况复杂、政权更迭频繁、地区安全不稳定、政府偿债能力有限，具有较高的政治风险系数，投资风险与投资受阻程度明显高于发达国家和地区。因此，需要对"一带一路"沿线海外投资政治风险进行分析研究。

1. "一带一路"政治风险的地缘特点

从地域视角看，在"一带一路"沿线区域，东盟与中东欧经济发展水平最高，较少出现政治风险，政府偿债能力高于其他沿线地区，整体的投资风险较低；独联体与中亚地区相对东盟与中东欧在经济基础、社会弹性、偿债能力等方面较为薄弱，属于政治风险较高区域；西亚地区差异性最为显著，其中以色列与阿联酋具有较强的经济实力、科研能力及军事力量，国内财政与金融系统较为安全，政治投资环境相对稳定，但伊拉克、伊朗等政局持续动荡，常发生军事冲突，社会秩序不安定，经济发展相对滞后，投资风险系数较高。

2. "一带一路"政治风险的概念解析

首先，需明确政治风险是指因投资所在地政治因素而导致投资者利益产生损失的可能性，并非已然发生并确定的损失。其次，与市场经济领域风险与收益成正比不同，政治风险对投资活动的影响有明确的特殊性，我国企业不可根据对"一带一路"沿线区域政治风险数值的判断和预测来确定其将来的经济收益率，企业往往无法通过对其自身的风险管理有效规避政治风险损失，多数情况下仅能作出予以投资或不予投资的决策。再次，要清晰地认识到政治风险发生于东道国国土范围之内，并不包括东道国本土领域以外的全球性和区域性政治风险。虽然在空间上国家与全球之间的差异较易划分，但国家与其所在地区之间的风险差异有时却无法明确区分，两者之间往往具有较密切的关联性。这使很多国内企业在进行海外投资风险评估时，往往会扩大一国政治风险所包含的基本概念和领域范围，海外投资风险尽职调查常会受困于此，投资前的考察过程消耗了大量的精力和成本。最后，应将政治风险归于情报信息的广义范畴。考虑到政治风险来源的多样性，在评估政治风险时需要全面准确地掌握有关东道国的政治情报信息，情报信息的准确性在一定程度上决定着我国企业在"一带一路"沿线中的投资行为以及项目合作的成功与否。

3. "一带一路"政治风险的主要来源

作为"一带一路"建设的重要力量，近年来我国越来越多的国有企业积极参与"一带一路"沿线投资项目，但是，国有企业因其所有权性质在对外投资时更易引发当地政策对抗、群体不满、社会争议以及反补贴和反倾销等重大问题。尤其是伴随国有企业竞争中立原则议题的兴起，东道国政府更倾向于将国有企业的投资行为视为一种国家行为，这无形中增加了我国国有企业海外投资的政治风险。况且，我国企业在"一带一路"中的投资结构过于单一，以自然资源相关产业为主，围绕矿产、电力、交通等领域集中开发，这些行业关系着东道国的经济命脉和国家利益，具有较高的政治敏锐性，极易引发政治风险。另外，"一带一路"沿线国家多处于经济转型、政治体制改革、军政权力交接、地区政局动荡等阶段，甚至武装斗争、恐怖袭击等极端情形时有发生。例如，湄公河金三角流域发生的泰国劫匪杀害中国船员事件以及在伊拉克、叙利亚境内 IS 恐怖组织强制占领由我国企业投资运营的油田、炼油厂，这些不安定的因素为在"一带一路"沿线投资的我国企业带来巨大的政治风险。

4. "一带一路"政治风险的类型划分

"一带一路"背景下，我国企业海外投资政治风险主要包括东道国政府更迭影响投资合同正常履行、东道国工会对当地政府和民众的影响、非市场化国家缺乏契约精神、恐怖袭击、战争内乱、资产国有化、货币兑换限制以及投资资产跨境转移限制等，不仅包括传统意义上的政治风险，还包括非传统的政治风险，具体可分为三大类型：第一类是由东道国自身政治状况不安定而产生的政治风险；第二类是基于东道国政府对个别或者所有外资企业所采取的特殊管理政策而带来的政治风险；第三类是发生在东道国境内针对外来投资者的不确定性非政府行为而引发的政治风险。政治风险具有一定现实客观性，不以投资者自身意志而转移，企业无法通过自身经营行为从根本上规避。政治风险的成因、分布、分类、概念等因素决定了防止风险、减少风险、化解风险的主体必须以母国政府为主，企业可以在政治风险损失发生后向母国政府或相关保险机构寻求代位求偿，以此获得来自政治风险的损失补偿。总之，长期以来，欧亚地区政治矛盾突出，众多国家和地区之间存在错综复杂的利益纷争，民族问题、宗教问题交织在一起，使得"一带一路"沿线的投资面临着较其他地区更为严峻的政治风险。

18.1.5　政治风险的管理对策

根据"一带一路"沿线区域政治风险的地缘特点、主要来源和类型，可有针对性地将签署政府间区域性高标准投资贸易协议、投资评估、完善海外投资保险制度、构建区域性多边投资担保合作机制、建设政治风险情报信息系统、本土化等具体措施作为主要方向，从宏观到微观，从框架到内容，逐步建立结构合理、制度先进、切实有效的"一带一路"企业海外投资政治风险防范机制。

1. 签署政府间区域性高标准投资贸易协议

一方面，拟订区域性投资贸易协议，为区域性自由投资贸易提供相应制度支援。另一方面，坚持一国一议、一事一议的原则，促进"一带一路"沿线区域的贸易便利化、投资自由化、金融国际化以及各类市场要素流动的自由化。

2. 投资评估

在投资决策前要对东道国的政治风险进行评估。从国内外提出的评估方法看，可以将评估归纳为宏观评估与微观评估两类。国际经营风险评估指标如表 18-3 所示。

表 18-3　国际经营风险评估指标

宏观风险一级指标	宏观风险二级指标	微观风险指标
社会特征指数	人口异质程度（种族、宗教、阶级等的差异）、未来经济增长前景	对当地经济的贡献率
社会冲突指数	政治不稳定指数、内部骚乱指数、暴力指数	两国政治经济关系
政治过程指数	政策变动的渐进性与频繁性	相关利益集团影响

3. 完善我国海外投资保险制度

海外投资保险制度一般是由政府或者政府支持的独立法人保险公司设立，为本国企业的海外投资行为提供政治风险担保，当企业因东道国政治风险而受到损失时，保险机构将按照一定比例进行适当的补偿。

4. 借鉴多国投资担保机构（MIGA）经验，创建"一带一路"多边投资担保合作机制

MIGA 隶属于世界银行集团，其宗旨是向外国私人投资者提供政治风险担保，鼓励国际资本更多流入发展中国家。MIGA 主要通过三种方式推动海外直接投资：一是通过再保业务和分保业务为成员私人海外投资的非商业性政治风险提供担保。二是通过技术援助成员制定海外投资战略措施。三是致力于用和平方式解决国际投资争端。

5. 建设"一带一路"政治风险情报信息系统

（1）增加我国高校和科研院所对"一带一路"政治风险研究的财政支持，提升官方研究机构的信息收集和分析能力。

（2）加强对民间智库和咨询公司的政策扶持，使其成为可为我国企业提供海外投资信息咨询服务的专业性第三方机构。

（3）搭建全面高效的"一带一路"数据分析系统，提高数据对比研究的准确性与科学性。

（4）尽快引入国际通行的风险冲突影响评估机制（conflict impact assessment，CIA），助力我国政府对"一带一路"海外投资政治风险的预警预报。

6. 本土化

采用本土化策略有利于获得当地社会和民众的广泛认同与支持，减少或避免来自非政府群体的政治风险，同时对于东道国的政策变动风险也可以产生较好的预防功效。

学习辅导 18.1　国际商务运营中的政治风险

18.2　金融风险

金融风险指在国际融资、结算等中遇到的各种风险。

18.2.1　信用评级风险

信用是金融之本，信用评级（credit rating）作为资本市场最为重要的征信服务，通常是由专业的评级机构（credit rating agency）对特定有价证券的信用风险或发行相关有价证券的企业、机构或国家等实体的资信状况与偿付能力进行评估，并确定相应信用等级的行为。信用评级是任何债券发行人进入国际债券市场和资本市场的必备通行证（必须维持投资级别以上的信用评级，即BBB-），否则任何国家、企业或机构都将无法进入国际债券市场或者要承担高昂的发债成本，只能发行那些收益率非常高的垃圾债券。美国的信用评级行业出现于19世纪中后期，经历了一个漫长的发展过程。在20世纪70年代初布雷顿森林体系瓦解后，浮动汇率制度的实施导致各种金融风险加大，同时金融自由化进程的加快也为国际债券市场的快速发展创造了条件。1975年，美国证券交易委员会（Securities and Exchange Commission，SEC）为便于对债券市场进行有效管理，批准标准普尔公司（Standard & Poor's，S&P）、穆迪公司（Moody's）和惠誉（Fitch）三家信用评级机构作为首批"国家认可的统计评级组织"（Nationally Recognized Statistical Rating Organizations，NRSRO），并将NRSRO的评级结果用来确定经纪公司的净资本，从而将三大评级机构的评级结果纳入联邦证券监管法律体系。此后，其他金融监管机构也纷纷效仿，进而强化了三大评级公司在资本市场上的地位和作用。尽管2007年次贷危机爆发并引发全球金融危机后SEC不得不开始接受其他评级机构的业务申请，但实际上这三家信用评级机构的业务网络已经遍布全球，垄断了美国和全球的信用评级行业，如表18-4所示。三大信用评级机构在国际资本市场中的垄断行为主要有两个来源：一是直接来源于美国政府的监管规则，SEC自20世纪末开始要求发行债券必须有评级说明，以帮助债券投资者和监管者了解债券信息并确定其投资价值，美联储、财政部等监管部门都将NRSRO评级机构发布的评级作为监管金融机构和金融市场的重要依据，这是NRSRO市场影响力提升并处于垄断地位的法律基础；二是信用评级行业本身的"信用"需要时间积累，使得率先获得资质的评级机构具有先发优势，阻碍后来的竞争者。

表18-4　NRSRO机构分类别业务占比　　　　　　　　　　　　　　%

NRSRO	金融机构	保险公司	公司债	资产支持证券	政府债券	总评级
标普	33.6*	31.3	39.9	28.1	53.3	48.9
穆迪	28.4	14.8	35.2	36.6	34.7	34.2
惠誉	25.8	14.6	14.1	22.8	11.1	13.3
贝氏	N/R**	34.4	1.1	<0.1	N/R	0.4
多美年	4.6	0.7	2.4	7.3	0.9	1.8
伊根-琼斯	6.4	3.8	5.1	N/R	N/R	0.8

NRSRO	金融机构	保险公司	公司债	资产支持证券	政府债券	总评级
墨西哥评级公司	0.3	N/R	0.1	N/R	<0.1	<0.1
日本评级公司	0.5	0.3	1.9	N/R	<0.1	0.2
克罗尔评级	0.4	<0.1	<0.1	3.2	<0.1	0.3
晨星	<0.1	N/R	0.2	2.0	N/R	0.2

资料来源：SEC 发布的 2016 年 NRSRO 年度认证报告 Item 7A，第 9 页（https://www.sec.gov/ocr/reportspubs/annual-reports/2017-annual-report-on-nrsros.pdf[2018-11-04]）。

注：* 表中数据精确到 0.1 个百分点；**N/R 表明 NRSRO 在报告日期截止前未在评级类别中注册。

美国作为世界金融中心，决定了有许多国家、企业或者机构前往从事发债等融资行为，因而必须获得三大评级机构的信用评级。不仅如此，三大评级机构全球业务的开展及其垄断，更使得它们在国际资本市场上可以施展其强制性权力，即"为证券发行出售许可证"。这种强制性权力主要体现在两个方面：一是美国国内相关法律、规则给予的特权与垄断地位，使得进入资本市场融资的国家、企业与其他机构必须得到它们的评级，并以此为标准开展相关金融业务；二是它们经常是不请自来，主动地根据自身业务标准作出对其他国家、企业或金融机构的评级，影响评级对象的信用等级乃至国际资本市场的动向。这种强制性权力造成的影响是巨大的。第一，它使得三大评级机构获得了高额的垄断利润，其收入与其他 NRSRO 机构的收入有着天壤之别，如表 18-5 所示。第二，正如美国参议员罗伯特·马南德斯（Robert Menendez）所说，"信用评级机构既当运动员又当裁判"，极易对金融市场产生有意的误导。伴随着评级机构的收费模式从订购模式向卖方付费模式（issuer-pays model）转变，自然会产生信用评级机构提供的咨询服务的公正性与自身利益之间的矛盾和冲突。尤其是在结构融资产品上，评级机构既参与产品设计也对产品进行评级，这一双重身份必然影响评级机构的独立性。第三，三大评级机构在希腊主权债务危机以及在冰岛、西班牙等欧洲国家主权债务评级过程中所扮演的角色，使人不得不相信它们的评级决策体现着明显的经济利益，尤其是国际政治因素驱使的国家意志、国家利益和国家战略。这三大评级机构对我国企业进入国际资本市场，开展正常的融资活动造成不利的影响，甚至成为西方国家打压中国企业的工具。

表 18-5　NRSRO 评级机构收入占比　　　　　　　　　　　　　　　　　%

评级机构	2013 年	2014 年	2015 年	2016 年
三大评级机构	94.5*	94.3	93.7	94.4
其他 NRSRO 机构	5.5	5.7	6.3	5.6
总计	100.0	100.0	100.0	100.0

资料来源：SEC 发布的 2016 年 NRSRO 年度认证报告，第 15 页（https://www.sec.gov/ocr/reportspubs/annual-reports/2017-annual-report-on-nrsros.pdf[2018-11-04]）。

注：* 表示若机构向 SEC 提交了以其他货币结算的收入，则根据美国银行业日平均汇率换算为美元。

18.2.2　金融制裁

金融制裁是经济制裁的重要组成部分，联合国等全球多边机构也曾普遍使用。但是，把金融制裁手段及其威力发挥到极致的只有美国。目前，当美国主导的相关议题在多边平台遇阻或者双边外交失败时，美国已将金融制裁作为避免直接冲突、对抗的替代手段而普遍采用。美国的金融制裁往往能通过低成本、高效率的手段，对制裁目标实施不对称打击，以实现自己的政治、经济或其他战略目的。据统计，从 2017 年 1 月 12 日至 2018 年 10 月 16 日的 21 个月的时间里，美国共计对朝鲜、俄罗斯、土耳其、叙利亚、伊朗等多国发动的金融制裁多达 47 起。美国金融制裁体系的构成如表 18-6 所示。

表 18-6　美国金融制裁体系的构成

法律依据	1. 对外政策和国家关系的一般法律。如《爱国者法》《外国资产管理条例》等； 2. 针对具体国家或事件的特定制裁法律。如 1906 年《伊朗制裁法》、2012 年《减除伊朗危险和叙利亚人权法》等
决策机构	1. 国会。国会负责就相关议题制定制裁法案； 2. 总统。依据法案，签署行政命令付诸实施
管理机构	主要是美国财政部海外资产控制办公室（OFAC），还有恐怖主义和金融情报办公室（TFI），具体职责： 1. 制定和更新制裁名单 SDNs 等； 2. 批准特殊豁免许可； 3. 监督制裁实施并处罚违反制裁规定者
执行机构	境内银行、清算机构、企业等具有实施制裁的法律义务。具体的制裁措施主要有： 1. 冻结被制裁对象在美国的资产； 2. 限制或禁止与被制裁对象之间的金融往来； 3. 限制被制裁对象在美市场上融资； 4. 罚款与没收被制裁对象的资产； 5. 威胁境外第三方金融机构配合制裁。否则，以违反美国制裁规定为由，限制其在美国境内相关业务，甚至连带制裁。

资料来源：美国相关机构职能资料，并参考徐以升，马鑫．美国金融制裁的法律、执行、手段与特征 [J]．国际经济评论，2015（1）：131-153.

注：OFAC 主要有六个大类的金融制裁名单。它们分别是：特别指定国民名单（specially designated nationals and blocked persons list，SDNs）、行业制裁识别名单（sectoral sanctions identifications list）、海外逃避制裁者名单（foreign sanctions evaders list）、巴勒斯坦立法会名单（NON-SDN Palestinian legislative council list）、非 SDN 涉伊朗制裁法案名单（Non-SDN Iran sanctions act list）、外国金融机构第 561 条款名单（the list of foreign financial institutions subject to part 561 list）。

美国发动金融制裁的威力在于，一方面它拥有明确的直接性、针对性；另一方面，它具有明显的单边强制性，使得制裁对象无法规避，因而在经济、政治和社会等领域的损失巨大。2001 年"9·11"事件爆发后，反恐战略催生了美国对金融制裁的强烈需求，美国金融制裁的运用也日益频繁，更在此过程中形成了一个完整、高效的运作机制，包括法律依据、决策机构、管理机构和执行机构等，见表 18-6。美国单边金融制裁之所以具有直接的强制性，主要是凭借美元在全球商品、资本交易中所占据的核心地位，具体是通过以 SWIFT 与 CHIPS 为主的美元跨境资金清算系统与跨境金融基础设施来实施的。美国通过切断制裁对象跨境清算通道这种最严厉的制裁手段，将金融制裁的威力辐射至全球范围。首先，由于全球绝大多数银行、金融机构、企业都采用 SWIFT 提供的各类跨境业务所需的金融报文信息标准，被拒绝进入 SWIFT 不仅将错失全球市场的便利条件，而且也无法享受相关的金融信息安全以及终端、软件等领域的技术服务。其次，由于美元是主要国际货币，各国银行纷纷在纽约设立分行进而加入 CHIPS 系统，CHIPS 长期以来一直承担 95% 的美元跨境支付清算，一旦被拒绝进入该系统，几乎等于被隔绝于全球金融市场之外，任何国际交易都寸步难行。

可见，SWIFT 和 CHIPS 作为以美元主导的国际清算体系的两个重要的组成部分，任何在全球广泛开展业务往来的个人、企业组织和国家等都无法避开，而且美国还可以利用 SWIFT 和 CHIPS 组成的金融交易网络，通过相关的金融数据来精确识别金融制裁目标，制定制裁手段，并通过对这一网络运行的动态监管来保证制裁效果，形成强有力的威慑。

美国通过美元交易行使域外管辖，使得诸多国际主要金融机构遭受巨额罚款，对国际金融秩序造成巨大挑战。2012 年，渣打银行（Standard Chartered）因触犯美国针对伊朗、缅甸、利比亚、苏丹的经济制裁法案被处以 3.27 亿元的罚款；2014 年 8 月，巴黎银行因违反美国针对苏丹、伊朗等国家的经济制裁被处以近 90 亿美元的罚款；同年 11 月，日本三菱东京 UFJ 银行因触犯美国针对伊朗的单边制裁法案，被处以 3.15 亿美元的罚款……美国通过美元交易行使域外管辖，被认为是典型的司法霸权主义。

18.2.3 我国规避金融风险的策略

一是尽量规避美元结算，采用人民币结算；二是建立人民币的国际结算体系；三是建立与国际接轨的中国资本市场，成立掌握国际话语权的中国信用评级机构；四是推动人民币国际化。

学习辅导 18.2 国际商务运营中的金融风险

18.3 法律风险

18.3.1 我国企业海外投资法律风险分析

海外投资法律风险主要是指因违反东道国法律法规而受到法律惩罚或法律制裁的风险，其依据主要来自投资者行为、东道国法律制度以及母国法律制度，法律风险主要集中产生于海外投资过程中的市场准入、资产运营和资产退出三个阶段。

1. 外资市场准入阶段的法律风险

外资准入，是指东道国有权规定在满足何种条件下外资企业方可进入本国市场开展投资贸易活动，具体包括准入权和设业权，前者是指外资企业进入东道国市场的权利，后者是指外资企业在东道国设立商业存在的权利。在"一带一路"沿线，我国企业的海外投资主要集中在基础设施建设、资源开采、能源开发等行业，东道国通常会在外资市场准入的权利范围、职责履行等方面进行严格限定。

（1）对外资企业产权的限制性规定。主要是针对外资企业股权进行一定限制，尤其是对一些工程量大、涉及利益广、运作周期长的合作项目。

（2）对投资准入范围的限制性规定。对于我国企业投资的基础设施、矿产能源等领域，东道国政府一般会以"肯定清单"或"负面清单"的方式限定外资市场准入范围。

（3）投资履行中的限制性规定。在我国企业海外投资履行中，东道国政府通常会对货物当地含量、外汇限制、贸易平衡、进出口用汇、国内销售数量等方面进行特殊规定，这对我国企业准确掌握关于项目建设的履行规则及行业标准提出了更高要求。

（4）市场准入的例外限制性措施。这主要包括国家安全审查与特许审查法律风险。

2. 资产运营阶段的法律风险

资产运营阶段可能遇到的法律风险涉及环境保护、税收、知识产权、劳工等多方面，要求我国企业时刻关注并真正了解东道国法规政策的主要内容、调整实施及改革创新。

（1）环境保护法律风险。在"一带一路"建设中，我国企业的海外投资主要集中于基础设施建设和矿产能源开发等高风险、易污染行业，相关投资活动极易产生明显的生态环境问题，并引发当地社会公众与政府的关注。

（2）税收法律风险。第一，税收政策差异性风险。第二，税收优惠政策风险。第三，重复（双重）征税风险。

（3）知识产权保护法律风险。知识产权保护法律风险主要体现在违反东道国所参与的知识产权保护国际公约、国际条约以及其国内知识产权保护法律法规，具体包括知识产权的保护范围、保护权限、审查程序、审查标准等内容。除此之外，我国企业知识产权被侵犯的事例也常有发生。

（4）劳工保护法律风险。劳工保护法律风险主要来自违反国际劳工组织（ILO）所确立的国际劳工保护标准、东道国劳动保护法律法规以及我国国内劳工保护的法律法规，如《劳动合同法》《境外劳务合作管理条例》等。

3. 资产退出阶段的法律风险

资产退出阶段的法律风险包括两种情况：一是我国企业因经营不善或项目完工而直接退出东道国市场，二是受东道国政府政策影响而被迫撤资退出。现实中，我国企业海外资产退出的法律风险主要是指项目所有权的国有化风险，即东道国依据本国法律将本属于我国企业的资产强制性转化为东道国政府所有的行为。

总体而言，我国企业在海外开展投资贸易，涉及众多国家和地区，相关的政治制度、法律体系与我国不尽相同，甚至属于不同法系，容易因为法律信息的不对称而产生各种法律风险。一些国家和地区立法滞后，在法律执行上歧视外资企业，甚至对我国海外投资企业进行或明或暗的特别管制，中国企业在面对东道国的环境保护、知识产权保护、劳工保护等要求时，往往会因为对其规则的不熟悉而遭遇诸多现实困难。

18.3.2 法律风险防范机制

1. 做好市场准入前法律风险尽职调查

（1）对东道国法治环境以及投资项目所适用的法律法规（准据法）进行尽职调查，并以尽职调查结果为依据作出投资与否的决策。

（2）对投资对象即并购项目中的目标公司和关联公司进行详细尽职调查，明确项目公司从东道国政府获取项目开发权的具体信息，以此作为确立并购价格和预判经营成本的基本前提，有效避免并购活动中的潜在法律风险。

2. 防范资产运营阶段的法律风险

（1）重视投资所在地环境保护。一是制定基于投资行为的环境影响评估报告，防止因违反东道国法律规定而可能引发的环境保护法律风险；二是要形成环境保护企业文化，增强企业环保意识；三是要勇于承担社会责任，积极参与东道国环境保护公益活动，树立良好的社会形象；四是加强与东道国政府的环境保护项目合作。

（2）减少和避免跨境投资多重征税。要通过协议形式建立双边或多边长效税收合作机制，适时增设税收饶让条款和权益保障条款。

（3）加强跨域知识产权保护。首先，应熟知东道国知识产权保护法律制度；其次，要掌握与海外投资相关的知识产权保护国际公约及国际条约；最后，在投资项目议定书之外附有更详细的知识产权保护协议，具体规定因项目建设运营而引发知识产权侵权纠纷的争议解决方式、认定标准、赔偿方案等内容。

（4）加大海外劳工权益保护力度。我国企业在海外投资运营中需要主动承担更多社会责任，将海外劳工权益保护上升为企业社会责任和企业文化，从经营理念和实际行动层次上进一步提升对劳工权益的保护程度。

3. 明确协议中资产退出条款的相关内容

应在项目协议中明确与市场退出相关的条款内容，通过双边或多边协议的形式建立公平公正的海外投资市场退出机制。

学习辅导 18.3　国际商务运营中的法律风险

18.4　宗教文化风险

随着中国在"一带一路"沿线国家投资的不断深入，中国海外投资受到宗教因素的影响不断扩大。

18.4.1　宗教文化对中国海外经营的影响

1. 宗教文化对中国企业承包海外建设工程项目的影响

近年来，随着我国"一带一路"建设的深入发展，我国在海外承包许多大型的基建工程，如铁路、公路、发电厂等。这些项目有利于东道国的经济发展，也给我国带来较好的经济效益。然而我国的承包商对东道国的宗教文化缺乏深入的调查研究，在项目施工规划、管理等方面仍然采用国内的做法，导致项目出现重大延误，企业经营效益严重受损。例如，施工计划工期按照国内的工期，没有考虑当地的宗教节假日，导致工期拖延。又如，用工方面未考虑宗教禁忌，有些国家、有些项目禁止使用非本宗教的员工，这又会导致中国员工无法进入施工现场，用工紧缺，尤其是技术员工严重不足。以上原因影响合同的正常履行，甚至导致项目违约、公司经营亏损。

2. 宗教被利用为政治工具对中国企业海外经营的影响

当前，西方对"一带一路"建设持消极的态度，经常给予负面的评价，甚至提出一些方案进行抵制。其中，西方惯用的手法是操纵一些"非政府组织"，以宗教的名义进行负面宣传，离间中国与东道国的关系，唱衰项目的经济、社会效益，引起当地群众对项目的不满，阻止项目的正常进行。

3. 宗教极端主义对中国海外经营的影响

宗教极端主义是世界不稳定的因素。他们把正常的经济活动、文化交流视为对本宗教的冒犯，不分青红皂白地向外国企业发动恐怖袭击。中国企业在海外承包基建工程周期长、投资大、施工范围广，然而，有些国家宗教极端主义盛行，安全形势堪忧，尽管有东道国的军警保护，但是也会有安全的漏洞。这给中国企业的员工生命安全以及公司财产造成巨大的威胁，影响企业正常的生产经营。

18.4.2 中国海外投资中宗教极端主义风险因素防范对策

（1）中国海外投资应尊重当地宗教文化习俗，借助宗教和部落领袖来争取融入当地社会，并通过国际化合作来分散投资风险。

（2）宗教极端主义全球泛起，中国海外投资应该注意防范宗教极端主义所导致的安全风险。

（3）中国海外投资的顺利展开，除了需要中国企业加强企业责任感，增强形象与品牌战略以外，还应重视企业公共外交来为中国企业保驾护航。

18.5 其他风险——新冠肺炎疫情给全球经济带来的冲击

自 2020 年 1 月至今，新冠肺炎疫情已在全球蔓延，给全球经济增长带来的不确定性也在不断增长。新冠肺炎疫情正在从供给和需求两方面对全球经济造成冲击，全球经济受到的负面影响也越来越具体化。

18.5.1 新冠肺炎疫情对全球经济的影响

新冠肺炎疫情对经济全球化的冲击主要体现在价值链、贸易投资需求和就业三个方面。

1. 全球价值链受到挑战

新冠肺炎疫情暴露出全球价值链的脆弱性，许多国家开始意识到中间产品过分依赖外国的弊端，产业链的脱节或中断使得一些发达国家重新思考生产布局。

2. 全球贸易和投资需求萎缩

世界主要经济体中，欧美发达国家疫情严重，进口需求骤减，退单潮大规模出现，旅游和航空运输等实体经济遭到冲击，触发了贸易和投资保护主义盛行，尤其是美国借疫情挑起与诸多国家的贸易摩擦和政治冲突，打击了全球投资的信心，诸多发达经济体对外国直接投资的审查和无理由的监管制度都阻碍了贸易和投资的稳定进行。

3. 全球就业受到影响

有数据显示，2020 年美国失业率由 3.5% 蹿升到 14.7%，欧洲和日本的失业率与美国类似（张宇燕，2021）。全球就业不乐观的主要原因在于新冠肺炎疫情的迅猛扩散，对全球消费市场产生巨大冲击，增强了世界经济格局的波动和不确定性，加之近些年美国主导的一系列国际贸易摩擦，进一步压迫并对就业市场造成负面溢出效应。

18.5.2 全球经济的未来走向

2020—2022 年全球主要经济体经济增速预测如图 18-1 所示。

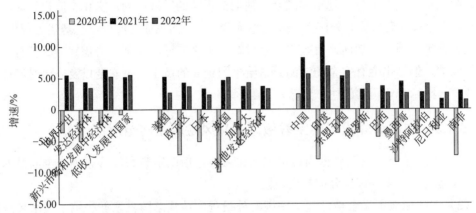

图 18-1 2020-2022 年全球主要经济体经济增速预测

资料来源：世界货币基金组织. 全球经济展望［OL］. 2021.

1. 全球价值链将会重构

新冠肺炎疫情影响了全球价值链的正常运行并阻碍了全球生产要素的流动，使得世界各国的生产遭到冲击，未来跨国公司在构建价值链布局时，将会重点审视全球价值链的安全性，不再将成本作为生产要素布局的唯一考量因素。

2. 贸易体系将继续走向碎片化和区域化

此次疫情危机中，更多国家口罩等医疗物资的紧缺让它们意识到目前产业布局的风险性，预计未来更多国家可能将关键物资领域的产业链撤回本国或与本国更邻近的地区，供应体系将走向区域化和本土化，区域合作会再次加强。

学习辅导 18.4　国际商务运营中的宗教文化风险及新冠疫情对全球经济的影响

3. 数字经济的发展促进世界经济增长

数字经济具有稳定器作用和"蒲公英效应"，可促进生产率的发展，它能够为中小企业的发展创造优越条件，使中小企业在扩大自身规模的同时也能释放出更多的工作岗位，缓解疫情导致的就业压力。

【本章小结】···

国际经营比国内经营遭遇更多的风险与挑战。本章重点讨论国际经营中存在的政治风险、金融风险、法律风险、文化宗教风险、其他重大风险等。当前国际贸易保护主义残渣泛起，经济霸权干预其他国家正常的经贸活动，贸易摩擦也时有发生，因此国际企业要有风险意识，采取积极和恰当的防御措施，保护自身正当的经济利益，规避风险，把握机会，争取最好的经济效益。

【思考题】

1. 什么是政治风险，有哪些类别，有什么防范策略？

2. 什么是金融风险，如何防范？

3. 什么是法律风险，如何防范？

【即测即练】

【英文阅读】

第19章 国际企业的伦理与社会责任

【学习目标】

1. 掌握国际伦理的概念；
2. 了解国际企业伦理对企业经营管理的重要性；
3. 研究提高国际经营伦理的策略。

思政案例

企业家当勇担社会责任（新论）

习近平总书记在企业家座谈会上指出："企业既有经济责任、法律责任，也有社会责任、道德责任。"企业质量和生命力是一个经济体竞争力的微观基础，企业家才能及企业家精神是影响企业成长的重要因素。勇于承担社会责任，是企业家精神的重要内容。

改革开放以来，我国逐步建立和不断完善社会主义市场经济体制，市场体系不断发展，各类市场主体蓬勃生长。其间，一大批有胆识、勇创新的企业家茁壮成长，形成了具有时代特征、民族特色、世界水准的企业家队伍。企业家精神在创新驱动、机遇识别、风险承担、决策协调等方面起到了举足轻重的作用，有利于企业稳步增长，助推经济高质量发展。

对大多数企业而言，社会责任早已不是陌生概念，那些抱负远大、追求卓越的企业也在用实际行动积极践行自己的社会责任。近年来，越来越多企业家在创造就业机会、促进地方经济发展的同时，积极投身公益事业。疫情防控期间，广大企业家积极作为、主动担当，在物资捐赠、防疫物资供应、复工复产、稳定就业等方面作出了贡献，充分体现了责任感和使命感。应该看到，企业家们在经济发展、环境保护、诚信经营、社区服务、创造就业、员工成长、公益慈善等方面勇担公共责任，有力推动了我国经济社会健康可持续发展。

任何企业都存在于社会之中，都是社会的企业。因此，企业承担社会责任，是企业家精神的应有之义。与此同时，承担社会责任，也是企业孕育机会、推动创新和创造竞争优势的重要来源。世界银行和国家统计局曾对工业企业进行过一次调查，样本包括12个城市的1268家企业。我们对调查数据进行深入研究后发现，企业承担社会责任能够显著增加企业社会资本，有助于推动企业可持续发展。可以说，只有切实履行社会责任的企业和企业家，才符合时代要求，也才能真正得到社会认可。

由此不难理解，一个热心慈善公益的企业，更有可能树立良好的公众形象；一个对消费者负责的企业，更有可能赢得顾客与市场；一个诚实守信、保护环境的企业，更容易得到政府、投资方及消费者的支持。对企业家而言，企业承担社会责任意味着收获更好的经营环境和更多的资源支持，这是长远"投资"。

当前，在保护主义上升、世界经济低迷、全球市场萎缩的外部环境下，有必要营造有利于企业家施展才能的环境，进一步激活和发挥企业家精神，推动我国经济可持续发展。要充分发挥政府倡导、政策支持和行业协会的作用，积极引导并增强企业家承担社会责任的意识。企业家自身也要充分认识承担社会责任对建立友善外部环境、树立良好品牌声誉、赢得消费者信心的重要性。集中力量办好自己的事，坚定弘扬企业家精神，广大企业家就能在奋发有为、共克时艰中推动企业实现更大发展，为中国经济航船行稳致远作出新的更大的贡献。

资料来源：徐尚昆．企业家当勇担社会责任（新论）[EB/OL].(2020-08-06). http://gs.people.com.cn/n2/2020/0806/c183343-34209193.html.

企业是社会的一员，应该讲究伦理，关爱消费者，造福社会。就如思政案例所言，企业如果没有道德良心，就有可能伤害消费者，失信于天下，最终自毁前程。国际企业在海外经营，更应注重企业伦理，塑造良好形象，与东道国做到互利共赢，才能持久经营，谋求长远发展。

19.1　国际企业伦理的概念

伦理（ethics）是关于善恶、是非的观念、情感和行为习惯，包括道德意识、道德关系和道德实践活动。当代国际关系中，伦理与法理、政治一样，是制约民族国家对外行为的动因之一，对保障国际安全、维护全球稳定、促进人类发展起着不可忽视的所谓"高级政治"（high politics）的作用。

特定的伦理问题可以分为三个层次：①特定的伦理判断，它表达的是特定行动的"好""坏""善""恶"之分；②适用于某一类特定情况下或某一类行为的伦理规则，它是对于在某类特定情况下应该或不应该做什么的陈述；③普遍的伦理规则，它是根本性的观念、理由和信条。对于一个具体的伦理问题，首先要诉诸相应的伦理规则，而伦理规则来源于根本性的伦理原则。

如果用经济伦理学来解释，国际企业的伦理冲突也很有研究的必要。经济伦理学首先研究的是道德和利益在何种条件下可以达到一致。在承认经济活动需要道德评判之后，经常面临的一个困境是"以谁的价值观为最终的评判准则"。经济活动必定是与社会伦理意识交织在一起的，当公司穿过文化边境时，也是调节和处理经济活动的伦理活动跨国界展开之时，而文化差异通常会导致价值和规范的冲突，这种差异，一方面固然有助于人们开阔眼界；另一方面也容易引起误解，造成公司与其利益相关者沟通隔阂，影响公司的效率。

国际企业伦理是跨越国界从事经营活动的企业所面临的特殊伦理问题。国际企业的伦理冲突是指国际企业在东道国的经营活动中因母国、母公司与东道国之间伦理差异而导致的误解、摩擦和僵局。国际企业的伦理冲突由多种原因引起，既有不相协调的文化规范之间的冲突，也有母国和东道国相对的利益与价值冲突。而这几者之间又是交织在一起的。国际企业的伦理冲突可分为主动的反伦理行为和被动的伦理困境。主动的反伦理行为，是指国际企业在演进的同时自身也会带来许多伦理道德问题，并且违反了国际规范以及公司和行业规范，如不正当竞争、垄断市场（价格）、利用转移定价规避税收等。所谓被动的伦理困境，是指国际企业由于跨文化价值观冲突所引致的伦理困境，比如贿赂和金钱腐败、产品道德、各种歧视问题，还包括由于体制、法规不一致所导致的国际企业"钻漏洞"现象，如工资标准、安全标准、环保标准等方面。

当然，研究者也指出，对国际企业来说，在企业伦理方面遵循相同原则的可能性也正在增大，称之为"伦理趋同"。随着不同文化背景的人们之间交往的增强，对各式各样伦理传统接触的增多，会促使人们去适应、仿效和采纳新的行为和态度，同时国际企业通过其企业文化，向来自不同文化背景的雇员提供一套一致的、用于解决企业伦理问题的价值观和行为准则。此外，制定国际规范方面所取得的各类成果也令人鼓舞。最终我们需要的是一个能指导国际企业生存和运作的具有普遍意义的伦理。这方面一些学者已经进行了相关研究，如理查德·狄乔治提出了美国国际企业在发展中国家运作的七条具体准则。如果说现实世界里存在着国际经济伦理规范的话，它也只是最低伦理共识，没有也不可能成为各国经济伦理的所有规范准则。更多的问题发生在规范与规范之间的"道德自由空间"层面。广泛的实践经验证明，寻求两个规范之间的妥协似乎要比确定几条优先原则更有利于解决伦理冲突。我们研究的重点是，国际企业如何具体应对伦理冲突，在实践层面上，创建一种操作机制和运作法制，以便使国际企业可以借鉴和检验他们的行为。

企业的社会责任不仅仅包括慈善捐赠与环境保护等方面，而是将带动经济发展和技术进步、提升产品质量和社区文化生活等方方面面的内容融合在一起，并且在实践中不断地丰富和完善其内涵。根据前人的研究结果将国际企业伦理分为员工责任及基本人权、环境责任、反对腐败的责任和社会责任四个方面。

19.2 国际企业的伦理实例分析

19.2.1 员工责任及基本人权

国际企业在海外聘用员工，经常遇到的问题是到底采用母国的工资标准、工时标准、劳动保护标准还是采用东道国的标准，或者是采用两者之间的标准。当然，采用母国标准，通常意味更高的工资、更严格的劳动保护、更少的工时，而用东道国的标准可以降低劳动成本。这就需要从保障员工的基本权利，如生存权、教育权、医疗卫生权、职业发展权等方面加以考虑。还要尊重员工的结社权、言论权、人身自由等权利。

近来西方国家利用员工人权问题制裁中国。2021 年 3 月 24 日，瑞典服装品牌 H&M 发表在官网上的一份声明在微博上广泛传播。该声明称，H&M 集团对新疆维吾尔自治区少数民族中存在"强迫劳动"和"宗教歧视"的行为进行抵制。H&M、耐克等品牌抵制新疆棉花惹众怒。要知道，新疆采棉早已实现器械自动化，而且世界顶尖品质的新疆棉花中国自己还不够用！中国储备粮管理集团数据显示，中国是世界最大棉花消费国、第二大棉花生产国，2020—2021 年度棉花产量约 595 万吨，总需求约 780 万吨，年度缺口约 185 万吨。新疆农业部门发布的 2020 年数据显示，新疆棉花机械采摘率已达 69.83%，其中北疆 95% 的棉花是通过机械采摘的。所谓新疆的棉花 70% 为人工采摘的说法严重与事实不符。中国又不是美国，1968 年的得州还真存在棉花农奴，21 世纪初还有一些州没有立法废除奴隶制。据了解，在将近 50 天的采棉季中，采棉工平均每人都能挣到上万元。在这么短的时间内，能挣到这么多钱，人们何乐而不为呢？这些年汉族采棉工数量下降，这主要是随着内地农村劳动力收入不断提高，前往新疆采棉人数不断减少，与"政府强迫本地劳动力"毫无联系。所以，H&M 等品牌以新疆存在"强迫劳动"为由抵制新疆棉花，非常荒谬。

当然保障劳动者的基本权益，为他们提供良好的生产、生活条件，是每个国际企业必须遵循的基本伦理。

19.2.2　环境责任

环境是一项重要的公共产品。我们只有一个地球，地球是我们共同的家园，我们要共同保护这个人类的生存之地。当今，人类社会面临十分严峻的环境压力，过度的碳排放导致温室效应，厄尔尼诺现象频发，干旱、洪涝给人类带来灾难；工业污水让江河湖海变成臭水沟；砍伐森林，过度开发，让绿地成沙漠；空气不能呼吸，水源不能饮用，土地不能生长，物种消失，人类就会自我毁灭。因此，保护环境迫在眉睫。但是，总有一些企业为了降低成本、追求利润、躲避监管，偷偷排放工业废气、废水，损人其实也不利己，这是十分不道德的行为。

例如，2015 年 9 月 18 日来自美国国家环境保护局（EPA）的一则指控令以诚信、质量为荣的大众汽车蒙羞。该监管部门表示，德国大众汽车通过一款软件干扰柴油车排放测试结果，涉及 2009—2015 年间在美售出的 48.2 万辆柴油车，可能将面临最高 180 亿美元的罚款，同时需召回近 50 万辆汽车。根据美环保署的指控，大众在美国销售的这 48.2 万辆汽车中装了一款"作弊软件"，一旦检测到车辆正在接受排放测试，软件会自动运行排放控制系统，以"高环保标准"过关。汽车处在驾驶过程时，该软件将关闭排放控制系统。在排放测试上作弊也就意味着实际排放超标。作为全球排放标准最严苛的国家，美国环保署明确表示，在车里运用作弊软件以达到排放标准是"非法行为，并将对公众健康造成威胁"。此消息一出，舆论一片哗然。德国报纸 *Bundesdeutsche Zeitung* "愤怒"地写道："德国制造"受到了玷污。另一家德国媒体 *Handelsblatt* 则表示：这对整个德国工业是个"灾难"。

19.2.3　反对腐败的责任

腐败是公平竞争的大敌。行贿受贿，必然增加企业运行的成本，破坏政府的公信力，妨碍公平竞争的良好秩序。如果企业通过行贿可以争取到项目，获得可观的经济收益，那么他就没有动力进行创新，降低成本，提高产品质量，提升服务水平。政府官员如果受贿，那么他就不可能做到公平、公正，严格执法，维护市场秩序。总之，腐败在全世界都是禁止的。

典型案例是，2014 年 5 月 14 日新华网报道的葛兰素史克（中国）投资有限公司（以下简称 GSKCI）的商业贿赂案。据侦查机关介绍，GSKCI 在中国销售的药品大多冠以海外原研药名义，在药品进口前通过转移定价的方式，增高药品报关价格，在将巨额利润预提在境外的基础上，设定高额销售成本用于支撑贿赂资金。GSKCI 药品的价格远高于在其他国家的价格，最高的达到其他国家的 7 倍。通过贿赂销售，GSKCI 的主营业务收入实现了逐年攀升，从 2009 年的 39 亿余元，增长至 2012 年的 69 亿余元。为了刺激增加销售额，GSKCI 采取多种方式鼓动销售员工"轻合规，重销售"，不但向员工提供高额销售费用，还制定了奖惩制度，完成销售指标获得高额奖金，完不成者则面临着被解雇或无法升迁的命运。在处方药和疫苗销售过程中，GSKCI 下属各药品生产企业、与经营相关的各部门全面参与，建立自营药品销售、外包药品销售、"冷链"（疫苗）销售、大客户团队销售、危机公关五条"贿赂链"，形成了医药代表贿赂医生、地区经理贿赂大客户、大区经理贿赂 VIP 客户、市场部贿赂专家、大客户部贿赂机构的贿赂网，贿赂销售行为涉及全国各地。其中，外包药品销售贿赂链中，GSKCI 为规避贿赂销售法律风险，以支付推广服务费形式将药品外包给江苏泰陵医药等 7 家公司代销，并全盘复制其贿赂销售模式；疫苗销售贿赂链中，为在销售终端打压竞争对手，实施"冷链"计划，出资 1 300 余万元采购小汽车、电视机、电动车、摄影摄像器材等非医疗设备，根据疫苗销量，向疾控中心和疫苗接种点客户行贿。为抢占市场份额，GSKCI 还通过贿赂设置排他性障碍，提高药品市场销量。2010 年以来，因肝炎药"贺普丁"专利药资格到期、大量国内仿制药即将大量上市，GSKCI 先后实施所谓的"长城计划""龙腾计划"，行贿数千万元，并明确要求不得采用国产同类药品。实施"长城计划"后，不少医院不再采购贺普丁国内同类药品。在此期间，GSKCI 处方药事业部总经理马克锐等犯罪嫌疑人组织其财务部门，采取在 GSKCI 内部虚假交易的手段，将在中国境内的绝大部分违法所得作为采购成本转移到境外预设的公司结算。其巨额贿赂成本及违法所得，实际上都通过虚高的药价转嫁给中国的病患人员和国家财政承担。

19.2.4　社会责任

国际企业的社会责任是指企业在做商务决定时，不仅要考虑经济效益，还要考虑到社会效益，要涵盖包括股东、政府、客户、供应商、员工、社区居民等与其相关的所有相关者的利益。但是，现在有些企业，甚至是国际知名企业，利欲熏心，只顾赚钱，不顾社会效益，他们以假乱真，以次充好，甚至损坏顾客健康谋取企业利益，这确实是十分不道德的行为。

例如，2014 年 7 月 20 日，上海电视台曝光了麦当劳、肯德基、必胜客等国际知名快餐连锁店的肉类供应商——上海福禧食品有限公司使用过期变质肉类加工为快餐原材料事件。该公司无视鸡肉等产品的保质期，将大量过期的鸡肉、鸡皮等原料重新返工，经过绞碎、裹粉和油炸等工艺，制成麦乐鸡等产品重新出售。同时，该企业还将霉变、发绿、过期 7 个多月的牛肉再切片使用。事件中有 5 名涉案人员已被警方刑拘，22 家餐饮企业被约谈。各省区市纷纷对相关餐饮企业进行排查。这起事件严重危害了公众健康，也摧毁了洋快餐的声誉。

从上述案例我们可以看出，对国际企业而言，伦理的重要性越来越明显。经济全球化带来的国际商业伦理规则的压力日益增大。每日新闻、最佳公司排名、购买意向、投资倾向等都显示出使用道德标准评价和选择公司的趋势与迹象。在英国，"道德投资"（或被称为"有社会责任心的投资"）方面的基金达 50 多亿美元。在中国，自 2001 年起开始的"中国最受尊敬的企业"评选中，社会责任已经成为一条重要的评价指标。在国际上，SA8000 社会责任标准、道·琼斯可持续发展指数（DJSI）、金融时报证券道德指数（FTSB4GOOD）、透明国际组织腐败认知指数（CPI）、道德贸易行动（ETI）准则等已出现和推行。种种"公司道德指数"使道德规范由软变硬，公司内外部道德审计业务被提上议事日程。而且，随着维护经济社会的可持续发展成为各界的共识，整个社会价值观的清洗和重建势在必行，商业道德将无处不在。企业在国际经营中正面临着比国内经营更严峻的伦理挑战。国际企业在穿越国界的同时，也面临着不同地域、不同文化以及不同利益所产生的不同伦理规则之间的碰撞和冲突。人们因价值观念和行为方式不同会产生文化误解和伦理摩擦，这往往是一些企业国际经营失败的重要原因。国际管理专家戴维·A. 利克斯的话更发人深省："大凡国际企业大的失败，几乎都是仅仅因为忽略了文化差异——基本的或微妙的理解所招致的结果。"

企业伦理是其他企业难以模仿的核心竞争力，能够提升企业的公众形象。伦理水平高的企业，其产品的信誉度高，质量好，服务顾客诚实可信，这给企业带来品牌效应，增加顾客的惠顾，使企业实现道德和经济的双赢，因此企业的伦理道德逐渐成为企业生产实践管理运作和投资的资本。相反，伦理不好的企业，品牌形象受损，经营受挫，企业可能亏损甚至破产。

企业伦理还会带来整个人力资源管理能力的提升。有较高伦理道德水平的企业，员工的满意度高，社会责任感强，更可能公平对待员工，激励员工，提高产品质量，提高服务质量，加强团队合作，完成组织目标，提高组织效益。

19.3 国际企业伦理的形成与影响因素

19.3.1 员工个人的伦理道德水平

员工要诚实守信、忠于职守、勤奋工作，这是公认的价值观。企业不可能时时事事对员工进行监控，给予员工明确的指示，许多情况，员工必须自行作出有道德的决定，尤其是国际企业，员工远离公司，独自执行工作任务时，更加需要道德觉悟。企业要有好的伦理，就必须录用、奖励、提拔有道德的员工，把有道德放在选人、用人的优先位置。

19.3.2 企业文化

企业文化就是企业的价值观和行为准则。企业提倡什么、反对什么，在潜移默化中影响员工的工作。如果企业单纯追求经济利益，不顾社会利益，那么，员工就有可能做出不伦理的行为。

现在有一些单纯追求经济利益的观点，如费里德曼主义（Friedman doctrine）认为，企业的责任就是追求经济利益，只要不违反法律就行。还有文化的相对主义（cultural relativism）的观点认为，入乡随俗，别人能做，我也能做；或者发现其他国家的国际企业不遵守道德标准，就觉得自己也可以不遵守。这些观点都是片面的、错误的。还有一些理想主义的做法，把母国的伦理标准照搬照抄到东道国，也是不正确的。企业应当有正确的伦理观，坚持正确的伦理导向，不见利忘义，不随波逐流。

19.3.3 领导人的伦理观

领导人，尤其是创始人的伦理观对企业文化的形成有重大的影响。在企业创立时创始人艰苦奋斗，在企业发展时领导人锐意进取，他们对企业发展作出重大贡献，他们的行为与思想观念是企业的榜样，对整个企业的价值观和行为准则起重大的影响。

19.3.4 企业的经营目标

这也是影响企业伦理行为的重要因素。如果企业的经营目标合理、切实可行，员工就会遵守伦理规则，努力完成工作任务。相反，如果经营目标夸大，不符合现实情况，员工就有可能采用违反伦理的方法去实施，如行贿、欺骗等非法手段，葛兰素公司的案例就是很好的说明。

19.3.5 决策过程

决策过程应科学、合理，考虑公司、股东、员工、消费者各方面利益，听取各方面的意见，照顾各方面的关切。否则，也容易出现不伦理的行为。

综上所述，国际企业伦理的影响因素如图 19-1 所示。

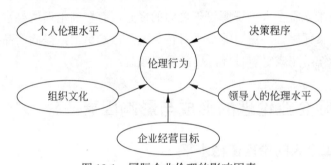

图 19-1 国际企业伦理的影响因素

19.4 提高国际经营伦理的策略

在全球化日益深入的今天，国际企业伦理越来越重要。以美国为例，根据相关介绍，截至 20 世纪 80 年代末，《财富》杂志 500 强中的大部分企业都创立了适合本企业的伦理、道德准则，开辟了道德投诉热线，为员工创造了发表有关看法的途径，并在董事会层次上建立了道德指导委员会，或者是构建了针对本企业员工的道德培训机制。到 20 世纪 90 年代，政府、媒体开始介入企业伦理建设运动中来。议会也不甘寂寞，也通过相关的途径直接、间接地推动企业伦理建设。1991 年，美国参议院颁布的《联邦审判指导准则》，不仅为公司判断自身行为是否触犯法律提供了依据，同时也在客观上促进了企业伦理建设。该准则中的相关条款给予公司在触犯法律时得以豁免处罚的机会，其前提是：该公司有充分证据表明自身确实为开发出防止和察觉违法行为产生的有效机制采取了必要的措施。这些措施包括建立员工必须遵循的行为标准与模式，设立专门的高层机构对整个机制进行监督管理，采取有效步骤推广其道德标准，并对员工的接受、服从情况进行监控，通过有效激励机制实施这一标准，以及当某种违反标准的行为产生时，对该机制进行及时和必要的修正。尽管该法律准则本意只是强调企业行为与法律内容的一致性，事实上却成为促使各公司超越法律条文的规定而寻求建立企业内部的道德氛围的一种动力，从而对企业员工任何触犯法律的动向起到防微杜渐的效果。这种行为的直接后果是公司的伦理主管的出现，他们的职责之一就是对公司的道德机制进行整体监控。另据介绍，在美国，司法部门也在以自己的方式推动着企业伦理、道德建设，许多法官都要求那些在履行公务合同过程中对政府进行欺骗或索要高价的公司必须建立有效的道德培训机制。

欧盟开展企业社会责任的基础是 2000 年 3 月欧洲理事会所通过的"里斯本战略"。"里斯本战略" 揭示了欧盟经济社会改革的战略目标，其任务是"以更多良好的就业和坚强的社会团结，构建能够实现可持续经济增长的、在世界上最具有竞争力及活力的经济体"。为了实现这一目标，考虑了下列具体措施：完善区域内市场、支援研究与开发、更加积极的就业政策、社会保障制度的改革等。

企业社会责任这一构想，被看作是实现"里斯本战略"目标的组成部分，并认为搞好企业社会责任将会给劳资双方带来"共赢"的关系。在统一共同体区域内市场时，不能只着眼于经济的观点，而应当对劳动条件、劳资关系、社会保障等"社会性侧面"予以重视。从这个意义上说，企业社会责任的定位是构建社会欧洲的战略性因素。

从国际范围来看，影响比较大的组织及其伦理规范包括：①美国社会责任国际（SAI）制定的 SA8000 标准。②联合国在 1999 年 1 月提出的全球契约，该计划的核心是要求企业在各自的影响范围内遵守、支持以及实施一套在人权、劳工标准、环境和反腐四个方面的 10 项基本原则。③经济合作与发展组织的《国际企业指南》，在 2000 年 6 月修订的指南中，全面涉及国际企业在经济、社会、劳资关系、环境、消费者利益以及反腐败等方面的内容。④国际劳工组织公约（LEO），其中涉及结社自由、集体谈判、强迫劳动、童工、就业歧视等劳动者基本权利的 8 项公约称为基本公约或核心公约，还有若干关于工作时间和休息时间、工资报酬、社会保障、职业安全与卫生的重要公约。⑤国际标准化组织（ISO）制定的社会责任国际标准 ISO 26000，ISO 26000 将企业社会责任归纳为七个核心方面：公司治理、人权、劳工、环境、公平运营实践、消费者问题以及对社会发展做贡献，如表 19-1 所示。

表 19-1　SA 8000 与中国法律的比较

SA8000	中 国 法 律	标 准 比 较
童工	《中华人民共和国劳动法》（以下简称《劳动法》）、《未成年工特殊保护规定》、《中华人民共和国禁止使用童工规定》	中国法律规定的年龄范围限定在 16 岁以下，比 SA 8000 规定的 15 岁更为严格
强迫性劳动	《劳动法》第 96 条	中国法律还存在意外，允许劳改人员的强迫性劳动
健康与安全	《劳动法》第 53 条、54 条；《中华人民共和国安全生产法》	二者标准相当
结社与谈判	《劳动法》第 7 条、33 条；工会法第 3 条	二者标准相当
歧视	《劳动法》第 12 条、《中华人民共和国妇女权益保障法》、《中华人民共和国残疾人保障法》	中国法律规定的内容比 SA 8000 狭窄，没有包括民族、性取向、社会等级、年龄、国籍、政治归属几方面

SA8000	中 国 法 律	标 准 比 较
惩戒性措施	《劳动法》第96条	二者标准相当
工作时间	《劳动法》第36条、第38～40条	对于一周正常工作时间，中国法律规定为44小时，比SA 8000规定的48小时更为严格；加班时间的规定差别不大
劳动报酬	《劳动法》第44条、第48条、第50、51条；《最低工资规定》《工资支付暂行规定》	中国法律规定更为细致，如对工资清单和工资发放时间的规定

注：本表中的内容根据《SA8000》和《劳动法》相关法规整理。

19.4.1 建立伦理规范（守则）

国际企业要在其核心精神和企业文化中体现清晰的公司伦理。国际企业通过对其全球伦理原则和价值标准的清晰表达，使其全球范围内的员工能够理解、接受并执行。国际企业要求员工通过文本和制度，从理念和情感上认同企业的核心价值观。公司章程、员工手册、年度报告以及各种合同是体现公司伦理的重要文本。此外，一份独立而又清晰的公司伦理规范也是必需的。一项调查表明，在500家成功企业中，93%已采纳公司伦理法规。在英国，43%的大公司已制定了一整套的企业道德法则，如果法则的定义扩展到包含价值观的企业使命声明，这个数字会超过50%；在美国，这两个数字分别为75%和90%。企业在制定伦理规范上一般存在两种做法，一种是详细列举出那些为企业所不容的行为方式，另一种则是正向强调企业所提倡的行为。这些书面的规范由于在雇员中间得到了很好的沟通，从而能促进合乎伦理的行为。前者是服从导向型，主要依靠监督、批评、惩戒来进行抑止以获得行为服从，后者是价值导向型，通过成员对组织目标和价值的认同来实现价值引导。

19.4.2 设立伦理机构与伦理主管

如同公司有法律、公共关系等部门一样，负责公司伦理事务也应有专门的机构和人员。同时，要处理好伦理机构与公司战略管理、文化建设、公共关系以及生产经营等各个部门的协调关系。美国制造业和服务业前1 000家企业中，有20%聘有伦理主管，有3/5的大企业设有专门的企业伦理机构来负责企业的伦理工作。伦理主管负责制订伦理培训计划和监控执行情况，评估公司或员工的行为，对指控进行调查，帮助员工疏通道德困境问题以及制定有关伦理行为的奖惩流程。为了履行上述职能，美国企业赋予伦理主管直接与最高管理者和其他干部直接接触的权利，具有较高的行政级别和地位。除了向公司的高层主管报告外，伦理官员还可以直接向董事会或公司治理委员会进行报告，以及与公司外部董事为首的经营顾问、专家学者、其他企业伦理主管等外部人士联络和交换意见。

19.4.3 建立伦理决策机制

所谓伦理决策机制，并非指对伦理问题作出决策，而是指决策机制中的道德评议机制，即在决策机制中引入道德量化程序，对可供选择的方案进行道德评价，使利润动机符合伦理的要求，帮助管理者作出正确的抉择。世界上许多知名企业都建立了以"道德过滤器"（ethical screen）为中心的决策流程，由专门委员会将拟订的行动方案与社会的道德规范和企业的道德原则进行对照，不符合道德要求的方案就被剔除。西方企业伦理研究中提出了很多伦理决策的模型，如布来查德和皮尔伦理模型、卡瓦纳道德决策树、拉克兹尼亚克的"九问式"模型等，对企业的伦理决策有一定的可操作性。

19.4.4 建立伦理评估和奖惩机制

要想在企业中建立一个道德化经营的氛围，公司应定期对员工伦理行为表现进行评价以及对其合作伙伴进行评估，并对所有员工的行为按照伦理管理的原则进行奖惩。符合道德标准的行为，就应该给予多种形式的奖励；不道德的行为就必须给予揭发和惩戒。在一个道德环境下，雇员必须准确地知道他在道德领域该干什么、不该干什么。这样才有利于形成共享观念。除了对企业员工以及合作伙伴进行伦理评估外，国际企业还必须做好对东道国伦理环境的评估。

19.4.5 建立伦理监督机制

通过制定企业伦理规范、设置伦理机构等措施，可以说已经为企业伦理制度建设提供了保障。但是，这些项目要发挥作用，还必须借助内部和外部的监督，建立有效的激励与约束机制。一般来说，伦理内部监察是由公司外部董事占半数以上的道德委员会来实施，每年 1～2 次，监察后提出整改措施；外部监察则主要由政府承担，同时，第三方机构 (如银行家、评估机构、会计师等) 也应当切实履行自己"看门人"的职责，对企业进行有效的监督管理，杜绝类似安然公司那样的丑闻。伦理监督可以通过一系列的伦理指标体系来控制。

学习辅导 19.1　国际企业伦理和社会责任

【本章小结】--------

伦理是关于善恶、美丑、是非之类的观念和意识。它不同于法律，却似风俗习惯那样，非强制，但潜移默化地影响企业的经营管理，还是企业难以复制的核心竞争力。本章介绍国际企业伦理的概念，分析了国际企业遵守伦理、承担社会责任的重要性，研究了提高国际经营伦理的策略。

【思考题】--------

1. 什么是伦理？伦理包括几个层次？
2. 什么是国际企业伦理？如何理解国际企业主动和被动的违反伦理行为？
3. 什么是"伦理趋同"？如何理解国际企业伦理是企业一种核心竞争力？
4. 国际企业伦理的影响因素有哪些？
5. 如何加强国际企业的伦理？

【即测即练】

【英文阅读】

第20章 国际企业生产的全球价值链管理

【学习目标】

1. 了解中国制造业发展的历程；
2. 掌握国际企业是如何利用全球价值链进行全球分工、全球生产的；
3. 研究中国企业利用全球价值链提高国际竞争力的策略。

从制造大国走向制造强国

制造业是国民经济的主体，是立国之本、兴国之器、强国之基。

2018年1月8日，在美国拉斯维加斯的国际消费电子展上，一辆名为拜腾的新能源汽车吸引了众多参展者的目光。这款车的独特之处在于车内的中控和仪表盘，被一块长达1.25米的50英寸全触摸屏幕取代。这是全球量产车型里最大的车载屏幕，它不但支持触摸控制、语音识别，而且功能丰富，可用于导航、播放音乐与视频、接听电话等。这块屏幕的设计制作商是中国企业京东方。

在京东方，平均每天有15件发明专利诞生，全球首发产品覆盖率达39%；各种炫酷的产品足以让每个看到它的人瞠目——全球尺寸最大的8k分辨率显示屏；比普通A4纸更薄的柔性显示屏；不同角度会显示不同画面的双视屏幕……京东方的成功，只是中国制造由大变强的万千缩影之一。

而驱动这一切变化急速发生的，是创新。

在过去的10年中，中国专利数增长了10倍，中国正从制造大国向全球创新研发引擎转变。2017年前11个月，中国先进制造业增长迅速。其中，高技术制造业主营业务收入同比增长13.4%，智能制造产业产值已达到1.5万亿元。中国的先进制造业不但打造出航天航空、数控机床、高铁、超算、新能源等多张"名片"，更逐步向数字化、网络化、智能化方向迈进。

建设工业互联网，实现智能制造，被认为将是第四次工业革命的核心，同时也是欧美强国制造业目前努力的方向。中国电子信息产业发展研究院工业经济研究所所长秦海林认为，2017年，中国先进制造业正加速应用互联网、大数据、人工智能等新技术，破解生产过程中的"信息孤岛"，实现"数据实时共享"，促进"物理世界+数字世界"加速融合。

2017年，三一重工集团联合腾讯云打造"根云"平台，为制造企业提供专业数据分析、应用开发等服务，成为中国首个国家战略级工业互联网平台。目前，该平台已经在全球接入超过23万台工程机械，累积工程机械数据1 000多亿条。与同行业相比，该平台的易损件备件呆滞库存降低了至少40%，下游经销商每年因此将节约库存超过3亿元。

2018年1月6日，美国电气电子工程师协会新标准委员大会通过了一项由中国海尔主导的大规模定制国际通用要求标准。该标准基于海尔研发的智能制造云平台，它实现了用户、供应链与设备直接互联互通，能够为用户提供个性化定制。

目前，一批先进制造业集群正在我国崛起。以电子信息、高端装备等为主的长江经济带，以人工智能、生物技术等为主的珠三角产业集群以及"中国硅谷"中关村科技园、"中国数谷"贵阳大数据产业集群、"中国光谷"武汉光电信息产业集群……因地制宜、特色突出、区域联动、错位竞争的制造业发展新格局正在形成。

资料来源：杨俊峰，原洋，李京泽. 从制造大国走向制造强国 [N/OL]. 人民日报（海外版），2018-02-13 . http://www.gov.cn/xinwen/2018-02/13/content_5266404.htm.

国际企业的优势在于利用全球资源进行生产布局，形成优质高效的全球价值链。中国从改革开放开始融入全球价值链（global value chain，GVC），制造业从最初的加工发展到现在的自主创新，正从制造业大国迈向制造业强国，就如上述案例所言。以下就重点研究国际企业如何依托全球价值链进行全球生产，中国企业如何提高在全球价值链中的地位和参与度，提高全球竞争力。

20.1　中国制造业创新发展 40 年基本回顾

中国改革开放 40 多年来，中国制造业以年均高达 14% 的增速，在开放与竞合中快速融入国际分工体系，"世界工厂"由此炼成。改革开放之初，中国制造仅有化工、机械等13 个大类行业，如今则覆盖了国际标准行业中制造业大类的 24 个行业组、71 个行业和137 个子行业，成为全球制造业体系最为完整的国家。

如图 20-1 所示，显示了从 1981 年到 2017 年我国国民生产总值、制造业增加值以及制造业增加值占国民生产总值比值变化的趋势图。回顾改革开放走过的 40 多年，中国经济的高速增长一直是以制造业的快速发展为基础的，制造业成为中国参与国际产业分工和国际竞争的支柱产业，也成为"中国奇迹"的一个重要例证。40 多年中国制造业的发展史，伴随着中国经济体制改革的逐步深入和社会主义市场经济地位的不断深化，在充分发挥劳动力资源丰富和市场需求潜力巨大等优势的背景下，政策、制度、组织、技术、市场多元协同，在技术引进、消化、吸收的基础上，加强二次创新，产业技术水平和创新能力快速提升，走出了一条具有中国特色的制造业发展之路。

1978 年到 1987 年是中国制造业起步、复苏的一个重要时期，中国工业化体系逐步由行政指令型计划经济向市场经济型转变，确立了引进技术的基本方针，推出了国家高技术研究发展计划（863 计划），民营经济从无到有逐步发展。从 1978 年到 1987 年间，GDP 从3 678.70 亿元增加到 12 174.60 亿元，制造业增加值则从 1 475.23 亿元增加到 4 154.70 亿元，年均增速 12%，制造业实现了飞跃式发展，为后 10 年制造业的快速发展打下了坚实的基础。

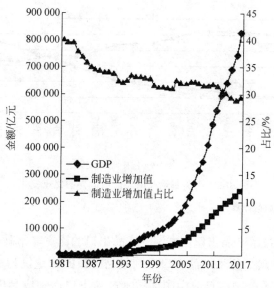

图 20-1　1981—2017 年中国制造业发展趋势

数据来源：GDP 数值来自国家统计局年度数据，制造业增加值占比来自世界银行数据库。

1988 年到 1997 年是中国制造业快速发展的重要时期，也是制造业企业技术创新加速发展的阶段，开始重视科技成果转化。10 年间，制造业增加值从 1988 年的 5 205.21 亿元增加到 1997 年的 26 205.51 亿元，增加了约 4 倍。

1998 年到 2007 年是我国制造业蓬勃发展的一个时期，随着 2001 年中国加入 WTO，制造业融入全球市场，竞争激烈，中国制造业逐渐形成、中国创造开始萌发、市场导向性自主创新逐步形成。10 年间，制造业增加值从 1998 年的 26 874.92 亿元到 2007 年的 87 466.09 亿元，增加了约 2 倍。但中国制造业的弊端也进一步凸显，在国际制造业中大部分中国企业充当的都是要素驱动中的模块制造与组装加工的角色，整体仍位于价值链的低端，科技和自主创新能力亟待提升。

2008—2017 年是中国制造业加速创新、机遇和挑战并存的 10 年。2008 年国际金融危机的爆发和影响扩散，让世界经济陷入低迷，中国制造业同样遭受重创。中国制造所经历的集体阵痛，进一步凸显中国制造业自主创新的重要性。2015 年"海淘"的兴起以及新一轮消费升级到来，中国制造低端产能过剩和中高端供给缺乏之间的矛盾凸显。中国制造业先前在国际上的低成本优势已经逐渐减弱，制造业亟待转型。2015 年 5 月，国务院正式印发《中国制造 2025》。中国正式进入以"创新驱动、质量为先、绿色发展、结构优化和人才为本"的制造业发展新时期。党的十九大报告指出，加快建设制造强国，要加快发展先进制造业，推动互联网、大数据、人工智能和实体经济深度融合。中国制造业开始由制造业大国向制造业强国进行转变。改革开放的第 4 个 10 年，中国制造业发展势头依旧迅猛，2010 年制造业增加值达到 130 282.15 亿元，中国以占世界制造业产出的 19.8%，略高于美国的 19.4% 而成为制造业产出的世界第一。2015 年制造业增加值首次突破 200 000 亿元，2017 年达到 242 710.68 亿元。中美制造业增加值占世界的比重变化如图 20-2 所示。

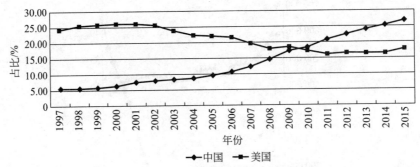

图 20-2 中美制造业增加值占世界的比重变化

注：根据世界银行的数据计算。

2000 年，美国高技术产品出口占本国制成品出口的比重非常高，达到 33.7%，此后逐年下降；而 2000 年中国高技术产品出口占制成品出口的比重仅为 19.0%，2008 年已经接近美国，2009 年超过了美国。目前中国高技术产品出口占制成品出口的比重一直维持在 25% 左右，而美国这一比例已经不足 20%（图 20-3）。

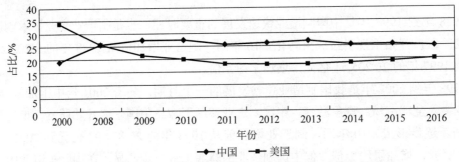

图 20-3 中国与美国高技术产品在各自制成品出口中所占的比重

注：根据世界银行的数据计算。

中国 2014—2016 年的前三大出口商品，第一是电信设备，第二是数据自动处理设备，第三是集成电路。而美国 2014—2016 年出口量第一的商品是杂项产品，第二是石油制品，第三是汽车（表 20-1）。

表 20-1 2014—2016 年中国与美国出口的前三大产品

亿美元

国家	产　品	HS 代码	2014 年	2015 年	2016 年
中国	电信设备	8517	1 953	2 132	2 016
	数据自动处理设备	8471	1 634	1 250	1373
	集成电路	8542	612	701	623
美国	杂项	9999	1 563	1 609	1 629
	石油制品	2710	1 100	727	641
	汽车	8703	617	554	538

资料来源：United Nation . 2016International Trade Statistics Yearbook: Volume I Trade by Country.

2018 年，改革开放 40 周年，中国步入新时代，制造业的战略地位更为突出，国家一系列扩大对外开放的重大措施也正在积极落实中：全面放开一般制造业，松绑汽车业合资股比，大幅度放宽市场准入，全球竞逐愈发激烈。在面临东南亚等国家的低成本竞争和美国、德国等先进国家的制造业重振与深化发展的双重压力下，我国长期构筑的以要素驱动为主、以低成本为竞争力的优势已经逐渐削弱，中国制造业开始面临新的挑战。2018 年 4 月以来的中美贸易摩擦及中兴芯片事件，更是折射出本土制造企业核心技术受制于人的心头之痛。习近平总书记多次强调，中国经济要避免脱实向虚，要从制造业大国迈向制造业强国。基于全球化环境下的制造业发展趋势，厘清中国制造业的发展特征和亟待解决的问题，研究如何能够成功地转型升级并在国际上重获优势地位，是现阶段中国制造业的首要任务。

学习辅导 20.1　全球价值链与垂直专业化分工

20.2　中国制造业嵌入全球价值链的状态解析

20.2.1　全球价值链与垂直专业化分工

20 世纪 80 年代，著名学者 Porter 通过对企业一系列经营活动的研究，将价值链定义为一个价值创造的动态链条，并根据企业经营活动内容的性质将价值链的增值活动分为基本活动和辅助性活动。在此基础上，Porter（1998）根据不同企业之间的相互合作与竞争关系，跳出企业自身内部价值链的视角，拓展性地结合市场整体环境下的企业与上游供应、下游分销之间的纵向价值链和企业与竞争对手之间的横向价值链，提出价值系统（value system）理论，指出一个价值链的创造过程包括设计、生产、储运、营销、分销、售后等多个环节，虽然这可能是一家企业内部运营所能完成的，但实际上大多数活动往往需要多家企业的共同参与。这也为进一步研究全球贸易背景下的价值链体系奠定了理论基础。伴随着经济全球化及其国际贸易在 21 世纪前后不断地深化发展，各国之间的贸易往来增多，关于全球价值链的理论也逐步清晰化，得到学者们的认可和进一步探索。

Kaplinsky（2004）认为，全球价值链模型揭示了一个行业或部门将产品或服务带入整个生产过程所需的一系列活动，并且这个链条包括了交付和售后服务等活动。Gereffi 和 Fernandez-Stark（2011）将全球价值链定义为"公司和工人将产品从概念带到最终用途以及其他方面所做的全方位活动"。Padilla-Pérez 和 Hernández（2010）认为，全球价值链可以有效地识别全球贸易链条中的参与者等级地位，这直接影响某个行业的全球组织分布和各种经济活动的地理位置。Johnson 和 Noguera（2012）则认为，与距离或运输相关的贸易成本的下降有效加强了全球生产的整合和分散，他们将一个国家的总出口中所有其他国家出口的增加值生产的中间投入的增加值份额的量值作为最终需求距离，进而探讨价值链上的增加值贸易。与此同时，Gereffi 等学者强调了全球价值链能够说明全球化下生产网络布局的因素选择，这对发展中国家容纳和制定全球贸易的策略方式选择提供了借鉴。Dunning 和 Lundan（2008）研究表明，随着全球贸易的"碎片化"趋势，企业的经营活动将朝着一个极为明确的方向加入全球价值链之中，并加速全球价值链的重构和更新，最终影响企业对外投资动机。

因不同国家的要素禀赋存在巨大差异，那些劳动生产率低、附加值低的劳动密集型的生产环节分布往往在发展中国家，而劳动生产率高、附加值高的技术与资本密集环节和信息与管理密集环节往往分布在发达国家，从而形成一条深凹的"U"形曲线。台湾企业家施振荣先生在分析IT产业价值链时将之称为"微笑曲线"，如图20-4所示。

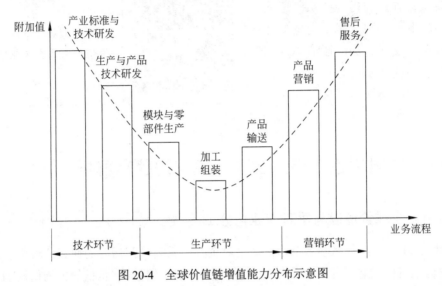

图 20-4　全球价值链增值能力分布示意图

注：根据中国台湾宏碁集团创办人施振荣先生的"微笑曲线"绘制。

按照全球价值链的理论，国际企业兴起于垂直专业化贸易理论。"垂直专业化"（vertical specialization）概念作为一种新型的国际贸易增长方式，其定义为"出口的进口投入部分，或者作为出口中体现的本国以外的外国增值部分"，并且认为垂直专业化需要具有三个条件：①商品需要在两个或更多个连续阶段上生产；②有两个或更多的国家参与生产过程，并且在生产过程中产生了价值增值；③至少有一个国家必须在生产过程中使用进口投入品，结果输出品至少有一部分是被出口的。有的学者认为比较优势和规模经济是国际贸易中垂直专业化产生的两大基础。盛文军和廖晓燕（2002）认为，垂直专业化现象日益突出主要是由于贸易政策、运输成本和通信费用的降低以及新兴市场的扩大这三大因素推动的。

在垂直专业化下各国按顺序生产货物，每个国家都专注于一个良好生产顺序的特定阶段。这种顺序的一个显著特征就是一个国家进口中间产品，然后再出口到另一个国家。

从生产环节的国际贸易地位分工看，发达国家可以利用自身积累的雄厚资本和发达科技在全球范围内构建全球价值链，将需要大量资源和劳动力的中间品加工环节交付给发展中国家，从而加速推动了全球范围内价值链上的专业化分工。此外，国际贸易网络推动新兴市场的发展，将一批发展中国家融入世界市场之中，这些国家的外贸优惠政策降低了与发达国家的贸易壁垒，为跨国公司培育可供垂直专业化分工的企业创造了有利条件（刘志彪和刘晓昶，2001）。全球价值链推动下的国际贸易一体化使得产品生产工序可以划分为多个"碎片化"环节，跨国公司通过全球视野下的生产要素比较优势分析，选择将产品链条的每个部分划分成不同的中间品，交付给其他国内或国外企业进行生产加工，而这些企

业在专业化生产中渐渐形成规模经济，达到了国际垂直专业化的分工结果。Padilla-Pérez
和 Hernández（2010）研究表明，全球价值链框架有助于识别链条内的分级或基于权力的
关系，这对产业的全球组织分布和经济活动的地理位置有直接影响，进而作用于垂直专业
化分工的布局。

20.2.2 全球价值链的治理结构

全球价值链可以分为生产者驱动、消费者驱动、外部驱动（例如政府等）等。西方发
达国家的跨国公司，通常是全球价值链的"链主"，对全球价值链的研发、生产、分配、
营销等活动进行控制和组织。Humphrey 和 Sturgeon 依据各行为主体间协调能力高低将全
球价值链治理模式划分为市场型（market）、模块型（modular）、关系型（relational）、
领导型（captive）和层级型（hierarchy）5 种，如图 20-5 所示。

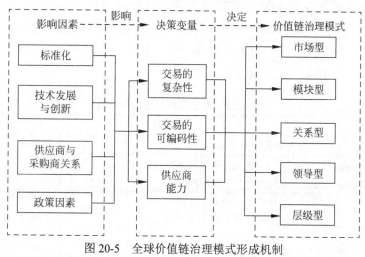

图 20-5　全球价值链治理模式形成机制

（1）市场型：通过契约可以降低交易成本，产品比较简单，供应商能力较强，不需
要购买者太多投入，且资产的专用性较低时，就会产生市场治理。这时交易比较简单，双
方只要通过价格和契约就可以很好地控制交易的不确定性，不需要太多的协调。

（2）模块型：产品较复杂，供应商的能力较强，其资产专用程度较高，买卖双方的数
量虽然有限，但仍有一定的市场灵活性，更换合作伙伴较容易。双方交流的信息量较市场
型大、较复杂，但能够通过标准化契约来较好地降低交易成本，因此需要的协调成本也不高。

（3）关系型：产品复杂导致交易复杂，双方需要交换的信息量大且复杂，供应商的
能力较强，领导厂商和供应商之间有很强的互相依赖关系。但双方可以通过信誉、空间的
临近性、家族或种族关系降低交易成本。双方常常可以通过面对面的交流进行协商和交换
复杂的信息，需要较多的协调，因此改变交易伙伴比较困难。

（4）领导型：产品复杂，供应商的能力较低，需要供应商的大量投入和技术支持，
供应商为了防止其他供应商竞争，将其资产专用化。供应商对领导厂商的依赖性非常强，
很难改变交易对象，成为"俘虏型供应商"。领导厂商通过对供应商高度控制来实现治理，
同时通过提供各种支持使供应商愿意保持合作关系。

（5）层级制：产品很复杂，外部交易的成本很高，而供应商的能力很低时，领导厂商不得不采用纵向一体化的企业内治理方式。因为交易可能涉及领导厂商的核心能力如隐性知识、知识产权等，领导厂商无法通过契约来控制机会主义行为，只能采用企业内生产。

20.2.3　中国制造业总出口附加值分解

基于总出口附加值的解析是研究一国制造业嵌入全球价值链位置的重要视角。可以通过对全球价值链参与（GVC-participation）指数、全球价值链地位（GVC-position）指数、国内附加值比较优势（RCA-DVA）指数的分析来研判中国制造业嵌入全球价值链的方式和历史演进。

Koopman 等（2010）把总出口分解为三个大部分：国内附加值、从国外返回的国内附加值以及国外附加值，国内附加值和国外附加值部分继续细分为最终产品和中间品投入以明确出口附加值的来源与去向。而 TiVA 数据库则把从国外返回的国内附加值部分划入国内附加值部分，国内附加值部分由国内直接附加值、国内间接附加值和从国外返回的国内附加值三个小部分组成，国外附加值单列。综合 Koopman 等研究和 TiVA 数据库，确定总出口附加值的分解框架，如表 20-2 所示。

表 20-2　总出口附加值的分解框架

总出口（EXGR）						
国内附加值部分（DVA）					国外附加值部分（FVA）	
被进口国直接吸收的部分（DVA-DIR）		被第三国间接吸收的部分（DVA-FX）		国外返回的国内附加值（RIM）	最终产品（FVA-FNL）	中间品（FVA-INT）
最终产品（DIR-FNL）	被进口国用来生产最终产品的中间品投入（DIR-INT）	被第三国用来生产最终产品的中间品投入（FX-FNL）	被第三国用来生产中间品的中间品投入（FX-INT）			

注：根据 Koopman 等（2010）研究与 TiVA 数据库整理而得。

20.2.4　GVC 测算指标

基于对总出口附加值的分解，Koopman 等（2010）提出了"GVC 参与指数"，其被定义为出口中间接附加值和包含的国外附加值二者之和所占比重：

$$\text{GVC 参与指数}_{ir} = IV_{ir} / E_{ir} + FV_{ir} / E_{ir} \tag{20-1}$$

$$\text{GVC 地位指数}_{ir} = \ln(1 + IV_{ir} / E_{ir}) - \ln(1 + FV_{ir} / E_{ir}) \tag{20-2}$$

式中，IV_{ir} 表示 r 国 i 产业的间接附加值出口，即 r 国 i 产业出口到别国的中间品贸易额，选取 TiVA 数据库中总出口包含的国内中间品间接附加值部分（IDC）和返回国内的国内附加值出口部分（RIM）之和来近似替代间接附加值；FV_{ir} 表示 r 国 i 产业最终产品出口中所包含的外国进口中间品价值，选取 TiVA 数据库中总出口包含的国外附加值出口部分（FVA）；E_{ir} 表示 r 国 i 产业以附加值来计算的出口额，选取 TiVA 数据库中的总出口（EXGR）。其中，IV_{ir} / E_{ir} 表示 r 国 i 产业总出口中间接附加值所占比重，为 GVC 前向参与（forward participation）指数；FV_{ir} / E_{ir} 表示 r 国 i 产业总出口中包含的国外附加值所占比重，为 GVC 后向参与（backward participation）指数，通常也被作为出口中的国外附加值率或垂直专业化率（VSS）。

在 Daudin（2009）对一国出口产品全部价值按照 GVC 进行"附加值"分解的基础上，Koopman 等（2010）提出测算一国某产业在 GVC 所处国际分工地位的具体指标——GVC 地位指数。该指标数值越大，表示一国或地区的某一产业位于全球价值链分工体系的上游位置；否则，相反。

基于传统总值核算法测度的制造业 RCA 指数与基于贸易附加值核算的 RCA 指数在细分产业并研究产业国际竞争力时容易产生统计意义上的"幻想"。因此，王直、魏尚进和祝坤福（2015）提出了一种测度国内和国际生产分工的显性比较优势新指标（RCA. value added）。

本书借鉴 RCA. value added 指数并定义新的 RCA 指数以包含一国部门出口的国内附加值：

$$
\begin{aligned}
\text{RCA-DVA}_i^r &= \frac{(DDV_i^r + IDV_i^r + RIM_i^r)/\sum_i^n (DDV_i^r + IDV_i^r + RIM_i^r)}{\sum_r^G (DDV_i^r + IDV_i^r + RIM_i^r)/\sum_i^G \sum_r^n (DDV_i^r + IDV_i^r + RIM_i^r)} \\
&= \frac{DVA_i^r/\sum_i^n DVA_i^r}{\sum_r^G DVA_i^r/\sum_r^G \sum_r^n DVA_r^r}
\end{aligned} \tag{20-3}
$$

式中，RCA-DVA_i^r 表示一国某部门国内附加值占该国出口中总的国内附加值相对于全球出口中的该部门附加值占全球出口中总的国内附加值的比较值。若 $\text{RCA-DVA}_i^r > 1$，表示该国该部门具有显性比较优势；否则，不具有显性比较优势。

20.2.5 GVC 测算结论

从制造业整体来看，其体现出以下特征：①如图 20-6 所示，中国制造业整体参与全球价值链分工体系的程度较深，并表现出深入全球生产网络的趋势在不断上升；②在 2009 年之前，中国制造业出口中的国外附加值率高于国内附加值率，从事低价值环节的组装加工，近年来，国内附加值逐步成为中国制造业总出口价值来源的主体部分；③如图 20-7 所示，中国制造业 GVC 地位指数呈现"右偏 V"形发展趋势，经历过粗放嵌入全球生产网络的阶段，国际分工地位表现出向上游攀升的特征，正反转提升其国际分工地位。

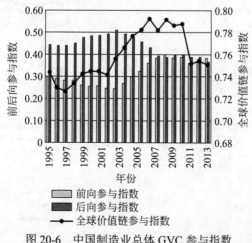

图 20-6 中国制造业总体 GVC 参与指数

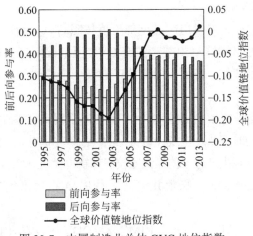

图 20-7　中国制造业总体 GVC 地位指数

从分行业来看，其体现出如下特征：①如图 20-8 所示，中低技术制造行业参与全球价值链分工体系的趋势在下降，相反，中高技术则表现出上升趋势，中国制造业已经在技术含量较高的行业开始以前向参与的方式深入全球生产网络，而低技术制造业并没有表现出很高的参与程度；②如图 20-9 所示，目前，中国低技术制造业的国际分工地位相对于高技术制造行业较高，但技术含量越高，在这 20 年间的国际分工地位攀升幅度越大，高技术制造行业在全球价值链中的攀升更为强劲，这多源于技术进步。

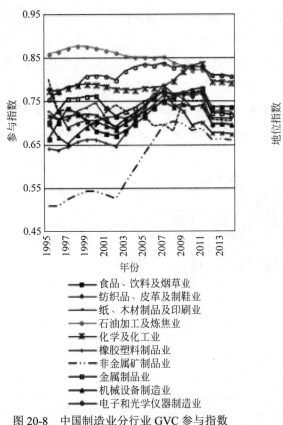

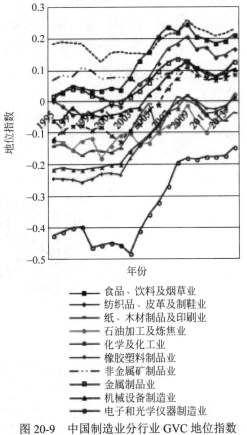

图 20-8　中国制造业分行业 GVC 参与指数　　　　图 20-9　中国制造业分行业 GVC 地位指数

从国际比较来看，其具有以下特征：①中国制造业全球价值链参与程度位居世界前列，开放程度相当大，这是发达国家在早期价值链攀升中普遍具有的表现，但经历粗放参与后要突出本国优势产业；②中国制造业在全球价值链中的分工地位还相对很低，与位居前列的国家参与程度相差甚远，中国制造业在不断开放并融入全球生产网络的过程中，获取的附加价值相对较少，中间投入品多来自国外，但这种境况正在缓慢改善。从国内附加值竞争力来看，高技术制造业的国内附加值竞争力提升显著，中高技术制造行业其次，低技术制造行业的指标虽然普遍较高，但呈下降趋势。

研究发现，提升制造业国际分工地位可以通过两个途径：一是依靠技术创新进行产业转型，是可持续的；二是开采自然资源生产产业上游所需的中间品，是"伪"的分工地位攀升。

20.3　中国制造业的主要问题

20.3.1　大而不强是基本特征

中国制造业产量自 2010 年起赶超美国而跃居世界第一后一直名列前茅，且产量不断上升。根据世界银行库的数据，截至 2017 年，中国制造业产值已达 237 618 亿元，约占世界制造业产值的 30%；根据世界银行 2010 年数据，按照国际标准工业分类，在 22 个大类中，我国在 7 个大类中名列第一，钢铁、水泥、汽车等 220 多种工业品产量居世界第一位。无论是从制造业增加值总量还是从制造业增加值占世界比重来看，中国已成为无可争议的世界制造业第一大国。但经过 40 多年的发展，中国制造业最大的特点是"大而不强"，处在"微笑曲线"价值链的中低端。

中国制造业在创新水平、全要素生产率、高附加值制造品的国际占有率等指标上仍远远落后于发达国家。"不强"主要体现在创新能力和关键核心技术上，大量核心技术和高端装备依然依靠进口。根据海关总署统计，2017 年中国进口集成电路（芯片）达到 2 601 亿元，为第一大进口工业品，2018 年 4 月伊始的中美贸易摩擦更是把此问题推到民众前台，如图 20-10、图 20-11 所示。

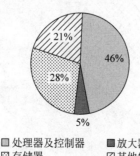

图 20-10　2016 年中国集成电路进口结构

资料来源：海关、Wind、中泰证券研究所。

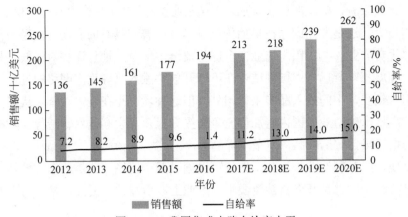

图 20-11　我国集成电路自给率水平

资料来源：IC insights，川财证券研究所。

　　规模优势并不等同于竞争优势，长期以来我国制造业的竞争武器是"五低"（即低成本、低技术、低价格、低利润、低端市场），代价是"四高"（即高能耗、高物耗、高排放、高污染），最终的结果是制造业总量很大，发展很快，但"大而不强""快而不优"。

　　现阶段制造业大而不强、核心技术受制于人、缺乏全球知名品牌、产能过剩和实体经济利润下降等矛盾突出，制造业总体仍未摆脱规模拉动的路径依赖。在《2017 中国制造强国发展指数报告》中，中国制造强国综合指数排名第四。其中我国在规模发展指数上具有绝对优势，主要短板或者主要差距是质量效益。质量效益、结构优化以及持续发展三项指数相较美、德、日等制造强国仍有巨大提升空间。

　　一部说是中国出口的 iPhone，但其实就是由富士康组装的，中国没有赚什么钱。如图 20-12 所示，在整个苹果手机的售价中，接近 60%（58.5%）都是美国苹果公司的利润；物料成本占 21.9%；而中国得到的部分，是只占售价 1.8% 的劳动成本。

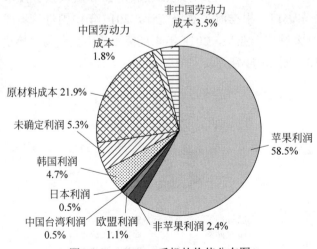

图 20-12　iPhone 手机的价值分布图

资料来源：KRAEMER K L, LINDEN G, DEDRICK J. Capturing value in global networks:Apple's iPad and iPhone[R].

the Alfred P. Sloan Foundation and the U.S. National Science Foundation (CISE/IIS), 2011.

20.3.2 企业自主创新能力普遍不足

"中国制造2025"虽然提出以创新驱动来促进中国制造业的发展，但现阶段我国制造业的自主创新能力依旧明显不足，基础制造装备、基础元器件、关键原材料发展滞后，核心技术、关键工艺和设备的对外依存度高。世界经济论坛发布的《2017—2018年度全球竞争力报告》显示，中国位列全球第27名，坚持推进创新发展的任务艰巨。综合起来看，自主创新能力不足主要体现在几个方面。

（1）制造业企业创新主体地位体现不足，直接表现是企业研发投入不足。据2018年10月国家统计局、科技部和财政部联合发布的《2017年全国科技经费投入统计公报》，2017年我国研究与试验发展（R&D）经费投入强度（研发经费与主营业务收入之比）达到2.13%，高技术制造业和装备制造业研发投入强度分别为2%和1.65%，而制造业平均水平仅为1.14%。

（2）产业关键共性技术供给严重不足。发达国家对我国的技术封锁不断加剧，短期内尚难解决关键共性技术的"卡脖子"问题。关键共性技术供给体系整体上缺乏国家层面的发展战略统筹，尚未明确的产业共性技术创新体系，缺乏有效的机制支持和保障等使产业共性技术研发成为我国技术创新链上最薄弱的环节。

（3）基础研究支撑不足，成为制造业创新能力不强的重要症结。研发资源错配问题突出，企业重生产轻研发现象较为普遍，尚未形成产、学、研协同创新的有效机制。总体看，我国制造业依旧是"两头在外，大进大出"的模式，即所需原材料、关键技术和设备，销售和品牌运营都由国外公司与市场掌控，由于不掌握核心技术，我国只作为组装加工的角色进入价值链，难以获得高附加值。高端制造业在核心技术上虽然有所投入，但研发投入低、投入强度低。当前我国对外技术依存度平均在50%以上，但一般的发达国家都控制在30%以下，美国和日本在5%以下。

现阶段，我国制造业核心技术大多都走引进、消化再创新的模式，即通过引进先发企业的成熟技术，在节省技术开发投入的条件下，通过几次技术引进、消化吸收和技术改进的循环，达到技术追赶的目的。企业长期重技术引进轻消化吸收，没有充分发挥后发优势实现技术的原始创新，导致我国制造业创新能力低，创新时间长，技术依赖性大，企业自主创新能力普遍不足。

20.3.3 产业结构亟待优化

（1）制造业内部结构亟待优化。我国传统制造业存在着产能过剩的严重问题。我国制造业的平均产能利用率只有60%左右，不仅低于美国等发达国家工业利用率78.9%的水平，也低于全球制造业71.6%的平均水平。而是在传统的加工制造业和资源密集型产业的产能过剩的同时，我国智能制造业和新型制造业也存在着产能不足、资源不到位等种种问题。这种行业内的资源与配置的错位，是现今制造业普遍存在的问题。我国这种主要依靠投资拉动的粗放式、不合理的经济增长方式，是我国形成产能过剩的深层次原因。转变经济增长方式的一个重要方面就是优化制造业结构，技术进步是产业结构优化的根本动力，在消化吸收外资技术基础上的自主创新能促进制造业结构的高度化与合理化。

（2）产业之间的结构优化。虽然我国现阶段的经济发展重心已经开始由第一产业向第二、三产业转移，并最终要向第三产业为主进行转变，但对于我国现阶段的制造业来说，服务业同制造业之间存在着典型的分割现状。首先，生产性服务业依旧存在着大部分空白，在与制造业相关的研发、设计等环节中，生产性服务支撑性不强，无法满足制造业发展创新的要求。实证研究表明，我国制造业增长对生产性服务业增长的拉动力度显著大于生产性服务业发展对制造业发展的促进作用。其次，制造业与服务业之中的相关产业没有做到融合发展，二者积极的互动作用不充分，比如商贸流通服务业与制造业之间，存在着生产性与技术性上的关联，但由于信息化以及制度上的缺失，融合性不强，对于制造业发展的多样性有很大的阻碍，无法满足消费者的需求，制造业和服务业的结构调整任重道远。

20.3.4　出口导向模式的路径依赖

我国制造业出口导向型的经济模式，是改革开放 40 多年来逐渐建立起来的，有其特有的模式和惯性。一方面，改革开放以来，我国制造业与其说是自身快速融入并在全球价值链中寻得位置，不如说是在全球化的潮流席卷下和自身资源禀赋的倾向中，不得不选择以低成本的人力与资源为竞争力，加入价值链中模块制造和组装加工的环节，利用市场换技术取得快速发展，这是全球价值链转移的结果，我国也付出了极大代价。另一方面，作为世界制造中心的中国并不是消费中心，从高端的电子、机电产品，到低端的服装、玩具，无论是"中国设计"还是"世界设计"，虽然全世界 1/5 以上的工业品是在中国制造的，但最终这些产品中的很大一部分又出口到了海外市场。目前我国制造业面临发达国家"高端回流"和发展中国家"中低端分流"的两端挤压，传统竞争优势逐步削弱，新的竞争优势尚未形成，劳动密集型企业由于核心竞争力的缺失而面临淘汰。成熟的内需型经济应该具有不需要依赖外部推动的、内生的增长需求和增长动力，我国制造业必须从仍旧表现出较强狭义外向型特点的模式向全面开放型模式转变，开拓新的市场空间。

20.4　在全球价值链路径上建设制造强国

在新一轮经济全球化浪潮中，建设制造强国当然要在高水平的开放经济体系下进行。过去中国的制造业就是在嵌入全球价值链形态的产品内分工体系下，利用低成本优势进行国际代工，使制造业的规模、体量得到了迅速增加。未来中国将起重要作用的新一轮经济全球化，必然带来全球先进的、高级的生产要素的转移和移动，从而会有效提升中国技术创新的能力，驱动中国创新经济发展，提升中国制造的品质和水平。

20.4.1　在 GVC 上培育具有"链主"地位的跨国公司

在 GVC 的治理结构中，具有主导性地位的"链主"是跨国公司。它们要么背靠巨大的国内市场需求，形成市场驱动型 GVC，用品牌、设计、市场、营销、网络等优势，向全球供应商发出巨额的采购订单；要么依靠国家整体科技创新能力、工业化水平和综合国力，形成生产者驱动型 GVC，制定和监督规则、标准的实施，并最终获取价值创造的绝大部分收益。显然，在 GVC 上建设制造强国，首先要依据产业性质，构建或培育具有这种治理地位的跨国公司。如资本技术密集型的生物医药、集成电路等产业，就适合培育生产者驱动的 GVC "链主"。如果未来我国没有这样一大批驰骋全球市场的有竞争优势的跨国公司，尤其是以产业和技术资本为基础的 "链主"，何来中国制造在全球的领先地位？鼓励中国制造企业沿着 "制造—零售" 产业链进行前向的纵向一体化投资活动，或者鼓励制造企业收购兼并国外的品牌、网络、广告、营销系统，这些活动将产生价值链上的 "链主" 效应。

20.4.2 向上延伸产业链：培育 GVC 上的 "隐形冠军"

"隐形冠军" 指在某个细分市场绝对世界领先但却鲜为人知的企业。这些 "隐形冠军" 不直接与终端消费者发生联系，但却因掌握行业的关键知识和技能，享有其他企业无法替代的优势地位，因而往往是具体产业命运的真正控制者。

中国企业过去处在 GVC 上的加工装配等生产环节，是高技术产业的低端环节。目前全世界处于这个价值链上游的 "隐形冠军" 有 3 000 多家，其中德国数量最多，拥有 1 300 多家，而中国虽然是世界制造大国、全球第二大经济体，很多产业规模也位列世界前茅，但这些产业往往大而不强，高度缺乏像中国台湾地区的 "台积电" 那样的行业 "隐形冠军"，许多核心技术、关键部件和材料大都垄断在境外 "隐形冠军" 企业手中。大到精密机床、半导体加工设备、飞机发动机，小到圆珠笔的球珠、高铁的螺丝钉、电子产业的芯片、微电子链接用的导电金球等，都是我们在产业链上的软肋和痛点。中国的主导性、战略性新兴产业不可能都通过依赖投资或收购兼并下游的加工厂和零售店获得发展，而是需要培育更多的 "隐形冠军"，才能突破发展的瓶颈迈向 GVC 的中高端。"隐形冠军" 是决定中国迈向制造强国的关键点。

20.4.3 摆脱 "被俘获" 命运，坚持功能升级，重点发展制造型服务业

被俘获性的 GVC，指的是价值链上的交易者之间，虽然不存在纵向一体化的所有权关系，但是它却可以通过价值链中的治理机制，使广大的供应商被具有 "链主" 地位的跨国公司所控制。这种交易网络和治理方式，相对于能力分享型的 GVC，或基于市场公平交易的 GVC 来说，由于参与方之间高度缺乏平等对话的市场势力和技术的基础，在价值分配上，也不利于发展中国家。在大数据、互联网、云计算、人工智能技术突飞猛进的当下，改变这种不利局面的良策就是发展制造服务业。制造服务业就是要将信息网络作为提供服务的平台和工具，把服务向产业链的前端和后端延伸，扩大服务范围、拓展服务群体，能快速获得客户反馈，优化服务内容和持续提升服务质量。其中，工业互联网平台建设是制造业服务化的大方向。

中国企业要从纯粹的生产型制造逐步向服务型制造发展，加快制造业自主创新和结构调整。中国实施这一具体的战略调整具有非常好的条件和基础：一方面，我国庞大的制造业规模和体量，将会对智能化发展产生巨大的市场需求，是支持智能化按市场规律正常快速发展的现实基础；另一方面，用智能化改造中国制造业，必将大大提高制造业企业的技术素质和产品质量，这也为制造强国奠定了坚实的技术基础。

20.4.4 以竞争政策重整价值链上公平竞争环境

第一，大幅度放宽市场准入管制，增加经济的竞争性，为民众提供更多的高质量的商品和服务，为消费者提供更多的选择性。第二，由政府制定优惠政策吸引投资，转向为企业投资创造更有吸引力的环境。第三，由模仿创新发展，逐步转向以知识产权保护为重点的自主创新发展。第四，主动利用内需来扩大进口，吸收全球最先进的生产要素为我所用。

20.4.5 战略互动：价值链攀升与培育世界级先进制造业集群的结合

在GVC上建设制造强国，也需要落实在具体的空间结构上，产业升级需要重整制造业的经济地理条件。这主要包括制造业发展的时间空间条件压缩、投资密度增加、经济市场分割程度降低三个方面。

大力发展高水平的制造业产业集群，是实现上述三个要求的关键措施。制造业集群所依赖的运输条件等基础设施建设，以及集群内部有技术经济关联的企业之间较短的物理距离，都是压缩时间空间的具体形式，也是集群存在的基本理由；产业集群的投资密度，要大大高于原子式竞争时分散布局的企业投资密度，也是产业集群取得规模经济和范围经济的基本来源；产业集群打破了行政区域的界限，按照经济功能布局，群内企业的相互学习和由此引发的知识溢出，是减少市场分割、增加经济一体化发展的内在力量。因此，优化产业的空间配置，大力发展制造业产业集群，是建设制造强国的重要途径。

学习辅导20.2 中国制造业在全球价值链的地位及其发展策略

【本章小结】

国际企业为实现其全球战略，加强资源配置，精心组织生产经营活动。本章介绍我国制造业的发展历程，并以全球价值链分析我国制造业在全球分工的地位，研究如何以全球价值链的视角配置生产要素，组织全球生产，提高我国制造业的国际竞争力。本章还分析了我国制造业存在的主要问题，提出国际企业以全球价值链建设制造业强国的策略。

【思考题】

1. 名词解释：全球价值链、垂直一体化生产、GVC参与指数、GVC地位指数、GVC的"隐形冠军"、基于贸易附加值的RCA指数

2. 如何衡量一国在全球分工的地位？中国在全球分工的地位是怎样的？

3. 国际企业如何以全球价值链进行资源配置，组织全球生产？

4. 什么是垂直专业化分工？推动垂直专业化分工的主要因素是什么？

5. 全球价值链是如何运行的？

6. 中国制造业存在什么问题？

7. 如何打造GVC上的制造业强国？

【即测即练】

【英文阅读】

第21章 国际企业的市场营销管理

【学习目标】
1. 掌握国际市场营销的基本概念；
2. 掌握国际营销策略的方式、方法，适用条件，并能灵活运用于营销活动中；
3. 掌握国际企业关系营销的概念、作用及其操作方法。

思政案例

传音手机在非洲

2018年，传音手机在非洲市场的占有率上升至48.71%，远远高于排名第二至第五位的三星（10.27%）、HMD（6.78%）、华为（4.05%）和TCL（3.75%），成为非洲市场第一大手机品牌。

传音手机之所以在非洲市场取得成功，是因为充分考虑了非洲消费者的需求，直击消费"痛点"，专注做起了专属于非洲市场的"定制产品"。

第一，推出多卡多待手机。非洲通信运营商众多，跨网通信的资费高昂，当地人一般都拥有多张电话卡，但消费能力有限，只能负担一部手机。

第二，开发适合黑人的拍照功能。黑色人种用手机自拍时，很多时候都无法对焦拍出清晰的照片。传音针对非洲人的肤色开发出"四像合成"成像技术，用牙齿和眼睛来定位脸部，在此基础上加强曝光。

第三，超长手机续航。在非洲多个国家，政府为了在高峰时段储存电力，时常限电关闸，导致人们常常数小时无法给手机充电。传音的超长续航特点受到非洲消费者的欢迎。

第四，推出各种能够迎合非洲消费者的手机功能。例如，非洲人能歌善舞的特点，传音提供了大音量的扬声器；非洲气候干燥，很多地方灰尘很大，传音推出了防灰尘的显示屏；传音手机还支持阿姆哈拉语、豪萨语和斯瓦希里语等多种非洲本地化语言。

资料来源：赵青松，李宜逊.传音手机开拓非洲市场的成功经验及其借鉴[J].江苏商论，2020（1）.

国际营销与一般营销的区别是面对环境更复杂、消费者更多元。国际企业要提高产品和服务的质量，适应市场需求，才能取得最佳的经济效益，就如思政案例所述。为应对日益激烈的市场竞争，企业还要应用关系营销等策略，发展新顾客，留住老顾客，搞好公共关系。

21.1 国际市场营销的概念与策略

国际市场营销（international marketing）是指商品和服务流入其他国家的消费者或用户的过程。换而言之，国际市场营销是一种跨国界的经营、管理过程，是企业通过计划、定价促销和引导，创造产品和价值并在国际市场上进行交换，以满足多国消费者的需要，获取利润的活动。

21.1.1　国际市场营销与一般营销的主要区别

国际市场营销学的基本原理和方法同基础市场营销学并无多大差异。许多指导国内企业营销的原理和方法，诸如营销战略计划、市场营销调研、消费者行为分析、选择目标市场、营销组合策略、营销管理等，均可用于指导国际市场营销活动。其主要的差异如下。

1. 环境不同

国内营销是在企业熟悉的营销环境（包括人口、经济、社会文化、政治法律及竞争环境）中开展，国际市场营销则要在企业不熟悉的他国营销环境中开展，同时还要受国际宏观营销环境影响，是一种跨文化的营销。

（1）国际营销受到全球与区域环境的影响。影响国际营销的全球与区域环境因素包括国际组织、国际公约、国际准则、区域经济集团等。

①国际组织。国际组织主要是指世界贸易组织。它是一个独立于联合国的永久性国际组织，总部设在瑞士日内瓦，其基本原则是通过实施市场开放、非歧视和公平贸易等原则，来实现世界贸易自由化，有"经济联合国"之称。

②国际公约。国际公约主要包括知识产权保护公约和可持续发展与环境保护公约。

③国际准则。目前影响国际营销的国际准则有很多，包括：SA 8000 企业社会责任体系标准、ISO 9000 质量管理体系标准、ISO 14000 环境管理体系标准、OHSAS 18000 职业健康安全管理体系标准等。

④区域经济集团。区域经济集团化又称区域经济一体化，其成员间相互取消贸易障碍，进行某种程度的合作与协作，以促进参与方之间的经济贸易发展。一般包括优惠贸易安排、自由贸易区、关税同盟、共同市场、经济联盟和完全经济一体化六种形式。20 世纪五六十年代，区域经济集团化开始出现。进入 21 世纪后，区域经济集团化显示出迅猛的发展势头。当前主要的区域经济集团包括欧洲联盟、北美自由贸易区、东南亚国家联盟、亚太经济合作组织等。

（2）国际营销将同时受到母国与东道国环境的影响。由于两种营销环境存在较大差异，国际营销比一般营销更加复杂，更具挑战性。母国与东道国营销环境的差异，表现为微观和宏观两个层次。

微观层面包括营销生态中的上下游企业、顾客、竞争者、公众等。上下游企业具体包括资源供应商，他们为企业提供必要的资金、能源、原材料、零部件和劳动力等生产要素；包括营销中间人，他们帮助公司将产品销售并分配给最终买者，如批发商、零售商、经纪人、制造代理商、销售代理商；还包括服务机构，它们为企业营销活动提供各种便利和服务，包括市场研究公司、物流公司、咨询公司、广告公司、金融机构。

宏观层面包括人口、经济、社会文化、政治法律及自然环境等多个方面。例如，从社会文化来说，绿色在中国代表着健康和活力。所以凡有绿色包装的商品、食品都在中国大受欢迎。而在泰国、马来西亚，绿色代表着疾病和危险，是为人所忌讳的一种色彩。一家生产饮用水的公司在马来西亚损失惨重只是因为该公司使用了绿色作为主色。

2. 策略区别

国际市场营销活动受到各国政治、经济环境的影响，使营销组合策略复杂得多，难度也比较大。

（1）产品策略方面，国际市场营销面临产品标准化与差异化策略的选择。

（2）定价策略方面，国际市场定价不仅要考虑成本，还要考虑不同国家市场需求及竞争状况，而且成本还包含运输费、关税、外汇汇率、保险费等。此外还要考虑各国政府对价格调控的法规。

（3）渠道策略方面，由于各国营销环境的差异，形成了不同的分销系统与分销渠道，而且各国的分销机构的形式、规模不同，从而增加了管理的难度。

（4）促销策略方面，由于各国文化、政治法律、语言、媒体、生产成本等的不同，企业在选择促销策略的时候更复杂。

21.1.2　产品策略——标准化与本土化之争

国际营销的产品战略主要是全球化与本土化的争议。营销全球化战略的必要性在 20 世纪 60 年代初由 Elinder（1962）提出来，此后 Miracle（1968）和 Levitt（1983）介绍了营销全球化的经济效果。他们都以世界市场的同质化假设和标准化战略利益为基础，主张虽然各国消费者之间存在或多或少的差异，但是在技术创新条件下，全世界人的思维方式、文化、生活水平、宗教等因素会逐渐变得相似，完全可以克服差异。另外，采用同一战略可以减少生产、营销费用，可以提高消费者的认同感，进而树立国际企业系统性和秩序性的形象。

相对于全球化理论，有些专家提出本土中心思维方式。本土化学者认为在国际市场战略当中，应以本土化为基础，对各国市场之间的社会文化、经济环境差异进行仔细的分析。各国市场的社会、文化、经济环境差异对消费者的行为及态度会产生相当大的影响，所以国际企业应充分认识到不同地区、不同特点的消费者的特性，并根据当地市场的特点来制定一套与其相符的市场战略。例如，早年宝洁公司生产的大包装婴儿尿布在美国很畅销，于是公司就将货销向日本，但是销售情况不如美国。经过分析，原来日本家庭使用尿片的频率比美国高，但是日本家庭的房间面积比美国小，因此应该向日本市场推出小包装的尿片，结果销量大增。

事实上，随着经济全球化的深入发展和文化的广泛传播，人们的思想观念、消费的偏好确有趋同之势，但是，人们的个性化也在增强，消费的偏好异彩纷呈，所以，极端的全球化和极端的本地化都是片面的。对于国际企业而言，产品标准化意味着降低成本，产品的差异化意味增加成本，如何平衡这两个方面，既降低成本又能满足消费者求新求异的需求，考验企业的战略智慧。

21.1.3　定价策略

国际企业定价通常有三种策略：一是掠夺性定价策略，二是多点定价策略，三是经验曲线定价策略。

1. 掠夺性定价策略

掠夺性定价策略即把价格作为竞争武器，将较弱的竞争者逐出一国市场，然后再抬高价格，获取更高的利润。

这种策略会受到反倾销法规和反垄断法规的限制。所谓倾销，是指公司以低于制造成本的价格销售产品。各国政府为保护本国市场免受外国产品冲击，经常会对外国产品的价格进行调查，一旦构成倾销，企业就会面临反倾销的高额关税。成本价格定义是模糊的，中国企业经常在欧美受到不公正的指控。

2. 多点定价策略

多点定价策略是指一家公司在一个市场的定价策略可能会影响其对手在另外一个市场的定价策略，在一个市场的攻击性行为可能会招致对手在另一个市场的反击。因此，跨国企业的定价决策必须集中控制，总部对全球市场价格要加强监管。

3. 经验曲线定价策略

经验曲线定价策略是指随着企业累计产出的递增，单位成本将因经验效应而降低。许多国际企业应用这个策略定价，试图以低价提高全球的销量，达到学习效应与规模经济的效果。

21.1.4　渠道策略

营销渠道是指促使产品或服务顺利到达使用者、消费者的一系列相互依存的组织或个人。例如，批发商、零售商、物流企业等。国际企业的渠道策略主要考虑零售商的集中度、渠道的长度、渠道的独占性、渠道的质量四个问题。

1. 零售商的集中度

有些国家的零售体系非常集中，而有些国家却相对分散。例如，美国的零售体系就相当集中，围绕大商场、购物中心，人们开车购物，习惯每周购物，日用品和食物每次购买一周的使用量。而日本却是小商店林立，零售体系分散，人们通常步行购物，随要随买。零售体系不同，对于国际企业控制渠道的成本是不一样的，集中的体系比较容易掌握，分散体系就难以控制，或者控制成本比较大。

2. 渠道的长度

一般而言，国际企业要面对比较长的营销渠道，从出口商、进口商，再到批发商、零售商。渠道越长，意味销售成本越高，产品的价格、服务质量越难控制。因此，要降低成本，就要设法减少渠道的环节。采用网络营销，可以减少渠道的长度，甚至直接面对消费者，因此，近年来网络营销快速兴起。

3. 渠道的独占性

独占性是指国外的经销商很难进入本国的分销渠道。例如，美国的经销商喜欢历史悠久的产品，也不愿意冒险经营名不见经传的产品，所以商品要进入美国超市的货架是十分困难的。日本的零售体系十分排外，制造商、批发商、零售商关系密切，且不会经营竞争对手的产品，因此，国外经销商也很难进入日本的销售渠道。

4. 渠道的质量

渠道质量指经销商的商品知识、营销技能、竞争实力以及他们和厂商的合作态度。良好的经销商具有广泛的商品知识，可以向消费者介绍商品，指导使用商品，并做好售后服务；其营销技能高超，能吸引新顾客，留住老顾客；还拥有雄厚的资本、强大的营销团队；关键是他们能诚心诚意地与厂商合作，努力推销厂商的商品。

图21-1是一个典型的营销系统，国外的制造商要经过进口商、批发商、零售商，最终到达消费者。国内的制造商就不需要经过进口商，直接通过批发商、零售商，到达消费者。

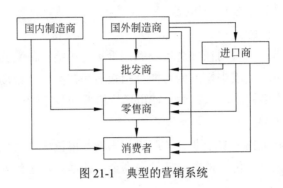

图21-1　典型的营销系统

综上所述，国际企业要综合考虑成本和经销商的质量，选择最有利于企业的营销渠道。

21.1.5　促销策略

促销是将产品和服务的信息传递给目标市场，并刺激消费者购买的一系列活动，如广告、人员推销、营业推广、公共关系等。国际企业的促销策略重点在于克服文化障碍，还有原产地效应、广告噪声对促销的影响。还要决定是采用人员推销还是广告推销，如果使用广告，是采用统一标准的国际广告，还是有差异的本土化广告。

1. 文化的障碍

促销活动使用的语言和图片要注意到不同国家、民族、宗教、语言文化的差异，不要冒犯宗教信仰、风俗习惯，以免造成不必要的麻烦。例如：美国的通用汽车曾有一款"VA型雪佛兰"，当汽车销往西班牙语系的拉美国家却无人问津，原来"NOVA"在西班牙语中意为"跑不动"。

2. 原产地效应

原产地效应是指消费者对产品的品牌身份和形象来源好坏的评估。在当今全球化的时代，很难说清产品属于哪一国籍，产品往往是各国分工协作的结果。然而，人们往往给产品和品牌打上国籍的烙印，例如："丰田"是日本的，"通用"是美国的。这在促销时会引起认同感或排斥感。

3. 噪声

噪声指的是其他竞争对手的促销宣传。在发达国家，竞争激烈，媒体发达，因此噪声水平高。而在发展中国家，噪声水平相对较低。

4. 推或拉的策略

推指的是使用人员推销的方法进行促销。拉指的是使用大众传媒进行广告促销。在可选择媒体较多的情况下，日常用品更多采用拉的策略，吸引经销商进货，通过经销商将产品销售给消费者。媒体比较少时，多采用推的策略，或者是工业品、技术复杂产品，通常采用人员推销，把产品销售给用户。

5. 国际广告

国际广告有全球标准化广告和本地化广告之分。标准化的广告可以降低成本，可以在全球形成一个统一的品牌形象，但其缺点也很明显，就是针对性不强，在有些国家和地区难以打动消费者，甚至有可能造成文化冲突。而本地化广告能够较好地针对本地消费者的需求，照顾到文化的差异，更好地打动消费者；缺点是需要制作不同版本的广告，广告成本高。

国际企业的促销应当在以上五个问题上加以考虑，努力达到最好的促销效果。

21.2　国际企业的关系营销

21.2.1　关系营销内涵及其作用

1. 关系营销的内涵

关系营销产生于 20 世纪 80 年代。随着市场竞争的加剧，传统营销理论已越来越难以适应企业发展的需要。因此在传统营销理论的基础上，西方企业家和经济学者对营销过程中可能发生的种种关系和作用进行了大量的探索与研究，发现正确处理与相关利益者之间的关系，并与他们建立长期合作关系是企业成功的关键，欧美及日本许多企业迅速将此理论转化为商业实践，并取得了巨大成功。

目前，学术界共识的关系营销概念是由营销大师菲利浦·科特勒（2002）提出的"关系营销就是创造、保持并提升与顾客及其他利益相关者的关系"。

2. 关系营销的作用

关系营销的作用，已经为全球众多学者和企业所认可，甚至有学者认为关系营销是对传统营销的革命，是 21 世纪企业制胜的法宝。当然，这种说法在关系营销如火如荼发展了 20 多年并遭遇了一些实践失败后受到了质疑，但丝毫不影响关系营销的地位及其应用范围的扩大。里奇何尔德和萨斯尔对跨行业的 100 个业主进行商业咨询研究，发现：只要提高顾客保留率 5%，公司的利润就会提高 5%～25%。美国学者杰伊·柯里和亚当·柯里（Jay Curry and Adam Curry）研究分析得到的结果是：

（1）前 20% 的客户带来了 80% 的收益，但所带来的利润可能超过 100%；

（2）目前的客户带来了高达 90% 的收益；

（3）营销预算中有相当大的比例花费在了非客户身上；

（4）在所有客户中，有 5%～30% 的客户具有在金字塔中升级的潜力；

（5）要想让客户在金字塔中向上攀升，客户的满意度十分重要；

（6）在客户金字塔中上升两个百分点，可能意味着收益增加 10% 以上，以及利润增加 50% 以上；

（7）争取一名新客户所花的钱是保持一名老客户的 5～10 倍。

从以上研究不难看出，关系营销已成为 21 世纪最热门的营销话题并被企业争相实施的原因。

21.2.2 跨文化关系营销基本思路——基于 Payne 六市场模型的分析

Payne 提出了影响关系营销的六大市场因素，即顾客、竞争者、分销商、供应商、内部市场及影响者市场。营销者要进行关系营销，必须要统筹兼顾这六个市场，根据不同的市场情况，寻找核心市场，合理规划对各个市场的投入与收益。

1. 落实客户关系管理理念，把握跨文化下客户真实需求

由于顾客关系管理的目标是要建立和维系一个可盈利并有归属感的顾客基础，因此顾客市场是关系营销研究的重心，也是企业跨国营销的最重要对象。我们可以把对顾客市场的关系营销看成对顾客市场的关系管理，其关键在于通常意义上的 CRM（customer relationship management，顾客关系管理）。对于顾客关系管理的定义，综合多数学者的研究，可以概括为建立一对一的营销数据库，将其与长期的顾客忠诚度以及公司增长战略相结合，通过个性化的营销与定制，吸引、发展和维护与顾客的关系，从而增加顾客的忠诚度。

关系营销是客户忠诚得以实现、维系和发展的重要手段，反过来，客户忠诚是关系营销活动的最终目标。客户是企业利润的源泉，商业战争也就是各企业抢夺客户和市场的策略比较。新技术普遍使用以及发达的资讯传播使得产品的同质化倾向越来越强，客户有更多的产品信息、价格信息和选择企业的机会，也在追求越来越多的让渡价值。价格战只会让企业的状况恶化，要获取客户忠诚就要采取个性化的策略，在服务上下功夫，以满足顾客心理需求为目标，在倾听客户心声，了解和处理客户个人喜好、价值观、需求和问题等方面提供细致入微的服务，并与顾客建立良好关系，这种情感联系是关系营销的重要因素。

（1）基于不同文化背景的顾客，关系营销的侧重应有所不同。例如，在西方市场进行顾客关系营销时，让渡价值是首要关注因素，要将产品质量、价格、服务、信誉等作为顾客关系管理指标，并且及时与顾客沟通，掌握并满足顾客的个性化需求，才能维系、加强与顾客的关系。而在东方是利用个人与个人之间的关系来维系组织与组织之间的关系，在这样的国家，维系、加强顾客关系除了创造让渡价值，更重要的是在营销过程中维护企业品牌和形象，在日常生活细节上满足消费者被尊重和被关心的需求。

（2）基于不同类型的顾客，关系营销的方式也应有所区别。可将顾客分为三类：最有价值顾客、最具增长性顾客、负值顾客。例如，对有增长性的顾客提供更多的优惠以及更特别的服务，增加其价值感，以此提升这些顾客的心理地位，对于负值顾客，企业可以平常对待。

为了更好地落实客户关系营销理念，首先有必要为跨国情境下的顾客提供个性化服务。其次，要在全球范围内进行组织流程再造。通过国际合作，构建面向顾客价值的国际合作关系和合作网络。

2. 尊重员工文化差异，建设好内部市场

企业内部关系包括与下属单位、雇员和职能部门等三种关系，也就是通过内部营销吸引、培养和保持顾客满意的员工，从而建立顾客导向的关系营销文化。企业内部员工既是

关系营销的执行者，又直接为外部顾客（包括相关利益者）提供服务。要想获得忠诚的员工，就要对内部人员进行投资。不同文化背景下，对员工的投入有所不同。西方的员工讲求平等及独立的工作环境，重视物质利益、事业发展道路以及双向沟通，服从契约和制度。而中国企业强调人际关系和谐，员工对企业的归属感。

国际企业要解决企业内部员工的文化冲突与融合问题，加强与员工的沟通和交流，充分了解来自各国的各个员工的优势、需求和欲望，人尽其用，最大限度地发挥员工的特长。同时，保证企业内部的信息畅通，给员工以最大的知情权以及最大化的授权，并对员工进行全面培训和有效的绩效考核，来激发员工积极性和创造性。享誉国际的迪士尼公司，其销售快乐的营销理念一直以来是营销理论的典型案例。该公司认为营销员工对消费者的积极态度是迪士尼"销售快乐"成功的第一步，这样的理念值得中国国际企业学习研究。

3. 实现横向和纵向利益市场共赢局面

相关利益市场包括两种结构的关系市场，即横向市场和纵向市场。横向市场包括客户、竞争者等有着直接利益关系的市场；纵向市场则是企业的供应链上的合作者，即供应商以及分销商、零售商、广告商、银行、市场调研机构等中介组织。

1）横向结构市场的关系营销

有竞争才有发展，企业对待竞争者没必要采取你死我活的零和博弈态度，同行中某些领域是竞争关系，某些领域可以是合作关系。例如，华为是 IBM 的客户，IBM 为加强与华为的合作，与华为联合研发，加强了技术合作的深度，IBM 与华为结成了利益联盟，不但得到了一个忠诚的客户，也借助华为的影响力拓展了国际市场，提升了自身的业绩。

变竞争为合作的战略联盟是一种双赢的局面，但是，组建战略联盟的前提条件是：坚实的互信基础、战略方向一致、优势互补、利益公平分享、应变能力强、价值取向相近，同时，还要考虑兼容性、能力以及投入等因素。企业要注意的是，要避免在核心竞争领域的合作，尤其是在跨国经营的情况下，核心领域的竞争力是企业的生命线，如若出现问题，很有可能令企业失去某一国市场。

2）纵向结构市场的关系营销

供应者市场指原材料、零部件或产品的供应者。关系营销理论突破传统营销理论，不是将企业与供应商定位为单纯的讨价还价的关系，而是强调两者之间合作双赢的伙伴关系。企业应该采取各种措施建立、维护与供应商之间的关系，建立供应商的数据库，用个别交流、互访活动、定期或不定期会议以及培训讲座等方式来与供应商建立紧密关系；企业要与具有竞争优势并且对企业利润有着重大影响的供应商建立长期战略合作伙伴关系，即加强在开发研究、物资供应、人员交流等方面深层次互相协作，共享计划、产品设计和市场信息，甚至可以将业务外包给供应商。

中介组织中与企业利益有着最密切关系的是分销商，他们可以帮助企业收集信息，制订销售计划、促销计划，吸引消费者，推销商品，服务顾客，并承担渠道风险。因此，企业要与分销商建立战略伙伴关系，帮助和关心分销商的发展。

4. 充分利用政治权利、公共关系及人才优势

关系营销是从"大市场营销"概念衍生、发展而来的，这种概念由科特勒提出，目的在于解决国际市场的进入壁垒问题。在贸易保护主义日益盛行的今天，要想打开国外某些封闭的市场，企业必须借助政治权力和公共关系这两种工具。影响者市场主要指政府部门、社会团体、业内专家、行业协会以及媒体记者等。这些市场在不同程度上对企业起到支持与限制的作用。对市场影响者的关系营销主要是处理好与对企业影响较大的影响者之间的关系，获取支持，降低限制。

企业应该积极对待与政府之间的关系，自觉遵守东道国的法规，在企业能力范围内，协助政府解决相关问题，比如参加一些政府号召的公益活动，提升自身形象。如果企业能与政府树立共存共荣的理念，政府就会制定出对营销活动有利的政策。

此外，要加强与行业协会的信息交流，同行业中优秀企业定期交换信息，重视业内专家意见，这是国际企业打开国外市场、了解行业情况、选择战略联盟伙伴的最好机会。媒体记者的评论影响消费者的购买意愿，企业需要加强自身建设，积极树立正面形象，建立与媒体的关系，争取更多正面的报道，在跨国营销中打开局面。

最后，在跨国营销中，吸纳当地人才也是企业必须重视的环节。优秀人才是稀缺资源，国际企业可以用向当地大学的优秀学生提供奖学金、进行就业指导以及专业培训等方式，换取人才的加盟。

21.3 国际企业营销案例分析

1. 苹果手机的"饥饿营销"

每当苹果公司推出新款手机，"果粉"便会在苹果专卖店前通宵排起长队。想当年由于 iPhone4S 的火爆，"果粉"们为了抢先购得苹果新手机，会先去贴有"近期 iPhone 没货"告示的苹果授权经销商处体验产品，然后再去国美、苏宁以及运营商处加价抢购。苹果公司这种限量销售的营销策略就是所谓的"饥饿营销"。

"饥饿营销"策略所遵循的并非以满足顾客体验价值为核心的消费逻辑，而是以满足顾客投资价值为核心的金融逻辑。事实上在苹果公司眼中，苹果手机既是一个消费品，同时又是一个投资品。"果粉"们购买手机的需求动机已由消费切换为套利。套利，是指赚取某一商品在时间和空间上的价差。这里的价差套利空间是感知价值和销售价值两者之差。苹果公司采用"饥饿营销"策略时，"果粉"们在苹果手机稀缺性所激发的套利动机驱使下，会去国美、苏宁以及运营商处以加价抢购的方式，购得苹果新款手机。

"饥饿营销"的心理机制的根据是 1975 年社会心理学家史蒂芬·沃切尔的实验。他的实验表明物品的稀缺性对人们消费心理所造成的影响是，凡是越少越不容易得到的物品，它在消费者心目中的价值就会越高，它的吸引力就会越大，因此产品限量供应可以提升消费者产品价值的感知，进而增进产品的吸引力，提高其销量。业内人士普遍认为正是"产能不足，控制销量，黄牛囤货"的"饥饿营销"策略，使得苹果公司在中国市场的份额稳步提升。

2. 华为公司的国际营销策略

1）华为公司独特的营销发展战略

华为公司的跨国经营战略可归结为：首先，扎根国内市场，稳定消费者群体；其次，提高国际化程度，积极打入海外市场；再次，从发展中国家扩张到发达国家；最后，在发达国家力求创新与合作。

华为公司用大市场营销指导企业的国际化经营，以扩大消费者群体，减少各方面的阻力。大市场营销是针对贸易保护主义下的封闭性国际市场提出的，在封闭性国际市场中，企业会受到来自国外市场的压力，为了弥补传统市场营销的不足，大市场营销对 4P 法则新加入了政治权力（political power）和公共关系（public relations）这"2P"，这会对企业产生推力和拉力。大市场营销使企业认识到要利用、改变甚至创新环境，既要满足消费者需求，又要引导和创造市场需要，这是大市场营销的精髓。

2）华为的国际营销策略

（1）华为的产品策略。华为对产品技术研发方面的投入是举世无双的。华为的研发投入不少于销售收入的 10%，在瑞典斯德哥尔摩、美国达拉斯及硅谷、印度班加罗尔、俄罗斯莫斯科，以及中国内地多个省份设立了研发机构，通过跨文化合作，实现全球研发战略。相关数据显示，2014 年华为的科研投入为 400 亿美元，到 2015 年，投入竟高达 596 亿美元，仅次于丰田。华为产品始终以消费者需求为导向，消费者需求是产品开发设计的出发点。如今是飞速发展的 5G 时代，华为顺应时代潮流，响应消费者需求，对产品不断更新，指纹识别、强大摄影功能、电池续航等，都是华为满足消费者更高层次需求的表现。产品性能不一定最优，但一定适用；产品技术不一定最先进、最前沿，但一定可以满足客户急需，力求使消费者得到更好的用机体验。

在国际市场营销中，产品整体的概念包括三个层次：核心产品、形式产品和延伸产品。华为深刻理解产品的整体概念，推出了一系列包括服务外包、通信设备、软件、智能终端（手机）在内的产品和服务。

当华为在中档市场获得巨大成功时，采取产品线双向延伸策略，同时向低端市场和高端市场两个方向延伸，它的产品生产线覆盖移动网络、固定网络、光网络、业务与软件、数据、移动终端六大类，并配套 20 多个产品种类和解决方案，广度的生产线和多层次的产品，都是打动消费者的重要原因。

（2）华为的品牌策略。华为是中国最具代表性的民族企业，它打着民族品牌这一旗号，拼杀国内市场，冲向国际市场。华为的品牌价值赢得了广大消费者的青睐，无论是在品牌知名度、品牌美誉度还是在品牌认识度上，华为都在消费者心中树立了较高地位。仅华为手机就有荣耀、Mate、P 等多个品牌系列，不仅满足了消费者多层次的需求，也为它的国际市场定位提供依据。

（3）华为的价格策略。价格历来是最重要的竞争手段和市场因素，华为公司地处深圳，劳动力价格相对国外厂商要低很多，在成本控制环节上要求严格，建立了较好的成本和预算控制策略，结果使华为在产品生产成本上极具优势。在很长一段时间内，华为产品的价格只有国际市场上同种同质商品的一半，这使华为在短时间内赢得了大片市场。有关报道称，华为在美国媒体上所打的广告语是"我们唯一不同的就是价格"，这当然有所指向，中国劳动力的低成本和欧美国家劳动力的高成本存在相当大的差距。也就是说，即使华为的技术在跨国公司的较量中暂居下风，但产品成本的天然优势将消除彼此的实力差距。在电信产品日趋大众消费化的前提下，价格因素可能比品牌因素更能牵动运营商选择产品的神经。但是这种低价策略会给人低价低质的错觉，不易取得客户信任，华为在美国、巴西等地也遇到过此种情况。与此同时，低价也压低了华为的利润，随着国际营销进程加快和研发成本逐渐提高，华为从成本领先向技术领先转移。在低价的基础上，华为还针对不同国家的市场制定了不同的价格策略，使价格具有伸缩性，更好地适应当地环境。

（4）华为的渠道策略。国际企业要开拓海外市场，渠道策略是其成败的决定因素之一。华为经过多年的打拼已经营建出适合自己发展的渠道策略。开拓市场有难易之分，华为采取先易后难的策略，先与和记电信合作，随后开拓市场规模相对较大的俄罗斯和南美地区，再进入东南亚市场和发达国家。在不同国家，华为的进入方式也有所差别，比如俄罗斯市场广阔，民众受教育程度高，劳动力价格低，华为选择对外直接投资的方式，在当地建立了合资公司。在德国，由于技术严格、投资周期长、成本高，所以华为采取出口方式，与当地著名代理商合作。代理商和自建营销网络的结合，铸就了华为的一大亮点。

学习辅导 21.1　国际企业市场营销

【本章小结】

市场营销是实现企业经营目标、获得良好效益的关键环节。国际企业营销与一般营销存在全球市场环境的差异以及营销策略的差异。如何针对不同国家、地区不同的消费方式、文化、偏好等，采取差异化的营销策略，以不同的营销手段，扩大市场占有率，提高销售额，提高企业的经济效益是本章研究的主要问题。本章还研究国际企业关系营销问题，国际企业可采取关系营销，努力吸引新顾客，更重视留住老顾客。本章还介绍了饥饿营销和华为国际营销的案例。

【思考题】

1. 名词解释：国际市场营销、营销渠道、促销策略、倾销、关系营销、渠道的质量、渠道的独占性、噪声、推和拉的策略、原产地效应、掠夺性定价、多点定价、经验曲线定价、影响者市场、内部市场

2. 什么是国际市场营销，它与一般营销有什么不同？

3. 国际企业可采用哪些产品策略，如何解决产品策略中的矛盾问题？

4. 简述国际企业的定价策略。

5. 国际企业在确定营销渠道时应当考虑什么因素？

6. 国际企业在制定促销策略时应当考虑什么因素？

7. 什么是关系营销，它包括几个方面？如何运用关系营销提高国际企业的经营业绩？

8. 什么是饥饿营销，其消费逻辑、心理机制是什么？

9. 华为的国际营销策略有什么特别之处？

【即测即练】

【英文阅读】

第22章　国际企业的人力资源管理

【学习目标】

1. 了解国际企业人力资源管理的基本情况；
2. 掌握国际企业人力资源管理的主要模式；
3. 熟悉国际企业人力资源管理的特点；
4. 熟悉中美欧人力资源管理的不同特点。

思政案例

华为公司如何管理海外员工

华为创立于 1987 年，是全球领先的 ICT（信息与通信）基础设施和智能终端提供商，致力于把数字世界带入每个人、每个家庭、每个组织，构建万物互联的智能世界。目前华为约有 19.4 万员工，业务遍及 170 多个国家和地区，服务 30 多亿人口。2018 年全年实现销售收入 721 202 百万元，同比增长 19.5%。其中，中国市场 372 162 百万元，占 51.6%；欧洲、中东、非洲市场 204 536 百万元，占 28.4%；亚太市场 81 918 百万元，占 11.4%；美洲市场 47 885 百万元，占 6.6%。作为一个全球性的跨国公司，华为一直在默默拓展海外市场，把商业触角扩展到全球市场，目前华为公司在全球共设立了 30 多个分支机构，除了中国员工外，还招纳了大量当地员工，包括技术、销售、财务等人才。

为了实现对海外员工的有效管理，华为努力推行海外办事机构的本土化战略，注重对当地文化的"包容性"和"引导性"。在墨西哥，华为的本土化战略相对而言比较彻底，华为完全按照当地的节假日作息，按照当地的风俗给员工过生日，按照当地员工的习惯上下班。由于墨西哥堵车很严重，因此华为允许员工上班时间可以稍微迟些。最初，拉美员工上班迟到是家常便饭，上班时间闲聊更是常见，但是在华为公司强势企业文化的影响下，尤其是在中国员工没有加班费但也常常深夜加班的拼命精神影响下，拉美员工终于接受了华为文化，更加努力工作。

在印度，华为的引导性战略做得尤为有效。例如，华为的企业文化是鼓励员工在评审中尽可能全面地表达自己的意见，但是印度员工的个性特点导致他们尽管考虑全面，却不一定会提出很多意见。为此，印度研究所每月选定一天为"公开日"。在公开日里，所有员工都可以直接对领导和各级项目主管提意见。最初，印度员工由于生性谨慎很少愿意主动表态，但受到中国员工的感染，印度员工也开始大胆表达自己的意见了。比如，将平时上班服装改为休闲类服装的建议就是由印度员工提议的。

在华为的海外机构，大家都在努力营造这样一种氛围：在公司内部不论国籍、不分种族，大家都是华为的员工。中外各种文化在不断碰撞的同时又在华为文化的熏陶下相互融合，华为公司逐渐呈现多元化、国际化的特征。

资料来源：张一驰，张正堂. 人力资源管理教程 [M].3 版. 北京：北京大学出版社，2019：284.

全球竞争关键在于人才竞争，就如思政案例所述。各国各地区都在努力吸引人才争夺人才，国际企业要在全球竞争中取胜，就必须意识到人才的重要性，发挥人的积极性和创造性，合理配置人才、使用人才。

22.1　国际企业人力资源管理的发展概述

随着世界经济一体化程度的逐渐加深，跨国公司成为非常重要的一种经济组织，而这对人力资源管理提出了新的要求。许多国际企业正在通过将市场扩展到从未接触过的其他国家或地区的方式实现全球化。在这种国际化背景下，为了在全球经济市场中获得竞争优势，跨国公司在国际化过程中必须提高其人力资源管理能力。当将人力资源管理的功能置于国际大环境时，传统意义上的人力资源管理就变成了国际人力资源管理。

22.1.1　国际企业人力资源管理的内涵

国际企业人力资源管理（International HRM，IHRM）的内涵有广义和狭义之分。从广义上来讲，国际企业人力资源管理是研究和应用所有人力资源的活动，这些活动会影响全球化环境下企业的人力资源管理的过程（Tarique et al. 2015）。而从狭义上来讲，国际企业人力资源管理是指在一个国际企业内获得、分配和有效使用人力资源，以实现国际企业总体经营战略目标的过程（张一驰和张正堂，2019）。

Morgan（1986）在其论文 *International Human Resource Management: Fact of Fiction* 中将国际企业人力资源管理定义为：处在人力资源管理活动、员工类型和企业经营东道国类型这三个维度之间的互动组合，并在此基础上提出了国际企业人力资源管理模型（图 22-1）。该模型主要包含三个维度：①在人力资源管理活动方面，包括人力资源的获取、配置和使用。②在国家类型维度上，主要分为东道国、母国和其他国三种类型。其中，东道国主要是指跨国公司业务扩展地所在的国家，即国际企业在海外建立子公司或分公司的国家；母国主要是指公司原注册地及公司总部所在的国家；其他国主要是指劳动力或资

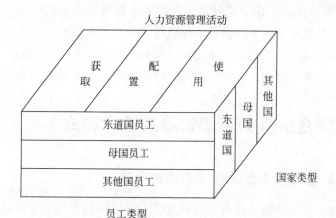

图 22-1　国际企业人力资源管理模型

资料来源：MORGAN P V. International human resource management: fact of fiction[J]. Personnel administrator, 1986, 31(9):44-56.

金的来源国。③在员工类型维度上，主要分为东道国员工（host-country nationals）、母国员工（home-country nationals）和其他国员工（third-country nationals）。例如，华为公司设在印度的分支机构招募当地员工，即为东道国员工；并且经常安排中国人到印度地区任职，即母国员工；还派遣英国籍的员工到华为在印度的公司工作，即其他国员工。

22.1.2　国际企业人力资源管理与普通人力资源管理的区别

由于国际企业涉及在不同国家经营并招聘不同国籍的员工，因此，相比普通人力资源管理来讲，国际企业人力资源管理具有更强的环境复杂性，而这种环境复杂性导致国际企业人力资源管理与普通人力资源管理之间存在显著差异，主要表现在以下方面。

（1）国际企业人力资源管理具有更多的 HR（人力资源）功能和活动。一般而言，从职能上讲，普通人力资源管理的主要活动包括人力资源规划、工作分析与岗位描述、员工招聘、员工培训、绩效管理、薪酬管理、职业发展、员工激励和劳资关系等。而国际企业人力资源管理除了包含以上活动外，还包含一些额外活动。例如，需要管理员工外派，就必须了解国外的所得税，社会安全税收制度、国外的工作签证规定、国外的税收制度，以及如何安排员工的搬家、配置等活动。

（2）更多介入员工的私人生活。普通的人力资源管理主要关注的是员工在企业内的工作态度、行为和结果，而对员工的私人生活较少关注。而国际企业人力资源管理由于涉及外派人员，而在外派人员选派、训练到派任、省亲、回任等过程，都可能会牵涉到员工的个人生活。因此，国际企业人力资源管理必须与员工有更加深层次的互动。

（3）管理更多多元化的员工。普通的人力资源管理大多是讨论母国国民在企业中的管理问题，这些人员大多处于相同的政治经济文化环境之下，同一地区，拥有统一的薪酬政策，因此，虽然仍然可能具有个体差异性，但是总体而言，同质性较强。而国际企业人力资源管理涉及对母国员工、东道国员工和其他国员工进行管理，而这些员工虽然在同一个地区工作，但是却可能面临不同的薪酬制度、不同的税赋计算和福利津贴等，因此需要处理的异质性问题较多。

（4）外界环境的压力。由于国际企业人力资源管理涉及多国环境，因此相比普通人力资源管理来讲，需要承受更多来自外界环境带来的压力，处理不同国家所诉求的不同议题。例如，除了不同国家由于法律、文化、货币和语言所引起的问题外，一般而言，发达国家较为重视劳资关系与福利，而发展中国家较为重视就业率和劳动力管理。

22.2　国际企业人力资源管理的基本模式

22.2.1　国际企业人力资源管理的四种模式

跨国公司实施国际人力资源管理的模式很多，其中最具有代表性的是由帕尔模特和其同事（Perlmutter，1969；Heenan et al.，1979）所提出的四种基本模式：民族中心模式（the ethnocentric approach）、多元中心模式（the polycentric approach）、全球中心模式（the geocentric approach）、地域中心模式（the regiocentric approach）。

1. 民族中心模式

在民族中心模式下，企业将母公司的政策和操作方法直接移植到海外子公司，人员管理偏向母国模式，只有母国的管理人员才是高级经理人员的首选。在这种模式下，公司总部做战略决策，国外的分支机构基本没有自主权，国内和国外机构的关键位置都由总部的人员担任。这种做法适用国际战略，采用此法的主要原因：一是东道国缺乏合适的管理人员；二是可以比较好地把母公司文化传播到子公司；三是可以把母公司核心竞争力转移到子公司。这种做法的主要缺点：一是限制了东道国人员的发展机会，导致怨恨不满，效率低，人心不稳。二是会导致文化的短视（cultural myopia），管理人员不了解东道国文化，可能出现文化冲突，经营失败。

2. 多元中心模式

在多元中心模式下，跨国公司将每个分支机构看成具有某些决策自主权的独立个体。子公司根据当地环境采取合适的人力资源政策，其管理岗位可以由东道国员工承担，总部的关键岗位仍然由母国人员承担，这实质上是本土化的一种做法。这种模式适用当地化战略。其主要优点：一是消除语言障碍，避免了外派经理人员及其家属的文化适应问题，也没有必要举办昂贵的文化意识培训课程；二是在政治敏感地区，能够使公司保持低调，不被关注；三是能够公司节省大量开支；四是能使当地的公司在管理上有延续性。其缺点是母公司和子公司可能产生隔阂，不利于公司协调和转移竞争力。

3. 全球中心模式

在全球中心模式下，跨国公司采取全球化方法进行管理，并在全球范围内配置母国人员、东道国人员和第三国人员，管理工作可由最适合的任何国家的员工担任，不重视个体的国籍但重视个体的能力。这种做法适用全球战略和跨国战略，采用全球中心模式的主要原因：一是有才华的管理人员不只集中在总部，分支机构中也不乏人才；二是跨国经历是高管人员成功的重要条件；三是具备高管潜力的管理人员时时都为从一个国家调任到另一个国家做好了准备；三是通过海外岗位的锻炼，可以培养管理人员的开放心态和文化适应能力。其主要缺点有：一是会受到东道国移民政策限制；二是实施成本高，薪酬费用、培训费用、安置费用均高。

4. 地域中心模式

地域中心模式下，子公司按地区进行分类，各个地区内部的人力资源尽可能地协调，子公司的管理人员由本地区任何国家的员工担任。这种策略是全球中心策略的缩小版，这种做法适用全球战略和跨国战略。采用这种模式的优点：一是合理利用本地区的人力资源，建立一支区域化的管理团队；二是促进区域总部的管理人员和分部人员进行很好的交流；三是帮助公司从民族中心、多元中心过渡到全球中心模式。其主要缺点：一是会受到东道国移民政策限制，二是实施成本相对较高。

上述四种管理模式的特征可以归纳为表 22-1。

表 22-1　国际企业人力资源管理的四种模式

企业的特征	民族中心模式	多元中心模式	地域中心模式	全球中心模式
整体战略	全球整合	反映东道国市场	反映东道国市场与区域市场	反映东道国市场与全球整合

企业的特征	民族中心模式	多元中心模式	地域中心模式	全球中心模式
组织结构	产品别	地区别	产品别／地区别／矩阵型	网络型
标准设定、评估与控制	由公司总部负责	由子公司当地的管理者负责	在地区内部的各个国家之间协调	全球和当地的标准与控制并行
企业文化	母国文化	东道国文化	区域文化	全球文化
人力资源决策者	总公司	东道国子公司	区域总公司	总公司与子公司合作
沟通与协调	从公司总部到各地子公司	在各子公司之间和子公司与总部之间都很少	在子公司与总部之间很少，在地区的子公司之间一般较多	在子公司之间和子公司与总部之间结成完全联系的网络
人员任用	本国员工担任管理人员	东道国员工担任管理人员	本地区各国员工担任管理人员	用人唯才，不分国籍
员工管理	母国经理	东道国经理	经理可能来自地区内的某个国家	最佳的人选分配到能发挥最佳效果的地方

资料来源：FISHER C D, SCHOENFELDT L F, SHAW J B. Human resource management[M]. 6th ed. Boston: Houghton Mifflin Company, 2005:768; HEENAN D A, PERLMUTTER H V. Multinational Organization Development[M]. MA: Addison-Wesley, 1979.

22.2.2 国际企业人力资源管理模式的决定因素

国际企业人力资源管理四种模式各有特点，国际企业在选取人力资源管理模式时，需要综合考虑以下因素。

1. 东道国政策

目前，许多发展中国家的管理人才和专业技术人员都严重缺乏，因此他们希望通过鼓励跨国公司到本国投资建立分支机构的方式来招聘、培训和发展本国的高级人才。在这种政策引导下，国际企业应当采取民族中心模式，将母公司的政策与操作方法直接移植到子公司，并由母公司派出的本国员工管理子公司，并在子公司中担任重要职位。

2. 东道国的管理、教育和技术发展水平

除了政策因素，东道国的管理、教育和技术发展水平对人力资源管理模式的选择也有重要影响。国际企业既可以在经济比较发达的国家和地区开展跨国业务，也可以在经济比较落后的地区开展跨国业务，而业务开展地区的管理、教育和技术发展水平也可能会对人力资源管理模式产生影响。在经济发达国家和地区，存在大量优秀的管理和技术人才，因此国际企业可以采取多地域中心、地域中心甚至是全球中心的人力资源管理模式。而在经济欠发达国家和地区，不仅缺乏优秀的管理和技术人才，而且大多数员工都缺乏运作现代化生产流程和从事服务活动所需要的基本技能，因此国际企业就必须采取比较集中化的人力资源管理策略，并派出本国员工进行现场监控。

3. 产品性质和生产技术特征

国际企业所提供的产品性质和生产技术的特征会对其选择的人力资源管理模式具有重要影响。如果跨国公司所提供的产品和服务需要复杂的技术，或者需要遵循较为严格的生产标准，在这种情况下，就需要派出本国的管理人员和技术人员严格监督与管理生产过程，

以保证产品的生产质量。相反，如果跨国公司的产品生产技术并不复杂，而且需要根据当地市场的需求调整生产技术，在这种情况下，就需要充分利用东道国的管理和技术人才。而且，这种利用当地人才的方式，也有利于跨国公司在东道国快速打开市场和销售渠道，有利于在当地市场取得成功。

4. 组织与产品的生命周期

组织与产品的生命周期会对国际企业的人力资源管理模式选择产生影响。在初创阶段，企业一般以本国市场业务为主，只开展有限的海外业务，且海外业务以出口和非常有限的海外销售为主，在这种情况下，国际企业主要采取民族中心的人力资源管理模式。在功能扩张阶段，海外业务逐渐成为企业业务的重要组成部分，有些跨国企业甚至开始在海外逐步建立自己的生产部门，但是这时跨国公司并没有将海外业务真正上升到组织发展战略的一部分，而是作为组织扩张的附属。这种情况下，国际企业可能采取多元中心的人力资源管理模式，由当地员工组织海外工厂的生产。到控制增长阶段，国际企业致力于生产率的提高和成本的降低，并尽力在主要的海外业务单位和国内各个部门范围内谋求规模经济与功能整合，在这种情况下，国际企业可能采取地域中心的人力资源管理模式，并逐步向全球中心模式发展。而到了战略发展阶段，在激烈的外部竞争环境影响下，国际企业开始将自身在全球范围内的业务看作一个全球性的整体，以获得最大的竞争优势，在这种情况下，国际企业应该采取全球中心的人力资源管理模式，实现研究开发、市场营销、生产活动的全球一体化。

5. 文化差异

国际企业人力资源管理需要克服在海外环境下人力资源管理存在的困难，在国际文化、宗教、政治等多元环境下，国际企业人力资源管理者要对东道国文化、政治和法律与本国之间的差异有所了解，制定不同的人力资源管理政策来适应不同的文化需求，母公司应当采取更加开放包容的态度和更加灵活的手段来加强不同人力资源需具备的功能。跨国公司总部的国别差异引起的文化差异对跨国公司的人力资源管理模式也有重要影响。例如，与欧美跨国公司相比，日本的跨国公司更倾向于用本国的员工填充海外子公司的管理职位空缺。

6. 劳动力成本差异

各个国家的劳动力成本的不同会导致国际企业人力资源管理政策上的差别。如果跨国公司所建立的分支机构所在的东道国的劳动力成本比较高，那么国际企业就需要采取更加强调生产效率的人力资源管理政策，以不断地提高企业员工的生产效率，控制成本。

学习辅导22.1　国际企业人力资源管理概述

22.3　国际企业外派人员管理

外派人员（expatriate）主要指的是母公司派往东道国工作的母国或第三国人员。包括外派经理人员和外派技术人员两类。国际企业的商务机构遍布全球。美国的跨国公司派到海外的经理人员，连同他们的家庭，公司平均每年要花费25万美元，成本巨大。在1965—1985年的20年间，美国跨国公司中因无法胜任海外工作而召回的员工比率为25%～40%。欧洲和日本跨国公司的外派失败率相对要低一些，有1/6的日本跨国公司和3%的欧洲跨国公司外派员工的召回率在10%以上。因此，外派人员的管理是国际企业人力资源管理重要一环，如何让外派人员尽快熟悉国外的工作环境，适应生活习惯，安心做好海外经营管理是十分重要的课题。

22.3.1　外派人员的适应性问题

1. 外派人员适应性的重要性

外派人员的跨文化不适应是外派人员管理的重要问题。美国跨国公司外派员工失败的原因依次是配偶不适应、外派管理者本人不适应、其他家庭问题、管理者的情感不成熟和无法胜任较大的海外业务责任。欧洲跨国公司外派员工失败的主要原因是外派管理人员的配偶不适应海外的生活。日本跨国公司外派员工失败的原因依次是无法胜任较大的海外业务责任、工作调动困难、管理者的个人和感情问题、工作能力的缺乏和配偶不适应。

如果外派人员不适应，可能造成以下后果。

（1）外派人员的工作不适应，导致提前回国，给公司带来巨大的经济损失和声誉损失，丢失商业机会以及市场份额。

（2）给外派人员的自尊和自信等造成伤害，在同事中的威信也会受到影响。

（3）影响外派人员回国后的工作情绪，以及工作绩效。

（4）对公司以后的外派人员选拔造成不利影响。

2. 跨文化适应维度

跨文化适应有三个维度，即一般适应、人际适应和工作适应。

（1）一般适应。一般适应指在当地生活的舒适程度，如对住房、饮食、购物、生活成本、娱乐以及医疗等的适应情况。

（2）人际适应。人际适应指与当地人在工作上以及工作以外互动的舒适程度。

（3）工作适应。工作适应指对工作职责、绩效考核标准和管理职责的认可程度。

3. 外派人员跨文化适应的影响因素

外派人员跨文化适应的影响因素主要有以下几个。

（1）"个性特征"因素，如外派人员自身的人格特质、外派动机、海外工作经历、工作技能、语言技能。

（2）"角色转换"因素，该因素认为外派人员的跨文化适应一定程度上源于他们的角色转换情况，包括角色差异、角色权限、角色模糊性、角色冲突等。

（3）"组织支持"因素，该因素认为外派人员的跨文化适应受到组织支持程度的影响，如选拔机制和标准、跨文化培训、后勤支持以及组织支持感等。

（4）"社会环境"因素，该因素认为，家属适应性以及国家文化差异等影响了外派人员的跨文化适应。

4. 中国企业与西方企业外派人员在适应性方面的差异

我国外派人员较复杂，整体偏年轻化，70%都在30岁以下。西方外派人员的平均年龄在35岁以上。在跨文化适应性方面，我国外派人员的特点如下。

（1）组织支持感和跨文化适应程度相对较低，适应水平明显低于西方人员。不管是外派人员还是留学生，我国人员"老乡"情节较重，喜欢老乡扎堆，对融入当地社会的需要还未显露。中国企业外派人员的跨文化适应更多取决于他们的切身利益是否受到了照顾，这与中国企业处于跨国经营初级阶段相对应，即能够激励组织成员的首要因素是对他本人以及家属福利地位的关心。相较于工作促进和社会支持，福利支持直接关系到他们目前的生活状况，而回任安排直接关系到他们未来的生活状况。

（2）不存在家属适应性的问题。这与自古以来的传统习惯有关，自古以来我国商人外出就鲜有携家带口的习惯；调查显示，96.1%的我国外派人员没有家属陪同，这与我国外派人员工作周期较短（1～3年）有关。而家属适应性在国外的外派人员研究中是非常重要的话题，且一致认为家属适应性是影响外派人员融入当地社会重要因素。我国目前没有这个问题，也许将来会有这个问题。

22.3.2　外派人员的选拔

1. 外派人员选拔时应当重点考察的因素

外派人员选拔时应当重点考察以下两个方面的因素。

（1）性格。性格是个体具有稳定性的、不易改变的心理特征。性格与个人的工作绩效有着密切的关联。不同的工作性质要求个体所具备的性格特征并不相同。对于企业的外派工作人员来说，由于个体需要在一个生活习惯、工作习惯、文化氛围极其不同的环境中提供服务，因此，情绪稳定的、外向型的、愿意与人交流沟通的性格更能够降低不确定性，迅速适应新环境，并有效地处理生活和文化差异等造成的困扰，确保工作顺利开展。

（2）知识能力。外派人员的知识能力极大地影响着他们与公司总部以及东道国子公司的交流，决定了他们对公司战略目标的理解和完成程度。由于外派工作环境的复杂性，外派人员需要有综合的知识结构。首先，外派人员要理解并克服在东道国的语言沟通障碍以及社交礼仪差异；其次，外派人员要深刻理解东道国的法律法规，掌握与东道国政府机构、供应商沟通的恰当方式；最后，外派人员，尤其是高级外派人员要掌握研究东道国消费者需求的技能，同时要在充分理解总公司战略意图的前提下，提高自身战略规划、战略执行、风险预测等方面的能力。

2. 外派人员遴选过程中需要做到的方面

在外派人员遴选的过程中，需要做到以下几点。

（1）遴选方案要因岗而异。企业要根据外派岗位工作性质的不同，设计不同的选拔方案。例如，跨国公司在选择分支机构首席执行官时，选拔标准依次为：交流技能、管理技能、成熟性和情感稳定性、对新环境的适应能力。选择职能性领导的标准为：成熟性、情感稳定性和商务知识。选择问题解决者的标准为：高超的技术知识、主动性和创造性。对技工的选择要考虑：成熟性、情感稳定性、熟悉东道国法律和风俗习惯。

（2）遴选方法要匹配得当。企业在选择外派人员时，应该综合使用面谈、标准化测试、评估中心、简历、工作试用、推荐等方法。除了对外派人选开展个性和心理测试以外，还有必要对其开展文化调适的检验。

（3）家庭因素要综合考虑。在选择外派人员时，要充分考虑其家庭的因素，家庭成员特别是配偶的情况，对于外派人员能否在海外成功胜任工作是一个相当重要的影响因素。美国 1996 年的一项调查显示，美国外派人员中 65% 有配偶随行，其中有 67% 的家庭至少有一个孩子，并且 80% 的孩子都在 12 岁以下。由此可见，配偶的工作、小孩的成长教育等家庭和工作冲突的问题会在很大程度上影响到员工的外派选择，不管配偶是否随行，都会分散外派人员工作期间的精力，消磨其工作热情，以至影响外派人员的工作绩效。

22.3.3　外派人员的培训

目前对外派人员的培训主要集中在外派前的文化敏感性培训上，如他国文化简介、角色扮演、文化理解等。随着人力资源理论和实践的发展，传统的培训方式已经不能满足外派人员的需求，目前外派员工的培训主要有三种方法：所在国的现实培训、全球性心智模式培训、互联网培训。

1. 所在国的现实培训

所在国的现实培训是指当外派员工到达东道国后进行的跨文化培训，或者是针对外派人员所遇到的突发事件而进行的针对性培训。多数公司认为，外派前的跨文化培训已经提供给外派人员海外工作所需的知识和技能，其实这种观念是错误的。一些研究者指出，外派人员到达东道国后进行的跨文化培训可能比外派前的培训更有效。此外，外派人员在东道国会不可避免地遇到突发事件，而外派前的跨文化培训往往不能涉及所有的情况，或者提供给外派人员在东道国遇到突发情况的所有答案。所以，外派人员到达东道国后仍需要更多的教育和培训，以教会他们恰当地处理突发事件的方法。

2. 全球性心智模式培训

全球性心智模式培训的根本目的是培养全球化的思想，拓宽全球化的视野，主要方法如下。

（1）邀请公司外派回国人员给即将外派人员和他们的家属传授海外工作、生活的经验，提高他们的跨文化交流的技能，以及海外生活的适应能力。

（2）有计划地选派即将外派人员到海外实地实习，培养外派候选人。

（3）通过评价中心对外派候选人的评价，鉴别其缺少什么知识、技能，然后进行有针对性的专门训练，如跨文化沟通、自我意识培训和国外项目管理等。

3. 互联网培训

使用教育软件或由外派人员自建的主页、论坛等，为即将外派人员提供丰富的学习素材。

22.3.4　外派人员的绩效考核

1. 外派人员绩效考核的复杂性

由于外派人员所在区域远离集团公司总部，也就增加了外派人员绩效指标考核的复杂性和难度。一是汇率的影响，使子公司绩效起伏不定；二是东道国经济的波动，也会对子公司的绩效产生影响；三是子公司与母公司的协作关系，有时也难以区分绩效的归属；四是转移价格的实施，也可能使子公司的绩效发生变化。因此，除了看报表外，还要看外派人员工作的积极性与主动性。

2. 外派人员绩效考核评估与沟通

外派人员绩效评估工作绝不是单纯的绩效考核方打分，还应当进行"绩效面谈"。评估的过程必须是绩效考核的双方就集团公司 HR 部门对被外派人员的评价进行沟通讨论，外派人员需要对每一项指标的得分进行说明，外派人员可以提出自己的不同意见，还可以参照上一任外派人员的意见。

22.3.5　外派人员的薪酬

对于在海外投资的跨国公司中工作的员工，薪酬的外部公平性和薪酬激励面临一些新的问题。由于员工在不同的国家工作，不同国家的物价水平有差别，因此跨国公司派到海外工作的员工为了维持在本国的生活标准所要支付的生活费用也就不同。跨国公司解决这种难题的主要方法是在整个公司范围内执行统一的与工作性质相适应的基本工资，然后根据员工所在国家和地区的具体情况，用各种专项补贴来实现薪酬的公平性。与本国国内的公司相比，跨国公司派到海外的员工的薪酬公平性会涉及特殊的国别差异问题。解决这一问题可采用国际经济中的购买力平等化方法，即派出员工的薪酬水平至少应该使他们在东道国保持与在本国时相同的住房条件、商品和服务消费水平以及储蓄水平，如果出现缺口则由公司弥补。大多数跨国公司对外派员工还实行海外服务奖金或津贴制度。

一般而言，外派人员的薪酬应当由以下几个部分组成（图 22-2）。

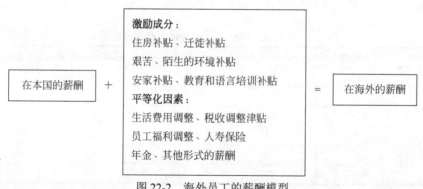

图 22-2　海外员工的薪酬模型

资料来源：CRINO M D. Personnel/Human Resource Management[M]. London: Macmillan, 1989: 424.

（1）基本工资：一般与母公司基本工资水平相同。

（2）国外服务奖金：对远离家乡、亲人，到异国他乡工作的补偿。

（3）补贴：艰苦补贴、住房补贴、生活补贴、教育补贴等。以保证外派人员在国外也能享受到与母国相同的生活待遇。

（4）纳税：避免双重纳税。如果要纳税，则母公司应当为外派人员支付东道国税金，如果东道国税金较高，母公司还要给予差价补偿。

（5）福利：保证外派人员的医疗和养老福利。

Milkovich 和 Newman（1994）将跨国公司的员工分成三类，分别是母公司派出员工、东道国员工和第三国员工。那些生活水平较高的发达国家为了鼓励本国员工来中国工作，不仅为他们提供很高水平的薪酬，而且在家庭生活和子女入学方面也提供了多种补助。以美国公司为例，当他们被外派到中国工作时，公司为他们确定薪酬时既需要考虑激励因素，又需要考虑确保实现公平的调整性因素。

22.4 中、美、欧企业人力资源管理差异比较

中、美、欧企业的人力资源管理有着各自鲜明的特征和差异，这些特征和差异受到了各自特殊的社会文化、管理制度、管理理念和管理标准等多个方面的影响。综合起来，中、美、欧企业人力资源管理差异性主要体现在四个方面：文化差异性、制度差异性、理念差异性和标准差异性。

22.4.1 文化差异性

文化是指一个国家或社会独特的价值标准、历史传统、基本观念、道德规范、生活信念、风俗习惯等。霍夫斯泰德按照不同的维度对多国文化进行了研究，在对企业员工的基本价值观及信念、员工收入、工作安全感、挑战性、自由和合作等综合性调查的基础上进行了系统分析，归纳出六种文化维度：权力距离、不确定性规避、个人导向性/集体导向性、阳刚性/阴柔性、长期导向性/短期导向性、宽容/约束，并对多国和地区的文化维度进行了量化。Aycan 等通过对 10 个国家的样本进行实证研究，肯定了文化对于人力资源管理实践的影响。中、美、欧文化维度得分比较见表 22-2。

表 22-2 中、美、欧文化维度得分比较

国家	权力距离	个人主义	事业成功	不确定性回避	长期导向性
中国	80	20	66	40	118
美国	40	91	62	46	29
德国	35	67	66	65	31
法国	68	71	43	86	39
荷兰	38	80	14	53	44
俄罗斯	93	39	36	95	N.A

从表 22-2 可知，中、美、欧的文化差异非常突出。

（1）中国文化价值观。中国崇尚儒家思想中的仁、义、礼、智、信，价值观以"和"为首，强调精忠，重视人与人之间的关系。儒学为主流的诸子百家十分推崇人本主义，表现为"仁者爱人""爱人能仁"等。中国儒家文化强调"自强不息""厚德载物"，中国人能耐劳、肯吃苦，具有不屈不挠、奋发向上的精神风貌。中国人重集体主义和平均主义，"不患贫而患不均"，每个人的个性受到一定的压抑，创造精神被窒息。企业管理体系中提倡"情"为纽带的"柔性管理"，强调思想观念的灌输，虽然有利于营造良好的工作氛围，但过分重视人情，忽视了制度和规章的建立。

（2）美国文化价值观。美国在等级制度方面，人与人之间依附关系弱化，上级权威受到约束，鼓励每个人拥有同等权利，等级差异小。美国人思想开放，鼓励创新，对于新鲜事物态度积极，认为工作和生活同等重要，鼓励竞争，有限度地接受规章制度。美国文化崇尚自我意识和个人价值观，团队合作精神略微缺乏，自由、自主、自立和理性思维成

为主调。美国人讲究即时消费，计较眼前利益而忽视长远考虑，要求快速评价、晋升或降职。

（3）欧洲文化价值观。欧洲文化又被称为"海洋文化"，欧洲人乐于冒险，尚武好战。欧洲人强调权力的约束和平等，人与人之间相互信任，合作的基石是团结而非权力。欧洲各国文化深受基督教文化影响，各国间有着频繁的经济、政治、文化交流，使得整个欧洲有了共同的文化基础。古埃及文化、古希腊文明、古罗马文化、文艺复兴和启蒙运动等对全欧洲的思想有着深远的影响。欧洲文化中既有希腊文化中对人性的尊重、对知识的追求，又有罗马文化对功利的向往，还有基督教文化对现实生活的批判和对理想主义的向往。中、美、欧企业人力资源文化差异性比较见表 22-3。

表 22-3 中、美、欧企业人力资源文化差异性比较

类　别	中　国	美　国	欧　洲
民族文化差异性	儒家文化：中国是儒家文化发源地；企业管理中强调以人为本；重视人情轻制度，重视集体轻个人	基督教为主体的多元文化：美国被称为"文化的大熔炉"；企业在人力资源管理方面强调实用主义，关注人力资源管理的规范和制度建设	基督教文化：欧洲的基督教文化与埃及文明、罗马文明、希腊文明和犹太文明一脉相承；企业人力资源管理强调民主和参与管理，重视员工福利
历史文化差异性	中央集权制：中国有着2 000多年的封建帝制，中央集权是维系国家统一的重要因素，企业人力资源管理强调服从企业整体战略计划，为企业运营提供合适人才	宪政制度：美国建国200余年来以1787年的宪法为基础建立起宪政体系，企业人力资源管理强调企业和员工之间的权利义务关系，以契约为基础构建人力资源管理系统	君主城邦体制：今日的欧洲历史上各国都是城邦国，国王在贵族的辅助下掌握政权，企业人力资源管理强调多方合作，即政府、企业和工会的合作
社会文化差异性	传统文化与现代文化并存：辛亥革命以来，特别是改革开放以来，中国处于传统文化与现代文化的交融阶段，企业人力资源管理既有传统人事管理的因素，又有现代化人力资源和人力资本管理的因素	开放式文化：美国是多元的开放式文化，企业人力资源管理受到这种文化影响，表现为员工多样性等方面	保守的欧洲中心论：文艺复兴孕育的资本主义制度等使得这一论点更加流行，企业在人才选拔方面以欧洲为中心展开

22.4.2　制度差异性

大部分关于国际背景下人力资源管理的研究均考虑国家文化因素或者制度因素。国家文化因素将组织的行为方式与社会成员共享的价值观相联系。制度因素将组织的行为方式与组织所在的特定制度环境相联系。国家文化对企业人力资源管理有重要影响，对不同国家企业的人力资源管理的比较能够增进我们的理解。中、美、欧企业人力资源管理存在差异，跟企业所在不同国家和地区之间制度的差异密不可分。制度一般指大家共同遵守的办事规则或者行动准则，指一定的历史条件下形成的法令、礼俗等规范和准则。制度不仅包括正式的组织，如政治、经济、社会组织，也包括社会常规及规则。制度差异性体现在政治制度差异性、经济制度差异性和法律制度差异性等方面，具体见表 22-4。

表 22-4　中、美、欧企业人力资源制度差异性比较

类　别	中　国	美　国	欧　洲
政治制度差异性	社会主义：共产党领导的社会主义国家，强调服务最广大人民群众的利益；企业人力资源管理服务于整个企业	资本主义总统共和制：美国创造了总统共和制，强调行政权、司法权和立法权三权分立；人力资源管理在企业内部权力体系中起制衡作用	资本主义君主立宪制：欧洲是君主立宪制最为集中的地区，君主只是国家元首，国家权力属于议会，人力资源部门拥有强势地位，涉及战略制定和集体谈判等重要职能
经济制度差异性	社会主义市场经济制度：市场与计划并存，共同引导经济系统运转；人力资源管理通常按照企业发展需要在内外部劳动市场之间寻找平衡	资本主义市场经济体制：拥有健全的市场调节机制，人力资源管理主要依靠外部劳动力市场，平衡企业发展对人力资源的需求，并且在全球范围内优化人力资源配置	资本主义市场经济制度：市场经济有着更多的计划成分，特别是北欧等福利国家；人力资源管理主要依靠企业内部劳动力和欧洲劳动力市场满足对人力资源的需求
法律制度差异性	改良的大陆法系：中国现代法律体系主要借鉴日本，而日本法律则是对德法等国大陆法系的改良；人力资源管理强调制度化，并且强调将欧美人力资源管理理论中国化	英美法系：美国继承了英国法律体系，遵循判例法，人力资源管理强调以制度规范为基础，但更重要的是处理非程序性问题，应对意外事件	大陆法系：德国和法国是典型的大陆法系国家，强调行为必须遵循法条，即法律的规范作用；企业人力资源管理大多数情况要受到大量的相关法律的影响

22.4.3　理念差异性

人力资源管理理念即对人力资源管理的更深一步认识和定义。优秀的企业在人力资源管理理念上均有独到之处，管理学大师德鲁克曾说过，企业的职能就是创新。例如，美国加州的硅谷推崇"允许失败，但是不允许不创新"的理念。在德国，许多企业重金资助研究创新人员，并承担研究风险。如果研究失败，研究者不仅不会受到指责或者辞退，反而会得到鼓励。企业人力资源管理理念差异的背后反映的是不同国家和地区企业经营理念的差异性、管理理念的差异性和用人理念的差异性，具体见表 22-5。

表 22-5　中、美、欧企业人力资源理念差异性比较

类　比	中　国	美　国	欧　洲
经营理念差异性	社会利益至上：中国企业特别是国有企业的初衷是为社会服务，服从党和国家政策；企业人力资源管理强调服务于企业业务，属于支撑性部门	股东利益至上：企业经营通过为客户创造价值以实现股东价值最大化；人力资源管理部门通过整合组织人力资源以实现股东价值最大化	员工利益至上：企业经营的根本目标在于服务于企业员工的福利；企业人力资源管理是实现员工利益与企业利益之间的平衡
管理理念差异性	效果：通过实现企业战略目标，追求管理对绩效的贡献；企业人力资源管理强调其对绩效的直接作用	效率：管理是依赖于经验的以绩效为基础的专业职能，目标在于增进效率。人力资源管理部门探索如何发挥最大效率	福利：管理的目的在于社会福利和员工福利的提高，企业人力资源管理部门负责员工福利的分配
用人理念差异性	择人任事：企业管理过程中因人设岗，使得价值和能力得到体现，人尽其才，才尽其用；企业人力资源管理强调择人，即选择正确的人做正确的事	能力任事：管理过程中因事设岗，强调结合岗位选择合适人员；企业人力资源管理强调对所选人员胜任能力的考察，依据胜任标准赋予相应的权利责任	专业任事：企业管理过程中按照员工不同专业技能安排不同的专业事务；企业人力资源管理强调对员工专业技能的衡量

22.4.4 标准差异性

人力资源管理可以细分为人力资源规划、招聘与挑选、培训与开发、考核与评估、薪酬与福利、劳资关系管理。中、美、欧企业在人力资源管理上的差异性也具体地反映到这些细分模块，具体见表 22-6。

学习辅导 22.2 外派人员管理和中美欧人力资源管理的比较

表 22-6 中、美、欧企业人力资源标准差异性比较

类　比	中　国	美　国	欧　洲
人力资源规划差异性	服从企业总体战略规划：人力资源部门作为企业的支持部门，主要起到服务整个企业的作用。人力资源规划要服从企业整体安排，具有依赖性、不确定性	参与企业整体战略规划：人力资源规划与企业总体战略结合，从业人员专业性强，对企业未来所需员工数和市场的员工供给数进行预测	与第三方合作确定人力资源规划：企业在全欧洲范围内优化配置人力资源，与专业管理公司、猎头公司合作，有企业的"人才库"
招聘与配置标准差异性	资历关系和能力：中国是关系型社会，强调人们的资历和私人关系，选拔人才会综合考虑资历关系和被选拔者的能力；企业人力资源管理部门选拔人才除招聘外，还通过专家和员工推荐选拔人才	标准招聘流程：美国企业喜欢标准化流程，从福特的 T 型车到苹果手机，都是标准化的产品；企业人力资源管理通过标准的人力资源招聘流程实现	民族文化背景：欧洲企业有着特殊的欧洲情结，对于欧洲范围内的民族文化背景有着强烈的认同感和荣誉感；企业人力资源管理在选拔人才的过程中偏好从欧洲范围内选拔人才，甚至只偏好本国人
培训与开发标准差异性	就业：针对将要或正在从事的工作的技能培训，如农民工技能培训、城镇失业人员技能培训、创业人员培训等	技能：对培训重视程度高，大型企业建立专业培训中心，专门负责员工的技术或者操作技能培训，目的性、专业性、针对性较强	培优：国家和企业共同提供培训，基于培训者的现有能力，加强关键能力的培训
考核与评估标准差异性	德行：中国传统社会强调个体的品德修养，谋求"知行合一"，企业人力资源管理考核过程中较为关注个体的品德，其次才是个体的能力	绩效：美国社会奉行实用主义，强调个体的工作绩效，而不会过多关注个体工作之外的行为，企业人力资源考核的过程中绩效几乎是唯一的考核标准	权责：欧洲社会强调工作中权利和责任的等价，对工作时间和工作环境都有法律予以规范；企业人力资源管理关注员工的工作责任和工作成果，不会对员工工作出责任之外的要求
薪酬与福利标准差异性	学历：基于受教育水平和从业经验制定不同的薪酬水平，另外，正式工与派遣制工享受不同薪酬	能力：按照市场运作，薪酬体现为对能力的量化和奖励	工会与企业协商确定：由工会确定最低工资水平，欧洲企业福利水平普遍较高，另外还根据员工的学历、能力确定薪酬
劳资关系标准差异性	工作和生活的融合：企业一般不轻易解雇员工，员工对企业感情较深，家庭生活和工作生活存在交叉	契约关系：是单纯的劳资买卖关系，员工忠诚度较低，流动频繁	双向选择，自由雇佣：欧洲的劳资关系发展较为成熟，已经形成工会、政府、企业间的三方协商机制

【本章小结】 --

人是企业经营活动中最重要、最有活力的要素。本章主要介绍国际企业人力资源管理的概况、国际企业人力资源管理的主要模式和特点，并通过对比中美欧人力资源管理的不同方式方法，研究中国企业的人力资源管理策略。

【思考题】 --

1. 名词解释：民族中心模式、多元中心模式、全球中心模式、地域中心模式、外派人员

2. 简述国际企业的人力资源管理模式。

3. 试论国际企业的外派人员不适应问题。

4. 国际企业外派人员的招聘应考虑什么因素，如何进行？

5. 国际企业的外派人员有哪些培训方式？

6. 国际企业的外派人员绩效考核应如何进行？

7. 国际企业的外派人员薪酬应当如何确定？

8. 中、美、欧企业在人力资源管理有什么异同？中国企业应当如何加强人力资源管理？

【即测即练】 --

【英文阅读】 --

第23章　国际企业的转移定价管理

【学习目标】

1. 掌握跨国企业转移定价的基本概念；
2. 掌握国际企业转移定价的目的；
3. 掌握国际企业转移定价进行合理避税的策略；
4. 了解预约定价安排的必要性和案例；
5. 熟悉国际税收改革方案及对中国企业的影响。

思政案例

苹果不顾欧盟避税指控 将 90 亿美元 iTunes 资产转移至爱尔兰

新浪科技讯。北京时间 2016 年 10 月 18 日早间消息，尽管面临税务方面的指控，苹果仍在继续开拓爱尔兰业务。近期，苹果在爱尔兰 Holyhill 成立了 iTunes 的国际业务部，根据 Business Post 的报道，苹果将价值 90 亿美元的资产从卢森堡转移至爱尔兰。这一资产转移将给爱尔兰带来数千万欧元的增值税。苹果的搬迁计划于上月曝光。当时苹果表示，将在爱尔兰 Holyhill 管理 100 多个国家的 iTunes 业务和内容商店。此前从 2004 年开始，苹果在线业务的管理都是在卢森堡完成。苹果在爱尔兰雇用了近 6 000 名员工。近几年，苹果爱尔兰业务运营面临着严厉的审视。批评者认为，当地税务规定导致爱尔兰成为苹果的"避税天堂"。欧盟委员会近期认定，苹果与爱尔兰的税务合作是违法的，并要求爱尔兰向苹果补收 145 亿美元税金。苹果和爱尔兰政府都计划就这一决定提出上诉。爱尔兰政府担心，这样的决定将导致爱尔兰对国外企业的吸引力下降。苹果此前已承诺，将留在爱尔兰。

资料来源：苹果不顾欧盟避税指控：将 90 亿美元 iTunes 资产转移至爱尔兰 [EB/OL]. (2016-10-18). https://tech.sina.com.cn/it/2016-10-18/doc-fxwvpar8321735.shtml.

当今随着国际分工的深入细化，国际企业的内部贸易占国际贸易的比重越来越大，导致国际企业有机会利用转移价格防范风险，进行全球资源配置或者避税等，就如思政案例所述。苹果公司为避税，使用转移价格，转移经营利润，遭到欧盟税务部门的起诉。转移价格是国际企业的重要工具，企业必须学习并合理利用它。

23.1　转移定价的概念

转移定价（transfer pricing），又称内部价格、转让定价或划拨定价，它是指跨国公司内部、母公司与子公司、子公司与子公司之间相互约定的出口和采购商品、劳务和技术时所规定的价格。这种定价在一定程度上不受市场供求关系法则的影响，它不是独立各方在公开市场上按"独立竞争"原则确定的价格,而是根据跨国公司的全球战略目标和谋求最大限度利润的目的,由总公司上层决策者人为确定的。国际企业所采用的转让定价策略由于涉及公司整体的利益和各国政府的税收,已经逐渐成为国际税收和会计领域的热点问题而备受关注。转移定价的形式主要包括:实物转移定价、劳务转移定价、无形资产转移定价、资金转移定价、租赁转移定价等。转移定价更多反映了企业的主观意愿,以达到规避各类税收风险、降低企业营业成本、强化对子公司监管评估等目的,最终实现集团整体利益最大化。

23.2　国际企业转移定价的目的

跨国公司转让定价是实现全球战略的重要途径,激励着跨国公司坚持资源节约型的理念,在全球范围内有效并有节制地使用资源,使资源达到最优配置的效果。由于跨国公司内部交易相对封闭,很难受到外部市场机制的影响,并且不同国家的税率、外汇制度等不一样,跨国公司就瞄准了转让定价这一避税方法,以此来实现全球化战略,实现利益最大化。国际企业转移定价有以下目的。

23.2.1　使整个集团的所得税税负最小化

跨国公司通常选择在低税率国家或地区设立"主体公司",承担其在全球价值链上的主要功能和风险,获得超额利润,而在高税率国家或地区设立非"主体公司",给予常规的利润回报。由于各国征税税率存在差异性,跨国企业可以运用税收筹划通过转移定价来减轻企业整体税负。

例如,A、B、C三家企业为美国跨国企业S在三个国家开设的子企业,A企业(美国)以较低的售价将产品出售给B企业(开曼群岛),以降低A企业在美国的应纳税所得额;B企业再以较高的售价将该产品出售给C企业(中国),由于B企业是开设在避税港的离岸公司,只要缴纳非常低的税负;C企业以较高的价格购入后,可抵扣的营业成本增加,应纳税所得额相应也减少。跨国企业通过这样的转移定价操作,大大降低了企业的整体税负,同时又获得了利润最大化,如图23-1所示。

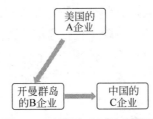

图 23-1　转移定价减少所得税

23.2.2　减轻关税

关税税率的高低对于跨国企业经营影响巨大,为保证企业的利益,跨国企业可以视不同国家关税税率的高低,合理运用转移定价规避东道国关税,通过较低的商品价格来降低进口关税。例如，某产品正常售价为 200 美元，若进口关税税率为 20%，则所征关税为 40 美元。现在，以低的转移定价售给子公司，发票标明为 160 美元，则所征关税为 32 美元，每件产品减少关税 8 美元。但企业也要了解，关税减少会增加企业利润和所得税税额，跨国企业需要综合考虑减少的关税与增加的所得税对企业整体利润的影响程度。若出口国所得税税率比进口国高，降低转移定价对企业整体有利；若出口国所得税税率比进口国低，则要根据具体的关税税率及所得税税率权衡制定合理的转移定价，保证企业整体层面利益。

23.2.3　粉饰会计报表

转移定价也是跨国企业粉饰报表的手段之一，跨国企业可以视子企业的不同需求对报表进行调节。这在上市公司中尤为常见，跨国企业通过转移定价调节其下属上市公司净利润、资产负债率、销售净利率等指标，掩盖其真实的经营状况和盈利能力，以满足增发、股权激励等相应条件，吸引市场投资者，抬高股价获取利益。且由于跨国转移定价的审计难度较大，审计人员也较难收集其不合理性的证据。

23.2.4　扶持子公司争夺市场，加强竞争优势

跨国公司在国外建立一个新的子公司，除凭借其资金和技术实力，从资金信贷和技术上提供有力支持外，还可以利用转移定价，给予新成立子公司以原料来源、中间产品和服务的低价扶植，这种实际上的补贴，旨在帮助子公司迅速打开局面，站稳脚跟，树立信誉，在当地市场获得更多的贷款机会。这种当地贷款对跨国公司最为有利，风险最小，良好的金融状况使公司的股票被看好，有利于公司投资。

23.2.5　规避汇率风险

跨国经营活动总是伴随着外汇风险，特别是实行浮动汇率以来，汇率变动频繁，增加了国际企业经营中的外汇风险。国际企业利用集团内部的交易价格，就可以将货币贬值国家中的资金转移到货币升值或比较稳定的国家，减少由于汇率变动可能给国际企业带来的损失。国际企业还可采用提前支付或拖后支付的办法，以减少货币贬值或升值造成的损失。例如，英国的国际企业 A，在美国有投资子公司 B，总部供应中间产品由英国送到美国子公司进行深加工，制成最终产品销售到美国市场。A 企业的内部转移定价为 10 美元，数量 100 万，最终产品价格 20 美元，则利润为 1 000 万 [（20-10）×100 万] 美元。如果总部预测美元将在加工销售期间贬值 10%，子公司的利润将会损失 100 万（1 000 万 ×10%）美元。因此，总部就会采取措施，将转移定价设定为 20 美元，子公司利润则为 0[（20-20）×100]，这样子公司将原利润提前转移到总部，避免了由于美元贬值给公司带来的损失。

23.2.6　规避外汇管制

当前有些国家为了维护其国际收支的平衡，往往会实行外汇管制，对外资公司的利润在汇出在时间或数量上进行限制。这时，国际企业汇出资本将会出现困难，灵活地运用转

让定价策略可以将利润从子公司转移出来，以交易的形式汇回母公司，以此收回资金规避东道国的外汇管制。

23.2.7　规避政治风险

如果某一子公司的所在国存在政治风险，政局动乱，政策多变，那么国际企业可以对公司内部售往该子公司的商品实行高转移定价，同时还可以让该子公司与其他关联公司进行交易时使用低转移定价，或总公司向该子公司收取各种名目的高额的管理费、技术服务费等，从而尽快地收回在该子公司的投资，避免由于政治风险给总公司带来损失。

23.3　利用转移定价的策略

国际企业利用转移定价的策略有以下几种。

23.3.1　货物的转移定价

在国际企业的转移定价中，货物价格的使用占了很大比重。公司通过使用货物转移定价高于或低于正常交易原则下的市场价格，实现利润的转移、资金的调拨、避税等目的。

处于高税区的母公司 A 可以以较低的转移定价把商品销售给其处于低税区的子公司 B，由子公司 B 对外进行销售；或是母公司 A 再以较高的转移定价从子公司 B 处购买回该商品，然后对外销售。通过这个低价卖出高价买入的过程，利润便实现了在母公司和子公司的重新分配，由母公司转移到了子公司，从而使处于高税区的母公司由于利润降低而少纳税，处于低税区子公司由于税率较低而降低了集团公司总的纳税额。如图 23-2 所示。

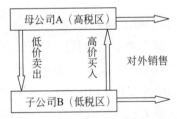

图 23-2　货物转移定价避税示意图

如果母子公司都处于高税区，可以利用一个处于避税港的贸易公司把实际业务中产生的利润转移到税率极低的避税港，从而达到避税的目的。子公司 C 对子公司 D 的实际业务，可以通过贸易公司 B 从子公司 C 低价购买，使 C 的收入降低，从而利润额减少；同时，贸易公司 B 把从公司 C 低价买进的商品以高价卖给公司 D，公司 D 购买成本增高，导致利润减少。子公司 C、D 的利润通过转移定价策略都转移到了税率较低的贸易公司 B，最终集团公司达到避税的目的。具体操作如图 23-3 所示。

货物转移定价操作比较简单，但是容易找到可以对比的市场价格，政府通过审计，审查交易双方有无关联性质，如果交易不符合市场定价，容易进行监管。

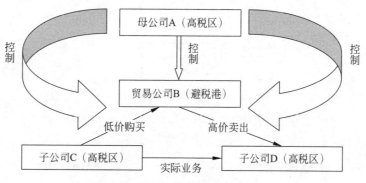

图23-3　通过避税港避税的示意图

23.3.2　劳务费用的转移定价

在国际企业体系中，各公司之间可以通过提供技术性服务和管理性服务，收取高额或低额服务费用，同样可以转移资金，规避税收。由于技术性服务和管理服务的价格难以精确计算，也无可比的市场价格，因此操作具有隐蔽性，政府难以监管。

23.3.3　无形资产的转移定价

由于缺乏客观的价格标准，隐蔽性强，无形资产转让定价已经成为当前跨境企业最为常用的避税手段。无形资产包括专利权、非专利技术、商标权、著作权、特许权、土地使用权等。特许权使用费的支付，可以用单独的形式支付或隐藏在其他价格中支付（如隐藏在设备价格中）。特别是专利、专有技术和商标知识产权的使用费，由于不具有可比性，很难掌握其真实价格，灵活性较大，政府也难以监管。

1.依托组织架构实现特许权使用费的转移定价——以麦当劳为例

纵观世界著名的跨境企业可以发现，通过设计巧妙的企业组织架构实现全球价值链管理，利用无形资产转让定价行为分配利益的行为越来越多。麦当劳的全球组织架构是承载其全球价值链管理的重要基础。麦当劳公司就是采用"美国—卢森堡—瑞士—美国"这样的不同国家安排子公司的集团组织架构，成功规避10亿欧元税款。2009年至2013年间，麦当劳向卢森堡公司收取了特许权使用费近37亿欧元，如果按照正常的流程需要就这笔特许经营权收入缴纳10.4亿欧元的税款，但实际上这近5年期间仅仅纳税0.16亿欧元。这是如何做到的呢？

全球价值链的安排需要一个特定的集团组织架构。麦当劳公司通过精心安排，将欧洲地区的特许经营权从美国本土移至位于卢森堡的子公司，再由其设置两个分别位于瑞士和美国的分公司。在麦当劳的价值链安排下，瑞士分公司是欧洲地区特许经营权的运营者，而美国分公司则是持有者。显然，这样的职能分配具有很强的目的性。欧盟的调查结果显示，卢森堡公司是仅有13个人的空壳公司，但是合并财务报表后的经营利润近40亿欧元。在麦当劳公司全球价值链中，这种组织机构安排背后是由于税率差异形成的利润流动渠道。从利润流向上看，整体上表现为从高税负向低税负转入的特点，甚至实现双边不征税。如在"美国—卢森堡—瑞士—美国"中，美国当时的企业所得税税率为35%，而瑞士为 17%，如图 23-4 所示。

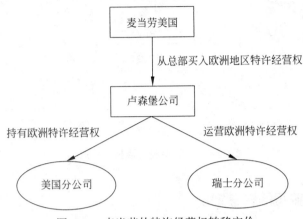

图 23-4　麦当劳的特许经营权转移定价

麦当劳的组织架构充分体现了税率与税制差异为跨境企业实现利润转移提供了绝佳渠道。首先，欧洲地区的麦当劳特许经营权由美国本土转移至卢森堡，这就使得对于该项权利所取得的使用费收入在法律上归卢森堡公司所有，相应的税收管辖权也由卢森堡掌握。作为税收居民，卢森堡公司本应就这笔使用费收入在国内缴税，但由于卢森堡和美国及瑞士均签有双重税收协定，利用这一点麦当劳成功实现双边非居民身份。根据协议，一方面，瑞士分公司作为麦当劳在瑞士的常设机构应就其利润在瑞士纳税，免征卢森堡公司所得税；另一方面，美国也应根据常设机构这一原则征税，但是由于美国分公司和卢森堡公司在美国国内并没有实质性的经营和商业活动，因此美国分公司获得的收益不需要在美国纳税。根据协议，这笔款项也免除了卢森堡的税法征管。其次，卢森堡公司将欧洲地区特许经营权的"控制者"和"使用者"相分离是人为进行价值链安排的手段。瑞士公司使用麦当劳特许经营权在欧洲地区进行日常商业运营取得收入时，势必要向位于其上游的权利持有者美国分公司支付使用费。这样欧洲地区所取得的大部分收入通过价值链的安排就又汇回美国国内，留在瑞士的少部分利润根据瑞士的企业所得税法征收。

2. 通过协议分摊成本——以苹果公司为例

苹果公司三明治架构可以说是国际税收规避的典型案例，实际上帮助苹果实现税收规避的另一重要工具就是成本分摊协议（CSA）。

组织架构设置为跨境企业构建避税渠道，而实现利润转移也需要一定载体。苹果公司将无形资产的核心技术作为有效选择，通过成本分摊协议引导企业利润分配。图 23-5 展示了苹果公司整体组织安排，其中 API 除总部职能之外，更设置为一个技术研发中心，苹果的专利技术等无形资产所有权由美国公司 API 绝对控制，所有的研发活动都由美国公司安排工作人员进行，从布局上分析，API 占据了苹果全球价值链顶端的位置。苹果公司将其全球范围内市场划分为两部分，即美洲和美洲以外市场。其中美洲市场上由 API 掌控核心技术，赚取高额利润；而 ASI 则通过 AOI、AOE 授权拥有苹果公司 API 的知识产权，接收控制了除美洲市场以外的全球所有销售收入。为了规避税款，苹果很有先见之明地在 API 与 ASI 之间签订成本分摊协议，致使由美国本土研发形成的以核心技术为主的无形资产创造的超额利润强行流入 ASI。表 23-1 展示了该项成本分摊协议将苹果公司无形资产权利作出法律权利和经济权利的划分。正常来说，无形资产所带来的经济利益理应全部由进行研发活动的 API 所享有，但是通过 CSA 的操作，对于苹果公司产生的收益，API 仅占有 40%，其余 60% 则分配给 ASI。

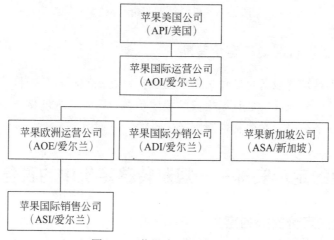

图 23-5　苹果公司组织架构图

表 23-1　苹果公司无形资产划分　　　　　　　　　　　　　%

苹果公司	注册地	法律权利	经济权利
API	美国	100	40
ASI	爱尔兰	0	60

实际上，API 有足够的能力承担无形资产的研发和风险，但却要通过与 ASI 合作的形式达成，并自愿放弃大部分的收益。这样做的目的无疑是通过成本分摊协议，将收益进行无形资产转让定价，人为地对苹果公司取得的利润进行分配，将其转移至爱尔兰实现避税的目的。在该项成本分摊协议运作下，很显然利润的大部分转移至位于爱尔兰的 ASI 公司。由于爱尔兰以实际管理机构为居民企业判定标准，美国税法依据注册地确定居民身份，ASI 借此差异实现自否居民纳税人的目的，相应所获取的海外收入也不需要纳税。

23.3.4　内部贷款和利息的转移定价

在母公司对子公司进行投资的过程中，贷款较之参股具有更大的灵活性，在一定条件下也可以获得避税好处，因为子公司用股息形式偿还母公司的投资，在纳税时不能作为费用扣除，但支付的贷款利息却可以作为费用扣除，而且母公司还可以根据整个公司情况控制利息率的高低，降低纳税额，转移资金。

如图 23-6 所示，关联企业 B 公司对 A 公司 3 000 万美元的资本投入，可以通过 1 000 万美元股权投入、2 000 万美元贷款的方式实现。以贷款的方式替代权益资本，一方面对 A 公司可以发挥贷款利息的"税盾"作用，另一方面对 B 公司可以增加利息收入，如果 B 公司处于低税区，其利润的增加相对于 A 公司而言，实际上是减少了纳税额。这种资本弱化的方式可以控制关联各方的利润额，从而影响集团公司的总纳税额。

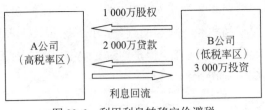

图 23-6　利用利息转移定价避税

23.3.5　利用租赁费转移定价策略

租赁设备而不是购置设备可以免去筹资的负担，达到减轻税负的目的，而且租赁费可以作为转移定价的一种形式。如利用很低的租赁费在国际企业内部将一个公司的资产堂而皇之地转移给另一个公司，实现其资源配置的目的。

23.4　预约定价安排——规避转移定价中的税务风险

23.4.1　预约定价安排的定义

有些跨国公司为了增加公司盈利，降低成本，不惜作出危害有关国家财政税收的行为。近年来，一方面，跨国公司利用转移定价进行避税的方式相较于以往来说更加灵活多变，然而这也带来税务部门越来越严格的监控和调整，甚至被认定为偷税漏税。所以利用转移定价进行避税，也可能给国际企业带来意想不到的税务风险。另一方面，税务部门针对企业转移定价的调查和纳税调整，在部分挽回国家财政税收流失的同时，也需要耗费巨大的人力物力财力，甚至竹篮打水一场空，因此税务部门也需要一种机制，能够降低调查纳税事项的成本，规避最后查无所得的风险。预约定价安排（advance pricing arrangement，APA）就是这样一种降低企业转移定价中税务风险、降低税务机关即兴纳税调查成本的制度安排，APA 将税务部门对国际企业的纳税事项的事后调整，变成了税务部门同国际企业就有关转移定价的事前约定。税企双方可以在 APA 上寻找最大的确定性，能够在最大程度上实现税企的双赢。

23.4.2　预约定价安排的案例

2018 年 7 月，中华人民共和国国家税务总局（以下简称"国税总局"）与美国国家税务局（IRS）对一家中国"走出去"企业所提出的双边预约定价安排（BAPA）达成共识，并于 2018 年 12 月正式签署，这是在 2017 年 12 月双方通过相互协商程序（MAP）解决了过去年度的转让定价争议后的又一重大成果。这一具有里程碑意义的案例表明，"走出去"企业在境外面临转让定价调查时，MAP 和 BAPA 是降低双重征税税务风险的有效手段。

1.案例背景

一家中国"走出去"企业在美国的子公司于数年前受到美国 IRS 的转让定价调查并实施了补税，造成了对企业的双重征税。在补缴税款后，该企业及其母公司高度重视并积极寻求可行的补救措施，并最终于 2015 年向国税总局和美国 IRS 同时提交了 MAP 和 BAPA

的申请，希望在解决历史年度双重征税问题的同时，也为未来年度的转让定价安排获得确定性，从而降低企业跨境转让定价的税务风险。该案例受到中美两国主管税务当局的高度重视，并积极推进双方的沟通和协商。2017 年 12 月，国税总局与美国 IRS 在经历多轮会谈后就企业所提出的 MAP 申请原则上达成了共识。2018 年 7 月，双方主管税务当局经过一次协商达成共识，确定签署 BAPA。企业通过 MAP 和 BAPA 获得了切实的利益，既避免了美国转让定价调查给企业带来的双重征税，同时通过 BAPA 就未来的转让定价安排获得了双方主管税务当局的同意，规避了在未来 BAPA 期限内再次发生转让定价调查调整的风险。这一案例从申请到 MAP 和 BAPA 全部达成共识，历时 3 年时间，体现了双方主管税务当局的重视和高效，这一案例的成功结案在中国转让定价史上具有里程碑的意义。

2. 案例的启示

"走出去"企业在今后的国际化进程中必将面对越来越多的转移定价的合规性和税务风险挑战。特别是随着经济合作与发展组织所提出的税基侵蚀与利润转移（BEPS）行动计划在各国的落地实施，"走出去"企业在遵从信息披露透明化合规要求的同时，预期将面对更多的转移定价税务争议。根据 OECD 于 2017 年 11 月发布的各国 2016 年 MAP 案例统计，近一半以上的 MAP 案例是与转移定价税务争议相关的。在后 BEPS 时代，有效地执行 MAP 是各国解决税务争议的最低标准，同时，预约定价安排也为企业提高转让定价安排的确定性并降低税务风险提供了有效的工具。通过该案例，我们希望提示"走出去"企业，在跨境业务经营中，转移定价合规是一项基础性工作，企业在夯实转移定价合规的同时应当加强转移定价的前期筹划，并积极制定后期面对税企争议的策略和补救措施。过去，"走出去"企业在面对境外转移定价调查时，通常以在境外补税作为结案的最终方式，从而造成双重征税的结果。中国"走出去"的国际企业在境外遭遇转移定价调查后，应积极采取补救措施，启动 MAP 程序降低双重征税成本，并借势申请 BAPA 寻求未来转移定价安排的确定性，最大限度保障企业的利益。

23.5　利用转移价格避税的全球治理

23.5.1　国际企业避税问题引起广泛关注

国际企业利用各国税率差异进行避税的现象引起各国政府的广泛关注。2021 年 7 月 9—10 日，二十国集团轮值主席国意大利主持召开 G20 财长与央行行长会议，在此次会议中，最受市场关注的就是国际税收合作。这次会议已就更稳定、更公平的国际税收框架达成历史性协议。会议公报指出，二十国集团支持跨国企业利润重新分配、设置全球最低公司税率等措施，并呼吁更多国家未来加入磋商。

此次国际税收体系改革是为了应对全球经济数字化发展给国际税收政策带来的挑战。全球企业税率长期下降乃至出现国家间"逐底竞争"，给近年来国际企业通过将利润转移到"避税天堂"的避税活动带来极大便利。国际企业的避税使少数低税经济体从中受益，但多数国家和地区显著受损。

据联合国估算，每年全球各国因跨国公司利润转移行为损失的税收达到 5 000 亿～

6 000 亿美元。OECD 的研究显示，美国跨国公司海外利润簿记在"避税天堂"的比例由 2000 年前后的 30% 提高到 2019 年的 60%。

国际税收改革对征税权的重新划分，目前主要针对跨国科技巨头，"全球最低企业税率"规则实施后，可能会要求位于低税率地区的中间实体缴纳额外的税款。为适应新的全球税制，跨国公司也需进行财税管理系统升级，经营成本负担会有所加重。

23.5.2　国际税收改革方案

国际税收体系改革经历多年谈判，2021 年 7 月初由 OECD 协调形成双支柱方案。

其中，第一支柱重新划分跨国企业全球剩余利润在各税收管辖区之间的征税权，要确保包括数字产业在内的大型跨国企业在其所有实施商业活动并取得利润的市场缴纳公平的税额。

第一支柱将建立关于缴税地点的新规则，以及国家之间共享征税权的全新方法。其目的是确保数字密集型或面向消费者的跨国企业即使在无实体存在的条件下，开展持续规模业务时，依照现行税法要求，在当地缴纳税费。

第二支柱则是通过设立全球最低公司税率，解决跨国公司将利润转移至低税或免税地来逃避税收的问题，管控各国之间的财税"逐底竞争"。据估算，如果将这一税率设置为 15%，那么在全球层面每年能够多产生约 1 500 亿美元的税收。

经过紧张而激烈的谈判，"双支柱"获得税基侵蚀与利润转移行动计划包容性框架下 139 个成员中 130 个国家（或地区）同意，并为方案在 2023 年的实施制订计划。

23.5.3　国际税收改革的影响

这一具有历史意义的方案将确保大型跨国公司在全球各地缴纳公平份额的税负。这个方案没有完全消除税收竞争，也不应该完全消除税收竞争，但是这个方案确实为过度和有害的税收竞争设定了多边商定的限制。

中国"走出去"企业广泛采用离岸架构，根据各地税收优惠特色在不同的国际税收注地设置中间实体（如在香港设置区域销售中心、在新加坡设置财资中心等），从而进行海外投资、上市或全球价值链布局。"全球最低企业税率"规则实施后，可能会要求位于低税率地区的中间实体缴纳额外的税款。

此外，"全球最低企业税率"可能会对香港现行税制和营商环境产生一定的负面影响。香港目前是全球第七大避税港，也是亚洲最大的避税港。根据估算，香港有效公司税率不超过 10%，落实 OECD "全球最低企业税率"将会削弱香港的低税率优势，增加在港跨国企业税务和合规成本。不过，企业税率并非跨国公司全球布局决策的决定性因素，全球范围实施统一的最低税率标准将放大税收因素以外的营商环境重要性，香港固有的营商环境优势仍有利于吸引跨国公司来港投资布局。

中国银行研究院研究员曹鸿宇认

学习辅导 23.1　国际企业转移定价及合理避税

为，全球范围达成合理协调的最低税率水平，有助于大多数经济体实体经济健康发展。对发达经济体而言，过低的税率会使政府承担较大的收入损失，也并不一定直接促进市场活动，而提高税率在增加政府收入的同时，对企业投资行为的抑制作用有限。对发展中经济体，则可以考虑利用降税措施减轻企业运营负担，助力经济持续增长。

【本章小结】

转移定价是国际企业为实现全球战略目标，达到优化资源配置、合理避税、规避跨国经营风险的重要手段。国际企业根据其全球战略目标和谋求全球利益最大化的需求，采用转移定价的方式，有利于实现整个集团所得税税负最小、规避关税、粉饰会计报表、争夺市场、规避汇率风险、规避外汇管制和规避政治风险。国际企业常用的转移定价的策略包括货物、无形资产、贷款和利息、租赁费、劳务费的转移定价。为了规避转移定价的税务风险，国际企业可以与税务机关签订有关的预约定价安排。本章还谈到国际税收合作及国际税收改革方案。

【思考题】

1. 什么是转移定价？转移定价与市场价格有什么不同？
2. 国际企业使用转移定价的目的是什么？有什么主要的策略手段？
3. 什么是预约定价安排？税务机关为什么与企业签订预约定价安排？
4. 中国国际企业如何使用转移定价实现全球利益最大化？
5. 国际税收改革方案是什么，对中国国际企业有何影响？

【即测即练】

【英文阅读】

第24章　国际企业研发的全球创新链管理

【学习目标】

1. 掌握全球创新链的理论；
2. 把握全球创新发展的趋势；
3. 了解中国创新的优势和劣势；
4. 研究中国企业构建全球创新链、提高创新能力的策略。

思政案例

推动全球科技创新协作

2021 年 9 月 24 日，以"智慧·健康·碳中和"为主题的 2021 中关村论坛在北京开幕。习近平主席向论坛视频致贺，指出"当今世界，发展科学技术必须具有全球视野，把握时代脉搏，紧扣人类生产生活提出的新要求"，强调"中国高度重视科技创新，致力于推动全球科技创新协作"。

科学技术是人类的伟大创造性活动，科技创新是人类社会发展的重要引擎，也是应对许多全球性挑战的有力武器。当前，世界百年未有之大变局加速演进，新冠肺炎疫情影响广泛深远，世界进入动荡变革期，不稳定性不确定性显著上升。人类社会面临的治理赤字、信任赤字、发展赤字、和平赤字有增无减，实现普遍安全、促进共同发展依然任重道远，世界经济复苏面临严峻挑战。当此之时，尤其需要坚持创新驱动，抓住新一轮科技革命和产业变革的历史性机遇，加速科技成果向现实生产力转化，挖掘疫后经济增长新动能，携手实现跨越发展。

科学技术具有世界性、时代性，国际科技合作是大趋势。今天，没有一个国家可以成为独立的创新中心，或独享创新成果。科技成果应该造福全人类，而不应成为埋在山洞里的宝藏，不应成为限制、遏制其他国家发展的手段。必须深刻认识到，国际科技合作对于应对人类面临的全球性挑战具有重要意义，现在人类比以往任何时候都更需要携手前行、共克时艰。正如习近平主席强调的："世界各国更加需要加强科技开放合作，通过科技创新共同探索解决重要全球性问题的途径和方法，共同应对时代挑战，共同促进人类和平与发展的崇高事业。"

科学无国界，创新无止境。中国坚持融入全球科技创新网络，树立人类命运共同体意识，深入参与全球科技创新治理，主动发起全球性创新议题，全面提高科技创新的全球化水平和国际影响力，对世界科技创新贡献率大幅提高，成为全球创新版图中日益重要的一极。目前，中国已经与 160 多个国家和地区建立了科技合作关系，参加国际组织和多边机制超过 200 个。面向未来，中国将以更加开放的态度加强国际科技交流，积极参与全球创新网络，共同推进基础研究，推动科技成果转化，培育经济发展新动能，加强知识产权保护，营造一流创新生态，塑造科技向善理念，完善全球科技治理，更好增进人类福祉。中关村是中国第一个国家自主创新示范区，中关村论坛是面向全球科技创新交流合作的国家级平台。在向2021中关村论坛视频致贺中，习近平主席郑重宣布："中国支持中关村开展新一轮先行先试改革，加快建设世界领先的科技园区，为促进全球科技创新交流合作作出新的贡献。"

人类只有一个地球，人类也只有一个共同的未来。无论是应对眼下的危机，还是共创美好的未来，人类都需要同舟共济、团结合作。历史一再证明，只有开放合作，道路才能越走越宽。站在历史的十字路口，世界各国加强科技开放合作，携手打造开放、公平、公正、非歧视的科技发展环境，用好和平、发展、合作、共赢的"金钥匙"，就一定能在开放中创造机遇、在合作中破解难题，向着构建人类命运共同体目标不懈奋进，开创人类更加美好的明天。

资料来源：本报评论员.推动全球科技创新协作[EB/OL].（2021-09-26）.http://qh.people.com.cn/n2/2021/0926/c401598-34931148.html.

创新是推动企业发展的重要力量，在全球竞争日趋激烈的今天，不创新就意味着落后和失败。中美之间的竞争，美国最担心中国在科技方面超越其地位。但是科技无国界，全球面临共同的难题，各国要携手合作，就如上述案例所言。国际企业可以利用其全球网络广纳人才，吸收先进技术，开展创新活动。华为高速发展的秘诀就是强大的国际研发团队让其如虎添翼，因此国际企业要重视研发和创新活动，不断给企业发展注入新动力。

24.1 全球科技创新概况

当今世界科学技术更迭速度加快，重大的科学技术不断涌现，科技成果也越来越多地应用于生产和实践。这些重大科技成果正逐渐改变着人们的生活和生产方式，甚至改变着人们的思维方式。科学技术以其基础性、先导性和强渗透性，成为大国国力竞争的关键性因素。近年来，随着科学技术的不断发展，各国均纷纷在科技创新领域颁布了一系列的重大战略与决策，用以促进本国科技创新的不断发展，维持其国际竞争力。这些政策及战略涵盖各学科领域，跨界联合渐成趋势，形成了跨行业的科技创新新布局。

24.1.1 主要国家近期重点关注领域

1. 注重基础研究

基础研究对于国家科技发展意义重大，基础研究是一个国家科技得以持续发展的基石。纵观世界经济发展历程和科技发展历程，在两次工业革命中，热力学、牛顿力学以及麦克斯韦的电磁学等基础研究成果都对推动人类生产进步作出了巨大贡献，人类的每一次生产力的变革背后都有基础研究的支持。在目前的信息技术革命中，量子计算等物理学和数学等基础研究技术也发挥了重要作用。基础研究水平与国家的科技创新水平息息相关，一个国家有影响力的基础研究成果越多，基础科学水平就越高，而基础研究的水平决定了日后国家科技创新发展的水平。目前许多发达国家已经将基础研究的发展放在了国家战略的高度。

2. 重点发展信息技术

近年来，信息技术发展迅速，信息技术在许多领域都得以应用，将为其他产业创新奠定基础。伴随着 5G 等信息通信技术的迅速发展，数字经济时代到来，并且逐渐向以人工智能为核心驱动力的阶段发展。人工智能逐渐深入社会生活及生产的各个领域，包括交通、医疗、教育等，智能时代的到来催生了许多新的业态。由于信息技术的重要性，各国在其近些年的创新战略中，均体现出了对发展信息技术的重点关注。

美国对信息技术的发展主要体现在 5G 和量子通信方面，2018 年 9 月，美国首次发布了《国家网络战略》，确定了数字领域的创新发展。2018 年 10 月，美国商务部牵头制定了国家频谱战略，旨在加速 5G 在全美的应用。同年，英、法、德等国也聚焦量子信息和人工智能领域发布了国家战略、启动专项规划、落地产业项目等。

3. 大力推进制造业发展

制造业与基础设施发展、国家经济发展及人民生活生产密切相关，制造业的发展还奠定了坚实的国防工业基础，对经济繁荣和国家安全至关重要。一个国家制造业的发展程度与其综合国力有直接的关系。各国在新一轮的科技战略中，也纷纷体现了对制造业科技创新发展的重视。

2018 年 10 月 5 日，美国发布了《先进制造业美国领导力战略》报告，提出了开发和转化新的制造技术、教育、培训和集聚制造业劳动力，以及扩展国内制造供应链能力的三大目标，展示了未来四年内的行动计划，涵盖了未来智能制造系统、先进材料和加工技术、美国制造的医疗产品、领先集成电路设计与制造及粮食与农业制造业。2019 年 8 月 31 日，美国在"2021 财政年度行政机构研究与发展预算优先事项"的备忘录中继续提出了纵向的未来工业领导力，以及横向的培育和利用多元化、高技能的劳动力。在制造业创新发展方面，英国也投入 840 万英镑支持 3D 打印技术，在海底焊接技术、生物材料 3D 打印技术、无人驾驶技术等方面也取得了重要成果，为制造业的发展注入了力量。此外，作为工业制造业大国，德国推出了《国家工业战略 2030》，将工业的发展放到了至关重要的地位，努力保持其相关领域在欧洲甚至全球的领导地位和领先地位。

4. 重视能源、环境和生态技术

不同于过去，随着科学技术的不断发展，产业结构、生活方式及理念都发生了巨大的变化。与以往的经济发展理念不同，各国纷纷意识到生态环境对人类生活及生产的重要作用，实现可持续发展成为全球面临的共同话题。英国制定了 2020 年碳减排 34% 的目标，开展新环保项目竞赛，准备 2030 年在英国大规模应用碳捕捉技术。德国联邦内阁通过了"气候保护计划 2030"纲要文件，指出德国政府将在 2023 年前投入 540 亿欧元，用于应对气候变化。该计划致力于解决二氧化碳排放、建筑节能减排等诸多问题，采取引导、财政及行政措施相结合的方式，涉及能源、交通、建筑等多个领域。

5. 关注未来颠覆性技术

尽管颠覆性技术没有明确的发展路径和明确的未来，但考虑到颠覆性技术对经济增长、社会目标和价值观的潜在影响，美国国会的"独家"智库美国国会研究服务部发布的《第 116 届国会面临的科技问题》中指出了政府对颠覆性技术的重视。包括社交媒体、云计算、大数据、人工智能（AI）、自动驾驶汽车、区块链、能量存储、基因编辑和物联网。与此同时，在此类颠覆性技术领域，欧洲国家也采取了一系列行动。如德国于2018年增大了对人工智能领域的研发投入，并宣布到2025年在人工智能研究领域投入30亿欧元科研经费，全力支持人工智能中心的建设工作。除此之外，亚洲国家如日本也提出了"社会5.0"（Society 5.0）计划，大力支持采用物联网、大数据、人工智能等技术，实现网络空间与现实世界的高度融合，打造更为智能化的社会。

24.1.2 重点采取措施

为了实现科技创新领域的发展，纵观近几年主要发达国家的做法，可以总结为以下几点。

1. 充分发挥政府的作用

在推动科技创新发展的过程中，各国政府均意识到了政府对于科技事务的调控作用。早期，许多西方国家认为市场是调控经济发展的最有效方式。随着市场经济的发展，市场失灵的现象时有发生，人们开始意识到，必须充分发挥政府的作用。许多西方国家也将政府视为发展科技创新的重要工具。如德国意识到了当一个国家的市场力量无法保持其创新能力和竞争力的时候，国家有责任介入，从而在政府层面采取了诸多措施来促进国家科技创新的发展。而英国也一改在经济发展上"不干预"的自由放任政策，提出了创新驱动战略，突出了政府在推动创新型国家建设中的重要作用，培育创新环境，加强国际科技合作。

2. 加强内外合作创新发展

科学技术的创新需要汇聚来自多方的资源。对内，许多国家纷纷建立政府、企业、高校、科研院所的一体化科技创新生态体系，全面促进科技成果转化，促进协同创新发展。如美国非常注重创新生态的培育，提出由政府、学术界、产业界和非营利组织等多元主体共同构建"创新生态系统"。英国于2013年启动"天狼星计划"，积极吸引国际优秀人才，为人才提供强有力的政策和资金支持，全面促进形成新的科技创新体系。对外，积极加强外部合作，英国政府积极参与了"地平线2020计划"，不断强化与欧盟国家的科技合作，同时也重视与美、日等发达国家，以及中国等发展中国家之间的合作。此外，欧盟决定把"开放科学、开放创新和向世界开放"作为欧盟科技创新的未来发展方向，欧盟于2014年发布了新的国际科技创新合作战略，其主要目标是强化欧盟科技创新，创建具有吸引世界一流科技创新人才的欧盟研究区（ERA），努力提升欧盟工业企业全球竞争力，共同应对全球社会挑战，支持欧盟统一对外政策，全面加强与外界的合作，促进科技创新发展。

3. 积极建设全球创新中心

构建全球科技创新中心对于国家的创新能力发展有着积极的促进作用，有利于国家汇集全球创新资源，引领全球创新发展。因而，许多发达国家纷纷将构建全球科技创新中心作为应对新一轮科技革命挑战的重要战略。美国、英国、日本等国家都采取了构建全球创新中心的创新发展战略。2009年，纽约市政府发布了《多元化城市：纽约经济多样化项目》；2010年，纽约市政府进一步提出将纽约打造成新一代科技创新中心。日本政府也于2014年6月发布了新版科技创新综合战略，提出将日本打造成全球创新中心。创新需要多元化的资源，包括知识、信息、资金及人才等，诸多创新资源的汇聚过程对于国家创新发展而言无疑非常重要，因此，构建全球创新中心成为各个发达国家进一步推动创新发展，抢占新一轮科技创新革命制高点的重要举措。

24.2 中国创新的优势与劣势

《2018年全球创新指数报告》统计了80个指标，分为制度规范、人力资本及研发、基础设施、市场成熟度、商业成熟度、知识和技术产出、创新产品和服务产出等7大类，每个大类又分为3个小类。2018年全球创新指数前20位排名情况如表24-1所示。

表 24-1　2018 年全球创新指数前 20 位排名情况

排名	国家和地区	得分	排名	国家和地区	得分
1	瑞士	68.40	11	以色列	56.79
2	荷兰	63.32	12	韩国	56.63
3	瑞典	63.08	13	日本	54.95
4	英国	60.13	14	中国香港	54.62
5	新加坡	59.83	15	卢森堡	54.53
6	美国	59.81	16	法国	54.36
7	芬兰	59.63	17	中国内地	53.06
8	丹麦	58.39	18	加拿大	52.98
9	德国	59.03	19	挪威	52.63
10	爱尔兰	57.19	20	澳大利亚	51.98

数据来源：2018年全球创新指数报告。

24.2.1　中国创新的优势

比较指标排名差异，我国优势集中在四个方面。

1. 市场规模大、经济增速高

市场规模和经济增速，决定了创新的总需求。2018年我国市场规模23万亿美元（基于国际购买力平价PPP），比第二名美国的19万亿多出近4万亿，庞大的购买力为各类创新产品和服务提供了市场空间。同时，我国人均GDP增速保持在6.5%左右，排名全球第3位，而美国排名全球第77位。

2. 通用基础设施良好

基础设施是推动发展的基石，为创新提供了最基本的条件。反映通用基础设施水平有三个指标：电力产出、物流表现和固定资产投资。我国固定资产投资占GDP比重排名全球第4，物流表现第26，电力产出第50，综合加权通用基础设施水平为全球第3。而美国固定资产投资仅排名全球第92名，尽管物流表现和电力产出分别排第10和第9，综合通用基础设施水平排名依然只有第21名。

3. 知识技能型员工丰富

知识技能型员工为企业创新提供了最广泛的人力基础。在所有21个小类指标中，我国有2项排名全球第一，知识技能型员工是其中之一，而美国知识技能型员工综合排名第13位。

4. 知识成果产出数量多

2021年9月20日，世界知识产权组织（WIPO）发布《2021年全球创新指数报告》，报告显示，中国在创新领域的全球排名从去年的第14位上升至今年的第12位。知识成果和无形资产的数量，一定程度反映了创新的产出情况。2021年11月8日，世界知识产权组织在日内瓦发布《世界知识产权指标》报告，中国多项知识产权指标位居全球首位，包括专利申请量、实用型专利数量、拥有的有效专利数量、商标注册申请量，而美国的专利申请量、商标注册申请量均排名全球第二。

24.2.2 中国创新的五个劣势

我国在创新体系中的优势，为我国培育创新能力提供了重要支撑，也反映了近年来的创新成果。但在很多指标上我国排名明显靠后，而美国排名明显靠前，集中在五个方面。

1. 从支持创新的制度环境看，营商环境差距较大

支持创新的基础环境，更重要的是软环境，集中体现为营商环境。创新指数将营商环境划分为监管环境和商事环境两个方面。监管环境有三个指标，包括监管质量、法治水平、解除雇佣成本，我国分别排名第87名、75名、105名，美国分别排名第17名、14名、1名。我国始终高度重视就业问题，对劳动者保护也更加严格，反映为解除雇佣成本较高，有一定合理性，但必须正视监管质量和法治水平的差距。商事环境包括两个指标：开办企业便利度和注销企业便利度，我国分别排第73名和52名，美国分别排第42名和3名。值得注意的是，美国、日本、德国的企业开办便利度排名并不靠前，日本、德国分别为第83名和87名，但企业注销便利度日本、德国分别为第1名和第4名。创新是破坏性创造的过程，企业是创新的主体，生生死死很正常，一旦企业失败，能够较快地注销并重新开始，可以有效激励创新。

2. 从支持创新的基础设施看，信息通信基础设施差距较大

在互联网和数字经济快速发展大趋势下，信息通信基础设施投入对创新的影响越来越大。信息通信基础设施方面，我国排第45名，美国排第10名，差距明显。尤其是信息通信技术准入、信息通信技术使用2个指标，我国仅排名全球第75名和第63名，而美国分别排名第17名和第8名。从创新产出指标看，我国信息通信领域商业模式创新、组织模式创新排名全球第55名和第43名，美国为第9名和第1名；我国互联网创新能力排第84名，美国为第19名。从实践看，近年来我国在电子商务、移动支付等方面表现亮眼，但更多源自庞大的用户基数和"流量变现"能力，很多模式是复制美国互联网公司，在创新层面突破不多。

3. 从创新的主体看，对小微企业金融支持差距较大

小微企业是从事创新活动数量最多、机制最灵活、触觉最敏感的市场主体，尤其是科技型小微企业，很多是基于发明创造或专利产品而创办的，市场对小微企业的资源投入，一定程度上反映了市场对创新活动的资源投入，其中最重要的资源是金融资源。创新指数21个小类指标中，有两类体现了对小微企业的金融支持，一是信用，二是投资。信用主要衡量银行间接融资对小微企业的支持，我国综合排名第48名，美国综合排名第1名。投资方面，我国综合排名第84名，美国排名第4名。美国资本市场发达，直接融资比重高，

尤其风险投资对创业创新支持巨大，完善的信用体系也为企业融资提供了更多便利。

4. 从创新的方式看，融合创新差距较大

创新指数反映的创新方式主要有三种类型，一是自主创新，二是融合创新，三是吸收创新。融合创新是我国的明显短板，仅排名全球第 58 名，美国为第 16 名。衡量融合创新有五个指标，其中最主要的产学合作研发、产业集群发展两个指标，我国分别排全球第 27 名和第 26 名，而美国分别排第 2 名和第 1 名。从产学合作研发看，美国在国家层面建立了较为完备的校企合作和科技成果转化机制，各个大学也都建立了专门办公室，企业与大学之间合作数量多、程度深。从产业集群发展看，创新指数统计的全球前 100 名科技型产业集群中，美国数量最多，达 26 个；我国数量排第二，为 16 个。由于产业集群统计主要基于 PCT（专利合作条约）专利数和科技论文数量，我国有一定规模优势，但从产业集群实际研发能力和业界影响力看，排名依然不高。

5. 从创新的成效看，高质量创新成果差距较大

创新指数中，共有 14 个指标衡量知识技术产出成果，其中"含金量"最高的指标有 2 个：知识产权收入占贸易比重、论文引用数量。这两项指标美国都是全球第 1，而我国分别排第 66 名、第 14 名。知识产权收入体现了科技成果的最终转换价值，也是国家科技竞争力最直接的体现，2017 年美国知识产权净出口额达 800 亿美元，而我国净进口额超过 200 亿美元，两者相差 1 000 多亿美元。论文是否被引用，是衡量论文价值的最直接体现，美国和中国在科技论文发表数量上相差不多，美国排全球第 43 位，中国排第 42 位，但论文引用数量差异较大，客观反映了我国科技论文整体水平与美国的差距。

24.3 以全球创新链推进科技创新的发展

到了经济全球化的时代，生产逐渐突破了国家的边界，科研也实现了全球化。国际企业把生产经营的重点从整合全球的生产资源转移到整合全球的创新资源。国际企业的研发呈现全球化的新趋势，其主要特点，一是知识更新的速度加快，产品生命周期缩短，谁掌握了创新的主动权，谁就掌握全球的竞争主动权；二是信息技术高速发展，知识、技术传播的速度快、范围广、成本低，全球创新合作成为可能；三是研发模式模块化，全球研发利用各国的比较优势，开展分工合作，研发外包日益增加，国际技术贸易快速增长。因此，创新链和全球价值链一样，形成介于市场和层级结构的全球创新链（global innovation chain，GIC），各国、各企业只是全球创新链的一环。当然，每个环节的作用不同，正如科格特（Kogut，1985）和克鲁格曼（Krugman，1995）所说的全球价值链反映了全球的分工、生产资源的再配置一样，全球创新链就是全球创新的分工、全球创新资源的再配置。全球价值链上并非每个环节都创造丰厚的价值，只有战略环节才是重要环节（Kaplinsky et al.，2001）。全球创新链也一样，只有在关键的创新环节才是掌控全球的制高点，因此，研究全球创新链具有十分重要的理论意义。

24.3.1 创新链的含义

林淼等（2001）把科技成果产业化的全过程定义为技术创新链。蔡翔（2002）认为创

新链通过知识创新活动将相关的创新参与者连接起来,实现知识经济化以及创新系统优化。代明(2009)认为创新链是从创新源头开始,运用多种要素,经过多级环节,联系多个部门,跨越多重时空,直到取得最终成果并实现其价值创造的全过程。

创新链有以下特征,一是它按照创新的流程,把创新分解为多个环节,如基础研究、应用研究、技术开发、产品设计、试制改进、营销策划等;二是各个创新环节紧密联系,分工协作,利用各自的优势,开展创新活动,构成一个创新的整体;三是围绕一个或以上的核心主体运行,创新主体是全链的组织者,掌握关键的环节,推动创新有序进行。

24.3.2　全球创新链概念及意义

全球创新链是创新链的全球扩展。全球创新链的形成主要是由于跨国公司的国际研发投资转移,建立了全球研发分工网络,独立的创新活动也就越来越全球化一体化。马琳、吴金希(2011)认为,GIC 是指企业在全球范围内搜索知识资源,关注创新资源使用权并且具备高度开放性的创新价值网络模式。林学军(2018)认为全球创新链是按照创新成果的产出流程(例如基础研究、应用研究、技术开发、成果转化、新品推出、持续改进等),以创新主体各自的比较优势,围绕创新核心分工协作,以实现整合全球创新资源、改善创新生态环境、提高创新效率的全球创新链式组织,如图 24-1 所示。

图 24-1　全球创新链各个环节

全球创新链对于国际企业有重要的意义。国际企业通过全球价值链和全球创新链,不仅控制了全球的生产,还控制着全球的研发,为处于全球价值链和全球创新链高端的发达国家及其跨国公司提供了构建自身生产和科技市场势力链条的机会。处于全球创新链高端的发达国家和跨国公司,作为国际研发投资转移的组织者和治理者,利用自身掌握核心技术及对技术整合的优势,对发展中国家进行研发纵向压榨。因此,全球创新链也和全球价值链一样,存在发展中国家的低端锁定及嵌入障碍等问题。刘志彪(2012)认为中国的装备制造业得了两个病:一个是"心脏病",一个是"神经病"。我国飞机的"心脏"——发动机依赖国外进口;我国机械设备的"神经"——控制系统,几乎也都是依赖国外进口。中国的工业体系大而不强,必须提高创新能力,打造 4.0 的工业体系,才能摆脱对国外高新技术的依赖。

24.3.3　全球创新链的特征、运作与评价

全球创新链与全球价值链有许多共同的作用与特点,总结分析如下。

(1)全球创新链形成技术流、信息流、资金流等,将各创新节点紧密联系在一起,形成分工协作的创新整体,从而提升创新的效率。

(2)全球创新链可以降低创新的交易成本。创新中的知识可以分为显性知识

（explicit knowledge）与隐性知识（tacit knowledge）。显性知识是能够以语言、文字、图像、程序等结构化的形式来表达的，正式而规范的知识。如产品标准、技术规则等。隐性知识则是指高度个体化的、难以用语言文字表达的知识，如个人经验、印象、感悟、技术诀窍等，只有通过应用和实践才能外显并获得。创新需要显性知识，但更需要隐性知识。全球创新链上的各创新主体紧密合作，真诚交流，一方面可以获得尽可能多的隐性知识，获得更多知识的溢出。另一方面，可以避免知识产权交易中的投机取巧的行为，降低交易成本。

（3）全球创新链可以形成全球创新资源的合理配置，充分利用世界各国创新的比较优势，降低创新成本，提高创新速度，减少创新风险。经济地理文献表明，创新不仅要利用本地的知识，即所谓的"local buzz"，而且还要整合全球的外部知识，即所谓的"global pipelines"（Bathelt，Malmberg & Maskell，2004；Grabher，2001；Maskell，Bathelt and Malmberg，2006；Storper and Venables，2004），只有用全人类的知识宝库丰富自己，才有可能不断创新。

（4）全球创新链所处的环节决定在全球创新的分工地位。因此，全球创新链也存在与全球价值链同样的升级问题。全球价值链各环节有不同的附加值，高附加值的环节处于全球价值链的两端。对于全球创新链来说，源头创新是重大的创新，新理论诞生新的产业，极大推动经济的发展，例如，近年来数字技术的发展，产生大数据、云计算、智能工程等新兴产业。一般而言，发达国家的跨国企业控制全球创新链的高端，获得高额利润，并对发展中国家的企业实施控制。处于全球创新链低端环节的企业，只能从事低附加值研发或者做研发的辅助工作。

（5）全球创新链是介于市场和层级结构的创新组织，它的运作类似于全球价值链的运作。汉弗莱（Humphrey，2000）和斯特金（Sturgeon，2001）将全球价值链运作模式划分为市场型、模块型、关系型、领导型和层级型五种。在这些运作模式中，存在一个或者多个的创新领导者，即"链主"，对整个创新链的资源进行整合，对创新活动进行组织。"链主"一般是掌握关键技术，控制全链关键环节的跨国企业。他们可以通过项目分包、发包等方式；或者并购，持有合作者股份；或者与合作方签署协议；或者依据合作关系的亲疏进行创新的分工和协作，推动创新的进展。

（6）全球创新链的评价方法。全球价值链采用贸易增加值、全球价值链上下游指数、全球价值链嵌入度、技术复杂度、关联系数等指标进行量化分析。全球创新链也可以借鉴全球价值链类似的分析方法，例如，全球创新链的上游度，越是处于上游，竞争力和控制力越强；还可以计算技术贸易各环节的附加值，以此衡量某国或者某行业处于全球创新链的地位；还可以计算在全球创新链的嵌入度、高新技术产品的技术复杂度等，以此分析国家和企业在全球创新中的参与度，以及创新产品的竞争力等。

学习辅导 24.1　全球研发及全球创新链理论

24.4　华为公司构建全球创新链，开放创新的研究

华为于 1987 年在中国深圳正式注册成立，经过 30 多年的发展，它已经从一个代工企业成长为全球领先的信息与通信技术解决方案供应商。华为每年将 10% 以上的销售收入投入研究与开发，2016 年，从事研究与开发的人员约 80 000 名，约占公司总人数 45%；研发费用支出为人民币 76 391 百万元，占总收入的 14.6%。近 10 年累计投入的研发费用超过人民币 313 000 百万元。据华为研发公告：截至 2016 年 12 月 31 日，华为累计获得专利授权 62 519 件，累计申请中国专利 57 632 件，累计申请外国专利 39 613 件。其中 90% 以上为发明专利。其中最具有代表性的是华为通过与研究机构的紧密合作，取得了 5G 关键技术重大突破。并荣获首个 5G 大奖——"5G 杰出成就奖"和 2016 年度"5G 创新杰出贡献奖"。这足以说明华为已经走到了通信行业的前沿，其创新能力得到了国际的认可。并以事实证明，创新能够有效地提高企业创新能力和核心竞争力，并提升其在通信行业的价值链地位。

24.4.1　华为设立全球研发机构的战略思考

华为构建全球创新链，开展国际化研发合作的演化呈明显的阶段性特征。侯媛媛（2011）认为华为的自主创新国际化的发展历程并不是一帆风顺的，大致可分为三个阶段：第一，技术模仿—产品追随阶段；第二，重点跟进—适度领先阶段；第三，国际同步—部分超越阶段。华为 1996 年开始国际化进程。自 1999 年起，华为开始斥巨资建设海外研究机构；2002—2005 年是华为研发国际化发展初期，其国内外研发单元较少，且尚未形成研发合作网络；随着华为研发国际化进程的加快，2006—2009 年，华为的国际化研发合作网络规模已逐步形成；2010—2013 年，华为国际化研发合作网络规模迅速扩大，网络边数和联结次数迅速增多，各主要研发单元已进行持续且稳定的合作，形成以深圳和美国为中心的双核心研发结构。

华为公司为了快速追赶国际先进水平，十分注重在全球信息技术中心设立研发机构。按 Kumar（1996）的说法，国际企业开展海外研发活动区位选择主要依据有三个：一是支持企业海外生产，二是利用国外廉价的 R&D 资源，三是吸收国外 R&D 活动的溢出。因此，华为将其 R&D 中心选择在发达国家或地区，临近国际著名高等学校或者是行业领导者，以获得国外最新的技术和国际一流的人才，吸收国外 R&D 活动的溢出。

例如华为选择行业巨头所在地设立研发中心，如拥有以摩托罗拉、德州仪器为中心的美国电信集群的美国达拉斯，拥有爱立信、诺基亚等电信设备企业的瑞典斯德哥尔摩，拥有沃达丰欧洲总部的杜塞尔多夫等。后来，为了更好地管理华为欧洲的研发活动（华为在德国柏林、德国纽伦堡、英国伊普斯威奇、意大利米兰、法国巴黎、比利时布鲁塞尔等设有研发中心），华为又把 ERC（European Research Center）总部迁到德国慕尼黑，接近德国理工大学联盟（Technical University 9）重要成员的慕尼黑工业大学等合作伙伴，努力吸引国际人才。总之，华为海外 R&D 中心区位选择的原则就是全球通信业卓越中心，接近世界级高校、科研院所与企业。华为不仅重视应用技术研究，还重视基础研究，2016 年

5月，华为新设立迪拜研究中心，6月在法国新设立数学研究中心，并通过创新研究计划（HIRP）资助超过200个创新研究项目，通过资助数学、物理、化学等基础理论的研究，探索对ICT行业技术发展的重大创新。

24.4.2 华为形成"核心—合作圈"结构的开放创新合作关系

华为的研发可以分为三层结构，第一层是核心，即位于深圳的华为总部，第二层是华为的海外R&D中心，第三层是华为的海内外合作伙伴。

1. 华为R&D的核心

华为专利中的发明者主要是华为职工，2012年华为专利申请中，华为雇员占比高达96%，其中位于深圳的发明者占总数的90%。华为总部（深圳）处于全球研发网络的核心地位，是全球创新链的链主，起着组织、控制、协调全球的研发活动的作用。

华为总部与各分支机构、大学、科研院所的合作往往通过以下步骤实现：首先，华为总部根据技术发展趋势与自身需求，向全球各地的分支机构提出该年需要追踪、发展的技术领域；之后，华为总部或海外分支机构确定潜在的技术合作对象（企业、大学、科研机构等），并主动联系这些潜在合作伙伴；最后，华为总部确定合作伙伴，并与合作伙伴签订研发合同，以这些合同明确研发活动的时间安排和研发任务。

2. 华为的海外R&D中心

截至2016年，华为在全球已经建立了16个研究所、36个联合创新中心，分布在美、英、德、法、俄等国家，华为（深圳）与这些研究所、中心保持着密切的研发合作，各下属的分支机构是华为开展国际研发的桥梁和纽带。以2012年为例，与华为总部专利合作前十位的机构如表24-2所示。

表24-2　2012年华为专利合作强度前十位

合作单位	合作单位	合作强度
华为（深圳）	华为（斯德哥尔摩）	226
华为（深圳）	华为（圣克拉拉）	216
华为（深圳）	华为（杜塞尔多夫）	166
华为（深圳）	北京大学	102
华为（深圳）	新加坡科技研究局	96
华为（深圳）	华为（渥太华）	78
华为（深圳）	Futurewei（华为北美子公司）	68
华为（深圳）	华为（普莱诺）	60
华为（深圳）	惠灵顿维多利大学	38
华为（深圳）	华为（印度）	38

与华为总部研发合作最为密切的10家企业/机构中，7家是华为海外分支机构，如位于斯德哥尔摩（瑞典）、圣克拉拉（美国硅谷）、杜塞尔多夫（德国）的R&D中心，Futurewei（华为北美子公司）。这些海外R&D中心成立时间早，与总部之间的研发合作稳定。另外3家是大学和科研机构，除北京大学外也皆位于海外。华为海外R&D中

心有明确的研发分工，如表 24-3 所示，这体现了深圳总部对全球研发的高度参与以及海外创新资源对华为创新能力提升的重要性。

表 24-3 华为海外 R&D 中心技术分工

R&D 中心	技 术 领 域
斯德哥尔摩	基站架构和系统设计，模拟混合信号设计（射频）；算法；移动通信技术开发的第三代合作伙伴项目（标准）
班加罗尔	嵌入式软件和嵌入式平台
达拉斯	CDMA 总体解决方案；G3 UMTS；CDMA 移动智能网；手机数据服务；光学；网络电话
硅谷	新一代国际互联网、微处理器（芯片）

3. 华为的海内外合作伙伴

海外 R&D 中心是华为获得海外研发资源的主要方式，与海外大学、科研机构的研发合作也是华为研发国际化的重要组成部分。另外，华为还积极与海内外伙伴展开合作。2012 年专利数据显示，华为的外部合作中，产学研合作为主，企业之间合作次之；在地域分布上，跨国合作为主，国内合作次之。其中，达拉斯半导体公司、Nortel 有限公司、Toga 网络公司、Illusionic 有限公司和 NextHop 技术有限公司等合作企业都位于海外，是行业领军企业或旗舰企业。这些外部合作任务多由华为总部和国内分公司承担，海外分支机构的产学研合作强度不大，主要起联络人的作用，体现了华为总部对核心技术的控制和保护，如表 24-4 所示。

表 24-4 2012 年华为海外研发合作强度

合作对象	其他企业（海外）	大学及科研院所	
		国内	国外
华为（内地）	146	211	274
华为（海外分支机构）	9	15	25

注：2012 年华为未与国内企业共同申请 WIPO（世界知识产权组织）专利。

图 24-2 列举了与华为合作强度较大的大学和科研机构。这些大学和科研机构多以理工科见长，具备国家甚至国际一流的研发水平。其中，北京大学与华为的合作强度最强，创新合作的参与人员主要来自北京大学软件学院的信息安全系、物理系以及北大国际 MBA 项目。其次，华为海外 R&D 中心所在欧美国家的顶级理工院校，如慕尼黑工业大学、弗劳恩霍夫应用研究促进协会、代尔夫特工业大学、圣克拉拉大学等都与华为保持着较为密切的联系。同时，华为也在新兴发展中国家进行研发布局，例如与希腊雅典大学、以色列魏茨曼科学研究所、韩国大田电子与电信研究院等区域性技术创新中心的合作等。华为通过与这些国际领先、区域内领先的大学和科研机构合作，形成梯度特征明显的技术创新合作网络。

总之，华为在全球范围内的创新合作以企业内部合作为主，形成以华为总部（深圳）为核心、以海外 R&D 中心为主要支撑的圈层结构。海外 R&D 中心是华为获得海外研发资源、服务企业创新升级的主要途径。

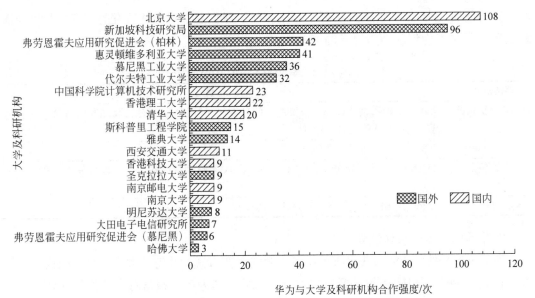

图 24-2　2012 年华为专利合作主要国内外科研院所参与情况

24.4.3　华为灵活的专利申请与成果转化策略

刘凤朝（2015）认为由于历史原因，华为与国际厂商技术差距巨大，当华为还处于创业的起步阶段时，跨国公司已经进入超前专利的研发之中。因此，在 2007 年以前，华为主要通过购买专利或支付专利费用获取国际市场准入，其重心主要放在购买核心技术的改造升级上，华为本身缺乏原创的核心专利支撑。2007 年之后，华为逐渐重视跨国合作研发的作用，尤其是 2010 年与 2011 年，华为通过大量的研发投入整体上提升了本土 R&D 研发人员的创新能力，逐步加强跨国合作研发在专利中所占的比例。

根据各大学与科研院所的政策不同，华为与海外大学和科研机构的专利合作分为三种商业化模式：①来自大学和科研机构的科学家或工程师撰写专利报告（patent disclosure），之后华为单方确定递交专利的目标组织（德国专利局、欧洲专利局、美国专利及商标局、WIPO 等），独立承担知识专利的申请工作，并享受专利使用带来的所有收入；②合作双方共同负责专利报告的撰写、申请等工作，所有费用和商业化带来的收入由华为独立承担；③合作双方申请联合专利（co-patent），或通过合同明确界定专利收入的双方分配份额。前两种专利商业化模式比较常见。但无论是哪种模式，华为人员会在项目过程中，评价所有项目成果申请知识专利的可能性，并将成功概率较大的成果迅速投入专利申请过程中。在整个过程中，华为总部（深圳）向海外 R&D 中心、海外研发合作项目派出的工程师，参与甚至管理海外研发合作的运作。华为总部的标准化与知识产权部门在专利申请中具有较高的决策地位。华为总部对专利申请的控制，造成专利经理在 2012 年参与专利申请数量超过 30 项的现象。由此可见，华为专利申请中的发明者未必是专利涉及技术的创造者，更有可能是知识商业化过程中的管理者。

总之，华为的跨国研发合作通过与国际、区域一流的理工科大学或科研院所的产学研合作展开。这种开放式合作研发，最大限度地利用外部资源，加快了创新，促进企业的升级发展。

24.5　构建全球创新链，提高企业创新能力的策略

24.5.1　加强政府的沟通协调，为国际创新合作创造良好的环境

虽然当今有某些科技发达国家为保持国际领先地位，排斥科技合作交流，但世界面临许多人类共同的难题，如节能减排、保护生态环境、防治人类流行病、维护网络安全和平利用核能，等等，这些都需要各国政府的协调合作。因此，国际创新合作是大势所趋。应该进一步加强与各国政府的对话沟通，增加双方互信，进一步修改完善与技术相关的合作协议，发挥政府的引领和协调作用。要打破种种桎梏，瞄准世界科技前沿，突出基础研究、前瞻性研究、引领性原创成果等，加强与世界科技强国的合作。

24.5.2　聚集国家重大战略需求，加强国际创新合作

党的十九大报告提出围绕科技强国、质量强国、航天强国、网络强国、交通强国、数字中国、智慧社会等国家重大战略需求，加强应用研究。因此，应当制订国家的科技创新合作计划，突出重点领域，聚集国家战略需求，开展与世界各国的创新合作。

24.5.3　加强国家创新体系，为创新提供良好的环境和支持

建立国家创新体系（NIS），是加强国际创新合作的先决条件，只有本国的创新体系完善，并有一定的自主创新能力，努力缩短国内外科技的差距，才有可能与世界交流与合作。因此，要加强官产学之间的联系，形成官产学创新联盟。政府搭建创新平台，为创新提供法律、资金、基础设施保障；大学和科研机构主攻基础研究、理论研究；企业着重应用研究，加速科技成果转化。

24.5.4　加强创新人才的培养和引进

人才是创新的关键。中国是人才流失严重的国家，因此，需要采取多种方法，提供良好的工作、生活条件，吸引海外学成的留学生回国工作。当然，也要努力吸引外籍科学家来华工作，用人唯贤，以灵活的方式广纳世界贤才。

24.5.5　开放创新，构建全球创新链

要学习华为构建全球创新链的方式，加强国际创新合作，充分利用全球的创新资源。Keller 认为，国际技术知识溢出包括国际贸易、外商直接投资、信息交流等渠道。马述忠、吴国杰认为按照国际化生产参与方式的不同，可以用 IFDI（吸引外商直接投资）、对外贸易和 OFDI（对外直接投资）等方式吸收国际知识溢出。

对外投资，建立海外研发机构，是一种主动获取知识的有效方法。企业还可以通过引进外资，与国外先进企业合作，在合作中学习先进技术，提高创新能力。另外，企业可以通过知识产权贸易，直接购买国外的先进技术，学习技术，吸收消化技术，这也是

快速提高创新能力的一种途径。除此之外，企业研发还可以采用外包、结成研发战略联盟等方式，签订研发协议，确定研发的目标任务，协调人员分工，分担研发费用和风险，共享研发的成果。

学习辅导24.2 华为创建全球创新链及提高中国企业创新能力的策略

【本章小结】

技术创新是企业发展的不竭动力，是企业全球竞争的关键优势。本章概述了全球创新的主要情况，分析了中国创新的优势和劣势，并从全球创新链的角度，研究国际企业进行全球创新分工、整合全球创新要素、加速创新进程、提高创新能力的理论。结合华为公司在海外设立研发机构，充分吸收利用国际的先进技术，打造世界一流信息通信企业的案例，探讨中国企业构建全球创新链，提高中国企业创新能力的策略。

【思考题】

1. 世界各国重视的创新领域有哪些？各国采取什么措施提高创新能力？
2. 中国创新的优势与劣势是什么？
3. 什么是全球创新链？
4. 全球创新链对整合全球创新资源、提高创新能力有什么作用？
5. 全球创新链是如何运作的？
6. 如何构建全球创新链、提高中国企业的创新能力？

【即测即练】

【英文阅读】

参考文献

巴曙松，王志峰，2015. "一带一路"：香港的重要战略机遇 [J]. 学术前沿 (9): 51-61，73.

鲍银胜，刘国平，2013. 购买力平价理论在国际经济发展中的运用缺陷及其改进对策 [J]. 国际金融研究 (9): 58-66.

蔡琦，2020. 中美贸易摩擦背景下中国—东盟经贸关系的新态势及中国对策 [J]. 区域与全球发展 (4): 55-65.

蔡政元，巴曙松，2019. 中资企业海外并购的问题及对策建议 [J]. 金融发展研究 (2): 26-31.

希尔，2009. 国际商务 [M]. 周健临，等译 . 北京：中国人民大学出版社 .

陈红梅，梁敏，2018. 跨文化管理——"一带一路"背景下中国企业走出去的"软实力"[J]. 对外经贸 (9): 87-89.

陈劲，2019. 全球科技创新的前沿分析及对策 [J]. 学术前沿 (24): 8-13.

陈衍泰，罗来军，林泽梁，2011. 中国企业海外研发的进入模式与研发强度关系——基于跨案例的研究 [J]. 科学学研究，29(5): 722-727.

陈伊梅，吴如闻，向圣冬，2016. 国际金融组织的投票权发展历程分析——AIIB 的投票权问题 [J]. 法制博览 (9): 12-14.

戴燕，孙敬鑫，2015. 十八大以来国际视野下的中国对非援助 [J]. 国际援助 (1): 22-31.

丁志杰，严灏，丁玥，2018. 人民币汇率市场化改革四十年：进程、经验与展望 [J]. 管理世界 (10): 24-32.

杜常生，王思芸，2018. 美国军事援助乌克兰的战略考量 [J]. 哈尔滨学院学报，39(10): 52-58.

范小云，刘粮，陈雷，2018. 从"货币三元悖论"到"金融三元悖论"——国际资本流动研究的新思路 [J]. 国际经济评论 (4): 126-144.

范徵，曹姝婧，王凤华，2012. 基于新制度主义的跨文化比较管理学新分析框架 [J]. 跨文化管理 (1): 1-16.

高材林，2008. 美元国际化及对中国的借鉴 [J]. 上海金融 (5): 61-65.

顾燕君，2018. 跨国企业转移定价避税风险及应对的研究 [J]. 财会学习，205(31): 154-156.

韩璐，2019. 上海合作组织与"一带一路"的协同发展 [J]. 国际问题研究 (2): 22-34.

何杨，夏安，2019. 转让定价税制对企业利润转移的影响研究 [J]. 国际税收，73(7): 37-42.

黄光灿，王珏，马莉莉，2019. 全球价值链视角下中国制造业升级研究——基于全产业链构建 [J]. 广东社会科学 (1): 54-64.

黄泽民，2018. 世界经济大变局背景下的人民币汇率展望 [J]. 金融经济学研究 (6): 3-9.

贾涛，2018. 全球制造业的几个特点与中国的应对 [J]. 经济导刊 (7): 86-93.

蒋姮，2015. "一带一路"地缘政治风险的评估与管理 [J]. 国际贸易 (8): 21-24.

金莹，张二震，2019. 全球经济新格局下国际货币体系改革问题探讨 [J]. 江苏行政学院学报 (1): 44-49.

孔寒冰，韦冲霄，2017. 中国与中东欧国家 "16+1" 合作机制的若干问题探讨 [J]. 社会科学 (11): 14-23.

蓝虹，2013．中国海外投资对东道国环境和社会的影响 [J]．中央财经大学学报 (7): 65-71.

雷小苗，2017. 正视文化差异，发展文化认同——跨国公司经营中的跨文化管理研究 [J]. 商业研究 (1): 13-18.

李翀，2013. 论英镑、美元和日元国际化对人民币国际化的启示 [J]. 贵州财经大学学报，31(1): 8-13.

李欢丽，李石凯，2019. 强势美元周期、去美元化浪潮与人民币国际化战略调整 [J]. 经济学家 (5): 68-75.

李猛，2018. "一带一路" 中我国企业海外投资风险的法律防范及争端解决 [J]. 中国流通经济 (8): 109-118.

李敏，黄爱华，2006. 国际企业管理 [M]. 2 版. 广州：华南理工大学出版社.

李墨丝，2020. WTO 电子商务规则谈判：进展、分歧与进路 [J]. 武大国际法评论 (6): 55-77.

李晓，2018. 美元体系的金融逻辑与权力——中美贸易争端的货币金融背景及其思考 [J]. 国际经济评论 (6): 52-71.

李颖轶，2020. 中国营商环境评估的进路策略与价值选择——以法国应对世行《营商环境报告》为例 [J]. 华东师范大学学报（哲学社会科学版）(1): 187-195.

梁潇，2019. 传统经济与数字经济下跨国公司转让定价问题研究 [J]. 宏观经济研究，245(4): 144-152.

廖佳，赵灿蒙，2020. "一带一路" 背景下中国—中东欧贸易投资合作问题研究 [J]. 对外经贸 (12): 40-43.

廖益新，2008. 国际税法学 [M]. 北京：高等教育出版社.

林学军，官玉霞，张文凤，2019. 以全球创新链建设中国现代经济体系研究 [J]. 经济研究参考 (7): 11-19.

林学军，官玉霞，2019. 以全球创新链提升中国制造业全球价值链分工地位研究 [J]. 当代经济管理，41(11): 25-32.

林学军，2018. 全球创新链视角下建设创新型国家战略研究 [J]. 东南学术 (4): 132-140.

刘晨阳，曹以伦，2020. APEC 三十年与我国参与亚太区域经济合作的战略新思考 [J]. 东北亚论坛 (2): 3-18.

刘宏松，2020. 二十国集团的功能拓展、议题设置与中国角色 [J]. 当代世界 (12): 4-9.

刘宏松，2019. 中国参与全球治理 70 年：迈向新形势下的再引领 [J]. 国际观察 (6): 1-21.

刘洪民，刘炜炜，2019. 改革开放 40 周年中国制造业创新发展的历史回顾与思考 [J]. 技术与创新管理 (1): 1-8.

刘烈荣，施瑞，2019. 浅谈内部资金转移定价、经济资本管理与价值管理的关系 [J]. 现代金融，431(1): 30-32.

刘曙光，2020. 中欧经贸合作：成效、挑战与机遇 [J]. 当代世界 (6): 39-47.

刘夏，武靖凯，2018."一带一路" 框架下中国与中东欧国家实现经贸 "精准合作" 探讨 [J]. 对外经贸实务 (9): 85-88.

刘英奎，吴文军，李媛，2020. 中国营商环境建设及其评价研究 [J]. 区域经济评论 (1): 70-78.

刘志彪，2018. 在全球价值链路径上建设制造强国 [J]. 学习与探索 (11): 94-101.

陆剑清，2019."苹果" 真的只是手机吗？——解析 "饥饿营销" 策略的运行逻辑及心理机制 [J]. 上海商业 (10): 23-24.

马述忠，房超，梁银锋，2018. 数字贸易及其时代价值与研究展望 [J]. 国际贸易问题 (10): 16-30.

毛蕴诗，郑奇志，2016. 论国际分工市场失效与重构全球价值链——新兴经济体的企业升级理论构建 [J]. 中山大学学报（社会科学版）(2): 175-187.

倪金萍，2019. 集团公司转移定价税收筹划研究 [J]. 财会通讯，826(26): 115-119.

庞中英，卜永光，2020. 新冠肺炎疫情与二十国集团的危机应对 [J]. 当代世界 (12): 10-15.

裴长洪，倪江飞，2020. 坚持与改革全球多边贸易体制的历史使命——写在中国加入 WTO20 年之际 [J]. 改革 (11): 5-22.

朴英姬，2019. 深化中国对非投资合作的新动力与新思路 [J]. 西亚非洲 (5): 139-160.

屈彩云，2019. 新时代中国对外援助的成果、特征及影响 [J]. 西南科技大学学报（哲学社会科学版），36(4): 1-7.

任佳，王霞，2021. 疫情防控常态化下的世界经济战略走向 [J]. 上海管理科学，43(2): 1-6.

普拉桑纳，陈新，2019. 传统商业模式的数字化：企业重组的转让定价影响（上）[J]. 国际税收，75(9): 35-40.

桑百川，杨立卓，2015. 拓展我国与"一带一路"国家的贸易关系——基于竞争性与互补性研究 [J]. 经济问题 (8): 1-5.

商务部国际贸易经济合作研究院课题组，2019. 中国对外经贸 70 年：历程、贡献与经验 [J]. 国际贸易 (9): 15-24.

上海国际问题研究院中国外交 70 年课题组，2019. 中国外交 70 年专家谈（之三）——全球治理、军事外交、中东欧合作、中等国家关系 [J]. 国际展望 (5): 1-32.

沈陈，徐秀军，2020. 新冠肺炎疫情下的"金砖国家"合作：挑战、机遇与应对 [J]. 当代世界 (12): 65-72.

沈兼宇，2020. 后疫情时代中国跨境电商逆势赋能外贸发展策略研究 [J]. 对外经贸 (12): 53-55，96.

石佳友，刘连炻，2018. 美国扩大美元交易域外管辖对中国的挑战及其应对 [J]. 上海大学学报（社会科学版）(4): 17-33.

孙玉琴，曲韵，王微微，等，2019. 中国对外贸易发展历程、成就与经验 [J]. 国际贸易 (9): 4-14.

谭璐，2018. 基于全球创新指标体系的中美创新能力差距比较 [J]. 中国经贸导刊 (35): 22-23.

陶林，2020. 全球治理的中国方案：人类命运共同体论略 [J]. 武汉理工大学学报（社会科学版）(1): 8-14.

田泽，张依，金水英，2019. "一带一路"建设下中非经贸合作网络分析 [J]. 广西财经学院学报，32(3): 65-74.

屠新泉，杨丹宁，李思奇，2020. 加入 WTO20 年：中国与 WTO 互动关系的演进 [J]. 改革 (11): 23-36.

屠新泉，2019. 中美贸易摩擦与 WTO 改革：分进合击的美国对华贸易策略 [J]. 求索 (6): 46-54.

王鉴忠，宋嘉良，2017. "一带一路"背景下中国企业跨文化管理研究 [J]. 理论探讨 (6): 93-98.

王勤，2019. 全球价值链下的中国与东盟经贸关系 [J]. 国际贸易 (2): 40-45.

王星宇，2019. "金砖国家"经贸合作与全球价值链重构 [J]. 经济问题 (1): 123-129.

王作功，韩壮飞，2019. 新中国成立 70 年来人民币国际化的成就与前景——兼论数字货币视角下国际货币体系的发展 [J]. 企业经济 (8): 28-38.

吴雷雷，王军锋，2019. "金砖国家"合作平台与我国新型国际经贸关系建设 [J]. 国际商务研究 (3): 49-56.

吴玲，2019. 对关联方交易内部转移定价的探讨 [J]. 财经界（学术版）(30): 231-232.

吴晓云，2004. 国际市场营销学教程 [M]. 天津：天津大学出版社.

夏杰长，肖宇，2018. 构建中国服务贸易持续稳定发展的长效机制 [J]. 社会科学战线 (3): 56-64.

夏立平，2015. 论共生系统理论视阈下的"一带一路"建设 [J]. 同济大学学报（社会科学版），26(2): 30-40.

肖光恩，2019. 中美贸易战谈判的基本特征和发展态势——对中美贸易战前景的研判 [J]. 社会科学动态 (10): 40-51.

谢世清，向南，2020. 世界银行对华战略分析 [J]. 宏观经济研究 (1): 34-41，123.

邢钰，2017. 国际市场营销视角下的华为 [J]. 中国商论 (5): 87-88.

熊启泉，2019. 中国对外开放 40 年：路径、绩效与新挑战 [J]. 华南农业大学学报（社会科学版），18(5): 1-16.

徐步，张博，2017. 中国—东盟贸易关系现状、问题和前景展望 [J]. 亚太安全与海洋研究 (5): 1-20.

徐刚，2019. 中国与中东欧国家地方合作：历程、现状与政策建议 [J]. 欧亚经济 (3): 71-87.

杨鸿玺，陈开明，2010. 中国对外援助：成就、教训和良性发展 [J]. 国际展望 (1): 46-56.

杨蕙馨，高新焱，2019. 中国制造业融入垂直专业化分工全球价值链研究述评 [J]. 经济与管理评论 (1): 34-44.

姚帅，2020. 2019 年国际发展合作与中国对外援助回顾与展望 [J]. 国际经济合作 (1): 30-36.

余振，王净宇，2019. 中国对外贸易发展 70 年的回顾与展望 [J]. 南开学报（哲学社会科学版）(4): 36-47.

詹舒才，2018. "一带一路" 背景下中国海外投资中宗教因素影响案例研究 [J]. 世界宗教文化 (5): 33-38.

张二震，戴翔，2018. 扩大我国服务业出口的对策思路 [J]. 国家治理 (23): 18-25.

张晓涛，2018. 加强海外产业园区建设为 "一带一路" 命运共同体贡献中国智慧 [J]. 国家治理 (28): 16-20.

张晓通，解楠楠，2017. 中国在中东欧的经济外交 [J]. 复旦国际关系评论 (2): 173-194.

张一弛，张正堂，2019. 人力资源管理教程 [M].3 版. 北京：北京大学出版社 .

张宇，2017. 引导和推动经济全球化健康发展（人民要论）[N]. 人民日报 03-07.

张蕴岭，马天月，2019. 新全球化发展与中国海外投资策略 [J]. 全球化 (6): 14-21.

张宗新，2007. 中国资本市场国际化趋势及路径选择 [J]. 社会科学 (3): 20-25.

郑雪平，林跃勤，2020. "一带一路" 建设进展、挑战与推进高质量发展对策 [J]. 东北亚论坛 (6): 94-106，125.

中国科学院大学国际资本流动与金融稳定研究课题组，2019. 2018 年国际资本流动分析 [J]. 中国金融 (2): 60-62.

钟秀琴，李安兰，许蓝滢，等，2019. 跨国电子制造公司关联交易转移定价及税务调整 [J]. 财会通讯，820(20): 3-8.

周圣，2019. 国际货币基金组织治理体制缺陷、根源及其改革路径探寻 [J]. 国际经贸探索 (10): 108-118.

朱福林，2020. 中国服务贸易发展 70 年历程、贡献与经验 [J]. 首都经济贸易大学学报（双月刊）(1): 48-59.

ABUGRE J B, ANLESINYA A, 2020. Corporate social responsibility strategy and economic business value of multinational companies in emerging economies: the mediating role of corporate reputation[J]. Business strategy & development 3, (1): 4-15.

ALHAWARIA S, KARADSHEHB L, TALETC A N, et al. 2012. Knowledge-based risk management framework for Information technology[J]. International journal of information management, 32(1): 50-65.

BADER B, et al. 2020. Terrorism as an external threat factor in global value chains[J]. Thunder bird international business reriew, 62(2): 135-148.

BAO Q, SHAO M, SONG L G, 2014. Is export spillover localized in China[J]. Review of development economics,18(2): 218-230.

BODART V, CANDELON B, CARPANTIER J F, 2015. Real exchanges rates, commodity prices and structural factors in developing countries[J]. Journal of international money and finance, 51: 264-284.

WU c w, 2011. Global marketing strategy modeling of high tech products[J]. Journal of business research, 64(11): 1229-1233.

CHEY H, et al. 2019. Which foreign states support the global use of the Chinese renminbi? The international political economy of currency internationalisation [J]. The world economy 42(8): 2403-2426.

CANO-KOLLMANN M, HANNIGAN T J, MUDAMBI R, 2018. Global innovation networks-organizations and people[J]. Journal of international management, 24(2): 87-92.

CHANG P L, LEE M J, 2011. The WTO trade effect[J]. Journal of international economics, 85(1): 53-71.

CUI Y, 2013. The internationalization of the RMB: where does the RMB currently stand in the process of internationalization[J]. Asian-Pacific economic literature, 27(2): 68-85.

DEKKER H C, 2004. Control of inter-organizational relationships: evidence on appropriation concerns and coordination requirements[J]. Accounting, organizations and society, 29(1): 27-49.

DUTTA M, 2000. The euro revolution and the European Union: monetary and economic cooperation in the Asia-Pacific region[J]. Journal of Asian economics, 11(1): 65-88.

DOBSON W, MASSON P R, 2009. Will the renminbi become a world currency?[J]. China economic review, 20(1): 124-135.

SERVAES J, 2012. Soft power and public diplomacy: the new frontier for public relations and international communication between the US and China[J]. Public relations review, 38(5): 643- 651.

KWON E, 2015. China's monetary power: internationalization of the renminbi[J]. Pacific focus, 30(1): 78-102.

FAYARD D, LEE L S, LEITCH R A, et al. 2012. Effect of internal cost management, information systems integration, and absorptive capacity on inter-organizational cost management in supply chains[J]. Accounting, organizations and society, 37(3): 168-187.

FRANKEL J, 2012. Historical precedents for the Internationalization of the RMB [J]. International economic review，27(3): 329-365.

GHOSH D, GHOSH D K, ZAHER A A, 2011. Business, ethics, and profit: Are they compatible under corporate governance in our global economy? [J]. Global finance journal, 22(1): 72-79.

GEREFFI G, 1999. International trade and industrial upgrading in the apparel commodity chain[J]. Journal of international economics, 48(1): 37-70.

GLAMBOSKY M, GLEASON K, MURDOCK M, 2015. Political risk and the factors that affect international bids[J]. Global finance journal, 28: 68-83.

GNANGNON S K, 2018. Multilateral trade liberalisation and financial openness[J]. Economic affairs. 38(3): 325-338.

HUANG H, WEI Y H D, 2016. Spatial inequality of foreign direct investment in China: institutional change，agglomeration economies, and market access[J]. Applied geography, 69: 99-111.

HOFSTEDE G, 1991. Cultures and organizations[M]. London: McGraw-Hill.

HUMPHREY J, SCHMITZ H, 2002. How does insertion in global value chain affect upgrading in industrial clusters?[J]. Regional studies, 36(9): 1017-1027.

BURT S, JOHANSSON U, THELANDER A, 2011. Standardized marketing strategies in retailing ? IKEA's marketing strategies in Sweden, the UK and China[J]. Journal of retailing and consumer services, 18(3): 183-193 .

KOGUT B, 1985. Designing global strategies: comparative and competitive value-added chains[J]. Sloan management review, 26(4): 15-28.

KOLK A, 2016.The social responsibility of international business: from ethics and the environment to CSR and sustainable development[J]. Journal of world business, 51(1): 23-34.

LI G Z, WANG Z Y, ZHAO Y, 2019. Exchange rate exposure: evidence from China[J]. Review of international economics, 27(4): 1148-1171.

LEBEDEV S, PENG M W, XIE E, et al. 2015. Mergers and acquisitions in and out of emerging economies[J]. Journal of world business, 50(4): 651-662.

LI W, HENDRISCHKE H, 2020. Local integration and co-evolution of internationalizing Chinese firms [J]. Thunderbird international business review, 64(4): 425-439.

LIN X J, LIU B Q, HAN J X, et al. 2018. Industrial upgrading based on global innovation chains: a case study of Huawei technologies Co., Ltd. Shenzhen [J]. International journal of innovation studies, 2(3): 81-90.

LIN X J, et al. 2016. The research on transfer pricing: a method of tax avoidance and profit maximization for multinationals—taking WR corporation for instance [J]. Business & management research, 5(3): 36-50.

LECHNER C, et al. 2020. Supplier evolution in global value chains & the new brand game from an attention-based view [J]. Global strategy journal, 10(3): 520-555.

MOON D, 2010. The changing status of developing countries under the World Trade Organization dispute settlement mechanism[J]. Pacific focus, 25(1): 136-160.

MOON H C, RUGMAN A M, VERBEKE A, 1998. A generalized double diamond approach to the global competitiveness of Korea and Singapore[J]. International business review, 7(2): 135-150.

NATH H K, LIU L, TOCHKOV K, 2015. Comparative advantages in U.S. bilateral services trade with China and India[J]. Journal of Asian economics, 38: 79-92.

NYE J S, 2004. Soft power: the means to success in World Politics[M]. New York: Public Affairs Press.

PARADISE J, 2009. China and international harmony: the role of confucius institutes in bolstering Beijing's soft power[J]. Asian survey, 49(4): 647-669.

OUYANG C, et al. 2019. Overcoming liabilities of origin: human resource management localization of Chinese multinational corporations in developed markets[J]. Human resource management (58): 543-561.

PRESBITERO A F, et al. 2012. IMF Lending in Times of Crisis: political influences and crisis prevention[J]. World development, 40(10): 1944-1969.

PATEL F, LI M, SOOKNANAN P, 2011. Intercultural communication. building a global community[M]. New Delhi: SAGE Publications India Pvt. Ltd.

RADULESCU I G, PANAIT M, VOICA C, 2014. BRICS countries challenge to the world economy new trends[J]. Procedia economics and finance, 8: 605-613.

REICHSTEIN T, BRUSCH I, 2019. The decision-making process in viral marketing—a review and suggestions for further research [J]. Psychology & marketing, 36(11): 1062-1081.

SEYOUM B, 2006. US trade preferences and export performance of developing countries: evidence from the generalized system of preferences[J]. International business review, 15(1): 68-83.

STONE D L, DEADRICK D L, 2015. Challenges and opportunities affecting the future of human resource management[J]. Human resource management review, 25(2): 139-145.

SALVATORE D, 2011. The future tri-polar international monetary system[J]. Journal of policy modeling, 33(5):

776-785.

SLEUWAEGEN L, BOIARDI P, 2014. Creativity and regional innovation: Evidence from EU regions[J]. Research policy, 43(9): 1508-1522.

THOMAS D, 2010. Psychological contracts across cultures[J]. Organization studies, 31(11): 1437-1458.

TUTAR H, ALTINOZ M, CAKIROGLU D, 2014. A study on cultural difference management strategies at multinational organizations[J]. Procedia-social and behavioral sciences 150(15): 345-353.

WONG D W H, et al. 2020. Region-specific determinants of the foreign direct investment in China[J]. Geographical research, 58(2): 126-140.

WUTHNOW J, 2008. The concept of soft power in China's strategic discourse[J]. Issues & studies, 44(2): 1-28.

NYE J S, 1990. Bound to lead: the changing nature of American power[M]. New York: Basic Books.

YOUNG A T, SHEEHAN K M, 2014. Foreign aid, institutional quality, and growth[J]. European journal of political economy, 36: 195-208.

教师服务

感谢您选用清华大学出版社的教材！为了更好地服务教学，我们为授课教师提供本书的教学辅助资源，以及本学科重点教材信息。请您扫码获取。

》 教辅获取

本书教辅资源，授课教师扫码获取

》 样书赠送

国际经济与贸易类重点教材，教师扫码获取样书

 清华大学出版社

E-mail: tupfuwu@163.com
电话：010-83470332 / 83470142
地址：北京市海淀区双清路学研大厦 B 座 509

网址：http://www.tup.com.cn/
传真：8610-83470107
邮编：100084